Lehr- und Handbücher der Soziologie
Herausgegeben von Dr. Arno Mohr

Bisher erschienene Titel:

Jost Bauch, Medizinsoziologie
Regine Gildemeister, Katja Hericks,
Geschlechtersoziologie
Horst J. Helle, Verstehende Soziologie
Katharina Liebsch, Jugendsoziologie
Herlinde Maindok, Einführung in die
Soziologie

Gertraude Mikl-Horke, Historische Soziologie
der Wirtschaft
Aglaja Przyborski, Monika Wohlrab-Sahr,
Qualitative Sozialforschung
Gerhard Wagner, Die Wissenschaftstheorie
der Soziologie
Johannes Weyer, Soziale Netzwerke

Kunstsoziologie

von

Univ. Prof. Dr. Alfred Smudits
Universität für Musik und darstellende Kunst in Wien,
Institut für Musiksoziologie

und

Univ. Ass. Dr. Michael Parzer
Universität Wien, Institut für Soziologie

Mag. Rainer Prokop
Institut Mediacult, Wien

Univ. Ass. Dr. Rosa Reitsamer
Universität für Musik und darstellende Kunst in Wien,
Institut für Musiksoziologie

Oldenbourg Verlag München

Lektorat: Doris Funke, Annette Huppertz
Herstellung: Tina Bonertz
Titelbild: thinkstockphotos.de
Einbandgestaltung: hauser lacour

Bibliografische Information der Deutschen Nationalbibliothek
Die Deutsche Nationalbibliothek verzeichnet diese Publikation in der Deutschen Nationalbi-
bliografie; detaillierte bibliografische Daten sind im Internet über http://dnb.dnb.de abrufbar.

Library of Congress Cataloging-in-Publication Data
A CIP catalog record for this book has been applied for at the Library of Congress.

© 2014 Oldenbourg Wissenschaftsverlag GmbH
Rosenheimer Straße 143, 81671 München, Deutschland
www.degruyter.com/oldenbourg
Ein Unternehmen von De Gruyter

Gedruckt in Deutschland

Dieses Papier ist alterungsbeständig nach DIN/ISO 9706.

ISBN   978-3-486-59808-7
eISBN   978-3-486-85314-8

Vorbemerkung

Die vorliegende Publikation ist als Lehrbuch konzipiert. Es handelt sich um die zusammenfassende Darstellung dessen, was ich in den letzten zwei Jahrzehnten in meinen Lehrveranstaltungen zur Kunst-, Medien- und Musiksoziologie vorgetragen habe. Und dennoch ist es gleichzeitig Mehr und auch Weniger: Weniger insofern, als ich Vieles, das spezifisch in die Mediensoziologie weist, bereits mit einer anderen Publikation (Smudits 2002) vorgelegt habe, weniger auch, da eine konzise Zusammenschau natürlich in der Reduktion auf – aus meiner Sicht – Wesentliches bestehen muss. Viele Nebenzweige, Subthemen und spezifische Fragestellungen können nicht in dem Umfang und mit der Genauigkeit – z. B. in Bezug auf Referenzen – behandelt werden, wie dies in einem anderen Kontext als dem eines Lehrbuchs möglich wäre. Schließlich soll das Buch eine gewisse Stringenz und auch Lesbarkeit für Einsteiger aufweisen. Mehr ist es allerdings in der Hinsicht, dass es natürlich mehr als den Anspruch stellen will, nur das Wesentliche zu referieren. Schon die Auswahl der behandelten Ansätze und AutorInnen ist eine Festlegung. Darüber hinaus wird schließlich ein ganz bestimmter Standpunkt – der der Soziologie der Ästhetik – als eine mögliche Neubestimmung der Kunstsoziologie vorgeschlagen.

Mein Dank gilt zuallererst den Studierenden, die mir in Vorlesungen, Seminaren und im Rahmen der Betreuung von Abschlussarbeiten einen kontinuierlichen Gesprächszusammenhang zur vorliegenden Thematik ermöglicht haben. Ebenso danke ich den Kolleginnen und Kollegen am Institut für Musiksoziologie der Universität für Musik und darstellende Kunst Wien sowie am Institut für Soziologie der Universität Wien; ohne den regen Austausch mit diesen wäre manches in diesem Buch nicht so geworden, wie es ist. Nicht zuletzt danke ich Herrn Jeremiah Haidvogel für das sorgfältige und anregende Lektorat und Frau Claudia Schacher für die umsichtige und präzise Formatierung des Textes.

Alfred Smudits   Wien, im Oktober 2013

Inhaltsverzeichnis

Vorbemerkung		**V**
1	**Einleitung**	**1**
1.1	Problemstellung	1
1.2	Vorläufige Überlegungen zur Legitimität, zum Gegenstandsbereich und zu zentralen Fragestellungen	2
1.3	Kunstsoziologie – Soziologie der Künste – Soziologie der Ästhetik	3
1.4	Die historische Entwicklung des Kunstbegriffs	4
2	**Vor der Kunstsoziologie**	**7**
2.1	Philosophische Ästhetik	7
2.1.1	Antike griechische Ästhetik	9
2.1.2	Mittelalter und Christentum	10
2.1.3	Humanistische Wende	12
2.1.4	Hin zur Aufklärung: Rationalismus und Empirismus	13
2.1.5	Die englische Aufklärung	14
2.1.6	Die französischen Aufklärer	16
2.1.7	Die Aufklärung in Deutschland *(KANT: S 18 – 21)*	17
2.1.8	Die deutschen Aufklärer und Romantiker: Zu einer Ästhetik des Handelns	21
2.2	Zusammenfassung, Nebenlinien und Ausblick	26
2.2.1	Zusammenfassung: Unterschiedliche Gesichtspunkte der Betrachtung	26
2.2.2	Nebenlinien	28
2.2.3	Ausblick	31
3	**Entstehung und Etablierung von Soziologie – und Kunstsoziologie**	**33**
3.1	Beginn soziologischen Denkens	33
3.1.1	Sozial- und kunstkritische Ansätze	33
3.1.2	Allgemein soziologisch orientierte Ansätze	35
3.1.3	Speziell kunsttheoretisch bzw. soziologisch orientierte Ansätze	44
3.1.4	Allgemein kulturtheoretisch, philosophische Positionen	47

3.2.   Die Etablierung der Soziologie: Die soziologischen ‚Gründerväter' 50

3.2.1   Vilfredo Pareto (1848–1923) 51

3.2.2   Émile Durkheim (1858–1917) 52

3.2.3   Georg Simmel (1858–1918) 53

3.2.4   Max Weber (1864–1920) 55

3.3   Nebenlinien 61

3.3.1   Vorläufer der Distinktionstheorie: Thorstein Veblen und Werner Sombart 61

3.3.2   Das Unbewusste und die Kunst: Sigmund Freud (1856–1938) 64

3.3.3   Begründung des Strukturalismus: Ferdinand de Saussure (1857–1913) 66

3.3.4   Österreichische Traditionen der Kulturforschung 67

3.3.5   Die Folgen im 20 Jahrhundert: Kurt Blaukopf (1914–1999) 69

4   **Die Auseinandersetzung mit dem Anderen:**
             Die Entdeckung der Populärkultur (Zwischenkriegszeit, bis ca. 1960)   **73**

4.1   Marxistisch inspirierte Ansätze 73

4.1.1   Theodor W. Adorno (1903–1969) 74

4.1.2   Kritische Theorie und darüber hinaus 79

4.1.3   Orthodoxe marxistische Ansätze 81

4.1.4   ‚Neue' Kritische Theorie 83

4.1.5   Ausblick: Neubewertung der Kulturindustrie ab den 1960er Jahren 84

4.2   Positivistisch ausgerichtete Ansätze: Empirische Kunstsoziologie 84

4.2.1   Exkurs: Der Anwendungsbezug von empirischer Kunstsoziologie 86

4.3   Nebenlinien 87

4.3.1   Philosophie und Soziologie 87

4.3.2   Kunstwissenschaft 88

4.3.3   Medientheoretische Ansätze 89

4.3.4   Pragmatismus 91

5   **Die Erarbeitung neuer Sichtweisen**   **93**

5.1   Identitäts- und Geschmackskulturen 94

5.1.1   Cultural Studies 94

5.1.2   Pierre Bourdieu (1930–2002): Geschmack als Mittel sozialer Distinktion 100

5.1.3   Lebensstilforschung 105

5.2   Postmoderne und Poststrukturalismus:
         Konsequenzen für die Kunstsoziologie 108

5.2.1   Postmoderne 109

5.2.2   Poststrukturalismus 112

5.2.3   Konsequenzen für die Kunstsoziologie 115

5.3   Kunstsoziologie und feministische Theorien: Ein kursorischer Überblick 117

5.3.1   Frauenforschung und „Frauenkultur" 118

5.3.2   Differenzen zwischen Frauen und Intersektionalität 119

5.3.3   Queer Theory, Postmoderne und „Neue" Feminismen 121

5.4   Das Feld der Kunstproduktion 122

5.4.1   Niklas Luhmann (1927–1998): Systemtheoretische Kunstsoziologie 122

5.4.2   Pierre Bourdieu: Das Feld der Kunst 131

5.4.3   Production of Culture 137

6   Synthese, aktuelle Situation und Ausblick   143

6.1   Kunstsoziologie:
        Eine sozialwissenschaftliche Perspektive auf Kunst und Ästhetik 143

6.1.1   Verschiedene Dimensionen 143

6.1.2   Verschiedene Disziplinen 146

6.2   Aktuelle Konzeption der Kunstsoziologie und aktuelle Fragestellungen 149

6.2.1   Kunst ist in zweifacher Hinsicht als formbestimmt zu begreifen 149

6.2.2   Weiters ist festzuhalten 150

6.3   Strukturelemente des künstlerischen Feldes
        (Akteure/Phänomene/Institutionen) 151

6.4   Das Forschungsinteresse von Kunstsoziologie 153

6.5   Exkurs: Teilkulturen in entwickelten Industriegesellschaften 156

6.5.1   Kunstkultur 157

6.5.2   Sozialkultur 157

6.5.3   Industrialisierte Kultur (auch: Massen-Medienkultur) 158

6.6   Ausblick: Und die Kunst selbst? 160

Literatur   165

1   Einleitung

1.1   Problemstellung

Etwa ab der zweiten Hälfte des 20. Jahrhunderts, spätestens aber seit den 1980er Jahren war ein deutlicher Rückgang des sozialwissenschaftlichen Interesses an Kunst zu konstatieren, gleichzeitig jedoch war ein wachsendes – philosophisch und kulturwissenschaftlich motiviertes – Interesse an Fragen der Ästhetik feststellbar. Mit Beginn des 21. Jahrhunderts wiederum ist eine erneute Thematisierung der Zusammenhänge von Kunst, Ästhetik und Gesellschaft zu bemerken.

Diese Entwicklung ist ein bemerkenswerter soziologischer Befund, der einiges über den Wandel der gesellschaftlichen Konzeptionen von Kunst und Ästhetik in dem oben genannten Zeitraum aussagt. Denn ganz offensichtlich hat die ‚Kunstsoziologie', in den 1950er und 1960er Jahren noch ein Thema heftiger theoretischer und methodologischer Diskussionen, ihren Gegenstand aus den Augen verloren. Sich mit Kunst, die der traditionellen, bürgerlich-romantischen Konzeption entsprach, zu beschäftigen, wurde zusehends müßig angesichts der Ausweitung ästhetisch relevanter Phänomene im Rahmen dessen, was früher als Kulturindustrie und heute Medienkultur bezeichnet wird. Die Kritik an der Kulturindustrie wurde allmählich zur kaum mehr verdeckbaren Don-Quichotterie, die Beschäftigung mit Kunst im engeren Sinne zur Liebhaberei in Bezug auf gesellschaftlich offenbar immer weniger wirkungsmächtige Phänomene. Demgegenüber stellte die Analyse der Medienindustrien, der Digitalisierung, der Entwicklung hin zur Wissens-, Informations-, Kommunikations- und Mediengesellschaft eine Herausforderung dar, bei der auch ästhetische Aspekte eine ganz wesentliche Rolle spielten und spielen. Das Defizit, dass dabei ganz offensichtlich die Kunst selbst aus dem Blickfeld geraten ist, wird spätestens ab den 2010er Jahren unter dem Stichwort ‚aesthetic turn' oder ‚Kunst als Erkenntnisform' zur Diskussion gestellt.

Wenn also heute von Kunstsoziologie die Rede ist, stellt sich notwendigerweise die Frage nach ihrem Gegenstandsbereich. Denn erst nach dessen Klärung sind aktuelle Probleme sinnvoll diskutierbar. Um aber die Schwierigkeiten, die sich bei der aktuellen Gegenstandsbestimmung ergeben, in den Griff zu bekommen, ist die Beschäftigung mit der historischen Entwicklung der Auseinandersetzungen um ebendiese Auffassungen von Kunst unabdingbar. Dabei werden natürlich sozialwissenschaftliche Konzeptionen im Vordergrund stehen, allerdings kann eine Berücksichtigung jener Theorien, die sich mit Wesen und Funktion von Kunst bzw. dem Schönen, d. h. mit Theorien zur Ästhetik befassen, nicht unterschlagen werden. In der Abgrenzung zu diesen wird der besondere – neuzeitlich, bürgerliche – Charakter der Auseinandersetzung mit der Kunst nachvollziehbar. Weiters ist die Entwicklung des gesellschaftlichen Teilbereichs, in dem ‚Kunst' angesiedelt ist, also die Entwicklung der Institution Kunst, des Teilsystems Kunst, des künstlerischen Feldes, gleichsam als Hintergrundfolie mit zu bedenken, wobei die wichtigsten Akteure, strukturelle Elemente bzw. institutionelle Aspekte, systematisch im Auge zu behalten sind. Von hier aus kann eine Neuformulierung dessen, was vormals Kunstsoziologie hieß, aber vielleicht besser Soziologie der Ästhetik heißen sollte, angegangen werden.

Eine Darstellung aktueller kunstsoziologischer Positionen und Fragestellungen ist also nur relevant und sinnvoll vor dem Hintergrund der Entwicklung des Faches der Kunstsoziologie, wobei hier – gleichsam auf einer Metaebene – auch eine Soziologie der Kunstsoziologie zu betreiben ist. Denn natürlich wurde und wird Kunstsoziologie von Menschen ‚gemacht‘, die in spezifischen, historischen Rahmenbedingungen und aus bestimmten gesellschaftlichen Positionen heraus ihre Konzeptionen entwickelt haben bzw. entwickeln. So haben etwa die Angehörigen jener Generation, die im 19. Jahrhundert die Soziologie begründeten, ein weitgehend ungebrochenes Verhältnis zu dem, was da Kunst hieß, wohingegen dies für jene, die in der ersten Hälfte des 20. Jahrhunderts – angesichts aufkommender Massenmedien – keinesfalls mehr so selbstverständlich war, was denn nun Kunst sei. Und dies, obwohl es bereits im 19. Jahrhundert eine beträchtliche Kulturindustrie gab, die weite Teile der Bevölkerung mit populärkulturellen Produkten versorgte. Dies mag als ein Beispiel für jene Aspekte gelten, die auch den soziologischen Grundgedanken der vorliegenden Publikation darstellen: dass Kunst historisch und sozial formbestimmt ist, dass das, was als Kunst angesehen wird, ganz wesentlich dadurch bestimmt wird von der Frage, zu welcher Zeit, mit welchen historischen Rahmenbedingungen, von wem, aus welcher sozialen Position heraus, geurteilt und gesprochen wird.

1.2   Vorläufige Überlegungen zur Legitimität, zum Gegenstandsbereich und zu zentralen Fragestellungen

Im Folgenden werden einleitend die wichtigsten Problemfelder skizziert, die dann auftreten, wenn der Gegenstandsbereich der Kunstsoziologie festgelegt werden soll. Dem muss eine erste Definition dessen vorausgehen, was Kunstsoziologie eigentlich ist. Ganz vereinfacht gesagt, handelt es sich dabei um die Beschäftigung mit dem Verhältnis zwischen Gesellschaft und Kunst. Aber schon der nächste Gedankenschritt verweist auf die Schwierigkeiten, die in dieser vordergründig so einfachen, ja banalen Festlegung enthalten sind. Denn mit Gesellschaft und Kunst sind einerseits sozialwissenschaftliche und andererseits geisteswissenschaftliche Traditionen angesprochen. Soll also die Analyse von der Gesellschaft her, oder vom künstlerisch-ästhetischen Phänomen aus erfolgen? Hier lassen sich in der einschlägigen Literatur ebendiese zwei widerstreitenden Positionen identifizieren. Jürgen Gerhards, Herausgeber eines Sammelbandes zur ‚Soziologie der Kunst‘ (1997) etwa benennt den Gegenstandsbereich der Kunstsoziologie als den „Versuch, die auf die Kunst bezogenen Handlungen von Menschen zu beschreiben und ihre Ursachen und Folgen zu analysieren“ (Gerhards 1997: 8). Zudem hält er fest, dass „die Analyse der Werke (…) Aufgabe der darauf spezialisierten Geisteswissenschaften – der Kunstgeschichte, der Literatur- und Musikwissenschaft“ sei (ebenda). Demgegenüber vertritt Johannes Süßmann, Autor des Artikels ‚Kunstsoziologie‘ in einem Sammelband zu ‚Speziellen Soziologien‘ (1994) die Ansicht, dass „der Gegenstand aller kunstsoziologischen Forschungsfelder (…) stets als Wechselwirkung von ästhetischer Struktur und darauf bezogenem Handeln gefasst“ werden müsse (Süßmann 1994: 537f.). Die Frage, ob und wieweit die ästhetische Dimension des künstlerischen Phänomens, des Werkes oder Prozesses selbst in der kunstsoziologischen Betrachtung ihren Platz finden soll, prägte auch schon die Auseinandersetzungen zweier jüngerer Klassiker der Kunstsoziologie in der Mitte des 20. Jahrhunderts. So will Alphons Silbermann (1986) die Erfassung des totalen Kunstprozesses im Zentrum kunstsoziologischer Forschung sehen, allerdings abstrahiert er in weiterer Folge seiner Überlegungen vom Kunstwerk, mit diesem – so Silbermann – habe die Kunstsoziologie nichts zu tun. Demgegenüber vertritt Theodor W. Adorno (1967), nachdem er feststellt, dass sich Kunstsoziologie mit allen Aspekten der Beziehungen zwischen Kunst und Gesellschaft zu beschäftigen habe, eine Position, bei der die Analyse des Kunstwerks im Fokus der Betrachtungen steht. An dieser Stelle soll noch nicht genauer auf diese beiden Autoren, die die deutschsprachige Kunstsoziologie stark geprägt haben, eingegangen werden. Die geschilderten, unterschiedlichen Zugangsweisen sollen hier bloß die erste Schwierigkeit bei der Festlegung des Gegenstandsbereichs anzeigen, und sie soll zunächst auch nur festgehalten und nicht einer Lösung zugeführt werden. Dies gilt auch für die folgenden Überlegungen. Es geht in diesem Kapitel zunächst einmal um die Auflistung eines Problemkatalogs, um die Sammlung von offenen Fragen, die sich ergeben, wenn Kunstsoziologie konzipiert werden soll. Sie wird mit einer vorläufigen Arbeitshypothese, was Kunstsoziologie sein könnte, abgeschlossen. Erst im letzten Teil des Buches wird eine tiefergehende Neukonstituierung der Kunstsoziologie unternommen.

Eine etwas vorsichtigere Umschreibung dessen, was Kunstsoziologie sein kann, könnte nunmehr lauten, dass sie aus der Beschäftigung mit Phänomenen der Kunst und Ästhetik aus sozialwissenschaftlicher Perspektive besteht. Mit dieser etwas umständlich klingenden Formulierung sind allerdings zumindest zwei weitere Probleme angedeutet. Erstens nämlich, dass der Begriff Kunst nicht eindeutig ist – er wird ja mit ‚Phänomene der Kunst und Ästhetik‘ umschrieben – und zweitens, dass es sich um eine sozialwissenschaftliche Perspektive und nicht um eine spezielle Soziologie schlechthin handeln soll.

1.3 Kunstsoziologie – Soziologie der Künste – Soziologie der Ästhetik

Zum ersten Punkt: Mit dem Begriff ‚Kunst‘-Soziologie könnte der Eindruck erweckt werden, dass es „die Kunst" gibt, sowie, dass es bei der Kunstsoziologie nur um eben diese „Kunst" gehen kann. Dem ist aber nicht so. Gerade die Grenzziehung zwischen Kunst und Nicht-Kunst, sei es Kitsch oder Kunsthandwerk, sei es Populärkultur oder Volkskunst, ist durchgängiges Thema der Auseinandersetzungen mit Kunst, und zwar in ganz einfachen Alltagssituationen wie auch in hochakademischen, wissenschaftlichen Diskursen. Ein weiteres Problem betrifft die unterschiedlichen Kunstgattungen. Inwieweit sind mit dem Begriff der Kunst auch die Bereiche Literatur, Musik, Theater usw. gemeint? Arnold Hauser, ein Klassiker der Kunstsoziologie, behandelt in seiner ‚Soziologie der Kunst‘ (1974) prinzipiell alle Kunstgattungen und geht auch auf volks- und massenkulturelle Phänomene ein, nennt allerdings ein anderes Werk ‚Sozialgeschichte der Kunst und Literatur‘ (1953). Hier wird die Literatur also von der Kunst explizit unterschieden. Der schon erwähnte Alphons Silbermann vertritt die Ansicht, dass anstelle von Kunstsoziologie eher von einer Soziologie der Künste gesprochen werden müsste, da es zwar Verbindendes aber auch sehr viel Trennendes zwischen den einzelnen Kunstgattungen gebe. Andere Autoren, wie etwa Hans Peter Thurn (1973) oder Rainer Wick und Astrid Wick-Kmoch (1979) sind der Meinung, dass es sich bei der Kunstsoziologie um die Soziologie der Bildenden Kunst handelt – wie ja auch die Kunstgeschichte bzw. Kunstwissenschaft auf die Bildenden Künste beschränkt ist und sich von der Musikwissenschaft, Theaterwissenschaft und Literaturwissenschaft unterscheidet. Folgerichtig haben sich ja auch Literatursoziologie, Musiksoziologie, Theatersoziologie, Architektursoziologie etc. als eigenständige spezielle Soziologien herausgebildet, wobei nunmehr die Frage aufzuwerfen ist, ob und unter welchen Gesichtspunkten es eine gleichsam ‚übergeordnete' Kunstsoziologie – bei der es um alle Künste ginge – geben kann.

Bei diesen Auseinandersetzungen befinden wir uns aber noch weitgehend im traditionellen Kanon des Verständnisses von Kunst, also bei den sich mit der Entwicklung der bürgerlichen Gesellschaft herausgebildeten Gattungen, institutionell fundiert vor allem durch die einschlägigen akademischen Einrichtungen der Kunstausbildung und der Kulturwissenschaften.

Im Rahmen dieses traditionellen Kanons wird nun die Grenzziehung zwischen Kunst und Nichtkunst immer wieder neu verhandelt, denn nicht jedes Musikstück, nicht jeder Text ist für viele künstlerisch bedeutsam genug, um als Kunst anerkannt zu werden. Umgekehrt aber wird auch einem Musikschaffenden, der eine einfach gestrickte Schlagermelodie kreiert, zumindest umgangssprachlich und fraglos vor dem Steuer und Vertragsrecht (z. B. als Tantiemenbezieher) der Status des Künstlers zuerkannt. Halten wir fest: Nicht jede Musik ist Kunst, aber jede/r Musikschaffende ist KünstlerIn, nicht jeder Roman ist künstlerisch relevante Literatur (z. B. ein sogenannter Groschenroman), aber jede/r AutorIn ist KünstlerIn.

Hinzu kommen nun aber neue künstlerische Praktiken, die ebenfalls den Anspruch, eigenständige Gattung zu sein, stellen, allen voran der Film, weiters Comics, Design, Werbung, Computerkunst, DeeJaying, Computerspiele etc. Hier handelt es sich um künstlerische Praktiken, die z. T. weder im Ausbildungs- noch im Wissenschaftsbereich institutionalisiert sind. Manche werden gelegentlich einer der traditionellen Gattungen zugeschlagen, wie etwa die Fotografie, das Design oder Teile der Computerkunst zur Bildenden Kunst, Computerspiele zum Theater oder aber, wie der Film, als eigenständige Kunstform betrachtet. Und schließlich ist ja auch die Rede von der Kochkunst oder der Gartenkunst, einer in der frühen Neuzeit recht respektablen Kunstgattung, und mancher Modeschöpfer oder Koch erfährt tatsächlich sämtliche Statuszuschreibungen, die KünstlerInnen entgegengebracht werden.

Kunstsoziologie kann sich den Problemen, die sich aus diesen Brüchen, Auseinandersetzungen und Entwicklungen ergeben, nicht durch rigide Festlegung des Gegenstandsbereiches zu entziehen versuchen, im Gegenteil: Gerade die Beschäftigung mit diesen Problemen ist die ureigenste Aufgabe von Kunstsoziologie – und angesichts der dargestellten Problempalette ist es dann tatsächlich fraglich, ob der Begriff Kunst-Soziologie hier nicht irreführend verstanden werden kann, insofern, als der Begriff der Kunst es nicht vermag, all die angesprochenen Phänomene verbindlich abzudecken. Möglicherweise, um einen zentralen und in weiterer Folge noch zu fundierenden Gedanken dieser Publikation vorwegnehmend anzudeuten, ist der Begriff Ästhetik hier angebrachter und eher imstande, einen gemeinsamen Nenner für die in Frage stehenden Phänomene und Probleme abzugeben. Dies läuft auf die Konzeptualisierung einer Soziologie der Ästhetik hinaus, die sich durch den Rekurs auf den ursprünglichen Bedeutungsgehalt von Ästhetik, nämlich *aisthesis*, sinnliche Erkenntnis, auszeichnet.

1.4   Die historische Entwicklung des Kunstbegriffs

Die Verhältnisse zwischen den Gattungen, die Wertschätzung, die ihnen von der Gesellschaft entgegengebracht wird, aber auch die Grenzziehungen zwischen dem künstlerisch Wertvollen und Nichtwertvollen innerhalb der einzelnen Gattungen, verändern sich und sind nicht eindeutig festlegbar, schon allein, wenn die aktuelle Situation ins Auge gefasst wird. Die Unhaltbarkeit der Annahme, dass es einen objektiv ‚richtigen' Begriff von Kunst gebe, der dann einem rigiden Verständnis von Kunstsoziologie zugrunde gelegt werden könne, wird erneut bestätigt, wenn ein Blick auf die historische Entwicklung geworfen wird.

Der Kunstbegriff der Antike entspricht nur sehr begrenzt dem Kunstbegriff entwickelter Industriegesellschaften. Wenn im antiken Griechenland von *téchne* bzw. im antiken Rom von *ars* die Rede ist, dann ist damit eine bestimmte Fertigkeit, die einschlägige Kenntnisse erfordert, gemeint. Daher fallen in Griechenland unter die Künste auch solche Tätigkeitsbereiche wie die Sattler-, die Tischler- oder die Heilkunst. Die sieben freien Künste (*artes liberales*), die bis zum Mittelalter Gültigkeit hatten, waren die drei redenden Künste, die auch als Trivium bezeichnet wurden, nämlich Rhetorik, Grammatik und Dialektik, und die vier rechnenden Künste (*Quadrium*), nämlich Arithmetik, Geometrie, Astronomie und Musik. Mit dem Trivium ist die Literatur und Poesie mit angesprochen, beim Quadrium fällt als einzige Disziplin die auch heute als Kunstform angesehene Musik scheinbar aus dem Rahmen. Allerdings ist nicht die Fertigkeit gemeint, Musik zu kreieren oder zu interpretieren, sondern Musiktheorie, was die Sache wieder klarer macht. Diesen freien Künsten, die vornehmlich mit intellektueller Tätigkeit verbunden sind, standen nämlich die handwerklichen, mechanischen Künste (*artes mechanicae*) gegenüber, zu denen auch jene Bereiche gezählt wurden, die später als Bildende Künste bezeichnet wurden. Und da die *artes mechanicae* notwendigerweise mit körperlicher Tätigkeit verbunden sind, wurden sie geringer geschätzt als die hochbewerteten *artes liberales*, die nur aus geistigen Aktivitäten bestehen. Die *artes liberales* stellten auch die Grundlage der ersten universitären Einrichtungen ab dem 12. Jahrhundert dar, zu ihnen kamen in weitere Folge Jurisprudenz, Theologie und Medizin hinzu. In diesem Zusammenhang ist es auch erwähnenswert, dass der Begriff Kunst in der deutschen Sprache erst etwa ab 1270 Verwendung findet. Er löst das bis dahin gebräuchliche Wort ‚*List*' ab, das für ‚Wissen', ‚Kennen' stand. Die Bildenden Künste erfuhren erst mit der Renaissance eine Aufwertung – sie wurden aus den *artes mechanicae* herausgelöst. Einer der ersten Kunsttheoretiker, Alberti, stellt die *ars pictora* gleichwertig neben die *ars poetica*, und bis zum 18. Jahrhundert formieren sich die fünf Hauptgattungen der Kunst, nämlich Baukunst, Plastik, Malerei, Musik und Dichtung, womit im Wesentlichen bereits der auch heute gültige Kanon erreicht ist.

Dieser kurze Überblick über die Entwicklung des abendländischen Kunstbegriffs macht klar, dass sich nicht nur die Kunst – etwa als Abfolge von Stilen – geändert hat, sondern dass sich, wie der Kunstsoziologe Gerhardt Kapner betont, auch das ändert, „was – zumindest im Nachhinein und auch da noch inadäquat – jeweils als Kunst bezeichnet werden kann" (Kapner 1987: 87). Bezogen auf die aktuelle Situation heißt das aber nur, dass ein herrschender Wertekanon in Bezug auf künstlerische Ausdrucksformen gleichsam nur eine Momentaufnahme in einem mehr oder weniger schnell verlaufenden, nichts desto trotz stetigem Wandlungsprozess darstellt. Gerade aber die Faktoren, die diesen Wandlungsprozess vorantreiben, stellen ein zentrales Interesse für eine wissenschaftliche Disziplin dar, die sich mit dem Verhältnis von Kunst und Gesellschaft beschäftigen will. Eine allzu enge Festlegung in Bezug auf den Gegenstandsbereich könnte daher der Berücksichtigung eventuell neuer Bedeutungsgehalte des Verständnisses von Kunst im Wege stehen, was wiederum auf die Notwendigkeit einer Neukonzipierung der Kunstsoziologie in Richtung einer Soziologie der Ästhetik verweist.

Zusammenfassend kann zum ersten Problemkreis festgehalten werden: Weder die aktuelle Situation noch die historische Entwicklung sind dazu angetan, dass von einem ungebrochenen Verständnis von Kunst ausgegangen werden kann. Im Gegenteil: Es ist unklar, was Kunst heute ist, und der Begriff hat sich auch historisch verändert. Das legt nahe, einen anderen übergreifenden Begriff zu suchen, der die in Frage stehende Thematik erfassen könnte. Zu prüfen wäre, ob der Begriff der Ästhetik imstande sein könnte, diese übergreifende Bedeutung abzudecken.

Wenn im Folgenden zunächst noch weiterhin der Begriff ‚Kunstsoziologie' verwendet wird, dann geschieht dies vor dem Hintergrund der eben skizzierten Problematik und damit auch gleichsam ‚auf Abruf bzw. auf Widerruf'.

In den Kapiteln 2–4 wird die historische Entwicklung der Kunstsoziologie nachgezeichnet, wobei auf die Herausdifferenzierung aus philosophischen und kulturwissenschaftlichen Denktraditionen besonderes Gewicht gelegt wird. Dies ist damit zu begründen, dass das Erbe dieser Ansätze noch deutlich in gegenwärtige Strömungen kunstsoziologischer Sichtweisen nachwirkt.

Im 5. Kapitel schließlich werden aktuelle Theorien und AutorInnen vorgestellt. Diesen Teil haben KollegInnen, die zu diesen Ansätzen schon mehrmals publiziert haben, übernommen. Im abschließenden 6. Kapitel wird eine Synthese der aufgearbeiteten Befunde vorgenommen und die Eckpfeiler einer aktualitätsbezogenen und geschichtsbewussten Kunstsoziologie/Soziologie der Ästhetik vorgetragen.

2 Vor der Kunstsoziologie

2.1 Philosophische Ästhetik

Seitdem Aufzeichnungen vorliegen, gibt es Überlegungen zur Kunst, zum Schönen und dazu, welcher Stellenwert diesen Phänomenen beizumessen sei. Allerdings handelt es sich dabei nicht nur um solche, die sich auf Kunst allein oder auf Kunst, wie sie im heutigen Verständnis existiert, beziehen. So kann etwa das Naturschöne im Zentrum des Interesses stehen oder eine mythisch-religiöse Erfahrung, die mit der Anschauung der Schönheit ‚Gottes' umschrieben wird. Ebenfalls ist nicht gesagt, dass diese Ansätze soziologische Aspekte enthalten. Wir stehen also vor einem doppelten Problem: 1) Zu verstehen, was eigentlich den zentralen Gegenstandsbereich im jeweiligen Kontext ausmacht und 2) der Frage, ob und wie weit diese Ansätze und Positionen soziologisch relevante Aspekte enthalten? (Hier ist anzumerken, dass natürlich Kunstsoziologie nicht an institutionalisierte Soziologie geknüpft sein muss – soziologisch relevante Überlegungen kann es durchaus vor und außerhalb der institutionalisierten Fachdisziplin geben und Ansätze, die im institutionalisierten soziologischen Kontext entstanden sind, können durchaus innerhalb des Faches umstritten sein.)

Vor diesem Hintergrund soll im Folgenden, z. T. aus Gründen der Reduktion auf das Wesentliche, z. T. aus kulturhistorischen Gründen, eine Einschränkung auf die für den abendländischen Raum relevanten Ansätze erfolgen und hier wieder auf die einflussreichsten. Dabei handelt es sich vor allem um die antike griechische und römische Philosophie, sowie im Weiteren um die mittelalterliche und frühneuzeitliche Philosophie bis zur Aufklärung, wobei hier die ersten Ansätze hin zu einem soziologischen Denken zu konstatieren sind. Ausgeklammert bleiben also außereuropäische, vor allem orientalische (arabischer Raum), sowie mittel- und fernöstliche Philosophien und Kunsttheorien (Persien, Indien, China).

Weiters ist anzumerken, dass im Folgenden nicht systematisch zwischen ‚kunsttheoretischen Ansätzen' und ‚ästhetischen Positionen' unterschieden wird. Diese terminologische Unschärfe ist vor allem deshalb vertretbar,

- weil eine strikte Unterscheidung bei den in Frage kommenden kunst- und kulturtheoretischen, -wissenschaftlichen oder -philosophischen Ansätzen, in Bezug auf die Frage, ob und wieweit die ‚Kunst', das ‚Schöne', das ‚Geschmacksurteil', o. Ä. im Zentrum des Interesses steht, meist gar nicht möglich ist, und weiters

- weil es nicht um eine Analyse der diesbezüglichen Differenzen, sondern um eine problembezogene und umfassende Bestandaufnahme verschiedener Positionen geht.

Bei den Überlegungen aus der **Antike** bzw. dem **Mittelalter,** die zur Kunst vorliegen, handelt es sich um keine soziologischen, wenngleich die gesellschaftliche Funktion der Kunst thematisiert wird oder Wesenseigenschaften des Kunstwerks oder von Kunstschaffenden angesprochen werden. Aber: Es wird immer von einem ganzheitlichen, umfassenden Verständnis der

Welt ausgegangen, und die Kunst spielt eine dementsprechende Rolle – sie fügt sich in die kosmische Harmonie, in eine mythologisch, religiös gedachte Welt ein, ist gottgefällig oder aber – und das ist nur die konsequente Kehrseite dieser Medaille – für den Bestand dieses harmonischen Weltbildes bedrohlich, weil unkontrollierbar und daher zu verbieten.

Dazu kommt, dass – wie schon oben angedeutet – von einem in vielen Bereichen anderen Verständnis von Kunst ausgegangen werden muss, als es dem heutigen entspricht. Im Detail – z. B. bei Platon und Aristoteles (siehe unten) gibt es natürlich Unterschiede, aber grosso modo ist Kunst etwas anderes als das, was wir heute darunter verstehen. Kunst war im antiken Griechenland *techne*, im antiken Rom *ars* und beide Male war eher das handwerkliche Können, eine anspruchsvolle Tätigkeit, die kunstgerecht oder kunstwidrig gemacht werden kann, das Vermögen, etwas in sehr kompetenter Art und Weise gestalten zu können, gemeint. Auch wird mit *techne* und *ars* weniger auf einen Objektbereich abgezielt, sondern es ist eben vielmehr die kunstfertige Tätigkeit gemeint. Der ‚Künstler‘ selbst hatte eher den Stellenwert eines Handwerkers und wird auch gerne mit diesen in einer Gruppe, z. B. den Zünften, zusammengefasst. Weiters ist charakteristisch, dass das Produkt, nicht aber der ‚Hersteller‘ desselben geschätzt wird. Und es gilt, dass unter Kunst auch Lebens- und Wissensbereiche verstanden wurden, die dem heutigen Kunstverständnis fremd sind – so wurden neben den sieben freien Künsten, die nur teilweise dem heutigen Kunstverständnis entsprechen, auch die Medizin, die Bearbeitung von Metalloberflächen, das kaufmännische Rechnen oder Politik zu den ‚Künsten‘ gezählt (Heinemann 2005: 14). Die Bildenden Künste sind zwar als handwerkliche Fertigkeiten anerkannt, werden aber nicht als künstlerische geschätzt. Was der antiken Konzeptionen von Kunst deutlich abgeht, ist eine Betonung von Schöpferkraft, Originalität oder Autonomie (Shiner 2001: 23), dafür waren diese Konzeptionen „als metaphysisches System (…) vielmehr universalistisch ausgerichtet, auf den göttlichen Kosmos als letzte Seinsstruktur“ (Schneider 1996: 7). Kunst war vollkommen eingebettet in soziale, politische, religiöse und praktische Zusammenhänge. Die Bewunderung die künstlerischen Phänomenen, wie z. B. Skulpturen oder Dichtung entgegengebracht wurde, unterschied sich nicht von der Bewunderung, die z. B. politischen Reden geschenkt wurde (Shiner 2001: 25).

Das macht auch klar, dass es sich bei den antiken und mittelalterlichen Konzeptionen niemals um soziologische Überlegungen handelte, immer stand die Frage im Vordergrund, ob und in welcher Weise ganz bestimmte ästhetische Aktivitäten, Phänomene oder Äußerungen in Übereinstimmung mit einer universellen – a priori gesetzten – Harmonie stünden. Es wird also davon ausgegangen, dass es jenseits menschlicher Aktivitäten, Bemühungen und Werthaltungen eine universelle, religiös, mythologisch, göttlich begründbare Ordnung gebe, der sich Kunst annähere oder eben auch nicht. Die Begriffe für ‚schön‘, das griechische *kalos* und das römische *pulchrum*, meinten immer auch eine ethische Bewertung, bedeuteten ‚moralisch gut‘. Primär ist also das Verständnis dieser Ordnung und erst dann erhebt sich die Frage, ob konkrete Objektivationen dieser Ordnung entsprechen. Es geht hier also um eine ontologische Setzung des Wesens von Kunst, von künstlerisch-ästhetischen Phänomenen, um Essentialismus. Dabei wird davon ausgegangen, dass den fraglichen Phänomenen vor jeder Beurteilung durch Menschen bereits ästhetische Relevanz – und das ist zumeist die Übereinstimmung mit einer universellen Ordnung – innewohnt, oder eben nicht. Die Wahrhaftigkeit wird in der Sache selbst gesehen und kann nicht von außen ‚hineininterpretiert‘ werden. Der Mensch kann diese Relevanz nur erkennen, oder eben nicht erkennen. Wie kann aber die Kompetenz, ästhetische Relevanz erkennen zu können, erlangt werden? Hierzu ist die ästhetische Philosophie aufgerufen, sie soll hier Hilfestellung leisten, soll auf der Basis von Reflexionen über das Wesen der fraglichen Phänomene und deren Bezug zur universellen Harmonie Richtlinien formulieren, auf Grund derer diese Phänomene dann als ästhetisch relevant oder nicht relevant, als schön oder nicht schön, als den Gesetzen der Harmonie entsprechend oder nicht entsprechend erkannt werden können. Das ist eine Vorgangsweise, die Gegenstand soziologischer Analyse sein kann und soll, selbst soziologisch ist sie nicht.

2.1.1   Antike griechische Ästhetik

Die beiden Philosophen des antiken Griechenland, die auf die weitere Entwicklung der abendländischen Kultur den nachhaltigsten Einfluss ausübten, sind wohl Platon und Aristoteles. Beide haben sich zu Fragen der Ästhetik geäußert, und zwar in einer Weise, die gleichzeitig auch für zwei weitgehend divergierende Traditionen des Denkens über Kunst stehen.

Bei **Platon** (427–347 v.u.Z.) gibt es zwei unterschiedliche Positionen zu konstatieren. Einmal lässt er im relativ früh entstandenen Dialog ‚Ion‘ Sokrates davon sprechen, dass der Künstler bzw. Dichter einen ‚Enthusiasmus‘ entwickle, der ihn beinahe gottgleich mache und der die Menschen stark beeindrucken könne (vgl. Timmermann 1998: 632). Da diese Aussage nicht kritisch hinterfragt wird, und also als Platons Position verstanden werden kann, wird Platon aufgrund dieses Textes gerne die Urheberschaft für das Konzept des genialen Künstlers, der aus sich selbst heraus – enthusiastisch – eine künstlerisch mitreißende Position vertritt, zugeschrieben.

Zum anderen hat Platon aber in späteren Schriften Überlegungen zu Kunst und Kunstschaffen entwickelt, die diesem frühen Konzept zumindest vordergründig zunächst entgegengesetzt zu sein scheinen (vgl. Büttner 2006: 35). Vor allem in seinen Ausführungen zum idealen Staat macht er klar, dass die nachahmende Kunst – die Dichter und Sänger – aus diesem fernzuhalten seien. Die Begründung dafür ist zweifach und nur vor dem Hintergrund der Ideenlehre Platons verständlich. Einmal ist für Platon nur die reine Idee wirklich schön (d. h. in Übereinstimmung mit einer kosmischen Harmonie, die für die griechische Philosophie so zentral war), jede reale Erscheinungsform der Idee ist also zweitklassig und jede Abbildung der realen Erscheinungsform drittklassig. D. h., die Idee des Menschen – als harmonisch in Übereinstimmung mit der universellen Ordnung seiend – ist unübertreffbar. Jeder einzelne Mensch kann diesem Ideal nur annähernd nahekommen, es natürlich nie erreichen. Und ein Abbild eines Menschen ist erst recht minderwertig. Somit ist jede Imitation der Realität – dafür steht der griechische Begriff der *mimesis* – eine minderwertige Sache. Aus dieser Sicht schätzt Platon folgerichtig z. B. einen Tischler, der einen brauchbaren Tisch herstellt, höher ein, als einen Maler, der einen Tisch malt.

Die zweite Begründung der Geringschätzung von Kunst hängt allerdings recht direkt mit dem in der Frühschrift festgestellten künstlerischen ‚Enthusiasmus‘ zusammen. Hier handelt es sich nämlich um den Standpunkt, dass Kunst gefährlich sei – zu gefährlich, um sie den Menschen im idealen Staat zumuten zu können. Zwar billigt Platon der Kunst eine bildende Funktion zu, etwa der Musik oder der Poesie, allerdings verstanden als rationale Auseinandersetzung mit diesen Praktiken, etwa im Sinne von Musikwissenschaft oder Rhetorik. Aber die Gefahr, dass die Menschen z. B. durch die erklingende Musik gleichsam verführt würden, ist für Platon zu groß um sie als wesentlichen Bestand des idealen Staates zulassen zu wollen – daher ist sie zu verbieten.

Dieser Haltung – die aus heutiger Sicht eigentlich eine kulturpolitische ist – werden wir im folgenden immer wieder begegnen: dass der Kunst eine besondere, die Menschen beeinflussende Kraft innewohnt, dass sie eine Wirkung hat, die der Kontrolle bedarf. Der Enthusiasmus des Künstlers, so

faszinierend er sein mag, hat auch etwas Bedrohliches insofern, als er Menschen zu verführen imstande ist, sie gleichsam vom rechten Weg abbringen kann. So ist also bestenfalls die theoretische
Beschäftigung mit Kunst, da an ihr die Gesetze universeller Harmonie studiert werden können, zu
befürworten, der sinnlich erfahrbare, konkrete künstlerische Ausdruck ist aber gefährlich.

Aristoteles (384–322 v.u.Z.) war ein Schüler Platons aber er entwickelte eine Ästhetik, die der
Platons in vielerlei Hinsicht beinahe diametral entgegengesetzt wirkt (vgl. Waibl 2009: 84f.).
Zunächst ist herauszustreichen, welchen Stellenwert er der Kunst zumisst. Für Aristoteles ist
zwar die reale Erscheinungsform gegenüber der Idee – ähnlich wie bei Platon – von gerin-
gerem Wert, aber er sieht in der künstlerischen Abbildung der Realität eine Möglichkeit, die min-
derwertigere Realität gleichsam ,nachzubessern. Kunst vermag nach Aristoteles die Defizite,
die die Realität kennzeichnen, auszugleichen und eine sinnlich erfahrbare Ahnung davon zu
vermitteln, wie das Ideal aussehen könnte, kann etwas Besseres als die Realität schaffen. Hierfür ist der Begriff der *poiesis*, der Poesie also, charakteristisch. Um wieder auf das Beispiel
vom idealen Menschen zu kommen: Wahrhaft schön ist die Idee des Menschen, jeder real exis-
tierende Mensch kann nur eine unzulängliche Annäherung an dieses Ideal darstellen, aber –
im Gegensatz zu Platon – ist die Kunst für Aristoteles imstande, dass eine bessere Vorstellung davon entstehen kann, wie die wahrhaftige Schönheit des Menschen aussehen könnte.
Kunst kann die unzulängliche Realität also verbessern, dem Ideal näherkommen lassen. Somit
schätzt Aristoteles die *mimesis* weitaus positiver ein als Platon, gleichzeitig misst er damit
direkt und indirekt der genialen Schöpferkraft weniger Wert bei. Einerseits findet sich bei ihm
nämlich kein Hinweis auf enthusiastischen, eruptiven künstlerischen Gestaltungsdrang, andererseits gibt er – dies im deutlichen Gegensatz zu Platon – recht klare Regeln für die *poiesis*,
für die Gestaltung und Gestaltbarkeit des Schönen an. Für ihn ist das Schöne also ,machbar',
die Regeln sind lehr- und lernbar, und damit wird Kunst entmystifiziert und ein Handwerk.

Diese Haltung zeigt auch, welche Funktion Kunst in der Gesellschaft haben kann. Indem sie
nämlich ideal zugespitzte Situationen vorführt, ermöglicht sie ein Einfühlen derer, die die
Kunst rezipieren und ein gleichsam ,ersatzweises' Abreagieren von möglicherweise uner-
wünschten Gefühlen, Triebregungen oder Wünschen – eine innere Reinigung also, eine *katharsis*. Anstelle der Verführung also Läuterung. Es erfolgt auf Grund der Kunstrezeption kein
Ansporn zu negativen Handlungen, im Gegenteil, sie ermöglicht Entspannung, Entlastung.

Nochmals muss an dieser Stelle daran erinnert werden, dass sowohl bei Platon wie auch bei
Aristoteles immer dann, wenn von Kunst die Rede ist, ein eher handwerkliches, in einem re-
ligiös-politischen Funktionszusammenhang eingebettetes Verständnis von Kunst gemeint ist,
und dass bei Platon der ,Enthusiasmus' eher mit Irritation denn mit romantischer Bewunderung verbunden ist. Der römische Schriftsteller Horatius (65–8 v. u.Z.) bringt dieses ,unro-
mantische' Verständnis von Kunst auf die Begriffe ,prodesse et delectare', Kunst solle also
einen Zweck erfüllen und gleichzeitig erfreuen (vgl. Schneider 2011: 43f.).

2.1.2   Mittelalter und Christentum

Diese mit Nutzen und Freude verbundene Haltung gegenüber der Kunst ist über das Mittelalter
hinweg bis zum Beginn der Renaissance im Wesentlichen konstant beobachtbar, wobei der
Zweck durchaus einer der Erbauung und Bildung sein kann wie ein politisch-religiöser. Anders gesagt: Kunst, die nur um des ,Erfreuens' willen geschaffen wird, ist in diesem Kontext
nicht denkbar. Im Gegenteil – mit der Durchsetzung des Christentums als offizielle Religion
und dem Niedergang des Weströmischen Reiches ab dem 4. Jahrhundert wird die vor allem

religiöse Funktionalisierung von Kunst vorangetrieben. Dies findet natürlich seinen Ausdruck in den theoretischen Schriften, die für diese Zeit des Mittelalters charakteristisch sind. Als erster ist hier der zunächst in Ägypten und dann in Rom wirkende Philosoph **Plotin** (204–270) zu nennen, der am Übergang von der Antike zum Mittelalter, die Grundlage für die christliche mittelalterliche Philosophie legt, indem er Platons Ideenlehre in einen deutlichen Bezug zur Gottesidee stellt. Für Plotin gilt: Je höher der Grad der Entmaterialisierung ist, desto mehr nähere man sich der absoluten Schönheit, also Gott. Und nur eine begnadete Seele vermag das Schöne, das gleichzeitig das Gute und Wahre und also Gott ist, zu erkennen. Die Anschauung des Schönen ermöglicht die Vergeistigung, die Angleichung an Gott (Horn 1998: 645). Allerdings weist Plotin über Platon hinaus, insofern als er dem Kunstwerk in einem beinahe aristotelischen Sinn die Möglichkeit zugesteht, mehr und damit auch Schöneres als die Realität darzustellen und ihm somit einen Eigenwert verleiht (Kultermann 1998: 34).

Die wichtigsten Autoren, die für die mittelalterliche Philosophie zu nennen sind – Augustinus und Thomas von Aquin, haben sich nur im Zusammenhang von theologischen Überlegungen zur Rolle und Funktion von Kunst geäußert (vgl. Schneider 2011: 78f.). **Augustinus** (345–430) schließt an Plotin und damit indirekt an Platon an, wenn er davon ausgeht, dass die Welt schön sei, weil sie von Gott geschaffen ist. Für Augustinus fällt das Gute, Wahre und Schöne zusammen als übersinnliche Äußerung Gottes. Weil das Sinnliche unrein und unreif sei, kann das sinnlich wahrnehmbar Schöne nur der Abglanz des Göttlichen sein. Das wahrnehmbar Schöne verweist also symbolisch auf Gott, der das immateriell Schöne schlechthin darstelle. Ästhetik sucht somit nach besten sinnfälligen, u. d. h vor allem symbolischen Darstellungsmöglichkeiten des Göttlichen. Für Augustinus ist dies vor allem die Ordnung des Seins. In der Nachfolge von Augustinus ist der sogenannte Pseudo-Dionysos erwähnenswert, der etwa um 500 wirkte, und der den Glanz des Lichts als die bestmögliche Symbolisierung des Göttlichen hervorstrich. Von hier weg entfaltet sich eine ‚neuplatonische Lichtmetaphysik‘, die die mittelalterliche Ästhetik kennzeichnet. Alles ist lichtdurchflutet, hell, durch strahlende, kräftige Farbgebung gekennzeichnet. Daneben findet die Symbolik ihren Niederschlag auch in der Kostbarkeit des Materials oder in der Schwierigkeit der technischen Gestaltung. Dem entspricht eine hohe Wertschätzung der Goldschmiede- und Glasbläserkunst, sowie der Fertigkeit, Metalle zu legieren – das sogenannte ‚Schmelzen‘ (Castelnuovo 2004: 237f.). **Thomas von Aquin** (1225–1274) versucht die mittelalterlichen Denksysteme einer umfassenden Konzeption zuzuführen. Er knüpft dabei tendenziell an Aristoteles an, insofern, als er zwar ebenfalls Gott als höchste Schönheit setzt, allerdings davon ausgeht, dass das Schöne auch in den sinnlich wahrnehmbaren Dingen existiere. Und hier gibt er – ähnlich wie Aristoteles – auch ganz konkrete Kriterien an, die die Voraussetzung für den Tatbestand der Schönheit darstellen, nämlich Unversehrtheit (*integritas*) oder Vollkommenheit (*perfectio*), Proportion oder Übereinstimmung (*consonantia*), sowie Klarheit (*claritas*). Mit diesen zwar noch immer sehr allgemeinen, doch andererseits sehr klaren Vorgaben liefert Thomas von Aquin bereits einen ersten Schritt in die Richtung der Verbindung von Wissenschaft und Kunst, wie sie von den Humanisten des späten Mittelalters und der frühen Neuzeit vor allem im Bereich der Malerei vorangetrieben wurden.

2.1.3   Humanistische Wende

Gegen Ende des Mittelalters setzte eine steigende Wertschätzung der bildenden Künste einzusetzen. Bereits in der ersten Hälfte des 12. Jahrhunderts stellte der Mönch und Theologe **Hugo von St. Viktor** (gest. 1141) den sieben freien Künsten sieben mechanische Künste (*artes mechanicae*) zur Seite, nämlich Weben, Rüsten (*armament* = Rüstungen, Waffen, Schmieden, Architektur etc.), Handel, Landwirtschaft, Jagd, Medizin und Darstellendes (Ringen, Wettlauf, Tanz, Puppenspiel etc.) (Shiner 2001: 28f.). Vor allem aber die humanistischen Strömungen in Norditalien brachten ab dem 14. Jahrhundert gleichsam eine ‚Neuordnung‘ der künstlerischen Praktiken mit sich. Für die Humanisten besteht eine deutliche Verbindung zwischen künstlerischen Aktivitäten und der Wissenschaft. Für die Malerei, die die Natur nachzubilden trachtet, sind Kenntnisse der Proportionenlehre und der Anatomie vorauszusetzen, daher wird die bildende Kunst den Erkenntnisfähigkeiten des Menschen zurechenbar. Bereits **Dante Alghieri** (1265–1321) konzipierte, trotz starker Anleihen bei Thomas von Aquin und einer noch immer grundsätzlichen Einbettung des Schönen in die universelle Ordnung, eine Kunsttheorie, die sich auch an einer diesseitigen Ordnung, am Menschen orientierte. Dante überwindet als erster durch seine ansatzweise rationale Theorie der Künste die bis dahin vorherrschende mittelalterliche theologische Spekulation und Scholastik. Der christlich-mittelalterliche Symbolismus wird bei Dante zu einem schon etwas irdischeren Allegorismus, den er darüber hinaus in der Abhandlung ‚Das Gastmahl‘ als nur eine Bedeutungsebene von Dichtung, neben der rein wörtlichen, der moralischen und der anagogischen (d. h. geheimnisvollen, mystischen) anführt (Kultermann 1998: 57). Hier wird also vermutlich erstmals der ‚moderne‘ Gedanke der Vieldeutigkeit von Kunst formuliert. In seinen literarischen Texten preist Dante bildende Künstler wie Gelehrte, Boccaccio (1313–1375) lässt im ‚Dekamerone‘ den Maler Giotto auftreten. Dies entspricht nur einer Tendenz dieser Zeit, nämlich dem wachsenden Ansehen von Malern und vor allem Architekten, die auch schon in den Adelsstand erhoben werden, und die gezielt in die Städte, die sich als neue kulturelle Zentren neben den Höfen und Klöstern zu etablieren beginnen, zu deren Ruhmsteigerung geholt werden (Castelnuovo 1990: 253f.). Mit dem Dichter und Philosophen **Petrarca** (1304–1374), etwa zur Mitte des 14. Jahrhunderts, erfolgt die tatsächliche Herausbildung des Humanismus, die mit einer intensiven Beschäftigung mit klassischen antiken wissenschaftlichen Konzeptionen einhergeht, also mit einer Rückwendung, einer – wie es dann später bezeichnet wurde – Wiedergeburt, einer Renaissance. Erwähnenswert ist in diesem Zusammenhang **Marsilio Ficinio** (1433–1499), der Platon kommentierte und Plotin übersetzte und die Kontinuität zwischen Antike, Mittelalter und Renaissance herstellte (Kultermann 1998: 60). Im Zentrum steht der Mensch als Maß aller Dinge, als höchstes Ideal, es findet eine Hinwendung zur Wissenschaft statt, in kunsttheoretischer Hinsicht rückt die Schönheit der realen Welt ins Zentrum sowie die dementsprechende Lehre von den Proportionen und der Anatomie. Dazu passt nun, dass die Malerei als eine gleichsam wissenschaftliche Erkenntnisform aufgefasst, zu einer eigenständigen, hochgeschätzten künstlerischen Ausdrucksform wird. Die theoretische Grundlegung dazu erfolgt von Autoren, die sich gleichermaßen als Künstler wie als Wissenschaftler verstehen. So etwa **Leon Battista Alberti** (1404–1472), ein Gelehrter und später auch Architekt, der bahnbrechende Schriften zur Malerei, Bildhauerei und Architektur verfasste, worin neben philosophischen Betrachtungen zu Stellenwert von Kunst und Künstlern auch ausführliche technische Anweisungen, z. B. zur Zentralperspektive, zu finden sind. Oder Leonardo da Vinci (1452–1519), der neben seiner künstlerischen Tätigkeit auch als Erfinder, Techniker und Kunsttheoretiker in Erscheinung getreten ist. Oder Albrecht Dürer (1471–1528), der die Wertschätzung, die er, aus Deutschland kommend, in Venedig als Maler erfuhr, mit den Worten kommentierte: „Hier bin ich ein Herr" (Chastel 1990: 267). Schließlich ist noch auf **Giorgio Vasari** (1511–1574) zu verweisen, der neben seiner Tätigkeit als Maler und Architekt zahlreiche Künstlerbiografien erstellte und damit als Vorläufer kunst-historischer, aber ansatzweise auch schon kunstsoziologischer Herangehensweise angesehen werden kann. Er skizziert bereits erste Ideen dazu, wie gesellschaftliche Faktoren sich auf das Kunstleben auswirken, etwa wenn er den ‚Niedergang' der Kunst zu Beginn des Mittelalters als das Ergebnis von kriegerischen Auseinandersetzungen ansieht. Seine Beschreibungen der Lebensweisen der Auftraggeber und Mäzene sowie des Publikums von Künstlern liefern ein umfassendes Bild des ‚Kunstmarktes' seiner Zeit. Was Vasaris Darstellungen aber abgeht ist allerdings die Theorie, sei es philosophische oder kunstbezogene, geschweige denn ‚sozio-logische', sodass seine Arbeiten als Material für Kunstsoziologie gelten können, ohne selbst solche zu sein (Aulinger 1992: 20f.).

2.1.4   Hin zur Aufklärung: Rationalismus und Empirismus

Der nächste entscheidende Entwicklungsschub erfolgte durch den aus Frankreich stammen-den, dann aber lange Zeit in den Niederlanden lebenden und arbeitenden Philosophen **René Descartes** (1596–1650). Er gilt als wesentlicher Mitbegründer des **Rationalismus** und damit einer für die gesamte weitere abendländische Entwicklung grundlegenden philosophischen Positionierung. Alles, so Descartes, sei verstandesmäßig erfassbar, die Erkenntnismethode der Deduktion entsprechend aus allgemeinen, rational erkennbaren und begründbaren Prinzipien ableitbar. In Anlehnung dazu entfaltet sich die für das 17. Jahrhundert bestimmende Kunstthe-orie, der französische **Klassizismus**. So wie das menschliche Denken und die Welt, so sei auch das Schöne rational erkenn- und beschreibbar, begrifflich konstruierbar und rekonstruierbar, aus allgemeinen, vernunftbedingten Gründen ableitbar. Es gilt also, das durch die Vernunft begründbare Regelwerk zu erkennen (Hauskeller 1998: 33), um künstlerisch ‚richtig' tätig sein und dementsprechend auch ‚richtige' Kunst als solche erkennen zu können. In Verbin-dung mit dem absolutistischen Staat ergab sich eine strikte Orientierung an Regelhaftigkeit, eine Tendenz zur Konformität und Normierung auch künstlerischer Wertvorstellungen. Ei-ner der wichtigsten französischen Theoretiker des Klassizismus, **Nicolas Boileau-Despreaux** (1630–1711), legt z. B. in Anlehnung an antiken Vorstellungen die Regeln für das Theater durch die Einheit von Handlung, Zeit und Raum fest, Prinzipien, die als Grundlage für die Dra-men von Pierre Corneille (1606–1684), Jean-Baptiste Racine (1639–1699) und von Moliere (1622–1673) dienten. Vor allem ging es um die Herausarbeitung allgemein gültiger Charakter-typen, weswegen z. B. in klassizistischen Dramen die gesellschaftlichen Rahmenbedingungen, die bestimmte Charaktere (wie etwa den eingebildeten Kranken, Tartüffe oder dem Geizigen) hervorbringen, nicht thematisiert werden.

Ab den 1720er Jahren gibt es in Frankreich bereits erste Kunstkritiken, den ‚Mercure de Fran-ce', sowie Kunstsalons, und erste, von staatlicher Seite eingerichtete Kunstakademien, Insti-tutionen also, in deren Rahmen man sich über die Regelhaftigkeit, die Regelgemäßheit von Kunst auseinandersetzt (Aulinger 1992: 23f.).

Im Gegensatz zum Rationalismus, und explizit gegen Descartes gewandt, formulierte **Giam-battista Vico** (1668–1744) in der Schrift ‚Grundzüge einer neuen Wissenschaft über die Natur der Völker' (‚*Scienza Nova*') eine Position, bei der davon ausgegangen wird, dass nur das von Menschen Gemachte auch erkannt werden kann. Er entwickelt ein geschichtsphilosophisches Modell, demgemäß einerseits zwar welthistorisch Regelmäßigkeiten erkennbar sind, andererseits aber jede Epoche nur aus sich selbst heraus verstanden werden kann. Methodisch grenzt er sich von der deskriptiv-analytischen Herangehensweise der Rationalisten durch eine quellenkritische, hermeneutische Sichtweise ab. „Alle Schöpfungen des Menschen, wie Religionen, Gesetze, Kunstwerke, Sprache, sind nicht geschaffen worden, um zu gefallen, zu erziehen oder Macht auszuüben, sondern sind natürliche Formen des Selbstausdrucks der Menschen, der zwischenmenschlichen Kommunikation oder der Kommunikation des Menschen mit Gott. Jede Gesellschaft schafft sich demgemäß diese Medien neu, und sie können nur aus den bestimmten, jeweils einmaligen Bedingungen heraus verstanden werden, unter denen sie entstanden sind." (Kultermann 1998: 80) Vico gilt als Begründer der Geschichtsphilosophie und der Kulturgeschichtsschreibung und für Benedetto Groce (1911) ist er auch der Begründer der neuzeitlichen Ästhetik vor der begrifflichen Festlegung durch Baumgarten. Mit seiner Sichtweise, der gemäß ja Kunstwerke nur aus der jeweiligen konkreten gesellschaftlichen Situation heraus, aus der sie entstanden sind, interpretiert und verstanden werden können, kann er durchaus auch als Wegbereiter einer soziologischen Betrachtung angesehen werden. Schließlich wird er gelegentlich auch – ähnlich wie später Herder – auf Grund seiner hermeneutischen Methodik und seiner In-Frage-Stellung des Fortschrittsdenkens als einer der ersten Anti-Aufklärer bezeichnet.

2.1.5   Die englische Aufklärung

Aus dem Rationalismus geht folgerichtig die Aufklärung hervor. In Frankreich sind es vor allem Voltaire, Jean-Jacques Rousseau und Denis Diderot, die ebenfalls mehr oder weniger rationalistisch begründete Vorstellungen entwickeln. Dieser französischen Aufklärung – auf die noch näher einzugehen sein wird – steht eine englische Philosophie gegenüber, die zunächst durch Anthony Ashley Cooper, Third Earl of **Shaftsbury** (1661–1713) geprägt wird, der eine umfassende Moralphilosophie entwickelt, in der auch die Auseinandersetzung mit dem Schönen eine wesentliche Rolle spielt. In (erneuter) neuplatonischer Wendung sind bei Shaftsbury wiederum das Gute, Wahre und Schöne letztlich gleichgestellt, bloß dass jetzt der göttliche Gedanke schon weitgehend mit dem aufgeklärten Menschen identifiziert wird (vgl. Kultermann 1998: 84). Schön ist bei Shaftsbury das Wahre und Gute, aber es bedarf eines aufgeklärten Geistes, dies auch erkennen zu können. In weiterer Folge erlangt in der englischen Philosophie ab der Mitte des 18. Jahrhunderts der Empirismus bzw. Sensualismus die dominierende Position. Als wichtigster Denker ist hier (vor allem aus kunstsoziologischer Sicht) David Hume zu nennen, bei dem tatsächlich erste Überlegungen, die in die Richtung einer empirischen Kunstsoziologie gehen, zu finden sind.

a.   Humes ‚protosoziologischer' Ansatz

Hume folgt John Locke (1632–1704) und George Berkeley (1685–1753), der in kunsttheoretischer Hinsicht insbesondere Überlegungen zum ‚Erhabenen' angestellt hat. Die Empiristen gehen davon aus, dass es keine Erkenntnis gibt, die nicht auf Sinneseindrücken basiert, und in Bezug auf das Schöne betont nun Hume, dass es vor allem die emotionale Ebene, die Gefühle (*sentiments*) sind, die darüber bestimmen, ob eine Sache als schön oder als missgestaltet (*deformed*) empfunden wird. Der berühmte Satz von Hume in diesem Kontext lautet: „Beauty is not a quality in the things themselves, it merely exists in our mind" (Aulinger 1992: 23). Es geht also nur um das wahrnehmende Bewusstsein, geformt durch den Sinnesapparat – und nicht um eigentümliche Eigenschaften der zu bewertenden Sachen selbst. Allerdings ist Humes Position nicht schlicht subjektivistisch oder relativistisch. Denn natürlich ist die allgemeine Anerkennung bestimmter künstlerischer Phänomene als höherwertig auffällig, und der reine Subjektivismus – der letztlich für absolute Beliebigkeit stünde – ist auch für die Empiristen nicht vertretbar. Hume konstatiert daher durchaus Regelmäßigkeiten in Bezug auf die Geschmacksurteile nach unterschiedlichen historischen Epochen, verschiedenen Gesellschaften, nach dem Lebensalter oder der Intensität der Beschäftigung mit dem Schönen, im Wesentlichen also mit der Kunst. So geht er durchaus davon aus, dass es Experten gebe, die einen anderen Geschmack hätten als ‚gewöhnliche‘ Leute. Wie erklärt Hume aber die Tatsache allgemein anerkannter Kunstwerke? Er behauptet, dass es sich dabei um Werke handle, die gleichsam einen empirischen Test historischen Ausmaßes bestanden hätten. Diese Werke, die dem klassischen Kanon entsprächen, verkörperten objektiv, was von den Menschen ihrer angeborenen Natur nach geschätzt und gebilligt würde (Kulenkampff 1998: 415). Und hier kommt nun eine gleichsam natürliche Elite mit ins Spiel. Hume geht davon aus, dass letztendlich die Experten aufgrund ihres Wissens, ihres – man kann es wohl nicht anders sagen – bildungsmäßigen Hintergrunds darüber kompetent entscheiden können, was schön sei. Hume verweist in diesem Zusammenhang darauf, dass es in Bezug auf die Einschätzung, ob etwas schön oder weniger schön sei, eine gröbere und eine feinere Sensibilität gäbe, und dieses unterschiedliche Vermögen an Sensibilität sei – trotz der prinzipiellen Einförmigkeit der menschlichen Natur – grundlegend dafür, welche künstlerischen Phänomene mehr geschätzt würden als andere. Die feinere Sensibilität haben die Experten, und diese Eigenschaft ist wohl als eine individuelle Eigenschaft, wie etwa Körpergröße oder Haarfarbe, einzuschätzen. Als nächstes folgt für den Aufklärer Hume, dass zur allgemeinen Verfeinerung der Sensibilität die Experten und deren Geschmacksurteile als Richtlinie heranzuziehen seien – dies durchaus im Sinne einer humanistischen Bildung der Menschen.

Humes tendenziell soziologische Herangehensweise endet also an einem entscheidenden Punkt: nämlich bei der Frage, warum bestimmte gesellschaftliche Gruppierungen andere Werthaltungen gegenüber künstlerisch-ästhetischen Phänomenen entwickeln als andere. Für ihn reicht es, soziologisch nicht weiter hinterfragbares Expertentum als empirische Prüfungsinstanz zu postulieren. Bei Hume handelt es sich also um kunstsoziologische Erwägungen ohne tatsächlich soziologisch zu werden. Interessanterweise finden sich solche erstmals bei dem vor allem als Ökonom bekannt gewordenen – und persönlich mit Hume befreundeten – Adam Smith.

b.   Adam Smith – der erste Kunstsoziologe?

Adam Smith (1723–1790) äußert sich zur Kunst nicht in seinem Hauptwerk ‚The wealth of nations‘, sondern in einigen weniger bekannten Essays, weshalb seine diesbezüglichen Überlegungen bislang kaum rezipiert worden sind. Erst Anfang der 1990er Jahre hat die Kunsthistorikerin und -soziologin Barbara Aulinger diesen Klassiker der Ökonomie für die Kunstsoziologie entdeckt (Aulinger 1991). Smith trifft zwei wesentliche Differenzierungen, die sein Denken bereits als ein tendenziell soziologisches ausweisen: Erstens unterscheidet er zwischen wenig bis kaum arbeitsteiligen Gesellschaften und solchen, die sich durch entwickelte Arbeitsteilung kennzeichnen; und zweitens gibt es für Smith eine Unterscheidung nach ‚oberen Klassen‘ und ‚unteren Klassen‘. Und von diesen Differenzierungen ausgehend, argumentiert nun Smith, dass Kunst in weniger arbeitsteiligen Gesellschaften weitgehend eine Sache aller sei, dass aber mit wachsender Arbeitsteilung Kunst zunehmend zu einer Sache der Reichen, also der oberen Klassen würde, entweder, weil nur diese imstande sind, genügend Zeit aufwenden zu können, um Kunst auch genießen zu können, oder aber, weil sie zumindest vermittels ihrer Auftraggeber- und Mäzenatenfunktion wesentlichen Einfluss auf deren Gestalt nehmen. Die oberen Klassen, ‚the rich and the great, the proud and the vain' investieren sowohl Zeit wie auch Geld in Kunst, nicht zuletzt um sich von den unteren Klassen deutlich zu unterscheiden. Die höchst soziologische These, dass Kunst als Distinktionsmittel eingesetzt wird, ist somit bei Smith erstmals zu finden. Smith weist auch auf die dann doch eigentümliche Rolle der ‚Gebildeten', heute würde man wohl sagen der ‚Intellektuellen', hin, die sozial zwischen den oberen und den unteren Klassen anzusiedeln sind und für die das Schönheitsdiktat der Reichen nicht jene Vorbildfunktion hat, wie für die unteren Klassen, die natürlich danach streben, es den Reichen möglichst gleichzutun. Weiters unterstreicht Smith, dass auch die Reichen – ohne sich dessen bewusst zu sein – dem Zwang zur Distinktion unterliegen, was letztlich als Ursache für die Bestrebungen und Auseinandersetzungen in Bezug auf Kanonisierungstendenzen im Bereich der Kunst anzusehen ist. Für Smith ist also die Wertschätzung von Kunst in der Eitelkeit der oberen Klassen und im Nachahmungstrieb der unteren Klassen begründet. Das Nachahmungsbedürfnis der unteren Klassen schätzt Smith durchaus positiv ein, da dadurch ein zivilisierender Effekt erzielbar sei, weswegen auch der Staat Kunst – gleichsam als Beruhigungsmittel für die unteren Klassen – fördern solle. Barbara Aulinger fasst die Positionen der schottischen Empiristen folgendermaßen zusammen: Wenn Hume behauptet, dass die Schönheit nicht in den Sachen, sondern im Geist sei, so meint Smith, darüber hinausgehend, dass der Geist bestimmt sei durch die geschichtete Gesellschaft (Aulinger 1992: 128).

2.1.6   Die französischen Aufklärer

Im 18. Jahrhundert entwickelte die zweite Generation der französischen Rationalisten in Nachfolge des Klassizismus des 17. Jahrhunderts nur ansatzweise differenziertere Positionen zur Kunst als ihre Vorgänger. **Voltaire (Francois Marie Arouet**, 1694–1778) trat neben seinen wissenschaftlichen und philosophischen Arbeiten auch als Dramatiker, Romancier und Lyriker in Erscheinung, als Kunsttheoretiker schloss er allerdings beinahe doktrinär an den Klassizismus Boileaus an. Denis Diderot und Jean-Jacques Rousseau, zwei weitere Vertreter der französischen Aufklärung, haben sich allerdings doch in etwas originellerer Weise zu Fragen der Kunst geäußert.

Denis Diderot (1713–1784) ist vor allem als Hauptherausgeber des umfassendsten Werks der Aufklärung, der *Enzyklopädie*, einem 28 Bände umfassenden Werk, das den Anspruch stellte, das gesamte Wissen der Zeit zu repräsentieren, bekannt. Er selbst hat dort u. a. auch den Artikel über das Schöne verfasst, in dem er vor allem dessen Ursprung und Wesen herauszuarbeiten versucht. Er lehnt die Vorstellung, es gäbe ein absolut Schönes ab und begründet dies mit dem interessanten Gedanken, dass ‚Wesen', die anders geartet seien als wir Menschen, auch andere ästhetische Prinzipien hätten (Graeber 1998: 227). Demgegenüber behauptet er, dass es vor allem die Beziehungen (*rapports*) sind, die einerseits innerhalb des künstlerisch relevanten Gegenstands, aber vor allem andererseits zwischen dem Gegenstand und dem Betrachter bestünden, die Geschmacksurteile beeinflussen. Das individuell unterschiedliche Wahrnehmen (können) von Beziehungen (Graeber 1998: 228) innerhalb des Gegenstandes erklärt auch unterschiedliche Geschmacksurteile. Dieser rationale, geistige Vorgang des Erfassens von innerästhetischen Beziehungen wird durch einen emotionalen Effekt ergänzt, dem Diderot besondere Bedeutung zumisst, weil die emotionale Wirkung zur moralischen Besserung des Menschen beitragen könne und solle. In einer Schrift über das Paradoxon des Schauspielers legt Diderot dar, dass emotionale Wirkung am besten durch kühle Überlegung von Seiten des Künstlers, also durch professionelles Agieren erreicht werden könne. Beide Male, beim Sich-Orientieren an Beziehungen zwischen den innerästhetischen Strukturen und den Wahrnehmenden und beim Behaupten eines möglichst emotionsfreien künstlerischen Gestaltens (mit dem Zweck, optimale emotionale Wirkung zu erzielen), ist Diderots Haltung eine, bei der die Kunst entmystifiziert wird. So steht er eher in einer aristotelischen denn platonischen Linie, während sein Herausstreichen des Aspekts der Beziehungen (*rapports*) schon strukturalistisches Denken erahnen lässt.

Grundsätzlich ist Diderots Kunsttheorie aber durch die Verweigerung jeglicher Systematik gekennzeichnet, was mit der kunstsoziologischen Relevanz seiner Überlegungen korrespondiert, die jeden Absolutheitsanspruch des Schönen leugnet. Denn der relativistische Gedanke, dass andere ‚Wesen' – für den Aufklärer Diderot können das durchaus Angehörige des dritten Standes sein – andere Schönheitsvorstellungen haben könnten, verweist durchaus auf ein Potential an soziologischer Phantasie.

Ähnlich wie Diderot entwickelte auch **Jean-Jacques Rousseau** (1712–1778) keine systematische Theorie des Schönen bzw. der Kunst. Er tritt als Literat und Komponist – so verfasst er den Artikel zur ‚Musik' in der ‚Enzyklopädie' – und Philosoph in Erscheinung. Bekannt ist vor allem seine kritische Grundeinstellung gegenüber dem Fortschrittsglauben und damit eigentlich auch gegenüber der Aufklärung und dem Rationalismus – allerdings aus einer ‚aufgeklärten' Haltung heraus, Dem entspricht auch seine kunstkritische bis – feindliche Haltung, die möglicherweise auch aus dem Misserfolg der eigenen dramatischen und musikalischen Arbeiten erklärt werden kann (Recki 1998: 674). Ähnlich wie Smith sieht er in ausdifferenzierteren Gesellschaften eine neue, diesmal aber negative Rolle der Kunst, die dem Luxus, der Verweichlichung und Frivolität entspricht. Andererseits entwickelt er, möglicherweise als erster Dialektiker der Aufklärung, eine sentimentale Hinwendung zur schönen und erhabenen Natur, eine Haltung, die ihn zu einem ersten Vorläufer der Romantik und damit einer vor allem in Deutschland kunsttheoretisch nachhaltig wirksamen ideologischen Position macht.

2.1.7   Die Aufklärung in Deutschland

In Deutschland dominierte zunächst die rationalistische Denkschule in der Tradition von Wilhelm Leibnitz und Christian Wolff. Für die Herausbildung einer spezifischen philosophischen Auseinandersetzung mit dem Schönen ist vor allem der dieser Tradition verpflichtete **Alexander Gottlieb Baumgarten** (1714–1762) zu nennen. Um die Mitte des 18. Jahrhunderts veröffentlicht er eine großangelegte (dann unvollendete) Schrift mit dem Titel ‚Aesthetica', einer Arbeit über die Wissenschaft von der sinnlichen Erkenntnis. Damit wird Ästhetik erstmals als Bezeichnung einer eigenständigen philosophischen Teildisziplin verwendet. Baumgarten kann also, zumindest was den Begriff betrifft, als Begründer der Ästhetik angesehen werden. Allerdings zielte seine Intention in eine andere Richtung als jene, die die Entwicklung der Ästhetik dann in weiterer Folge genommen hat. Er wollte nämlich vor allem die Grundlagen für eine gelungene, vollkommen sinnliche Erkenntnis, für ‚schönes Denken' (*pulchre cogitare*) schaffen. Dieses ‚schöne Denken' sollte dann z. B. der künstlerischen Tätigkeit vorausgehen, sollte sich aber auch beim Akt der gelungenen sinnlichen Wahrnehmung – also z. B. beim Wahrnehmen von Kunst – einstellen.

Zugrunde liegt dem eine Konzeption, bei der von einer prinzipiell existierenden Harmonie ausgegangen wird, der sich dann das Gestalten von sinnlich wahrnehmbaren Phänomenen anzugleichen versuchen soll. Baumgarten unterscheidet zwischen den klaren, deutlichen, ‚höheren' Erkenntnisvermögen (der Vernunft) und den dunklen, verworrenen, undeutlichen, ,unteren' Erkenntnisvermögen (Sinnlichkeit), und sein zentrales Bemühen gilt der Frage „wie es gelingt, etwas auch ohne Strapazierung der oberen Erkenntnisvermögen zusammenhängend vorzustellen, dabei Proportionen und Harmonien zu entdecken, möglicherweise Relationen und Abhängigkeiten ausfindig zu machen" (Jung 1995: 59), also Ästhetik als eine Theorie der unteren Erkenntnisvermögen (*gnoseologia inferior*) zu entwickeln.

Dass der Versuch die sinnliche Erkenntnis aufzuwerten nicht den von Baumgarten beabsichtigten Erfolg hatte, sondern in weiterer Folge zur Ästhetik als der philosophischen Beschäftigung mit Fragen, die das Schöne und dann insbesondere die Kunst betreffen, führte, mag einerseits in der Tatsache begründet sein, dass die ,Aesthetica' in lateinischer Sprache verfasst und auch ,unvollendet' war. Andererseits aber war dieses Unterfangen möglicherweise auch von Baumgarten selbst halbherzig angelegt, worauf die Wahl des Begriffs ,*inferior*' hinweist, mit dem ja sinnliche Wahrnehmung wohl von vornherein abqualifiziert wird.

Baumgarten hat zur Entwicklung kunstsoziologischen Denkens zwar nicht unmittelbar beigetragen, doch sein Aufgreifen und seine deutliche Anlehnung an die ursprüngliche altgriechische Bedeutung des Begriffs Ästhetik (im Gegensatz zur nachfolgenden philosophischen Ästhetik) ist wert festgehalten zu werden, insbesondere im Hinblick auf die Konzipierung einer aktuellen Soziologie der Ästhetik.

Großen Einfluss auf die Entwicklung der Aufklärung in Deutschland, wenn es um Fragen von Kunst und Kultur geht, hatte **Johann Joachim Winckelmann** (1717–1768). Er beschäftigte sich vor allem mit der *Geschichte der Kunst des Altertums* (1763), also mit der Geschichte der antiken griechischen und römischen Kultur. Hervorzuheben ist, dass er sich wie kaum jemand zuvor mit der Analyse einzelner Werke beschäftigt hat, denen somit Eigenwert und Spezifik zuerkannt wird. Von ihm stammt die Formulierung in Bezug auf antike Kunst, dass sich darin ,edle Einfalt und stille Größe' offenbare, ein Ideal vollkommener Schönheit, das allerdings weitgehend unbestimmt bleibt (Geimer 1998: 815). Dieses Ideal, so Winckelmann, sei vor allem in der griechischen Demokratie erreicht worden, die somit die höchste Stufe der Kunst hervorgebracht hätte. Allerdings erkennt er die spezifischen politischen und auch klimatischen Bedingungen als Voraussetzung dieses Tatbestandes an und weist somit als einer der ersten auf die gesellschaftliche Fortbestimmung und damit auch auf die historische Relativierung von Kunst hin. Er betont auch, dass die Möglichkeit, Schönheit adäquat erfahren zu können, einerseits zwar eine natürliche Gabe sei, diese aber andererseits wiederum der Lehre und Übung bedarf. Dies macht ihn zu einem der ersten Vertreter der Formulierung eines humanistischen Bildungsideals, das nachfolgende Autoren, wie etwa Goethe, Schiller, Herder oder Hegel beeinflusste.

a. Die Begründung der Autonomieästhetik: Immanuel Kant

Die vermutlich bedeutendste und am gründlichsten ausformulierte Konzeption des autonomen Kunstverständnisses als Voraussetzung für die Herausbildung des bürgerlich-romantischen Kunstbegriffs stammt von **Immanuel Kant** (1724–1804), weswegen auf seine Überlegungen im Folgenden ausführlicher eingegangen werden soll. Kant versuchte die Defizite des Rationalismus und des Empirismus in seiner Ästhetik zu überwinden, indem er sowohl die abstrakt-rationale wie die empirisch-sensualistische Dimension gleichermaßen berücksichtigte. Die wesentliche Schrift zur Ästhetik legte er 1790 mit der ,Kritik der Urteilskraft' nach seiner Erkenntnistheorie (mit der ,Kritik der reinen Vernunft') und seiner Moralphilosophie (mit der ,Kritik der praktischen Vernunft') vor. Dabei entfernte er sich von seinen ersten Überlegungen zur Ästhetik, die noch stark von Hume beeinflusst und dementsprechend subjektivistisch-empiristisch angelegt waren (vgl. Gethmann-Siefert 1995: 68f.). Kant versuchte nun in der ‚Urteilskraft‘ das einzulösen, was er in früheren Überlegungen als unmöglich angesehen hatte, nämlich eine allgemein gültige Festlegung dessen zu bestimmen, was als ästhetisch relevant anzusehen sei. Die grundsätzliche Frage, die er sich stellt, ist also die, wie der Widerspruch zwischen der Tatsache, dass das ästhetische Urteil einerseits subjektiv ist, andererseits der Anspruch existiert, allgemein gültige Kriterien für das Schöne angeben zu können, zu lösen ist.

Wie geht Kant hier vor? Zunächst ist festzuhalten, dass er grundsätzlich immer vom Geschmacksurteil ausgeht und also nicht von Wesenseigenschaften des zu beurteilenden – es geht ihm immer die Erlebnisqualität der wahrnehmenden Menschen, nicht um Eigenschaften der wahrgenommenen Phänomene. So weit gesteht Kant also der Subjektivität große Bedeutung zu, das Geschmacksurteil ist bis zu einem gewissen Grad eine autonome Sache der wahrnehmenden Subjekte (weswegen er auch als ein Begründer der sogenannten Autonomieästhetik gilt). Allerdings nur bis zu einem gewissen Grad. Denn um ein ästhetisches Urteil zu sein, bedarf es einer weiteren, anderen Qualität von Autonomie, nämlich der Freiheit von jeglichem Interesse beim Akt der Wahrnehmung. Erst wenn ein Phänomen ‚ohne alles Interesse‘, ‚ohne Begriff allgemein‘, als ‚Form der Zweckmäßigkeit‘ ‚ohne Vorstellung eines Zwecks‘ gefällt, also um seiner selbst Willen, ohne jede vernünftige Begründbarkeit Wohlgefallen hervorruft, erst dann kann von einem positiven ästhetischen Urteil die Rede sein, das auch den Anspruch auf allgemeine Gültigkeit erheben kann, wobei die Betonung auf allgemein, d. h. objektiv für alle gleichermaßen gültig, liegt (Jung 1995: 65f). Worauf beruht nun für Kant dieser Anspruch auf Allgemeingültigkeit? Hier stellt er eine Verbindung zu seiner Erkenntnistheorie her: Wenn sich nämlich die freie Einbildungskraft (vielleicht könnte man auch Phantasie sagen), angeregt durch die als schön wahrgenommenen Phänomene, zu entfalten beginnt und in ein Spiel mit dem Verstand eintritt, wenn es also zum ‚freien Spiel der Erkenntniskräfte‘ kommt, dann ist ein allgemein begründbares Geschmacksurteil gegeben. Denn Kant geht davon aus, dass ‚dieses Verhältnis für jedes erkennende Wesen dasselbe ist‘ (Hauskeller 1998: 36), nämlich beim Wahrnehmen von Gegenständen zunächst deren komplexe Form zu erfassen (eine Leistung der Einbildungskraft) und sie weiters mit Begriffen zu belegen (eine Leistung des Verstandes). Und für „Kant ist es nun eine Besonderheit schöner Gegenstände, diesen kognitiven Prozess zwar in Gang zu setzen, aber nicht zu einem Ende kommen zu lassen, sondern unsere kognitiven Vermögen der Zusammenfassung von Mannigfaltigkeit (Einbildungskraft) einerseits und der begrifflichen Bestimmung (Verstand) andererseits in einem fortgesetzten und in sich nicht terminierten Zusammenspiel zu halten. Dieses Spiel der Erkenntnisvermögen bildet den Inhalt der kontemplativen Betrachtung des Schönen (…)“ (Kulenkampff 1998: 456f.). Anders formuliert könnte man ‚das freie Spiel der Erkenntnisvermögen‘ wohl auch als Freude am Deuten eines ästhetischen Phänomens, das eben verschiedenste Interpretationen zulässt, ohne eine endgültig ‚richtige‘ zu beinhalten, auslegen. Und weiters wären alle Phänomene, die diese Lust am Deuten anregen, solche von ästhetischer Relevanz. Damit wäre man dann sehr nahe bei aktuellen kunsttheoretischen Überlegungen, bei denen es um die verschiedenen möglichen ‚Lesarten‘ (*cultural studies*), um die Polysemie (Postmoderne), um die Offenheit (Umberto Eco) von Kunstwerken geht, um nur einige zu nennen.

Neben Überlegungen Kants, die der Seite der Wahrnehmung von ästhetisch relevanten Phänomenen gewidmet sind, und die also durchaus als rezeptionsästhetische bezeichnet werden können, hat Kant sich auch mit der Rolle des Künstlers bzw. des Genies beschäftigt, also mit der Seite der Produktionsästhetik. Das Schöne, so Kant, wird vom Genie hervorgebracht:

„Genie ist das Talent (Naturgabe), welches der Kunst die Regeln gibt. Da das Talent, als angebornes produktives Vermögen des Künstlers, selbst zur Natur gehört, so könnte man sich auch so ausdrücken: Genie ist die angeborne Gemütslage (*ingenium*), durch welche die Natur der Kunst die Regeln gibt." (Kant 1974: 242f)

Aufgrund der geschilderten Eigentümlichkeit des Geschmacksurteils, das keine rationale Letztbegründung zulässt, ja, sich gerade durch den Schwebezustand zwischen Einbildungs-kraft und Vernunft kennzeichnet, ist auch keine rein vernünftig anleitbare Hervorbringung des Schönen möglich. Um also dieses freie Spiel der Erkenntniskräfte in Gang setzen zu kön-nen, bedarf eines außergewöhnlichen Menschen, der imstande ist, Regeln neu zu schaffen – aber: Diese Regeln müssen dann auch immer nachvollziehbar sein. Wenngleich einerseits ge-mäß der Ästhetik Kants keine Regeln genannt werden können, wie Kunst herzustellen ist, so sollen sich andererseits aber aus einem Kunstwerk Regeln ableiten lassen, es muss einer gewissen Regelhaftigkeit folgen, um überhaupt als ein Kunstwerk erkannt werden zu können.

Scheint die Formulierung Kants ‚des freien Spiels der Erkenntnisvermögen' beim ästhetischen Urteil bis heute – wie schon angedeutet – offensichtlich noch nachvollziehbar, so verweist eine andere Formulierung Kants doch in den Bereich der Metaphysik. Kant argumentiert nämlich in seinen abschließenden Bemerkungen zum Geschmacksurteil, dass das Geschmacksurteil sich einerseits auf keinen bestimmten Begriff begründen könne, aber andererseits – um ein allgemeines Urteil sein zu können – sich eben doch auf einen – jetzt allerdings unbestimmten – Begriff begründen müsse, damit, dass ‚unbestimmte Begriff' das ‚übersinnliche Substrat der Erscheinungen' sei (Kant 1974: 281f.). Diese Formulierung vom ‚übersinnlichen Substrat der Erscheinungen' verweist aber doch deutlich in romantisch, kunstreligiöse Gefilde und nicht in verstandesmäßig erfassbare Bereiche.

Kant hat zweifellos eine sehr ausdifferenzierte Argumentation in Bezug auf die Bildung des Geschmacksurteils entwickelt, die die weitere Entwicklung der Kunst und der Kunsttheorie bis in die Gegenwart beeinflusst hat. Die These vom ‚interesselosen Wohlgefallen', die Her-ausstellung der ‚Autonomie von Kunst', die Festlegung auf das ‚freie Spiel der Erkenntnisver-mögen' und die Konzeption des die Regeln gebenden' Genies prägten und prägen nicht nur im akademischen Bereich, sondern auch im Alltag die Haltung zur Kunst.

Kant schließt seine Überlegungen mit der Feststellung, dass man über den Geschmack strei-ten, aber nicht disputieren könne, weil eine objektive Letztbegründung (das Ziel des Disputs) eben nicht möglich sei (Kant 1974: 278f.). Gerade hier aber drängen sich Fragen auf wie etwa: Warum gibt es Menschen, die das ‚freie Spiel der Erkenntnisvermögen' besser beherrschen als andere, mehr Freude an diesem Spiel haben, wie kommt es zu historischen Veränderungen des-sen, was als künstlerisch relevant angesehen wird, schließlich und vor allem, wieso kommen Menschen, die an der Kunst interessiert sind, die also das freie Spiel der Erkenntnisvermögen wohl gleichermaßen gut beherrschen, zu unterschiedlichen Geschmacksurteilen? Eine ver-tiefende Auseinandersetzung mit diesen Fragen würde wohl unweigerlich zu soziologischen Überlegungen führen müssen. Dass Kant diese Problematik zwar gesehen hat, an einer Beschäf-tigung mit dieser aber gar nicht interessiert war, mag vor allem daran liegen, dass es ihm – im Gegensatz etwa zum Ökonomen Smith – eben um den Menschen schlechthin gegangen ist und nicht um historisch besondere Erscheinungsformen, etwa des Geschmacksurteils. Er hat sein soziologisches Desinteresse sogar recht deutlich gemacht, wenn er folgendes schreibt:

„Empirisch interessiert das Schöne nur in der Gesellschaft (…) Für sich allein wür-de ein verlassener Mensch auf einer wüsten Insel weder seine Hütte noch sich selber ausputzen, oder Blumen aufsuchen, noch weniger sie pflanzen, um sich damit auszuschmücken; sondern nur in Gesellschaft kommt es ihm ein, nicht bloß Mensch, sondern auch nach seiner Art ein feiner Mensch zu sein." (Kant 1974: 229)

Kant stellt allerdings gleich darauf klar, worum es ihm aber geht: „Dieses indirekt dem Schönen, durch Neigung zur Gesellschaft, angehängt, mithin empirische Interesse ist aber für uns hier von keiner Wichtigkeit, die wir nur darauf zu sehen haben, was auf das Geschmacksurteil a priori, wenngleich nur indirekt, Beziehung haben mag." (Kant 1974: 230)

Zur Kunstsoziologie finden sich also nur wenige Anknüpfungspunkte, die darüber hinaus auch noch einer ausführlichen Ausformulierung bedürfen, aber möglicherweise schon in einigen Ansätzen der jüngeren Soziologie der Ästhetik eingelöst worden sind. (Ich denke vor allem an Bourdieu, der seinem Buch ,Die feinen Unterschiede' ganz bewusst, in Anspielung auf Kant, den Untertitel ,Kritik der gesellschaftlichen Urteilskraft' gegeben hat), für die gesellschaftliche Bedeutung von und den gesellschaftlichen Umgang mit Kunst aber haben Kants Überlegungen fraglos bis heute nachhaltige Auswirkungen.

2.1.8   Die deutschen Aufklärer und Romantiker: Zu einer Ästhetik des Handelns

Im Gegensatz zu den rationalistischen und kritizistischen Gedanken Baumgartens und Kants, die Ästhetik vor allem als eine Form der Erfahrung verstanden, bilden sich um die Wende vom 18. zum 19. Jahrhundert in Deutschland idealistisch-aufklärerische Ansätze heraus, die den Bildungsanspruch von Kunst hervorhoben und sich also einer Ästhetik des Handelns (Gethmann-Siefert 1995: 149f.) verpflichtet fühlten. Vertreter dieser Positionen waren vor allem Herder, Schiller, aber auch Hegel und die Romantiker Schlegel und Schelling.

Johann Gottfried Herder (1744–1803) unterstrich vor allem die historische Bestimmtheit von Kunst und Kultur, ähnlich wie vor ihm Gambattista Vico, weshalb er ebenso wie dieser aufgrund seiner Kritik am Fortschrittsglauben auch gelegentlich als Anti-Aufklärer bezeichnet wird. Damit wandte er sich gegen die Verabsolutierung der hellenistischen Epoche bei Winckelmann ebenso wie gegen die Überzeitlichkeit des ästhetischen Werturteils, wie sie bei Kant gegeben ist. Im Gegensatz dazu betonte er die Bedeutung des Lebens des Volkes und hier insbesondere des nationalen Charakters des Volkes (Lotter 1998: 391f.). Nur aus dem Leben des Volkes, aus dessen Entwicklungsbedingungen, wie sie durch Klima, Sitten, Traditionen, Bedürfnissen und Leidenserfahrungen gegeben sind, heraus, kann Kunst begriffen werden. Herder unterscheidet zwischen einer Naturpoesie einerseits, die vom Volk getragen wird und einer Kunstpoesie andererseits, die von einer volksfremden, abgehobenen Kunst der Gelehrten gemacht wird. Nationale Kultur, Kunst und Literatur speisen sich vor allem aus der Kraft der Kultur des Volkes, worunter Herder durchaus soziologisch die Handwerker, Bauern und Bürger (im Gegensatz zur Aristokratie) versteht. Der Kunst kommt bei Herder eine sinnstiftende Funktion zu, sie wächst einerseits aus dem Milieu, dem nationalen Leben heraus, aber sie wirkt auch auf das Leben zurück, so spielt sie auch eine maßgebliche Rolle bei der Herausbildung nationaler Identität und ist von daher auch ein wesentliches Instrument der Erziehung und Humanisierung.

Mit dem Begriff der Nationalliteratur versucht Herder deutlich zu machen, dass es eine Vielzahl gleichwertiger Literaturen gebe und erst vor diesem Hintergrund der Vielfalt der Begriff der Weltliteratur sinnvoll angewandt werden kann.

Herders Position ist natürlich vor allem auch im Hinblick auf die spezifische Lage der nationalen Zerrissenheit Deutschlands im 18. Jahrhundert zu sehen, aus der heraus verständlich wird, dass er für Deutschland ein ‚goldenes' Zeitalter kultureller Identität erst heranbrechen sah (im Gegensatz zu Italien, Spanien, England oder Frankreich). Von daher ist auch die Berufung mancher nachfolgender mythischer Volksideologien auf Herder als Missverständnis, wenn nicht Missbrauch zu verstehen.

Indem Herder die historische, aber auch die gesellschaftliche (nationale) Relativität von Kunst und Kultur herausgestrichen, der Bedeutung vom nationalen Leben, von Klima, Milieu, von Sitten und Traditionen im Zusammenhang mit Kunst einen wesentlichen Stellenwert gegeben hat, indem er die sinnstiftende Funktion von Kunst betonte, hat er einen Grundstein für die Herausbildung einer umfassenderen – und tendenziell schon soziologisch angelegten – Kulturgeschichtsschreibung gelegt.

Dass künstlerisches Handeln mit dem Anspruch verbunden ist, freie selbstbestimmte Humanität erfahrbar zu machen, hat vor allem bei **Friedrich Schiller** (1759–1805) Niederschlag gefunden. In Anlehnung an Kant entwickelt er in der Schrift: „Über die Erziehung des Menschen in einer Reihe von Briefen" (1795) ein Konzept, bei dem er den (sinnlichen) Stofftrieben die (vernunftgeleiteten) Formtriebe gegenüberstellt, die beide, jeder für sich, mangelhaft seien und erst in ihrer beiderseitigen Ergänzung einen dritten, nämlich den (künstlerischen) Spieltrieb wecken. „Erst das Spiel macht den Menschen vollständig. Darum spielt der Mensch nur ‚wo er in voller Bedeutung des Wortes Mensch ist, und er ist nur da ganz Mensch, wo er spielt'. Das spielerische Verhältnis ist die Eigentümlichkeit des ästhetischen Zustandes." (Hauskeller 1998: 43) Schiller beschränkt sich in seiner Argumentation – im Gegensatz zu Kant – bereits sehr deutlich auf Kunst, sieht also z. B. vom Naturschönen ab. Auch finden sich – auch dies im Gegensatz zu Kant – rationalistische Argumente in Bezug auf die Wesenscharakterisierung von Kunstwerken. Hier handle es sich nämlich um Objekte, die qua ihrer formalen Gestaltung (z. B. eine geschlängelte Linie), Autonomie und Freiheit vermitteln.

Die Verantwortung dafür, dass die philosophische Ästhetik auf die Beschäftigung mit Fragen der Kunst eingeschränkt wurde, liegt weitgehend bei **Georg Wilhelm Friedrich Hegel** (1770–1831). Zuallererst ist hervorzuheben, dass Hegels Überlegungen zur Kunst im Gegensatz zu Kant nicht formal, sondern inhaltlich ausgerichtet sind und dass bei ihm der Aspekt der historischen Entwicklung im Vordergrund steht. Grundlage und Ausgangspunkt ist daher eine umfassende Darstellung der historischen Entwicklungsstufen von Kunst. Die Bestimmung der Funktion und Beschaffenheit von Kunst wird bei Hegel aber nur aus einer umfassenden geschichtsphilosophischen Konzeption heraus verstehbar. Gemäß dieses Konzepts hat der allumfassende Geist – damit meint er das individuelle ebenso wie das kollektive Bewusstsein, womit also die Grundlage menschlichen Lebens überhaupt angesprochen ist – eine dialektische Entwicklung durchlaufen – hat sich also geschichtlich entwickelt – und in dieser Entwicklung spielt die Kunst eine durchaus gewichtige Rolle, allerdings in einer jeweils historisch bestimmten Art und Weise. Kunst bestimmt sich für Hegel nämlich durch ihre jeweilige kulturelle Funktion und diese ist vor allem mit der Stiftung eines geschichtlichen Selbstbewusstseins gegeben. Hegel bestimmt die Kunst als Ideal „als jeweils geschichtliche Existenz bzw. Lebendigkeit der Idee in einer endlichen Gestalt, als ‚das sinnliche Scheinen', als ‚Dasein', oder ‚Existenz' der Idee" (Gethmann-Siefert 1995: 206f.). Damit geht es in der Kunst auch um die Darstellung von Wahrheit, um die ‚Enthüllung der Wahrheit in sinnlicher Form' u. d. h bei Hegel: um die Darstellung des Prozesses der wachsenden Selbstentfaltung des Geistes bzw. des jeweiligen Entwicklungsstandes des ‚Geistes'. Der Schöpfer von Kunst, das Genie, ist derjenige, der ein Werk zwar als Einzelner vollbringt, es aber nur getragen von der Gemeinschaft vollbringen kann (Gethmann-Siefert 1995: 206). Kunst wird bei Hegel also Ergebnis menschlichen Handelns auf einer jeweils gegebenen historischen Entwicklungsstufe gedeutet und dient der Selbstverständigung des Menschen über diesen historischen Entwicklungsstand.

„In seinem philosophischen System argumentiert Hegel, dass Kunst, Religion und Philosophie Grundformen seien, in denen sich der menschliche Geist eines Absoluten – das heisst eines letzten Sinns, eines letzten Prinzips – bewusst werde. (…) In der Kunst werde das Absoute angeschaut, in der Religion vorgestellt und in der Philosophie gedacht. Nach Hegel hat sich jedoch die Kunst in der Antike vollendet, sodass ihre Aufgabe im Mittelalter von der christlichen Religion und seit Hegels Zeit von der Philosophie übernommen worden sei." (Ruffing 2006: 141)

In Bezug auf die Kunst unterscheidet Hegel dementsprechend drei Phasen, nämlich die symbolische Phase (Orient, Ägypten, die Repräsentation des Göttlichen), die klassische Phase (Antike, vollendete Darstellung des Göttlichen, bei der sich auch die Kunst vollendet) und schließlich die romantische Phase (vom Ende der Antike bis zum 19. Jhdt., wobei die genauere Bestimmung des Endes dieser Phase unklar bleibt). Hegel ordnet weiters jeder Epoche bevorzugte Kunstgattungen zu, der symbolischen die Architektur, der klassischen sowohl Architektur wie Skulptur und der romantischen die Malerei, weiters die Musik und die Poesie. Die romantische Phase geht schließlich über in die Phase der Darstellung des vernünftigen, freien Menschen, womit aber die Kunst im Hegelschen Sinne eben auch schon an ihr Ende gekommen ist, und es daher fraglich bleibt, ob diese mögliche vierte Phase tatsächlich als solche zu bezeichnen ist. Mit der Aufklärung und der bürgerlichen Revolution hat die Kunst die Funktion einer umfassenden Orientierungsform endgültig verloren.

Stattdessen werden mit dem Entstehen der subjektiven Geschicklichkeit des Künstlers unerschöpfliche Möglichkeiten künstlerischer Aktivitäten freigesetzt, und die Philosophie (bzw. die Wissenschaft) als umfassendes Erklärungssystem tritt an die Stelle der Kunst (Gethmann-Siefert 1995: 230ff.).

Hegel, der sich nicht zuletzt durch ein umfassendes Wissen über die Entwicklung der künstlerischen Ausdrucksformen auszeichnete (dies im Gegensatz etwa zu Kant, der diesbezüglich offensichtlich nicht allzu bewandert war), gilt als Begründer der Kunstgeschichtsschreibung. Die seiner Geschichtsphilosophie entsprechende Betonung und Herausarbeitung von unterschiedlichen Epochen des Kunstschaffens, die unterschiedlichen Epochen der Entwicklung des ‚Geistes' (der Gesellschaft) entsprechen, machen klar, dass Kunst jenseits historischer Formbestimmtheit für Hegel nicht denkbar ist. Wenngleich Hegels Geschichtsphilosophie, seine These, dass der Weltgeist im Laufe der historischen Entwicklung zu sich selbst kommt, höchst spekulativ und kritisierbar ist, so ist doch sein Beharren auf den empirischen Tatsachen der Kunstepochen als ‚Material' seiner Ästhetik von bemerkenswertem ‚Empirismus' gekennzeichnet (dies im Gegensatz zu anderen Vertretern idealistischer Ästhetik), und daher durchaus ernstzunehmendes Material für kunstsoziologische Sichtweisen. Die soziologische Wende hat dann Karl Marx vollbracht, indem er Hegels Dialektik ‚vom Kopf auf die Beine stellte', ohne allerdings eine eigenständige Ästhetik zu entwickeln.

Als diese Herausbildung einer soziologischen Sichtweise Platz zu greifen begann, wobei Anschlussprozesse an die Konzepte von Herder, Kant oder Hegel zu sehen sind, fand gleichzeitig auch eine gegensätzliche Bewegung statt, nämlich die mit den Ausläufern des deutschen Idealismus einhergehende Romantisierung von Kunst, in deren Zuge die bürgerlich-romantische Konzeption von Kunst sich endgültig verfestigte und kulturelle Vormachtstellung bis weit hinein ins 20. Jahrhundert zu erlangen imstande war. Aus eben diesem Grund – ihrer realen Wirksamkeit wegen – soll noch auf einige prominente Vertreter dieser Konzeption eingegangen werden, auch wenn bei ihren Überlegungen ein unmittelbarer Bezug zu kunstsoziologischen Sichtweisen kaum gegeben ist. Allerdings steht hier – im Gegensatz zu vielen der bisher dargestellten Positionen – das Nachdenken über und das Bewerten von Kunst im ‚modernen‘ Sinne erstmals im Vordergrund, weshalb auch bis heute von einer bürgerlich-romantischen Konzeption von Kunst die Rede ist.

Die Romantik im engeren Sinn wird zunächst von einem Kreis von Persönlichkeiten getragen, die unter dem Namen Jenaer Frühromantik zusammengefasst werden und denen u. a. Dichter und Philosophen wie etwa Novalis, Schleiermacher, Tieck, die Brüder Schlegel oder Wackenroder angehören. Beispielhaft soll hier auf **Friedrich Schlegel** (1772–1829) eingegangen werden (vgl. Klinger 1998: 715f.). Er wollte zunächst eine umfassende Ästhetik aus der Darstellung der antiken griechischen Poesie ableiten, erkannte aber, dass sich Antike und Moderne grundlegend unterscheiden und stützte seine weiteren Überlegungen vor allem auf dieses Herausstreichen der Besonderheiten der Moderne, die da sind: Offenheit, Künstlichkeit, das Charakteristische, Individuelle, das Interessante, das Neue, Pikante, Frappante, das Fragmentarische, die Ironie. Kennzeichnend für Schlegel ist die positive Einschätzung von Widersprüchen, die sich z. B. in der Gleichzeitigkeit von ‚Fragmentbewusstsein‘ und ‚Totalitätssehnsucht‘ manifestieren. Kunst ist für Schlegel ein privilegierter Zugang zum Unbekannten, Undarstellbaren, Unfühlbaren, sie ist charakterisiert durch den Widerspruch, auf der einen Seite die Welt neu zu erschaffen und gleichzeitig mit unentrinnbarer Endlichkeit verbunden zu sein. Seinem ungeschlossenen, fragmentarischen Denken entspricht auch ein abwechslungsreicher Lebenslauf, bei dem literarische, politische und philosophische Aktivitäten sehr eng miteinander verwoben sind.

Die prägnanteste philosophische Grundlegung des bürgerlich-romantischen Kunstideals formulierte vermutlich **Friedrich Wilhelm Joseph Schelling** (1775–1854). In Fortführung Kantscher Ästhetik (Nachkantscher Idealismus) fragt er nach den Wesenseigentümlichkeiten des Kunstwerks und nach der Rolle des Künstlers. Für Schelling wird im Kunstwerk der Widerspruch zwischen Natur und Freiheit in einer neuen Totalität aufgehoben. Ihm geht es vor allem darum, den besonderen Stellenwert der Kunst, ihre einzigartigen Möglichkeiten, die ‚Selbstanschauung des Weltgeistes‘ zu eröffnen, herauszustellen (vgl. Gethmann-Siefert 1995: 185f.). Damit koppelt er die Kunst – mehr noch als Kant – von jeglicher politischen, moralischen, oder sozialen Funktion ab. Poetisch anmutende Formulierungen, wie die, dass die Besonderheit des Kunstwerkes seine bewusstlose Unendlichkeit sei, dass es dabei um endliche Unendlichkeit ginge, dass das Kunstwerk durch Genies bewusstlos, durch dunkle Notwendigkeit geschaffen würde, dass die Kunst auf eine prästabilisierte Harmonie eines absoluten Handelns ziele (vgl. Prange 1998: 697), weisen auf die Instinktbezogenheit, die Irrationalität, ja ‚Bewusstlosigkeit‘ künstlerischen Schaffens hin, eine Haltung die bereits gegen den bürgerlichen Utilitarismus und damit für eine romantische Konzeption künstlerischer Aktivitäten sprechen.

Schelling feiert in der Kunst die offensichtlich letzte Möglichkeit einer absolut freien Tätigkeit und trifft damit wohl den Nerv einer Gesellschaft, in der sich neue Formen der Fremdbestimmung durch Arbeitsteilung, Marktwirtschaft, Industrialisierung und Bürokratisierung etablieren, gegen die ja die Romantiker heftig Stellung bezogen.

Während für Kant oder Schelling, vor allem aber für Hegel künstlerische Betätigung noch als eine eher in ihrer Allgemeinheit zu erforschende und analysierende Praxis verstanden werden, findet sich bei einem Philosophen eine Einschätzung von Kunst, die ebenfalls weit ins

20. Jahrhundert Wirkung zeigt, und die durchaus dem optimistischen Zeitgeist aus dem heraus sie entstanden ist, entgegensteht. Gemeint ist **Arthur Schopenhauer** (1788–1860), dessen Hauptwerk ‚Die Welt als Wille und Vorstellung' 1819 erschien, aber zunächst keinerlei Beachtung fand (Pothast 1998: 723f.). Erst nachdem eine späte Aphorismensammlung um 1850 Schopenhauer bekannt machte, wurde sein Hauptwerk neu aufgelegt und erzielte nachhaltige Wirkung. Das erklärt sich u. a. daraus, dass das grundsätzlich höchst pessimistische Werk wohl kaum in die 1820er Jahre passte, die noch im Zeichen aufklärerisch-optimistischer Fortschrittsgläubigkeit standen, wenn auch gebrochen durch romantische Freiheitssehnsucht. Es fügte sich jedoch viel besser in die intellektuelle Depression nach der gescheiterten Revolution von 1848 – und möglicherweise auch eher in das mittlerweile gewachsene Bewusstsein einer fremdbestimmten, arbeitsteiligen Industriegesellschaft. Schopenhauer selbst hat die soziologischen Bezüge allerdings nicht hergestellt, sondern siedelt seine Überlegungen, ähnlich wie Kant und Hegel (die bei ihm allerdings sehr negativ geartet sind), auf allgemeinster Ebene an.

Schopenhauer geht davon aus, dass die menschliche Existenz durch den Willen bestimmt wird, und mit dem Willen meint er jene Kräfte, die außerhalb bzw. jenseits menschlicher Einflussmöglichkeiten liegen. Der Wille kann einerseits als das ‚Ding an sich' im Kantschen Sinne verstanden werden, aber auch – in Vorwegnahme tiefenpsychologischer Konzepte des 20. Jahrhunderts – als Trieb oder Begehren. Er ist die Kraft, die menschliches Handeln leitet, auf die die Menschen aber letztlich keinen Einfluss haben. Die Vorstellung ist für Schopenhauer die für den Menschen erfahrbare Welt, in der er gemäß den Kräften des Willens – relativ fremdgesteuert also – agiert und zu (über)leben versucht.

Ein weiteres wesentliches Konzept Schopenhauers ist der ‚Satz von Grunde', womit er Ausgangsprinzipien eines jeden Tatbestandes meint, nämlich Kausalität, logische Begründung, Raum/Zeit und Motivation. So ist für ihn in der alltäglichen Lebenswelt alles durch den Satz des Grundes bestimmt und durch den Willen gesteuert.

Kunst ist nun für Schopenhauer „Erkenntnisart der Dinge unabhängig vom Satz des Grundes" (vgl. Pothast 1998: 725). Damit meint Schopenhauer, dass das ein Kunstwerk wahrnehmende Individuum sich bei der Betrachtung eines Kunstwerkes soweit verlieren kann, dass der Wille vollkommen in den Hintergrund tritt und die reine Form (außerzeitlich, außerräumlich, ohne Motiv und Kausalität – jenseits des Satz des Grundes) wahrgenommen wird. Schopenhauer behauptet weiter, dass das, was dann wahrgenommen wird, die reine Idee (im Platonischen Sinne) sei, allerdings als Objekte der Vorstellung (und nicht als Ding an sich). Die Möglichkeit, reine Ideen wahrnehmen zu können, also jenseits des Satzes des Grundes und unter Außerachtlassung des Willens, kann allerdings nur unter der Preisgabe von Individualität erfolgen. Hier hat also das Modell der kontemplativen, sich versenkenden, meditativen Kunstrezeption seine philosophisch prägnanteste Formulierung. Das Genie schließlich ist für Schopenhauer der Mensch, der ein besonderes Talent besitzt, die reinen Ideen wahrzunehmen bzw. ihnen wahrnehmbare, sinnliche Gestalt zu verleihen. Das Genie ist für Schopenhauer allerdings Spiegel' der Menschen, er bringt der Menschheit ‚was sie fühlt und treibt zum Bewusstsein' (Hauskeller 1998: 49).

Der kunstsoziologisch wichtigste und folgenreichste Gedanke Schopenhauers ist allerdings jener bezüglich der Funktion, die er der Kunstbetrachtung zuweist. Insofern nämlich, als er – gegen jede humanistische, aufklärerische Tradition – davon ausgeht, dass der Mensch fremdbestimmt sei, dass das Leben durch die ständige Auseinandersetzung des Menschen mit dem Willen, die permanenten Kämpfe um Individualität, um individuelles Überleben gekennzeichnet sei, stellt sich für ihn die Kunstrezeption als eine kurzfristige Befreiung von der Last der Individualität dar. Kunst als Entlastung also, als kurze, begrenzte, und auch als wahrgenommene Flucht aus dem elendiglichen, alltäglichen Leben. „In der Kunst findet der vom Leben gequälte Mensch für eine Weile Frieden, indem er seinen Individualwillen und die ganze Welt der Motive, die ihn ständig umtreiben und ihm keine Ruhe gönnen, hinter sich lässt. Er erfährt so, was es heißt, ohne Willen zu sein, allem Leid enthoben, ein klares Weltauge, allerdings nur für Augenblicke, bis ihn das Leben wieder einholt" (Hauskeller 1998: 50).

Mit dieser Position wird die Grundlage für eine kulturpessimistisch gestimmte Kunstsoziologie gelegt, die die Überhöhung des Genies ebenso wie die Funktionalisierung von Ästhetik begründet, wie sie bei Georg Simmel, Georg Lukács oder Theodor W. Adorno zu finden sein wird.

2.2   Zusammenfassung, Nebenlinien und Ausblick

2.2.1   Zusammenfassung:
Unterschiedliche Gesichtspunkte der Betrachtung

Grundsätzlich lassen sich die bisher dargestellten Ansätze nach verschiedenen Gesichtspunkten ordnen, wobei die vier wesentlichsten folgende sind:

*   ob in struktureller, feldbezogener Hinsicht das Produkt bzw. die Produktion oder ob die Rezeption im Zentrum der Betrachtungen steht
*   ob vom Geltungsanspruch her eine essentialistische oder eine konstruktivistische bzw. relativistische Position vertreten wird
*   ob in funktioneller, quasi ‚kulturpolitischer‘ Hinsicht der Erkenntnis- oder der Handlungsaspekt, sowie in Bezug auf ästhetische Phänomene die formale oder inhaltliche Dimension dominiert und schließlich
*   ob in entwicklungslogischer oder sozial differenzierender Hinsicht eine universelle Gültigkeit oder spezifische, partikulare (z. B. nationale) Entwicklungslinien der Kunst angenommen werden

a.   Strukturelle Differenzen: Produktions- und Rezeptionsästhetik

Wenn das Produkt (das Kunstwerk) oder das Herstellen und Verbreiten desselben, die Produktion also, im Vordergrund steht, kann von einer **produkt- bzw. produktionsästhetischen Position** gesprochen werden.

Wenn hingegen der Wahrnehmungsaspekt, der Akt der Rezeption sich im Fokus befindet, kann von einer **rezeptionsästhetischen Position** gesprochen werden. Bei dieser wird meist davon ausgegangen, dass der Wert, die Bedeutung von künstlerischen Phänomenen letztlich vom Urteilsvermögen der Rezipierenden abhängt.

b.   Differenzen bezüglich des Geltungsanspruchs:
Essentialismus oder Konstruktivismus bzw. Relativismus

Wenn die Haltung vertreten wird, dass ‚ästhetische Qualität‘ vor jeder Wahrnehmung in den Objekten selbst existiert, dass diesen Qualitäten Gesetzmäßigkeiten unterliegen, die analysiert, erkannt und angewandt werden können, und dass das künstlerische Gestalten dementsprechend lehr- und lernbar sei, dann kann von **essentialistischen ästhetischen Positionen** gesprochen werden. Wird demgegenüber davon ausgegangen, dass es keine erkennbaren Regeln gibt, die vor jeder Erkenntnis existieren und die Qualität künstlerischer Phänomene ausmachen, dass es letztlich also ‚bloß' um subjektive Werturteile, um von Menschen gemachte Regeln, eventuell um mehr oder weniger gut gelernte, kompetente (vor allem aber einer bestimmten Tradition entsprechenden) Wahrnehmung geht, dann kann von **relativistischen bzw. konstruktivistischen ästhetischen Positionen** gesprochen werden.

c.   Funktionale Differenzen: Kunst als Erkenntnis oder Kunst als Handeln

Diese Dimension spricht die kunst- oder kulturpolitische Intention einer ästhetischen Position an. Auf der einen Seite ist hier die Position vorzufinden, bei der es in erster Linie darum geht, unmittelbar sinnliche Wahrnehmung als eine Möglichkeit der Erkenntnis von Wahrheit zu begreifen. Zumeist wird die formale Dimension des ästhetischen Phänomens als vorrangig angesehen. Von zentraler Bedeutung ist daher die Frage, ob und wie adäquate Erkenntnis der formalen Gestaltungsprinzipien des Schönen und der Kunst möglich ist, weswegen auch von einer **epistemologischen ästhetischen Position** gesprochen werden kann. Dies kann eine essentialistische (Rationalisten) aber auch eine konstruktivistische Entsprechung haben.

Auf der anderen Seite finden sich Ansätze, bei denen die Intention, die gesellschaftliche Funktion und Wirkung, die inhaltliche Dimension von Kunst oder ästhetischen Phänomenen im Zentrum des Interesses stehen. Kunst wird zwar auch als Erkenntnisform verstanden, aber darüber hinaus wird die Aufgabe der Kunst, zu informieren, zu bilden, die Menschen zu ‚verbessern' in den Vordergrund gestellt. Das Studium ästhetischer Phänomene dient in erster Linie der Formulierung von Handlungsanleitungen für Kunstschaffende bzw. für verantwortungsbewusste Menschen. Allerdings ist hier – gleichsam als Negation – auch diejenige Position mitzubedenken, die in der Kunst eine bedrohliche, verführerische Dimension als möglich oder gar als gegeben ansieht. Insgesamt können diese Ansätze als **ethikimmanente ästhetische Positionen** aufgefasst werden.

d.   Entwicklungslogische bzw. gesellschaftliche Differenzen:
Universalismus oder Partikularismus

Hier geht es vor allem darum, ob für die behauptete Position ein universeller Geltungsanspruch formuliert wird, basierend auf der Annahme, dass die entwickelten Konzepte für alle Menschen und alle Zeiten schlechthin gültig sind, oder ob auf Spezifika verwiesen wird, sei es, dass diese evolutionär epochal, national, regional oder innergesellschaftlich differenzierend sind. Im ersteren Falle kann also von einer **universalistischen Ästhetik** (Rationalisten, Kant) gesprochen werden, im zweiten von einer **partikularistischen Ästhetik**. Um die Sache noch komplizierter zu machen, sind natürlich jene Positionen gesondert zu behandeln, die von **universalistischen Evolutionsmodellen** ausgehen, bei denen also eine Entwicklungslogik der Menschheitsgeschichte schlechthin unterstellt wird.

Die angeführten Dimensionen stellen keine Grundlage für eine erschöpfende Systematik aller ästhetischen Positionen dar, z. T., weil die Grenzen bei einzelnen, jeweils konkreten Ansätzen unscharf, ja tatsächlich unklar sind, z. T., da, wie schon erwähnt, die Grenzziehung zwischen kunst- oder kulturtheoretischen, -wissenschaftlichen, -philosophischen und ästhetischen Positionen oft kaum möglich ist und die Bedeutungsspektren hier doch gelegentlich weit auseinanderdriften.

Wesentlich ist, dass diese Dimensionen, nach denen sich unterschiedliche ästhetische Positionen analysieren lassen, als Orientierungshilfe dienen können, vor allem wenn es darum geht, Linien, die zu einer kunstsoziologischen Betrachtung führen, herauszustellen.

Grosso modo lässt sich nämlich sagen, dass **mit Beginn der Neuzeit die produkt- bzw. produktionsästhetischen, essentialistischen, epistemologischen und universalistischen Positionen zumeist solche sind, die der Tradition der philosophischen Ästhetik entsprechen, und dass immer dann, wenn rezeptionsästhetische, konstruktivistische bzw. relativistische, ethikimmanente oder partikularistische Positionen mit ins Spiel kommen, Ansätze für soziologisches Denken gegeben sind.** Ja, es lässt sich sogar weitergehend argumentieren, dass auch kunstsoziologische Positionen danach geordnet werden können, ob und wieweit sich in ihnen Facetten von ästhetischer Philosophie finden. Insofern sind diese Bewertungsdimensionen auch von Relevanz für die nachfolgenden Kapitel.

Bei den bisher dargestellten neuzeitlichen Positionen handelt es sich weitgehend um optimistische, aufklärerische, fortschrittsgläubige (sieht man von Winckelmann oder von Rousseau und Herder, die fortschrittsskeptisch die Aufklärung kritisierten, vor allem aber von Schopenhauer, dem Begründer des modernen Kulturpessimismus, ab), die bürgerliche Gesellschaft wird mit der Menschheit gleichgesetzt, Kunst wirkt auf alle Menschen gleichermaßen, es geht für die Aufklärer immer um die Menschheit als Ganzes, es handelt sich also um universalistische Positionen. Spezifika der Ethnien, verschiedener Gesellschaften oder von Gruppierungen innerhalb der Gesellschaft, partikularistische Positionen, werden also (mit der Ausnahme wiederum von Herder, aber auch von Adam Smith) bestenfalls marginal angesprochen. Genau diese Haltungen prägen das genuine Feld der Kunstsoziologie.

2.2.2   Nebenlinien

Mitte des 19. Jahrhunderts, also etwa zu der Zeit als Schopenhauers Werk ‚Die Welt als Wille und Vorstellung' seinen Durchbruch erfuhr, begann sich auch die Soziologie als eigenständige Wissenschaft zu etablieren.

Die kunstsoziologisch relevanten Aspekte der VorläuferInnen und der ‚Begründer' der Soziologie werden im nächsten Abschnitt, wenn es um die Kunstsoziologie im eigentlichen Sinne (also nach der philosophischen ‚Vorgeschichte') gehen wird, im Detail erläutert. Doch sind noch andere Entwicklungslinien zu erwähnen, die sich im Anschluss an die philosophische Ästhetik gebildet haben, die in zum Teil fruchtbarer Verbindung zur Kunstsoziologie (siehe oben) stehen, auf die aber im Folgenden nur mehr marginal zu verweisen sein wird. Es sind dies vor allem die Kunstphilosophie im engeren Sinne, die Kulturgeschichte, die Kunstwissenschaften und die Kunstpsychologie[1]. Diese Richtungen ergeben sich naturgemäß aus den bisher dargestellten Positionen, weswegen sie im Resümee im Folgenden perspektivisch dargestellt werden sollen, wobei allerdings, aufgrund der zahlreichen Überschneidungen und unterschiedlichen Interpretationsmöglichkeiten keine zwingende Systematik suggeriert werden soll, sodass die Punktuation taxativ zu verstehen ist.

---

1   Daneben könnten noch zahlreiche andere Fächer sowie Spezial- und Subdisziplinen, wie etwa die Ethnologie, die Ethnomusikologie sowie die Medien- und Kommunikationswissenschaft genannt werden. Auf die Vielfalt der möglichen disziplinären Bezugnahmen wurde bereits in der Einleitung verwiesen bzw. wird in Kapitel 6 noch ausführlicher eingegangen. Hier sollen nur die naheliegendsten ‚Nachbardisziplinen' angesprochen werden.

a. Kunstphilosophie

Die Entwicklung der Kunstphilosophie bzw. der Theorien zur Ästhetik geht natürlich nach der Mitte des 19. Jahrhunderts weiter. Im Folgenden soll nur mehr dann auf sie Bezug genommen werden, wenn sie Einflüsse auf die Entwicklung der Soziologie insbesondere der Kunstsoziologie zeitigt. Es wird dies der Fall sein bei Friedrich Nietzsche, Sören Kierkegaard, dem Wiener Kreis, der kritischen Theorie, dem Strukturalismus, der Postmoderne und dem Pragmatismus. Keinesfalls aber kann und soll im Weiteren die jüngere Geschichte der philosophischen Ästhetik beschrieben werden (vgl. dazu z. B. Castello/Vickery 2007).

b. Kulturgeschichte

Eine Entwicklungslinie, bei der Betrachtungen zu Kunst und Ästhetik eine wesentliche Rolle spielen, die aber dann doch eine deutlich eigenständige Richtung einschlägt, ist die Kulturgeschichte. Beginnend bei Vico, und dann zentral wieder aufgegriffen von Herder und Hegel findet sich der Gedanke, dass künstlerisch-kulturelle Aktivitäten der Menschen einer historischen Betrachtung zuzuführen sind, wobei die Annahme einer historischen Entwicklungslogik bei Vico und Herder eher skeptisch, bei Hegel eher euphorisch fortschrittsgläubig gesehen wird. Im Anschluss an diese Begründer kultur- und kunsthistorischen Denkens sind im deutschsprachigen Raum die Kulturhistoriker Jacob Burckhardt (1818–1898) und Karl Lamprecht (1856–1915) zu nennen, die die Kulturgeschichtsschreibung wesentlich geprägt haben. Burckhardt gilt als Begründer der Kulturgeschichtsschreibung im engeren Sinn. Sein vermutlich bedeutsamstes Werk ist die stark kunsthistorisch angelegte Studie ‚Kultur der Renaissance in Italien‘. Für Burckhardt sind die bestimmenden Dimensionen der gesellschaftlichen Entwicklung Kultur, Staat und Religion, wobei sein Kulturbegriff neben der Kunst – für die er größtes Interesse hegte – auch Ökonomie, Moral und Technik umfasst. In letzter Konsequenz geht Burckhardt davon aus, dass Kultur auch bestimmend auf Staat und Religion wirkt. Burckhardt beurteilte die Entwicklung seit der Renaissance ambivalent bis pessimistisch, wohl nicht zuletzt beeinflusst durch die Erfahrung der sich ausbreitenden Industriegesellschaft in der zweiten Hälfte des 19. Jahrhunderts (Locher 2007a). Gegenüber diesem eher elitären, konservativ-bürgerlichen Kulturbegriff Burckhardts entwickelt Karl Lamprecht, der sozialistischen Ideen nahesteht, ein tatsächlich alle Lebensbereiche umfassendes Konzept von Kultur, wenn er neben der Ernährung und Kleidung auch Sexualität, Erziehung, Familie und Religion, also durchaus Phänomene der ‚Alltagskultur‘, in seine Betrachtungen miteinbezieht (Landwehr/Stockhorst 2004: 62f.). Auf die weitere Entwicklung der Kulturgeschichte, wie sie etwa von Johan Huizinga (1872–1945), der französischen Schule der ‚Annales‘ bis hin zu Teilen der Cultural Studies betrieben wird, sei hier nur mehr verwiesen. Die aus diesen Bereichen kommenden Arbeiten liefern immer wieder wertvolles Material für kunstsoziologische Fragestellungen, können hier aber aus den schon erwähnten Gründen nicht erschöpfend behandelt werden[2].

c. Kunstwissenschaften

Eine andere Entwicklungslinie, die aus der philosophischen Ästhetik stammt, verweist direkt in die Geistes und Kulturwissenschaften, bei denen es in erster Linie um die Auseinandersetzung mit den ästhetisch-künstlerischen Phänomenen selbst, deren innerer Struktur und der historischen Veränderung derselben, also um Stilgeschichte geht. Auf Vertreter der Kunstwissenschaften wird

---

2 Vgl. als weiterführende Literatur Wehler 1998, Locher 2007, Pfisterer 2008, Feger 2010.

im Folgenden nur mehr am Rande bzw. nur dann, wenn ein deutlicher Bezug zu soziologischen Konzepten gegeben ist, wie es etwa bei Alois Riegl oder Guido Adler der Fall ist, eingegangen[3].

Die Grenzbereiche zwischen früher Kunst- bzw. Literaturwissenschaft und Kunst- und Literatursoziologie sind gelegentlich sehr unscharf und einige Autoren finden sich sowohl da wie dort als Pioniere wieder, so z. B. Hippolyte Taine und Jean-Marie Guyau, auf die noch näher einzugehen sein wird.

Schließlich sind hier jene AutorInnen zu nennen, die immer wieder als ‚allererste‘ KunstsoziologInnen bezeichnet werden und die im Grenzbereich von Kunstphilosophie, Kunstsoziologie und politischem Engagement (ethikimmanente Position) anzusiedeln sind, vor allem Madame de Staël und Pierre-Joseph Proudhon – auch auf diese beiden wird noch zurückzukommen sein.

d.   Kunstpsychologie bzw. psychologische Ästhetik

In deutlicher Abgrenzung zur spekulativen philosophischen Ästhetik begründet **Gustav Theodor Fechner** (1801–1887) eine ‚Ästhetik von unten‘, die den Anspruch stellt auf streng empirischen, z. T. experimentellen Methoden zu fußen. Ihm geht es darum ein allgemeines Gesetz des ‚Gefallens und Missfallens‘ zu formulieren, das auf der Basis empirischer Befunde bestehen kann. In der 1874 (einem Spätwerk Fechners) veröffentlichten ‚Vorschule der Ästhetik‘ beschäftigt sich Fechner mit den ‚grundlegenden Principien‘ ästhetischer Wahrnehmung, wobei die Untersuchung von Wahrnehmungsschwellen, von Steigerungen (heute würde man von Synästhesie sprechen) oder von Assoziation im Vordergrund stehen. Ihm geht es vor allem um Lust-Unlust-Reaktionen, um emotionale Reaktionen auf formale Strukturen (z. B. auf den ‚goldenen Schnitt‘) und nicht um Inhalte (Allesch 2006: 33f.). Aus soziologischer Sicht bemerkenswert ist, dass er bei seinen empirischen Erhebungen durchaus eine breite soziale Streuung seiner Versuchspersonen anstrebte, also z. B. zwischen ‚Gebildeten‘, ‚Handwerkern‘ und ‚Arbeitern‘ unterschied.[4] Bei seinen Studien ergab sich u. a., dass der ‚goldene Schnitt‘ bevorzugt wurde, dass aber auch das Quadrat – wegen seiner Regelmäßigkeit – auf große Zustimmung stieß.

Im Bereich der empirischen Musikpsychologie ist vor allem **Hermann von Helmhotz** (1821–1894) zu nennen, der in seiner 1863 veröffentlichten ‚Lehre von den Tonempfindungen‘ darauf hinwies, dass „das System der Tonleitern, der Tonarten und deren Harmoniegewebe nicht bloß auf unveränderlichen Naturgesetzen beruht, sondern dass es zum Teil auch die Konsequenz ästhetischer Prinzipien ist, die mit fortschreitender Entwicklung der Menschheit einem Wechsel unterworfen gewesen sind und ferner noch sein werden“ (Helmholtz 1913/1863: 386)[5]. Weiterführend unterstrich **Carl Stumpf** (1848–1936) in der 1883/90 erschienen ‚Tonpsychologie‘ die Eigengesetzlichkeit des Psychischen gegenüber den physischen Grundlagen. Er betonte, dass die Ursachen für Konsonanz/Dissonanz-Wahrnehmungen vor allem im Psychischen zu suchen sind. Weiters ist **Wilhelm Wundt** (1832–1920) zu erwähnen, der sich im 1879 gegründeten ‚Leipziger Labor‘ u. a. mit experimenteller Farbpsychologie beschäftigte.

Die ‚Ästhetik von unten‘ hatte bis in die 1920er Jahre große Resonanz, und war u. a. auch Ausdruck der Abspaltungsbemühungen der Psychologie von der Philosophie (Allesch 2006: 35). Sie spiegelt das durchaus emanzipatorische Bemühen wieder, mittels naturwissenschaftlicher Methoden Grundlagen für das Verständnis ästhetischer Bewertungen zu entwickeln.

---

3   Vgl. Fußnote 2.
4   Allerdings ist anzumerken, dass sein methodisches Vorgehen aus heutiger Sicht äußerst problematisch erscheint (vgl. dazu Kultermann 1998: 172f.)
5   Zitiert nach Gebesmair 2001: 40.

Neben diesen experimentalpsychologischen Ansätzen der ‚Ästhetik von unten‘ ist auch ein anderer Entwicklungsstrang zu erwähnen, der der psychologischen Ästhetik zugerechnet werden kann, nämlich die Psychoanalyse. Auf sie wird ausführlicher einzugehen sein, da sie auf einige kunstsoziologische Ansätze des 20. Jahrhunderts (Frankfurter Schule, Cultural Studies, Poststrukturalismus) starken Einfluss genommen hat.

2.2.3   Ausblick

Das bisher Dargestellte betrifft die Entwicklung der ästhetischen Theorien bis zur Mitte des 19. Jahrhunderts. Spätestens zu eben diesem Zeitpunkt sind – wie bereits erwähnt – die ersten eindeutig soziologisch begründeten Ansätze festzumachen (Comte, Spencer, Marx). Damit einher geht auch eine deutliche Polarisierung des Nachdenkens über Kunst, die grob zugespitzt als Spannungsfeld zwischen romantischer und realistischer Konzeption gesehen werden kann. Diese Polarisierung betrifft die ‚inner-philosophischen‘ Auseinandersetzungen ebenso wie sie für die Abtrennung der empirisch ausgerichteten Sozialwissenschaften von der spekulativen Philosophie steht und sie korrespondiert natürlich auch mit dem immer deutlicher zu Tage tretenden neuen gesellschaftlichen Antagonismus zwischen Bürgertum und Arbeiterschaft.

Während die Philosophie des beginnenden 19. Jahrhunderts, noch von der nachrevolutionären Euphorie getragen, die Vollendung von Humanität und auch der Kunst prinzipiell als gegeben sah (Hegel), stellte sich – nicht zuletzt angesichts der Erfahrungen der napoleonischen Kriege und der restaurativen Tendenzen nach dem Wiener Kongress – sehr bald Ernüchterung, Enttäuschung und Resignation ein. Dies findet auch in der Kunst und Kunsttheorie entsprechenden Niederschlag, und zwar einerseits in romantischen und andererseits in realistischen Positionen:

a.   Romantische Positionen

Charakteristisch für sie ist die Hochstilisierung der Kunst als relevanteste Erscheinungsform des ‚eigentlichen‘, ‚gelungenen‘, ‚wahrhaftigen‘ Lebens, ein Hang zum Irrationalen, ja, strikter Anti-rationalismus, Rückwärtsgewandtheit, sei es, ins mystische Mittelalter oder in die wohlgeordnete klassische Antike, Defensivität gegenüber bzw. Flucht vor der Realität der Industriegesellschaft, bis hin zur Realitätsverweigerung, Rückzug in Kunstwelten oder zumindest in ‚kleine‘ geschützte, heile Welten (z. B. der Gartenlaube). Diese Haltung durchzieht das gesamte 19. Jahrhundert (ja, sie beginnt schon in der literarischen Frühromantik des ausgehenden 18. Jahrhunderts) von den Romantikern in Literatur, Bildender Kunst und Musik, vom Biedermeier bis zur *l'art pour l'art*-Bewegung, und sie wirkt noch weit ins 20. Jahrhundert hinein.

b.   Realistische Position

Bei dieser Position, die sich spätestens ab der Mitte des 19. Jahrhunderts deutlich herauszu-bilden beginnt und die durchaus als Gegenposition zur romantischen Position auftritt, steht die politische Funktionalisierung der Kunst im Zentrum. Die realistische Position ist gekennzeichnet durch die bewusste Auseinandersetzung mit den neuen sozialen Realitäten, durch das grundsätzliche Festhalten an aufklärerischen Ideen, durch offensiven Einsatz von Kunst im Kampf um bessere, menschenwürdigere Lebensbedingungen auf breitester gesellschaftlicher Basis. Kunst soll, realistischen Konzeptionen gemäß, die Welt so zeigen, wie sie ist und dadurch als Instrument der Aufklärung dienen. Während für den Idealisten Hegel die Gegenwart die vollendete Utopie darstellt, für die Romantiker die bessere Welt in der Vergangenheit oder in irrationalen Phantasiewelten angesiedelt ist, ist für die realistische Position die bessere Welt eine, die in der Zukunft liegt, die erkämpft werden kann und muss. Es sind sozial- und kunstreformerische, sozialistische, sich als fortschrittlich verstehende politische Haltungen, denen die realistischen Konzeptionen von Kunst nahestehen, sowie sozialwissenschaftliche Ideen, die mit ihr korrespondieren.

Im folgenden Kapitel, das den Beginn soziologischen Denkens im fachlich engeren Sinn zum Thema hat, spielen daher vor allem diese realistischen Konzeptionen von Kunst eine zentrale Rolle.

3 Entstehung und Etablierung von Soziologie – und Kunstsoziologie

3.1 Beginn soziologischen Denkens

Wenn von den Anfängen der Kunstsoziologie im engeren Sinne die Rede ist, werden zumeist Madame de Staël, Pierre Joseph Proudhon und in weiterer Folge Hippolyte Taine und Jean-Marie Guyau genannt. Wie bereits ausgeführt, finden sich kunstsoziologisch relevante Gedanken bereits bei Vico, Hume, Smith oder Herder, aber das Augenmerk auf die soziale Relevanz und Bestimmtheit von Kunst ist explizit bei den genannten zu finden. Allerdings lässt sich auch hier eine differenziertere Sichtweise anlegen, nämlich insofern als, dass unterschieden werden kann zwischen

- sozial- und kunstkritischen, politisch engagierten
- allgemein soziologisch orientierten
- speziell kunsttheoretisch bzw. -soziologisch und
- allgemein kulturtheoretisch, philosophisch orientierten Positionen.

3.1.1 Sozial- und kunstkritische Ansätze

Hier sind jene AutorInnen zu nennen, die sich im Spannungsfeld von Politik, literarischer Kritik, Kunst und Philosophie zu ästhetischen Fragen geäußert haben, ohne aber eine systematische Kunstsoziologie entwickelt zu haben. Dennoch sind ihre Überlegungen zutiefst von Bezugnahmen auf das wechselseitige Verhältnis zwischen Kunst und Gesellschaft geprägt. Zuallererst ist hier die Baronin Anne Louise Germaine de Staël-Holstein, bekannt als **Madame de Staël** (1776–1817) zu nennen, die als Literatin, Dramatikerin, Salon-Gastgeberin, politisch engagierte Kultur- und Literaturtheoretikerin sowie als Bekannte zahlreicher prominenter Persönlichkeiten ihrer Zeit (u. a. Goethe, Schiller, Napoleon, Schlegel) in Erscheinung trat (Appel 2011). Im Jahr 1800 publizierte sie eine Abhandlung über das Verhältnis von Literatur und Gesellschaft *‚De la littérature considérée dans ses rapports avec les institutions sociales‘*, in der sie auf die Bedeutung der klimatischen und geografischen, vor allem aber auf die Einflüsse des sozialen Umfelds auf die Beschaffenheit literarischer Werke einging. Im Sinne aufklärerischer und ‚nachrevolutionärer‘ Ideen sah sie eine zentrale Funktion der Literatur darin, Veränderungen der Gesellschaft abzubilden und für Freiheit und Gerechtigkeit einzutreten. Sie rief dazu auf, sich nicht allzu sehr auf die antike Kultur zu konzentrieren, sondern sich stattdessen eingehender mit der christlich-germanisch geprägten Kultur zu beschäftigen, was auch in ihrem besonderen Interesse für die deutsche Kultur eine Entsprechung fand.

Vor allem mit bildender Kunst, insbesondere der Malerei, beschäftigte sich **Pierre-Joseph Proudhon** (1809–1865), als er seine kunsttheoretischen Konzepte darlegte. Beeinflusst von Hume, Diderot, Charles Fourier, Hegel und Comte, gilt er vor allem als wesentlicher Vertreter des französischen Anarchismus. (Auf ihn geht der Satz zurück: Eigentum ist Diebstahl.) In Bezug auf Kunst stand er dem Realismus, insbesondere dem Maler Gustave Courbet (1819–1877), dem wohl prominentesten Vertreter dieser Stilrichtung, der 1855 ein ‚realistisches Manifest' veröffentlicht hatte, nahe. Grundsätzlich geht Proudhon davon aus, dass Kunst und Arbeit eine Einheit bilden. Für ihn gilt, dass Kunst aus Arbeit geboren wird und einem zentralen menschlichen Bedürfnis entspricht. Er siedelt Kunst ebenso bei der Wissenschaft wie bei der Politik an. Kunst soll dem sozialen Gewissen dienen und darf nicht zu abstrakt werden. Von Hegel übernimmt Proudhon die Vorstellung eines evolutionären Modells, bei ihm steht in der ägyptischen Epoche die symbolische Dimension, in der antik-griechischen die Formvollendung, in der mittelalterlichen die asketisch-vergeistigte Dimension und in der modernen Epoche die humanisierende Dimension der Kunst im Vordergrund. Von Comte dagegen übernimmt er die positivistische Sicht auf die Kunst, sie soll Ziele darstellen und ihre Wirkungen sollen ausgelotet werden.

Dieses antiidealistische Konzept verbindet ihn mit John Ruskin und William Morris, aber auch mit Karl Marx. Allerdings sind Proudhons Ausführungen – in der nachgelassenen, nicht vollendeten Schrift *, Von den Grundlagen und der sozialen Bestimmung der Kunst'* (Proudhon 1988/1865) dargelegt – recht unsystematisch. So ist er z. B. der Ansicht, dass Kunst einerseits Ausdruck sozialer Bindung, andererseits aber auch Erfüllung anarchistischen Selbstausdrucks sein soll. Dieser offensichtliche Widerspruch wird bei ihm aber nicht thematisiert, geschweige denn gelöst.

Im angelsächsischen Raum entsprachen der realistischen Konzeption von Kunst bei de Staël und Proudhon jene von John Ruskin und William Morris. Sie begründeten eine letztlich stark kunsterzieherisch angelegte Position, die bis ins 20. Jahrhundert (z. B. bei den VertreterInnen der Cultural Studies) noch Wirkung zeigt. **John Ruskins** Konzeption (1819–1900) ist charakteristisch für die Widersprüche der Kunsttheorien des 19. Jahrhunderts. Zunächst stark romantisch orientiert, entwickelt er eine universalistische Lebensphilosophie, in der der Kunst die Rolle zugedacht wird, ‚Wahrheit' zum Ausdruck zu bringen, wobei ‚Wahrheit' zunächst stark mit den Kategorien Natur, Gefühl und auch Religion verbunden gedacht wird. Der ‚späte' Ruskin allerdings stellt immer mehr die moralische und materielle Wahrheit in den Vordergrund, begreift dementsprechend Kunst als Arbeit, ist also durchaus als Realist zu bezeichnen. So meint er etwa: „Die Definition von Kunst heißt: menschliche Arbeit durch menschliches Denken geregelt" (zit. nach Kultermann 1998: 147). Dazu kommt, dass Ruskin seine Kunsttheorie durchgehend – von der romantischen bis zur realistischen Phase – als anti-elitär anlegt. Ihm geht es immer um eine Kunst bzw. Wahrheit für die Massen und nicht für eine ausgewählte Schicht von Kennern und Gebildeten. Dies ist der sozialreformerische Aspekt, der ihn mit dem Realisten **William Morris** (1834–1896) verbindet, für dessen Ansatz Ruskins Ideen einen wesentlichen Bezugspunkt darstellen. Morris idealisiert das Mittelalter, aber nicht in einer romantisierenden, sondern in einer sozial- und kunstreformerischen und daher praktisch-politisch zukunftsorientierten Weise. Für ihn ist Kunst „der menschliche Ausdruck der Freude an der Arbeit" (zit. nach Kultermann 1998: 162), er setzt Kunst in eine klare Beziehung zu Glück, und zwar für das Volk, und nicht für Genies, Kenner oder Experten. Der Bezug auf das Mittelalter ist für Morris durch die in dieser Epoche vorherrschende Einheit von Handwerk und Kunst nahegelegt. So meint er, dass die Kunstwerke zu dieser Zeit „gewöhnliche Dinge (waren), keine Raritäten. Sind sie etwa von großen Künstlern entworfen worden, von hochkultivierten, hochbezahlten Männern? Keineswegs, es waren gewöhnliche Leute, die sie gemacht haben, und sie machten sie grinsend vor Vergnügen" (zit. nach Kultermann 1998: 162). Vor diesem Hintergrund ist Morris' Definition zu verstehen: „Kunst ist, was das Volk für das Volk macht, als ein Glück für den, der es macht, und ein Glück für den, der es benutzt" (ebenda: 162).

Gottfried von Semper (1803–1819) gilt als bedeutendster Kunsttheoretiker des Realismus in Deutschland. Hauptsächlich mit Architektur(theorie) befasst – er war selbst als Architekt tätig – sind seine Ausführungen dennoch für den gesamten Bereich der Künste auslegbar. Als strikter Gegner romantischer Geniekonzeptionen, aber auch spekulativer philosophischer Konzepte zur Kunst (Hegel, Schelling), ist seine Position eindeutig realistisch ausgerichtet, wenn er etwa schreibt: „Nur einen Herrn kennt die Kunst, das Bedürfnis. Sie artet aus, wo sie der Laune des Künstlers, mehr noch, wo sie mächtigen Kunstbeschützern gehorcht." (zit. nach Kultermann 1988: 164). Er unterstrich die Bedeutung von Kunstgewerbe und Kunsterziehung und hatte damit starken Einfluss auf die Etablierung von Kunstgewerbemuseen, die ab der zweite Hälfte des 19. Jahrhunderts einsetzte. Dass seine Position durchaus starke soziologische Elemente enthielt, wird deutlich bei der Bestimmung der Faktoren, die er auf das Kunstwerk determinierend einwirken sieht, diese lassen sich, so Semper, in drei Gruppen einteilen:

- das Material, die Ausführung und Prozesse, die bei der Ausführung entstehen
- lokale, ethnologische, klimatische, religiöse und politische Einflüsse
- persönliche Einflüsse zweifacher Natur: von den Künstlern und von den Auftraggebern (die, so könnte man anfügen, auch wieder weitgehend von den unter b) genannten Faktoren geprägt sind) (ebenda: 167).

3.1.2   Allgemein soziologisch orientierte Ansätze

Im Gefolge des Aufklärers Saint-Simon formulierte Auguste Comte die Prinzipien einer positiven Wissenschaft von der Gesellschaft, Karl Marx arbeitete seine Theorie zur politischen Ökonomie aus, die sowohl philosophisch-anthropologische, ökonomische, technikgeschichtliche, politische und soziokulturelle Aspekte umfasste, und Herbert Spencer entwickelte eine umfassende Gesellschaftstheorie, die strukturfunktionalistische und systemtheoretische Konzepte vorahnen ließ. Allen dreien, Comte, Marx und Spencer, ist gemeinsam, dass sie gesellschaftstheoretische Überlegungen mit dem Anspruch auf universelle Gültigkeit anstellten, dass sie geschichtsphilosophische Modelle entwickelten und dass sie sich mehr oder weniger systematisch auf empirisches Material stützten, wobei diese Art der Beweisführung, obzwar durchaus hinterfragenswert, so doch als wesentliches Element einer spezifisch sozialwissenschaftlichen Argumentation gemeint war. Anders gesagt: Anstelle rein spekulativer Theorien sollten empirisch und konkret überprüfbare Argumentationslinien entfaltet werden. Und dabei wurden natürlich immer wieder empirische Befunde aus dem Bereich der Kunst zugezogen, galt die Entwicklung künstlerischer Phänomene als Beleg für die Stichhaltigkeit eines theoretisch gefassten Entwicklungsmodells. Das heißt also, dass die ersten soziologischen Theorien zwar keine kunstsoziologischen waren, dass die ersten soziologischen Denker sich nicht gezielt oder zumindest in umfangreicheren Schriften dezidiert mit Kunst beschäftigt haben, dass sie aber sehr wohl die Kunst als einen gesellschaftlich relevanten Bereich gesehen haben, den zu berücksichtigen es bei der Erstellung einer umfassenden Gesellschaftstheorie durchaus Sinn macht.

Die Soziologie verdankt **Auguste Comte** (1798–1857) ihren Namen. Das Bemühen, naturwissenschaftlich exakte Methodologie auch zur Analyse gesellschaftlicher Tatbestände anzuwenden, ließ Comte zunächst von ‚sozialer Physik‘ und dann eben von ‚sociologie‘ sprechen. Comte formulierte im Wesentlichen zwei Gesetze, für die er universelle Gültigkeit
beanspruchte: das ‚Drei-Stadien-Gesetz‘ und das ‚enzyklopädische Gesetz‘. Während ersteres
für alle sozialen Phänomene, für die Entwicklungsphase einzelner Individuen, wie für ganze
Gesellschaften, aber auch für Teilbereiche der Gesellschaft, wie etwa die Wissenschaft oder
die Kunst, gelten sollte, war zweiteres auf die Entwicklung der Wissenschaften bezogen. Für
die vorliegende Thematik ist das ‚Drei-Stadien-Gesetz‘ beachtenswert. Es behauptet eine Entwicklungslogik von einem theologisch, fiktiven Stadium (in dem alles von menschähnlichen
Wesen bzw. anthropomorphen Gottheiten bestimmt wird), über ein metaphysisches (bei dem
abstrakte Wesenheiten – Ideen, ‚Geist‘, Humanität etc. – wirken) zu einem positiven Stadium
(bei dem die reinen Tatsachen beobachtet und geordnet werden). Dieser Logik entsprechen
dann die Phasen: Kindheit/Jugend/Erwachsensein ebenso wie ‚frühe Hochkulturen‘ bis zum
Mittelalter/frühe Neuzeit/nachrevolutionäre Phase. Aber auch die ‚großen‘ Phasen selbst sah
er wiederum in jeweils drei Stadien unterteilt (so z. B. das Mittelalter oder die Moderne). Für
Comte war ohne Zweifel mit seiner eigenen Gegenwart der höchste Entwicklungstand, das
positive Stadium, erreicht (worin er Hegel also sehr nahe stand), wenngleich dieses noch zu
vollenden war.

Zu der Kunst äußert sich Comte zwar ausführlich, sowohl in dem Buch ‚Die Soziologie. Positive Philosophie‘ wie auch in einem die ‚Ästhetische Eignung des Positivismus‘ betitelten
Kapitel des Buches ‚System der positiven Politik‘, allerdings auf eine z. T. unsystematische
Art und Weise. In der ‚positiven Philosophie‘ deutet Comte zunächst eine gleichsam materialistische Grundkonzeption an: „Die positive Lehre von der menschlichen Natur zeigt, dass
(…) die ästhetische Entwicklung der (…) industriellen nachzufolgen und dagegen die wissenschaftliche oder philosophische vorzubereiten hat.“ (Comte 1933/1842: 326) Also: zuerst
die Arbeit (die industrielle Entwicklung), dann die Kunst – und danach die Wissenschaft. Im
Zusammenhang der Darstellung der mittelalterlichen Kunst weist er darauf hin, dass ‚Bestän-
digkeit‘ eines eigentümlichen sozialen Zustandes gegeben sein müsse, damit ein ästhetischer
Aufschwung erfolgen kann: „Eine große ästhetische Entwicklung war bei Völkern unmöglich,
bei denen (…) mitunter jede Generation die sozialen Zustande abänderte. (…) Dagegen waren
bei den Alten (damit ist die Antike gemeint, A.S.) alle sozialen Verhältnisse so dauerhaft, dass
das ästhetische Genie nach mehreren Jahrhunderten noch dieselben Leidenschaften und Affek-
te empfinden und vorfinden konnte, die es aus jenen Zeiten schildern wollte.“ (ebenda: 355)

Wie sehr Comte einem letztlich ethikimmanenten Verständnis von Kunst verpflichtet war, lässt
sich aus seiner Funktionszuschreibung für die Kunst in der Moderne ablesen. Hierzu meint er
nämlich, dass „das Verhältnis der Kunst zur Industrie bei den Modernen das mächtige Mittel
für die beklagenswerte Beschränktheit des Geistes, die aus der industriellen Tätigkeit hervor-
geht“ bilden würde. Und weiter: „Die ästhetische Erziehung wird einst die großen Lücken
ausfüllen, die aus dem Erlöschen der religiösen Gebräuche hervorgehen wird.“ (ebenda: 357)

In der ‚positiven Politik‘ unterscheidet Comte drei Modi der Kunst, den nachahmenden, den
vervollkommnenden und den expressiven Modus der Kunst (ebenda: 308), wobei letzterer
vor allem das Gefühl, das er als ‚höchstes Prinzip unserer Existenz‘ (ebenda: 305) bezeichnet, anzusprechen habe. Die Quelle der Kunst seien, so Comte, Gefühle, die Basis der Kunst
Gedanken und das Ziel Handlungen (ebenda: 307), was durchaus als politische, zumindest
erziehende Funktionalisierung von Kunst interpretiert werden kann.

Comte entwickelt ein hierarchisches Modell der Künste, bei dem die Dichtung an erster Stelle steht, danach folgt die Musik und schließlich Malerei, Skulptur und Architektur. Die Dichtung wiederum siedelt er zwischen der Philosophie (dem Gedanken) und der Politik (die Handlung) an. Weiters ist dem Text zu entnehmen, dass die ‚ästhetischen Fähigkeiten' dem jeweils erreichten Stadium der Menschheitsgeschichte, der Entwicklungslogik des Drei-Stadien-Gesetzes entsprächen. Dementsprechend zuversichtlich formuliert er etwa, „dass wir uns die Zukunft als die Hauptepoche der ästhetischen Entfaltung der Menschen vorzustellen haben." (Herding 1988: 25) Darüber hinaus sind bei Comte keine kunstsoziologisch bemerkenswerten Aussagen zu finden und die soziologische Relevanz der erwähnten Argumente Comtes sind eher fragwürdig. Blaukopf verweist zudem darauf, dass Comte den interkulturellen Vergleich als Methode herausgestrichen hätte, eine Vorgehensweise, die – so Blaukopf – der Kunstsoziologie besonders zu empfehlen sei. Insgesamt, so bemerkt Blaukopf, wären die kunstbezogenen Ausführungen Comtes nicht weiter erwähnenswert, würden sie nicht von einem Begründer der Soziologie stammen (Blaukopf 1996: 23).

Ähnliches gilt für **Herbert Spencer** (1820–1903), wenngleich es bei ihm doch einige verbindlichere Äußerungen zur Kunst gibt. Spencer war einer der meistgelesenen wissenschaftlichen Autoren seines Jahrhunderts. Er lieferte mit seiner Gesellschaftstheorie eine Rechtfertigung ‚Manchester-liberaler' Ideen. Seine wesentlichen theoretischen Grundgedanken waren:

- Die Gesellschaft entwickelt sich vom geschlossenen Homogenen zum wechselseitig abhängigen, ausdifferenzierten Heterogenen – Strukturen differenzieren sich funktionell aus. Dabei stellte er zahlreiche Bezüge zu biologischen und naturwissenschaftlichen Phänomenen her, ohne allerdings eine Analogie zwischen den Bereichen zu behaupten.
- Weiters geht auf ihn ein in soziologischer Hinsicht evolutionäres Denken zurück, das dem Glauben an die Durchsetzungskraft des Erfolgreichsten entspricht. Seine Formulierung vom ‚survival of the fittest' erfolgte zwei Jahre vor der Veröffentlichung von Darwins Evolutionstheorie, die Spencers Gesellschaftstheorie kongenial ergänzte (bzw. *vice-versa*).
- Und schließlich ging Spencer davon aus, dass diese Evolution auf Grund von eigengesetzlichen Wirkungsmechanismen der Gesellschaft vonstatten gehe, dass die Gesellschaft also einer Selbstregulation unterliege (und keiner staatlichen Eingriffe bedürfe, bzw. erst gar nicht gesteuert werden könne).

Die Verwandtschaft mit strukturfunktionalistischen und systemtheoretischen Ansätzen des 20. Jahrhunderts ist naheliegend und es verwundert beinahe, wie wenig auf Spencer, der in ebendiesem Jahrhundert kaum ‚existiert', von diesen Positionen her Bezug auf seine Texte genommen wird.

Doch nun zu den kunstsoziologischen Elementen bei Spencer. In einem Aufsatz zu ‚The origin and function of music' aus dem Jahr 1857 zeichnet er die Ausdifferenzierung von Tanz, Poesie und Musik als Beleg für jene These der Entwicklung vom Homogenen zum Heterogenen nach (ebenda: 25).

In diesem Zusammenhang ist sein Hinweis, dass in einer bestimmten Entwicklungsphase christlicher Weltanschauung der ‚körperliche' Tanz von der ‚vergeistigten' Musik getrennt werden sollte insofern beachtenswert, als Spencer damit die Ursache der musiksoziologisch höchst relevanten Tatsache der ‚Körperfeindlichkeit' abendländischer Kunstmusik vermutlich erstmals thematisiert hat (ebenda: 29f).

Zudem sieht Spencer in der grundsätzlichen Auseinanderentwicklung der Kunstgattungen, aber auch in der Ausdifferenzierung jeder einzelnen Kunst in sich (Stile, Genres) einen Beleg seiner Differenzierungstheorie. Doch auch an anderer Stelle finden sich vereinzelte Hinweise auf die Kunst, wenn es darum geht, sein Entwicklungsgesetz zu illustrieren[6], so u. a. „den Einfluss der Malerei der Präraffaeliten auf andere Malerschulen, die umwälzende Rolle der Kunstlehre von John Ruskin und schließlich die Einwirkungen der Photographie auf die Malerei. Technische Innovationen, künstlerisches Wirken und Kunsttheorien werden von ihm demnach als Faktoren agnosziert, die eine ‚Multiplikation der Wirkungen' zur Folge haben." (ebenda: 29).

Doch – wie bereits erwähnt – Spencers kunstsoziologische Anmerkungen sind, ähnlich wie im Falle von Comte, eher als Marginalien und als Aussagen mit geringer Wirkungsgeschichte zu verstehen.

Anders ist dies bei **Karl Marx** (1818–1883). Obwohl in dessen Schriften, von denen er zahlreiche gemeinsam mit **Friedrich Engels** (1820–1895) verfasste, Bezugnahmen auf die Kunst ebenfalls nur in Randbemerkungen zu finden sind, ist seine Bedeutung für die Kunstsoziologie (und für die ästhetische Theorie) des 20. Jahrhunderts kaum zu unterschätzen.

Es ist schwierig festzumachen, ob Marx in erster Linie Philosoph, Ökonom oder Soziologe war, er hat wohl zu allen drei Disziplinen wesentliches beigetragen. Für die Soziologie ist sicherlich von Bedeutung, dass er

- eine Theorie des sozialen Wandels formulierte, die

- darauf fußt, dass dieser Wandel das Ergebnis von Klassenkämpfen, also von Auseinandersetzungen konfligierender gesellschaftlicher Gruppierungen ist, dass

- diese Klassenkämpfe durch die Entwicklung der Produktivkräfte, also durch Entwicklungen auf der Basis der materiellen (Über-)Lebensgrundlagen der Gesellschaft bedingt sind (‚Das Sein bestimmt das Bewusstsein'), wobei

- Ungleichverteilungen im Bereich der materiellen Basis durch einen entsprechenden Überbau, der durch Religion, Recht, Kunst und Sitten ausgemacht wird, legitimiert werden.

Marx beschäftigte sich vor allem mit dem Kapitalismus, seiner Entstehung, seinen ökonomischen Wirkungsweisen und seinen inneren Widersprüchen. Wesentliche Aspekte seiner Theorie sind auch von kunstsoziologischem Interesse. Relevant in dieser Perspektive sind jene Bereiche, die spezifisch sind für die kapitalistische Produktionsweise, so z. B. die Analyse der Warenproduktion mit der Unterscheidung zwischen Tausch- und Gebrauchswert, zwischen produktiver und unproduktiver Arbeit oder zwischen formaler und reeller Subsumption.

Beeinflusst war Marx vor allem von Hegel, den er allerdings vom ‚Kopf auf die Füße' zu stellen trachtete, d. h. anstelle des idealistischen Gedankens, dass der Weltgeist die Entwicklung der Menschheit vorantreibe, ist gemäß dem Materialisten Marx davon auszugehen, dass es die Bedingungen der materiellen Produktion sind, die die gesellschaftliche Entwicklung bestimmen. Dies aber durchaus – soweit bleibt Marx bei Hegel – in einer dialektisch zu verstehenden Art und Weise.

Die historische Entwicklung stellt sich entsprechend der Konzeption des historischen Materialismus' als Abfolge von Gesellschaftsformationen, die durch antagonistische Klassen charakterisiert sind, dar. Auf die (klassenlose) Urgesellschaft folgt die asiatische Despotie bzw. die

---

6 Hierzu ist anzumerken, dass Spencer gelegentlich dahingehend kritisiert wurde, dass er gerne nur ‚passende' Beispiele wählte, woraus möglicherweise auch seine Vernachlässigung im 20. Jahrhundert zu erklären ist.

antike Sklavenhaltergesellschaft, darauf die mittelalterliche Feudalgesellschaft (Aristokratie vs. Bauern), und schließlich die kapitalistische Gesellschaft (Bürger vs. Arbeiterschaft), die in Überwindung der Widersprüche des Kapitalismus in die sozialistische bzw. klassenlose kommunistische Gesellschaft übergehen würde. Diese letzte Phase der Utopie der klassenlosen Gesellschaft, die sich für Marx aus der von ihm festgestellten Gesetzmäßigkeit der Entwicklung der Gesellschaft folgerichtig ergibt, ist auch der Punkt, an dem die Soziologie von Marx in Politik bzw. Ideologie umschlägt, eine Haltung, die bei Marx mit dem Satz ‚Die Philosophen haben die Welt nur verschieden interpretiert, es kommt darauf an sie zu verändern‘ (Marx 1969/1845: 7) ihre Zuspitzung findet.

In Bezug auf die Kunst hat sich Marx nur fragmentarisch, zumeist in Briefen oder Notizen geäußert. Da allerdings im 20. Jahrhundert ein großer Teil der Welt von sich als marxistisch verstehenden Regierungen geleitet wurde – vor allem die Sowjetunion und ihre osteuropäischen Satellitenstaaten – ist die Exegese der Schriften von Marx und Engels entsprechend extensiv betrieben worden. So gibt es zwei Bände zu ‚Marx und Engels zu Literatur und Kunst‘, in denen scheinbar[7] jede einschlägige Bemerkung, die von den beiden jemals geäußert wurde, penibelst nach Sachbereichen geordnet dokumentiert wird (Marx/Engels 1967 und 1968). Ein Blick auf das Inhaltsverzeichnis suggeriert eine umfassende Kunstgeschichte bzw. Ästhetik sensu Marx/Engels[8]. Bei genauerer Lektüre allerdings zeigt sich, dass die hier versammelten Zitate weitgehend beiläufige Bemerkungen sind und der Kern der ‚marxistischen Ästhetik‘ tatsächlich in den wenigen, immer wieder zitierten Sätzen zu sehen ist, auf die im Folgenden auch eingegangen werden soll. Dass Kunst für Marx in wissenschaftlicher Hinsicht von marginaler Bedeutung war, macht er selbst deutlich, wenn er in Bezug auf künstlerische Aktivitäten schreibt: „All diese Erscheinungen (…) der kapitalistischen Produktion auf diesem Gebiet sind so unbedeutend, verglichen mit dem Ganzen der Produktion, dass sie gänzlich unberücksichtigt bleiben können.“ (Marx 1965: 386)

Wenngleich Marx als Kritiker oder auch als Privatmensch sich mit Kunst beschäftigt hat, so war es ihm offensichtlich kein Anliegen eine Kunsttheorie zu verfassen.

Dennoch haben sich zumindest beinahe drei Generationen von KunsttheoretikerInnen an der Frage abgearbeitet, ob sie sich nun marxistisch, antimarxistisch oder kritisch zu Marx positionieren sollten. Dies hat natürlich vor allem mit der politischen Entwicklung des 20. Jahrhunderts (spätestens seit der Oktoberrevolution in Russland von 1917) zu tun, wohl aber auch mit einer grundsätzlichen gesellschaftlichen Entwicklung des 20. Jahrhunderts, in dem – marxistische oder kapitalistische Ideologie hin oder her – der Antagonismus zwischen der Arbeiterschaft und (klein-)bürgerlichen Eliten den Grundkonflikt der gesellschaftlichen Entwicklung darstellten.

Was sind nun die kunstsoziologisch relevanten Gedanken, die sich aus den Werken von Marx und aus seiner Gesellschaftstheorie ableiten lassen?

1) Vorauszuschicken ist, dass in der Marxschen Gesellschaftstheorie immer von einem umfassenden, die gesellschaftliche Totalität im Auge habenden Konzept ausgegangen wird. Teilbereiche derselben, also z. B. die Kunst, sind Ausdrucksformen des Überbaus, des gesellschaftlichen Bewusstseins aber nie isoliert, unabhängig vom Ganzen, der politökonomischen Verfasstheit dieser Gesellschaft und nie „statisch“, sondern immer in dialektischer Bewegung, im historischen Prozess befindlich zu sehen. Die Teilbereiche (Kunst, Recht, Religion) sind

---

7   Nur scheinbar deshalb, weil einige für die orthodoxe marxistische Ästhetik ‚unbequeme‘ Äußerungen schwer oder gar nicht zu finden sind, vgl. dazu Blaukopf 1996: 77ff.

8   Daneben gibt es noch eine ähnlich angelegte Publikation zu Kultur, Ästhetik und Literatur (Marx/Engels/Lenin 1969).

zwar abhängig vom „Ganzen", das durch die materielle Basis letztendlich determiniert wird, aber sie sind – wie sich zeigen wird – dennoch auch als relativ autonom vom ökonomischen Prozess gedacht.

2) Der erste wichtige Aspekt ist der, der sich aus der Unterscheidung von (materieller) Basis und (ideologischem) Überbau ableiten lässt. Hier spielt nämlich die Kunst immer wieder expressis verbis eine wesentliche Rolle.

So schreibt Marx im Vorwort der ‚Kritik der politischen Ökonomie': „Es ist nicht das Bewusstsein der Menschen, das ihr Sein, sondern umgekehrt, ihr gesellschaftliches Sein, das ihr Bewusstsein bestimmt. (…) Mit der Veränderung der ökonomischen Grundlage wälzt sich der ganze ungeheure Überbau langsamer oder rascher um. In der Betrachtung solcher Umwälzungen muss man stets unterscheiden zwischen der materiellen, naturwissenschaftlich treu zu konstatierenden Umwälzung der ökonomischen Produktionsbedingungen und den juristischen, politischen, religiösen, künstlerischen und philosophischen, kurz ideologischen Formen, worin sich die Menschen dieses Konflikts bewusst werden und ihn ausfechten." (Marx/ Engels 1967: 74f.)

Die zentrale These in diesem Zusammenhang lautet: Der Überbau, also die ideologischen Legitimationsinstanzen einer Gesellschaft, nämlich Macht, Recht, Religion, Kunst, Sitten, Gebräuche etc. sind als eine Funktion der Basis, also der materiellen Grundlage dieser Gesellschaft zu verstehen. Allerdings – und das ist wesentlich – wie Marx/Engels mehrfach[9] betonen: „in letzter Instanz". Schon hier ist auf die unterschiedlichsten Auslegungen der Basis-Überbau-Relation hinzuweisen: Einerseits gibt es vulgär-marxistische Positionen, die von einer eindeutigen Widerspiegelung ausgehen: die Kunst spiegle die gesellschaftlichen Verhältnisse wider und in weiterer Folge: Die Aufgabe der Kunst sei es, die gesellschaftlichen Verhältnisse widerzuspiegeln. Oberflächliche Kritiker des Marxismus äußern Vorbehalte gegen diesen simplen Determinismus, da ja der Kunst doch eine gewisse Autonomie zugestehen sei, ja diese sogar durch diese Autonomie erst bestimmt würde.

Weiters gibt es differenziertere Auslegungen der Basis-Überbau Relation von Seiten des Marxismus (bei Lukacs 1963) und auch von Seiten der Marxismus-Kritik (bei Thurn 1976). Und schließlich wird die Basis-Überbau-These auch von marxistischen Positionen her radikal in Frage gestellt (etwa bei den kunstsoziologisch relevanten Ansätzen, z. B. von Antonio Gramsci, Louis Althusser oder Raymond Williams)[10].

Festzuhalten bleibt, dass auch bei Marx und Engels diese Relation höchst brüchig dargestellt wird. So schreibt Engels: „Die politische, rechtliche, philosophische, religiöse, literarische, künstlerische etc. Entwicklung beruht auf der ökonomischen. Aber sie alle reagieren auch aufeinander und auf die ökonomische Basis. Es ist nicht, dass die ökonomische Lage Ursache, allein aktiv ist und alles andere nur passive Wirkung. Sondern es ist die Wechselwirkung auf Grundlage der in letzter Instanz stets sich durchsetzenden ökonomischen Notwendigkeit." (Marx/Engels 1967: 95) Die Formulierung „in letzter Instanz" verweist darauf, dass es „vorher" zahllose, dialektisch zu denkende Rückkopplungen gibt, die Wirkungen von der einen zur anderen Seite ausmachen. Andererseits hat sich Marx, obwohl sehr fragmentarisch, so doch auch konkret in Bezug auf die Kunst geäußert. So schreibt er etwa im dann nicht veröffentlichten Vorwort zu den ‚Grundrissen':

---

9   vgl. dazu Blaukopf 1996: 51ff
10 Vgl. Kapitel 4.1. bzw. 5.1.1

„Bei der Kunst bekannt, dass bestimmte Blütezeiten derselben keineswegs im Verhältnis zur allgemeinen Entwicklung der Gesellschaft , also auch der materiellen Grundlage, gleichsam des Knochenbaus ihrer Organisation, stehen. Z. B. die Griechen verglichen mit den Modernen oder auch mit Shakespeare. Von gewissen Formen der Kunst, z. B. dem Epos, sogar anerkannt, dass sie in ihrer weltepochenmachenden Gestalt nie produziert werden können, sobald die Kunstproduktion als solche eintritt; also dass innerhalb des Bereichs der Kunst selbst gewisse bedeutende Gestaltungen derselben nur auf einer unentwickelten Stufe der Kunstentwicklung möglich sind. Wenn dies im Verhältnis der verschiedenen Kunstarten innerhalb des Bereichs der Kunst selbst der Fall ist, ist es schon weniger auffallend, dass es im Verhältnis des ganzen Bereichs der Kunst zur allgemeinen Entwicklung der Gesellschaft der Fall ist. Die Schwierigkeit besteht nur in der allgemeinen Fassung dieser Widersprüche. Sobald sie spezifiziert werden, sind sie schon erklärt." (Marx 1971/1859: 44)

Und weiter schreibt er, noch deutlicher werdend: „Aber die Schwierigkeit liegt nicht darin, zu verstehen, dass griechische Kunst und Epos an gewisse gesellschaftliche Bedingungen geknüpft sind. Die Schwierigkeit ist, dass sie für uns noch Kunstgenuss gewähren und in gewisser Beziehung als Norm und unerreichbare Muster gelten." (Marx 1971/1859: 45)

Dieses Zitat wird vollständig wiedergegeben, einerseits, weil es eines der wenigen ausschließlich auf Kunst bezogenen darstellt, andererseits, um das Fragmentarische des Marxschen Denkens in Bezug auf Kunst zu illustrieren.

Ganz offensichtlich hat Marx die Ungleichzeitigkeit von künstlerischer und gesellschaftlicher Entwicklung als Tatbestand wahrgenommen und auch thematisiert. Klare Aussagen lassen sich – so die Essenz des obigen Zitats – nur bei der genauen Analyse jeweils konkreter Fälle treffen, was umgekehrt heißt: Es gibt kein allgemeines Gesetz der Beziehungen zwischen Gesellschaft und Kunst, außer dem, dass es „in letzter Instanz" die ökonomischen Grundlagen der Gesellschaft sind, die determinierend wirken und die Auslegung dessen, was „in letzter Instanz" heißt, ist es wohl, was die unterschiedlichen marxistischen Positionen letztlich kennzeichnet.

3) Ein weiterer Aspekt der marxistischen Kunsttheorie ist mit der These „Kunst als Ware" formulierbar. Hierzu gibt es – typisch für die exemplarische Bezugnahme auf Kunst bei den frühen Klassikern – einige Zitate, die in der einschlägigen Literatur immer wieder zu finden sind und die eben nicht aus kunsttheoretischem Interesse, sondern zum Zwecke der Illustration gänzlich anderer Ideen vorgetragen werden. So formuliert Marx in den ‚Theorien zum Mehrwert':

„Bei der nichtmateriellen Produktion (…) ist zweierlei möglich:

1. Sie resultiert in Waren, Gebrauchswerten, die eine von den Produzenten und Konsumenten verschiedene selbstständige Gestalt besitzen, also in einem Intervall zwischen Produktion und Konsumtion bestehen können, als verkäufliche Waren in diesem Intervall zirkulieren können, wie bei Büchern, Gemälden, kurz, allen Kunstprodukten, die von der Kunstleistung des exekutierenden Künstlers verschieden sind. Hier ist die kapitalistische Produktion nur in sehr beschränktem Maße anwendbar (…) Dass in diesen Übergangsformen die Exploitation der Arbeit am größten ist, ändert nichts an der Sache.

2. Die Produktion ist nicht trennbar vom Akt des Produzierens, wie bei allen exekutiven Künstlern, Rednern, Schauspielern, Lehrern, Ärzten, Pfaffen etc. Auch hier findet kapitalistische Produktionsweise nur in geringem Umfang statt. Z. B. (…) bei Unter-

nehmungen von Theatern, Vergnügungsanstalten usw. Dem Publikum verhält sich hier der Schauspieler gegenüber als Künstler, aber seinem Unternehmer gegenüber ist er produktiver Arbeiter." (Marx 1965: 385)

Darauf folgt die erwähnte Feststellung, dass alle diese Erscheinungen so unbedeutend seien, dass sie unberücksichtigt bleiben können.

Das Resultat künstlerischer Arbeit kann also eine Ware sein, oder aber ein Dienst. Im zweiten Falle ist wiederum die Unterscheidung von produktiver und unproduktiver Arbeit tragend. Dazu spezifiziert Marx im selben Text an einer anderen Stelle:

> „Gewisse Dienstleistungen oder die Gebrauchswerte, Resultate gewisser Tätigkeiten oder Arbeiten, verkörpern sich in Waren, andere dagegen lassen kein handgreifliches, von der Person selbst unterschiedenes Resultat zurück; oder ihr Resultat ist keine verkäufliche Ware. Z. B. der Dienst, den mir ein Sänger leistet, befriedigt mein ästhetisches Bedürfnis, aber was ich genieße, existiert nur in einer von dem Sänger selbst untrennbaren Aktion, und sobald seine Arbeit, das Singen, am Ende ist, ist auch mein Genuss am Ende: Ich genieße die Tätigkeit selbst – ihre Reverberation auf meinem Ohr. Diese Dienste selbst, wie die Ware, die ich kaufe, können notwendige sein oder nur notwendig scheinen (…) oder sie können Dienste sein, die mir Genüsse gewähren. Dies ändert an ihrer ökonomischen Bestimmtheit nichts." (Marx 1965: 380)

Von der Unterscheidung zwischen produktiver und unproduktiver Arbeit entwickelt Marx (in leiser Anspielung auf die eigene Tätigkeit) noch eine weitere Differenzierung in Bezug auf die Subsumption unter die kapitalistische Produktionsweise:

> „Dieselbe Sorte Arbeit kann produktiv oder unproduktiv sein. Z. B. Milton, who did the ‚Paradise Lost' for 5 Pfund war ein unproduktiver Arbeiter. Der Schriftsteller dagegen, der Fabrikarbeit für seinen Buchhändler liefert, ist ein produktiver Arbeiter. Milton produziert das ‚Paradise Lost' aus demselben Grund, aus dem ein Seidenwurm Seide produziert. Es war Betätigung seiner Natur. Er verkaufte später das Produkt für 5 Pfund. Aber der Leipziger Literaturproletarier, der unter Direktion eines Buchhändlers Bücher (z. B. Kompendien der Ökonomie) fabriziert, ist ein produktiver Arbeiter; denn sein Produkt ist von vornherein unter das Kapital subsumiert und findet nur zu dessen Verwertung statt. Eine Sängerin, die auf ihre eigene Faust ihren Gesang verkauft, ist ein unproduktiver Arbeiter. Aber dieselbe Sängerin, von einem entrepreneur engagiert, der sie singen lässt, um Geld zu machen, ist ein produktiver Arbeiter, denn sie produziert Kapital." (Marx 1965: 377)

Grundsätzlich geht es hier um die Stellung des Künstlers in der kapitalistischen Produktionsweise, u. d. h. vor allem auch: in einer arbeitsteiligen Gesellschaft. Der Künstler wird hier einerseits Produzent einer Ware, für die es am Markt einen Tauschwert gibt, oder er bietet seine Arbeitskraft einem ‚entrepreneur' an. Dieser ökonomische Blick auf die Kunst ist es wohl, der die Faszination Marxscher Ideen noch im 20. Jahrhundert ausmachte.

4) Die Marxsche Ästhetik ist weitgehend eine produzenten- bzw. produktionsorientierte Ästhetik. Allerdings gibt es auch einige Bemerkungen zur Rezeption. Denn der Künstler produziert nicht nur Waren, er schafft mit seinen Werken auch eine Nachfrage – u. d. h., er wirkt geschmacksbildend. Dazu schreibt Marx:

> „Die Produktion liefert dem Bedürfnis nicht nur ein Material, sondern sie liefert dem Material auch ein Bedürfnis. (…) Der Kunstgegenstand – ebenso jedes andere Produkt – schafft ein kunstsinniges und schönheitsgenussfähiges Publikum. Die Produktion produziert daher nicht

nur einen Gegenstand für das Subjekt, sondern auch ein Subjekt für den Gegenstand." (Marx/Engels 1967: 117) Allerdings wird nicht klargestellt, wie dieses sich wechselseitig beeinflussende Verhältnis zwischen „Angebot" und „Nachfrage" im Detail funktioniert. In dem Zusammenhang ist wohl wieder an Marxens Geringschätzung der Bedeutung von Kunst in der Gesellschaft zu erinnern. (Dass die *entertainment industries* nicht nur ein Phänomen des Überbaus, sondern auch eines der Basis werden würden, hat er nicht geahnt.)

Im Zusammenhang mit der Rezeption, also im Aneignungszusammenhang, ist auch das von Marx mit dem Begriff des ‚Fetischcharakters der Ware' gefasste Phänomen zu erwähnen. Damit versucht Marx der Tatsache gerecht zu werden, dass die Ware „ein sehr vertracktes Ding ist, voll metaphysischer Spitzfindigkeit und theologischer Mucken." Er bezeichnet weiters die Ware als ein „sinnlich übersinnliches Ding" oder schreibt vom „mystische(n) Charakter der Ware" (Marx 1962/1867: 85). Marx will mit dem Begriff des Fetischcharakters eine besondere Qualität von Waren festmachen: Der „Fetischcharakter der Warenwelt entspringt (…) aus dem eigentümlichen gesellschaftlichen Charakter der Arbeit, welche Waren produziert." (Marx 1962/1867: 87) Wenngleich Marx in diesem Zusammenhang keinen Bezug zu ästhetischen oder künstlerischen Aspekten herstellt, ist doch schon allein aus der Rhetorik, mit der er sich der Sache annimmt (übersinnlich, mystisch …) ganz offensichtlich eine Dimension angesprochen, die sich der ansonsten so klaren materialistischen Sichtweise entzieht. Eagleton hat darauf hingewiesen, dass „(v)iele der entscheidenden ökonomischen Kategorien (…) implizit ästhetische Kategorien sind. (…) Die Ware (…) ist eine schauerliche Karikatur eines authentischen Kunstgebildes." (Eagleton 1994: 217)

Es ist hier nicht der Ort, diese Thematik zu vertiefen. Festzuhalten bleibt, dass mit der Identifizierung des Fetischcharakters der Ware eine Dimension angesprochen wird, die durchaus ästhetisch deutbar ist und die in der Kunstsoziologie des 20. Jahrhunderts durchaus als solche – etwa von Adorno oder im Zusammenhang der Auseinandersetzung mit der Warenästhetik – aufgegriffen und diskutiert wurde.

5) Zur spezifisch künstlerischen Arbeit also gleichsam zu einer Theorie der schöpferischen Tätigkeit finden sich beim Anthropologen Marx einige wesentliche Gedanken. Die künstlerische Aneignung der Welt wird durchaus als eine eigenständige gegenüber der theoretischen und politischen gesehen. Einerseits sind hier die widerständigen Formen der in der Kunst zum Ausdruck kommenden Gesellschaftskritik (z.B. realistischer Kunst) gemeint, andererseits können hier auch die Aussagen über die Rolle von künstlerischen Tätigkeiten im „utopischen" Kommunismus hergenommen werden.

Einerseits wird festgestellt, dass unter kapitalistischen Bedingungen „alle sogenannten höheren Arbeiten, geistige, künstlerische usw. in Handelsartikel verwandelt worden (sind) und (…) dadurch ihre alte Weihe verloren haben" (Marx/Engels 1968a: 556). Demgegenüber wird in der ‚Deutschen Ideologie' eine etwas romantisch anmutende Utopie skizziert:

> „Bei einer kommunistischen Organisation der Gesellschaft fällt jedenfalls fort die Subsumption des Künstlers unter die lokale und nationale Borniertheit, die rein aus der Teilung der Arbeit hervorgeht, und die Subsumption des Individuums unter diese bestimmte Kunst, sodass es ausschließlich Maler, Bildhauer usw. ist und schon der Name die Borniertheit seiner geschäftlichen Entwicklung und seine Abhängigkeit von der Teilung der Arbeit hinlänglich ausdrückt" (Marx/Engels 1969: 379). Und schließlich resümieren Marx und Engels: „In einer kommunistischen Gesellschaft gibt es keine Maler, sondern höchstens Menschen, die unter anderem auch malen." (ebenda: 379)

Geht man von späteren, weniger romantischen oder essentialistisch anthropologischen Argumentationslinien von Marx aus, würde sich wohl ein etwas anderes Bild des Künstlers in der kapitalistischen Produktionsweise extrapolieren lassen. Wird der Gedanke, dass der Mensch, indem er arbeitet seine Welt gestaltet, die wiederum als gestaltete Welt auf den Menschen rückwirkt und ihn zu neuer Gestaltung animiert, auf andere Bereiche übertragen, so hieße das z. B. in Bezug auf die Kulturindustrien, dass diese ein Produkt menschlicher Gestaltung sind und als solche eine ‚quasi-natürliche‘ Umwelt bilden, die wiederum zu neuer, spezifischer Gestaltung herausfordern. Anders gesagt: War der frühe Marx noch einigermaßen essentialistisch was seine anthropologische Konzeption betraf (Entfremdung), so waren die Konzepte des späteren Marx eher konstruktivistisch ausgerichtet.

Deutlich wird jedenfalls, dass künstlerische Arbeit (jenseits der Utopie) vom Klasseninteresse abhängt. So ist z. B. klar, dass die Verabsolutierung der Autonomie des Kunstschaffens als Ideologie aufzufassen ist. In dieser Hinsicht ist die marxistische Position eindeutig: Wenn jenseits des sozialen ein allgemein menschliches Interesse postuliert wird, ist natürlich vorrangig ein Klasseninteresse im Spiel.

6) Der bürgerlich erzogene Marx (Sohn einer Rabbinerfamilie, zum Evangelismus konvertiert) hatte klare Präferenzen, was seine ästhetischen Vorlieben betraf[11]. Er schätzte Shakespeare, Heine, Balzac, er lehnte Schiller ab. Er setzte sich ausführlich mit dem Roman ‚Les Mysteres de Paris‘ von Eugene Sue (1842/43) auseinander und beanstandete vor allem die mangelnde realistische Konzeption des Romans. Er eröffnete gemeinsam mit Engels zu einem Drama von Ferdinand Lasalle die sogenannte ‚Sickingen-Debatte‘, wobei es um die Herausarbeitung einer adäquaten realistischen Kunstauffassung ging. In diesem Zusammenhang gibt es noch zahlreiche (meist in Briefen getätigte) Äußerungen, die allerdings kaum von soziologischer Relevanz sind. Dennoch ist im Hinblick auf die „realistische" Position, die Marx/Engels vertreten haben, erwähnenswert, dass in der Gegenüberstellung vom präferierten Shakespeare zum kritisierten Schiller eine „Kunsttheorie" formuliert wird, der gemäß es der „realistischen" Kunst entspräche, allgemeine Typen in ihrer Konkretheit darzustellen (Charaktermasken, aber lebendig), und nicht Typen als Sprachrohr des Zeitgeist zu konstruieren (wie bei Schiller). Dies hatte weitreichende Auswirkungen auf die Konzeption der Kunsttheorie des sozialistischen Realismus.

3.1.3   Speziell kunsttheoretisch bzw. soziologisch orientierte Ansätze

Gemeinhin wird **Hippolyte Taine** (1828–1893) als der erste Autor verstanden, der der Kunstsoziologie im engeren Sinn zuzuordnen ist. Dass er nicht als erster Kunstsoziologe bezeichnet werden kann, erklärt sich aus der Tatsache, dass er eine kunstwissenschaftliche und philosophische Ausbildung genossen hatte und seine einschlägigen Überlegungen auch durchwegs genauso gut diesen Disziplinen zugewiesen werden können. So verwendet er z. B. den Terminus Soziologie nicht, obwohl der Einfluss Comtes gegeben ist. Sein kunstsoziologisches Hauptwerk, das er neben literarhistorischen und politischen Schriften (zur französischen Geschichte) erstellte, hat den Titel ‚Philosophie de l'art‘. Darin beschäftigt er sich neben der ausführlichen Auseinandersetzung mit der Malerei der italienischen Renaissance, der niederländischen Malerei und der antik-griechischen Skulptur auch mit grundlegenden kunsttheo-

---

11 Vgl. dazu zahlreiche Beispiele in Marx/Engels 1967 und 1968, sowie Thurn 1976: 19f.

retischen, kunstwissenschaftlichen, methodischen und schließlich auch kunstsoziologischen Fragestellungen, wobei die Grenzen zwischen diesen Reflexionsebenen durchaus fließend sind (Taine 1987/1895).

Seine diesbezüglichen Betrachtungen sind natürlich vor dem Hintergrund seiner grundsätzlichen weltanschaulichen und wissenschaftlichen Ausrichtung zu sehen, die merkwürdig widersprüchlich ist. Einerseits ist er antiklerikal und beinahe materialistisch, biomechanisch eingestellt, zudem ist er als führender Vertreter des französischen Positivismus der zweite Hälfte des 19. Jahrhunderts der sozialen Physik Comtes sehr nahestand, andererseits ist er ein Verehrer aristokratischer Lebenshaltung, lehnt die Französische Revolution, deren Folgen und somit auch Napoleon ab, und vertritt einen, wenngleich missverständlichen, hegelianisch-idealistischen Evolutionsgedanken (vgl. Thurn 1979).

Doch nun zu seinen kunstsoziologischen Ideen: Diese finden sich weitgehend in seine konkreten, kunsthistorischen Untersuchungen eingebettet und werden nur bruchstückhaft systematisch dargestellt. Am ehesten ist noch im ersten einführenden Kapitel seiner Kunstphilosophie eine solche Systematik aufzufinden, wenn Taine (1987: 29ff.) darauf hinweist, dass seine Methode darin bestünde

- vom Gesamtwerk eines Künstlers auszugehen, dieses Gesamtwerk sei aber wieder als
- eingebettet in die Schule bzw. den Stil, der oder dem dieser Künstler zuzuzählen sei, zu verstehen. Schließlich weist er
- darauf hin, dass diese „Künstlerfamilie (…) sich inmitten einer noch größeren Gesamtheit, und zwar in einer sie umgebenden Welt, deren Neigungen den ihren gleichen (befindet). Denn der Zustand der Sitten und des Geistes ist derselbe für die Menge wie für die Künstler" (1987: 30f.).

Diese systematische Zugangsweise wird in den folgenden Untersuchungen umgesetzt, allerdings in einer terminologisch uneinheitlichen Art und Weise.

In Bezug auf die Beschäftigung mit der Künstlergruppe und dem Stil verwendet Taine gelegentlich den Begriff des Milieus, der auch ausgeweitet auf die biographisch relevanten Faktoren von Künstlern verstanden werden kann. Die ‚größere Gesamtheit', die umfassenden gesellschaftlichen Faktoren also, werden mit Begriffen wie Rasse, Epoche, Zeitpunkt, Klima, Umwelt, historisches Moment oder geistige Temperatur konkretisiert. Den konstanten Faktor stellt dabei wohl die Rasse dar, womit Taine allerdings nicht einen biologistischen Begriff im Sinn hat, sondern am ehesten das meint, was als Nationalcharakter verstanden werden kann. Erst danach ist das historische Moment, die Epoche anzusiedeln, die durchaus von klimatischen Faktoren ebenso bestimmt wird wie von Kriegen, Seuchen, Phasen anhaltender Prosperität oder Missernten.

Für die Kunstsoziologie im modernen Sinne hat vermutlich der Begriff des Milieus die nachhaltigste Wirkung erzielt, da es sich hierbei um ein klarer operationalisierbareres und damit methodisch kontrollierbareres Konzept handelt, als es bei dem der Epoche oder dem des historischen Moments der Fall ist. Die Ausweitung dieses Konzepts über den Entstehungszusammenhang von Kunst hinaus bis hin zum Aneignungszusammenhang von Kunst – die bei Taine nur andeutungsweise erfolgt – ist bis in die aktuelle Rezeptionsforschung gegeben.

Die Konkretisierung der sozialen Bestimmtheit von Kunst weisen Taine im Detailreichtum seiner konkreten historischen Analysen als ästhetischen Positivisten aus, der romantisch-spekulativen Kunsttheorien entgegensteht. Somit sind die Einflüsse der positivistischen, naturwissenschaftlich-biologistischen Strömungen seiner Zeit für Taine ausschlaggebender als die idealistisch-philosophischen Traditionen, die sich – eher im Bereich der großen Bewertungen von Epochen – bei ihm ebenfalls ausmachen lassen.

Gelegentlich in einem Atemzug mit Taine wird **Jean-Marie Guyau** (1854–1888) genannt. Seine 1889 postum veröffentlichte kunstsoziologische Schrift, die in Kenntnis des Taineschen Werks entstanden ist, trägt den Titel ‚L'art au point de vue sociologique'[12], bezieht sich also – dies im Gegensatz zu Taine – auch explizit auf die Soziologie (Guyau 1987/1889). Dennoch sind die Wurzeln des Guyauschen Denkens – mutatis mutandis – in ähnlich Weise von Widersprüchen geprägt. Auch er ist fasziniert von naturwissenschaftlichen Herangehensweisen, die auch in die Sozialwissenschaften hineinwirken, insbesondere im Bereich der Psychologie und deren Verbindung mit physiologischen Konzepten. Aber auch er hat einen Hang zu eher spekulativ philosophischen Ansätzen, insbesondere zur Lebensphilosophie, zu ethischen und religionstheoretischen Überlegungen.

In seiner Kunstsoziologie findet diese widersprüchliche Konstellation durchaus ihren Niederschlag. Einerseits geht Guyau von einer zwar nicht weiter begründeten, aber dennoch als solcher genannten biologistisch erklärbaren ästhetischen Erregung bzw. Emotion aus. Andererseits argumentiert er – letztlich moralisierend –, dass diese ästhetischen Emotionen durch Künstler, durch Genies, in gesellschaftlich wünschenswerte Richtungen zu lenken seien. Zwischen diesen beiden Polen – der vermeintlich naturwissenschaftlichen Begründung der Funktionsweise ästhetischer Wirkungen und einer ethikimmanenten Orientierung – siedelt Guyau seinen kunstsoziologischen Ansatz an:

Er geht von der Soziabilität der Kunst aus, von einer engen Bindung von Kunst an den Menschen und an die Gesellschaft. Thurn unterstreicht in der Einleitung zur Kunstsoziologie Guyaus den Tatbestand, dass Kunst anthropomorph sei: Ihre Existenz ist an die ästhetische Emotion des Menschen gebunden und diese Bindung ist die Grundlage dafür, dass ästhetische Erziehung überhaupt denkbar ist. Weiters geht Guyau davon aus, dass Kunst darüber hinaus auch soziomorph sei, dass sie untrennbar verknüpft seit mit der Gesellschaft. Thurn destilliert aus den Ausführungen Guyaus eine dreifache Bindung der Kunst an die Gesellschaft: eine *kausale* Bindung: die Kunst ist ursächlich mit Gesellschaft verbunden, eine *prozessuale* Bindung: die Kunst ist immer in der Gesellschaft vorhanden, auch wenn sie vordergründig keine wesentliche Rolle zu spielen scheint und schließlich eine *intentionale* Bindung: die Kunst will immer eine Wirkung erzeugen.

Es wird hier, wie Thurn hervorhebt (1979: 35), „zum ersten Mal der wissenschaftliche, sich nicht mehr bloß philosophisch verstehende Versuch unternommen, jener Nahtstellen habhaft zu werden, an denen Kunst und Sozialleben ineinander greifen".

Schließlich ist die Rolle des Künstlers zu erwähnen, die für Guyau eine entscheidende Rolle spielt, wobei er Taine – durchaus auf ihn Bezug nehmend – zu ergänzen versucht (vgl. Blaukopf 1996: 69). Ihm – dem Künstler, dem Genie – ist die Verantwortung übertragen, ästhetische Emotionen in wünschenswerte Bahnen zu lenken, ‚tugendhafte Leidenschaften' zu wecken, zu unterstützen und voranzutreiben, ‚latente soziale Sympathien akut zu entfalten' aber auch Leidenschaften zu bändigen (Thurn 1979: 35). In letzter Konsequenz bedeutet dies, dass nicht nur die Gesellschaft auf die Kunst formbestimmend einwirkt (wie Taine herausgestellt hat), sondern, dass durchaus auch die Kunst auf die Gesellschaft einwirken kann, ja sogar soll.

Die Referenzen zur grundsätzlichen Problematik der Bewertung der Funktion von Kunst in der Gesellschaft, wie sie schon bei Platon (Unkontrollierbarkeit der Kunst) und Aristoteles (*Katharsis*) angeklungen sind, wie sie in der mittelalterlichen (stark religiös gefärbten) Theorie und wie sie schlussendlich in der Aufklärungsliteratur zu finden sind (Kunst als Bildung), sind leicht nachzuvollziehen. Aber diese Argumentation ist nunmehr – und das ist das ent-

---

12   Die deutsche Übersetzung wurde – wie Thurn (1979: 33) richtig anmerkt, nicht ganz zutreffend als ‚Die Kunst als soziologisches Phänomen' veröffentlicht

scheidend Neue – unterfüttert mit zumindest den Ansprüchen nach naturwissenschaftlichen (biologistisch, physiologischen) Begründungen und mit der Verknüpfung mit einer sich einem positivistischen Weltbild verpflichtet fühlenden Sozialwissenschaft.

Resümee: Fragen nach der sozialen und historischen Formbestimmung von Kunst werden weder bei Taine noch bei Guyau in befriedigender Weise behandelt, wenn darunter eine systematische und umfassende Problemdarstellung verstanden werden soll. Um für heutige Ansprüche überzeugen zu können, sind die Konzepte noch zu spekulativ-philosophisch, aber auch zu unausgegoren, wenn die Argumentation naturwissenschaftlich-physiologisch angelegt ist. Allerdings werden erste Wege in eine sozialwissenschaftliche Beschäftigung mit dem Verhältnis von Kunst und Gesellschaft gewiesen. Zu sehr sind noch spekulativ-philosophische, aber auch noch zu unausgegoren sind die naturwissenschaftlich-physiologischen Konzepte, um für heutige Ansprüche überzeugen zu können.

3.1.4 Allgemein kulturtheoretisch, philosophische Positionen

Die ästhetische Philosophie des 19. Jahrhunderts war zunächst weitgehend geprägt durch Hegel, erst gegen Ende dieses Jahrhunderts erlangte die Kantrezeption wieder Bedeutung. Beinahe jede philosophische Position dieser Epoche musste sich mit Hegel auseinandersetzen, entweder im Sinne der Fortführung Hegelschen Gedankenguts, sei es in die Richtung der Rechts- oder Linkshegelianer, sei es in klarer Abgrenzung, Negation und Überwindung des Hegelschen Universalitätsanspruchs. Von den bisher besprochenen Denkern kann Marx der linkshegelianischen Richtung zugerechnet werden, zu den ‚Überwindern‘ – und für die Kulturtheorie von Relevanz – vor allem Schopenhauer (der sich allerdings vielmehr mit Kant als mit Hegel auseinandersetzte).

Als Theoretiker, die in der Tradition Hegels standen und die dessen kunstphilosophischen Ideen weiterführen und -entwickeln wollten, sind vor allem **Friedrich Theodor Vischer** (1807–1887), **Karl Rosenkranz** (1805–1879) und **Arnold Runge** (1802–1880) zu nennen (vgl. Jung 1995: 100ff.). Charakteristisch ist für sie das Festhalten an einer geschichtsphilosophischen Grundlage, an einer Ästhetik des Werkes und – davon ableitbar – ihre Relevanz vor allem für die Kunstwissenschaften und nicht für die Sozialwissenschaften. Für alle drei war die herausfordernde Frage, wie die Kunst, und insbesondere das Kunstwerk, gerettet werden kann, „nachdem Hegel bekanntlich die schöne Kunst verabschiedet hat" (Jung 1995: 102). Klar war, dass eine Kunst, die nur schön sein kann oder soll, nicht mehr jener damals aktuellen Welt entsprechen konnte, aus der heraus sie entstanden ist, nämlich aus der Welt der unübersehbaren gesellschaftlichen Konflikte, die sich mit der Industrialisierung ergeben haben. Die Schlussfolgerung war nun, dass also auch die Negation des Schönen: Das Hässliche, zum Thema der Kunst werden können muss. Rosenkranz plädierte in seiner ‚Ästhetik des Hässlichen‘ für eine Aufhebung des Gegensatzes zwischen dem Schönen und dem Unerträglichem, Hässlichen hin zum Komischen. Vischer stellt in seiner umfassenden ‚Ästhetik‘ das Erhabene und das Komische als Kategorien heraus, die die Stelle des Schönen einnehmen, das Hässliche erträglich machen sollen, und Runge schließlich plädiert in seiner ‚Neuen Vorschule der Ästhetik‘ für die humoristische Überhöhung des Hässlichen und damit ebenfalls für eine Überwindung desselben hin zur Herstellung einer neuen Harmonie. der Humor, das Komische also soll imstande sein, unbestreitbare Gegensätze zu versöhnen, Widersprüche aufzuheben.

Wenn also einerseits die Akzeptanz auch des Hässlichen als Topos der Kunst eine Nähe zum Realismus nahelegen könnte, so ist dann eben die Aufhebung dieses Konflikts hin zum Komischen wiederum die zumindest ideelle Versöhnung mit der gar nicht so idealen Realität – dies im krassen Gegensatz zum Realismus.

Beide Male geht es aber um die Bezugnahme auf reale, zum damaligen Zeitpunkt stattfinden-
de gesellschaftliche Entwicklungen, womit implizit eine soziologische Relevanz der entsprechenden kunsttheoretischen Positionen als gegeben anzusehen ist. Andererseits ist genau diese
kunsttheoretische Entwicklung als genuiner Gegenstand auch von einer kunstsoziologischen
Analyse zu sehen – insofern, als Kunsttheorie im Vermittlungszusammenhang eine wesentliche Rolle spielt.

Dieser dialektischen Weiterentwicklung Hegelianischer Kunstphilosophie standen philosophische
Konzepte gegenüber, die eine Ästhetik propagierten, die sich nicht am Werk, am Kunstwerk, sondern die sich am Lebensvollzug, an der menschlichen Existenz orientierte, von hier ihren Ausgangspunkt nahm, ohne allerdings eine bloße Rezeptionsästhetik sein zu wollen. Zu nennen sind
in diesem Zusammenhang neben dem schon behandelten Schopenhauer (der allerdings noch am
stärksten einer Rezeptionsästhetik verhaftet war), vor allen Sören Kierkegaard und Friedrich Nietzsche, die das konzipierten, was man als ‚Ästhetik der Existenz' bezeichnen kann.

Im Gegensatz zur Hegelianischen Geschichtsphilosophie, in der der Weltgeist gleichsam un-
beeinflusst vom individuellen Tun voranschreitet, aber auch im Gegensatz zum konfliktträch-
tigerem Modell von Marx, bei dem letztlich auch ‚eherne' Gesetzmäßigkeiten, die außerhalb
der Beeinflussbarkeit durch Einzelne wirken, wird in der Existenzphilosophie Individualität
radikal als Ausgangspunkt gesetzt. Dementsprechend ist auch nicht die Identifikation eines
großen, historischen Zusammenhangs oder die Rolle der Kunst bei der Entwicklung der Gesellschaft von Interesse, sondern vielmehr das Verhältnis des Einzelnen, des Individuums zur
Ästhetik, zum Schönen, zur Kunst.

Der dänische Philosoph **Sören Kierkegaard** (1813–1855) geht in bewusster Abgrenzung zur
Philosophie Hegels von einem verzweifelten Individuum aus, das sich in einer Welt wiederfin-
det, in der es keinen äußeren Halt mehr gibt. In zahlreichen, z. T. sehr literarisch gehaltenen,
z. T. unter einem Pseudonym veröffentlichten Schriften, entwickelt er ein Konzept von Möglichkeiten für das Individuum sich in dieser Welt zurechtzufinden und sein Leben zu gestalten
(vgl. Liessmann 1999: 53ff.).

Die erste ist die ästhetische Lebensmöglichkeit – damit ist (in der Hierarchie Kierkegaards)
eine relativ niedrige Form der Lebensbewältigung gemeint, bei der das Leben als Kunstform
gesehen wird. Hier geht es um das sinnliche Leben und Erleben im Moment, um Raffinement
der Lebensgestaltung, bewusst gewählte Oberflächlichkeit, um Verführung, Rausch, Entfes-
selung. Das Lebenskonzept des Dandyismus, die Ästhetisierung der Lebenswelt, Mode als
soziales Differenzierungskriterium sind Entsprechungen zum ästhetischen Lebenskonzept, die
sich in späteren kunst – und kulturtheoretischen Ansätzen wiederfinden. Für Kierkegaard ist
Don Giovanni (Don Juan) das Paradebeispiel des ästhetischen Lebensentwurfs.

Als nächste Möglichkeit konzipiert Kierkegaard die ethische Lebensform, bei der Disziplin
und Pflichterfüllung im Vordergrund steht, um schließlich als höchste Form die religiöse Lebensgestaltung zu postulieren.

Für kunstsoziologische Ansätze ist natürlich die ästhetische Lebensform von Bedeutung, insofern, als die Ästhetisierung des Alltags oder etwa die Verführung durch die Warenästhetik im
späten 20. Jahrhundert an realer Bedeutung gewonnen haben und die einschlägigen kulturtheoretischen Diskussionen prägen. Allerdings wurde bislang kaum auf Kierkegaards Philosophie
Bezug genommen, was wohl z. T. an seiner religiösen Ausrichtung liegen mag, die mit postmodernen Konzepten nur schwer zusammengeht.

Weit mehr als Kierkegaard hat **Friedrich Nietzsche** (1844–1900) die Kunsttheorie und auch die Kunstsoziologie des 20. Jahrhunderts – vor allem die Postmoderne, aber auch die Kritische Theorie sowie Teile der Cultural Studies – beeinflusst, sei es in der Art und Weise einer produktiv verstandenen Weiterentwicklung, sei es in abgrenzender, kritischer Weise (vgl. Meyer 1993). Bei Nietzsche ist zunächst hervorzuheben, dass er von der Ausbildung her in erster Linie Altphilologe war und daher mit der antiken griechischen Philosophie und Kultur bestens vertraut. Beeinflusst war er vor allem von Schopenhauer, Darwin, Spencer und den biologistischen Strömungen seiner Zeit. Vor diesem Hintergrund entwickelt er seine kunsttheoretisch hoch bedeutsame Einschätzung der Differenz zwischen dem Apollonischen und dem Dionysischen. Nietzsche geht dabei gleichsam einen Schritt hinter die im 18. und 19. Jahrhundert übliche idealisierende Einschätzung der griechischen Kultur zurück, der gemäß das Apollonische, u. d. h. die harmonische Form (um es zugespitzt und vereinfachend zu sagen), die höchste Ausdrucksform menschlichen Schaffens sei. Er setzt gleichsam davor bzw. darunter noch das Dionysische an, als da ist der Rausch, die Ekstase, die ungezügelte Lebenslust. (Das korrespondiert natürlich mit dem ‚Willen' Schopenhauers und – pro futuro gesprochen – mit dem ‚Es' Sigmund Freuds.) Unter der Welt des Apolls, so Nietzsche, ist die Welt des Grauens und Schreckens verborgen und das Apollinische versucht beständig diesem unbändigbaren Wilden Herr zu werden.

Insofern als Nietzsche Sokrates als Wegbereiter des klassizistischen, ja christlichen abendländischen Denkens, der apollinischen Klarheit ansieht, ist das Dionysische demgegenüber das ‚Vorsokratische', es ist antichristlich, antiklassizistisch, es geht um Selbstvergessenheit, um den Rausch der Liebe. Das Dionysische fasst Nietzsche auch als ein umfassendes Konzept gleichsam ästhetisierender Lebensgestaltung auf, als er in vor allem sinnliches sich Aus- und Erleben des Individuums. Von da her ist die Herausstellung des Dionysischen gleichzusetzen mit dem Propagieren einer ‚Kunst-Religion', mit einem ‚Artisten-Mythos', wobei für Nietzsche allerdings in diesem Zusammenhang eben noch keine Arbeitsteilung zwischen Schaffenden und Rezipierenden und auch keine Unterscheidung zwischen Werk und Prozess sinnvoll ist. Diese Haltung erklärt die Attraktivität der Thesen Nietzsches für einen nicht geringen Teil der Kunstschaffenden (vgl. Wohlfart 1998).

Für Nietzsche sind neben dionysisch/apollinisch folgende Polaritäten relevant bzw. als Referenz zu verstehen: Wille/Vorstellung; Natur/Kultur; heidnisch/christlich; Musik/Bildende Kunst.

Vor allem die letztgenannte Polarität ist für das folgende von Bedeutung: In seiner Schrift ‚Die Geburt der Tragödie aus dem Geist der Musik' geht Nietzsche davon aus, dass die Tragödie und damit die Kunst im modernen Sinne überhaupt gleichsam aus der Verbindung, der „Kopulation" zwischen Dionysischem und Apollinischem entstanden sei. Kunst ist also das Ergebnis der Bändigung des Triebhaften durch den Intellekt, die Pazifizierung des Dionysischen – der Musik – durch das Apollinische – den klaren Gedanken. (Was durchaus als Vorwegnahme der psychoanalytischen These, dass die Kunst das Ergebnis von Sublimierung, von Bändigung des Es durch das Ich/Über-Ich sei, gedeutet werden kann.)

Damit einher gehe auch, so Nietzsche, die Herausbildung der Grenzen zwischen Künstlern, Publikum und Werken, also die Arbeitsteiligkeit des künstlerischen Schaffens mit der Konzentration auf das Werk. Von hier aus ist auch Nietzsches Interesse an (ja Bewunderung für) Richard Wagner zu sehen, der mit seiner Idee des Gesamtkunstwerks diese ursprüngliche Einheit des künstlerischen Prozesses wiederherzustellen trachtete.

Nietzsche kritisiert also die Moderne und damit letztlich die Aufklärung als einen Selbstbetrug, allerdings nicht in der pessimistischen oder resignativ, existenzialistischen Art eines

Schopenhauer oder Kierkegaard, sondern aus der letztlich optimistischen, beinahe aggressiv prospektiven Art der Überwindung von traditionellen Werten.

Zu guter Letzt müssen noch zwei philosophische Positionen Erwähnung finden, die sich neben positivistisch/naturwissenschaftlichen, idealistisch/materialistisch-nachhegelianischen, existenzphilosophischen Ansätzen herausbildeten und die für die Kunstsoziologie des 20. Jahrhunderts Bedeutung gewonnen haben, nämlich die Hermeneutik im Gefolge Wilhelm Diltheys und der Pragmatismus bzw. die Semiotik im Gefolge von Charles Sanders Peirce.

Wilhelm Dilthey (1833–1911) arbeitete im Anschluss an Vico, Rousseau und Herder erneut die Eigenständigkeit einer wissenschaftlichen Methode bei der Beschäftigung mit menschlichen Hervorbringungen (im Gegensatz zur Naturwissenschaft) heraus (vgl. Rodi 1998). Ihm geht es um das Erklären, um den Ausdruck, um das Verstehen, um den interpretativen Nachvollzug von Produkten des menschlichen Geistes. Nachdem also mit der Aufklärung (z. B. im Zusammenhang mit der Enzyklopädie Diderots) eine umfassende wissenschaftliche Weltanschauung propagiert worden war, begründet Dilthey gegen Ende des 19. Jahrhunderts ein erneutes Schisma zwischen Natur- und Geisteswissenschaften, wobei den Geisteswissenschaften das methodische Prinzip der Hermeneutik, des deutenden Verstehens, zugrunde gelegt wird. Mit diesem Ansatz entsteht das Fundament der Geistes- und Kulturwissenschaften, jedoch ist auch zu konstatieren, dass Dilthey Max Webers verstehende Soziologie ganz wesentlich beeinflusst hat.

Der US-Amerikaner **Charles Sanders Peirce** (1839–1914) hingegen gilt (zusammen mit William James) als Mitbegründer des Pragmatismus und der Semiotik (vgl. Pape 1998). Die Ästhetik des Pragmatismus wird zu einer wichtigen Strömung kunsttheoretischen Denkens im 20. Jahrhundert (wenngleich sich Peirce dazu kaum ausführlicher geäußert hat). Die Semiotik wiederum hatte großen Einfluss auf den Strukturalismus und Peirces Zeichentheorie ist somit auch ein zentrales Moment dieser letztgenannten Denkrichtung, für die u. a. Ferdinand de Saussure und Roland Barthes stehen (vgl. Kapitel 5.2.).

3.2.   Die Etablierung der Soziologie: Die soziologischen ‚Gründerväter'

Im folgenden Abschnitt sind nunmehr nach den Weichenstellungen, die ins 20. Jahrhundert weisen, diejenigen Ansätze der Soziologie im engeren Sinne zu behandeln, die sich um die deutliche Abgrenzung von philosophischen, psychologischen, ethnologischen oder kulturgeschichtlichen Ansätzen, kurz um die Ausdifferenzierung des Fachs bemühen. Gemeinhin sind hier die Gründerväter der Soziologie in diesem eigentlichen Sinn, nämlich Emile Durkheim, Vilfredo Pareto, Georg Simmel und Max Weber zu nennen. Alle vier haben im Wesentlichen ihre frühe Sozialisation zu Beginn der 2. Hälfte des 19. Jahrhunderts erfahren und alle vier sind etwa um 1920 verstorben. Folgt man der These, dass das ‚lange 19. Jahrhundert' von 1879 (Französische Revolution) bis 1917 (Eintritt der USA in den Ersten Weltkrieg) gedauert hat, sind die vier genannten Zeitgenossen der 2. Hälfte des 19. Jahrhunderts zuzurechnen, was insofern bedeutsam ist, als sie, obwohl die wesentlichen Schriften im ausgehenden 19. und vor allem in der ersten beiden Jahrzehnten des 20. Jahrhunderts entstanden sind, dennoch dem ‚Geist' des 19. Jahrhunderts sehr verbunden sind. Warum, das wird noch zu erörtern sein und ist auch Teil jener Soziologie der Kunstsoziologie, die gleichsam als Meta-Erzählung über den hier je im Detail besprochenen Ansätzen, Strömungen, Theorien zu sehen ist.

3.2.1   Vilfredo Pareto (1848–1923)

Der sowohl Italien wie der Schweiz[13] angehörige Vilfredo Pareto wird in der mit kunstsoziologischen Fragen befassten Literatur nicht erwähnt. Das mag daran liegen, dass er als Sympathisant (und späterer Kritiker) des italienischen Faschismus eine persona non grata in der Soziologie war, vielleicht auch daran, dass er eher als Ökonom denn als Soziologe angesehen wurde, wohl aber vor allem, weil sein soziologisch relevantes Werk nur sehr mühevoll verfügbar gemacht werden konnte und daher innerhalb der Soziologie kaum rezipiert wurde. Nichtsdestotrotz gilt er als einer der vier Begründer des Fachs und soll daher ein wenig genauer betrachtet werden. Drei Begriffe sind mit Paretos Soziologie eng verbunden: Residuen, Derivationen und Elitentheorie. Ähnlich wie Adam Smith versucht Pareto seine ökonomischen Überlegungen mit soziologischen zu verbinden. Ging es bei Smith vor allem um ethische, empathische Dimensionen, so nun bei Pareto um ‚nicht-logische' Faktoren, die das Denken, Fühlen und Handeln von Menschen prägen, ohne dass sie zunächst in unmittelbar formellen, konkreten, institutionalisierten Bahnen ihren Ausdruck finden. Pareto nennt diese „Prinzipien ‚nicht-logischer' Handlungen, aus denen die Menschen ihre Gesetze ableiten" (Pareto 2006/1916: 61) Residuen. Diese listet er beinahe akribisch in mehr als 50 Kategorien auf. Die Residuen – weitgehend handelt es sich um Instinkte, Gefühle und Bedürfnisse – sind gleichsam der Kitt – vergleichbar dem Kollektivbewusstsein Durkheims (siehe unten) – der die Gesellschaft zusammenhält. Und den Residuen, die im Einzelnen empirisch nicht beobachtbar sind – entsprechen nun ‚große' Erzählungen: also Theoriegebäude, Ideologien, das, was Pareto als Derivationen bezeichnet. Derivationen sind als Versuche gesellschaftlicher Gruppierungen zu verstehen, sich der Residuen zu bedienen, um gesellschaftliche Macht zu erlangen. Sie basieren im Wesentlichen auf Behauptungen, Autorität, sozialer Übereinstimmung und (wissenschaftlichen) Beweisen. „Allenthalben kaschieren und rationalisieren die politischen Eliten mit Hilfe von Derivationen die profaneren Strategien und Finessen ihres eigentlichen Machtstrebens" (Bach 1999: 107). Eine wichtige Rolle – so Pareto – spielt dabei die Rhetorik, man könnte sagen: Die Art und Weise wie auf der Klaviatur der Residuen gespielt wird, wie Überzeugungsarbeit geleistet wird. Wer gesellschaftliche Macht will, muss in Bezug auf Residuen (Instinkte, Gefühle, Bedürfnisse) hervorragende Kompetenzen besitzen, muss diese nicht-logischen mit dem ‚Lack der Logik', mit einer guten Ideologie (ein Begriff den Pareto bewusst in Abgrenzung zu Marx vermeidet) umgeben, um die Menschen zu überzeugen – oder vielleicht besser: zu verführen. Hier setzt nämlich Paretos Elitetheorie an: Die Eliten verstehen es ganz offensichtlich am besten sich des Potentials der Residuen zu bedienen, heute würde man sagen: sie zu kanalisieren, um ihre Interessen optimal durchzusetzen.

Was bedeutet das nunmehr für die Kunstsoziologie? Pareto hat sich zur Kunst nur am Rande geäußert – sie ist, wenn man ihn frei interpretiert – Querschnittmaterie. Natürlich gibt es Residuen, bei denen sich die Kunst als Beispiel aufdrängt. So nennt er etwa die Expressivität als ein Residuum – also das Bedürfnis, sich auszudrücken, und im Zusammenhang mit dem Residuum Sexualität spricht er explizit von der Literatur, die ohne dieses Residuum wohl kaum auskäme. D. h. Kunst ist eher als Derivation zu sehen, als eine Form der Verdichtung, Rationalisierung, Kategorisierung von einer Vielzahl beliebig variierender Residuen. Interessant wäre dann natürlich von hier aus weiter zu verfolgen, welche historisch und gesellschaftlich bedingten Konstellationen von Residuen welche Derivate hervorbringen, und weiter, wie sich diese rhetorisch äußern, und wie sie von welchen gesellschaftlichen Gruppierungen (den rotierenden Eliten) eingesetzt werden. Die Verbindung einer Soziologie der Gefühle mit einer

---

13 Sein Vater stammte aus Italien, er lehrte in Lausanne.

Soziologie der Ästhetik und einer polit-ökonomischen Soziologie könnte als Fluchtpunkt dieser Konzeption durchaus denkbar sein. Mit anderen Worten: das kunstsoziologische Potential der Ideen Paretos ist noch aufzuarbeiten.

3.2.2   Émile Durkheim (1858–1917)

Von Émile Durkheim, dem Begründer der akademisch integrierten Soziologie in Frankreich, liegen kaum Aussagen vor, die sich auf die Kunst beziehen. Ihn interessierte, ähnlich wie seine Zeitgenossen Simmel, Weber und Pareto der Zusammenhalt von Gesellschaft, also das, was Gesellschaft ausmacht, und er identifizierte es als das Kollektivbewusstsein, das sich in überindividuellen Normen ausdrückt, indem diese das Handeln der Einzelnen, ohne dass sich diese dessen bewusst sind, bestimmen. Methodisch stellte er die Kategorie des ‚fait sociale‘, übersetzbar als ‚gesellschaftliche Tatsache‘, soziologischer Tatbestand‘, gelegentlich auch gleichgesetzt mit ‚sozialer Institution‘, ins Zentrum seiner Überlegungen. Und in diesem Zusammenhang bezieht er sich auch auf die Kunst. Er schreibt: „Das Recht existiert in den Gesetzbüchern, die Bewegungen des täglichen Lebens werden in den Ziffern der Statistik und in den Denkwürdigkeiten der Geschichte festgehalten, die Moden in den Kleidern, der Geschmack in den Kunstwerken" (Durkheim 1976/1895: 127). Aus dieser beinahe beiläufigen Bemerkung Durkheims könnte nun durchaus eine Kunstsoziologie bzw. Soziologie der Ästhetik im Sinne von Durkheim abgeleitet werden. Blaukopf, der aus musiksoziologischer Sicht Durkheim erstaunlich viel Platz widmet, wenngleich sich dieser zur Musik nicht geäußert hat, formuliert dies auch ansatzweise, wenn er schreibt, dass bei Durkheim „Kunstwerke als Kristallisationspunkte gesellschaftlichen Handelns aufgefasst werden können, dass sich in ihnen Beziehungen gesellschaftlicher Subjekte verdinglichen und dass sich daher aus ihnen auch wieder die jeweils vorherrschenden Prinzipien gesellschaftlichen Handelns ableiten lassen" (Blaukopf 1996: 49) und zudem betont Blaukopf, dass die „spätere Kunstsoziologie (…) sich (…) – ohne ausdrückliche Berufung auf Durkheims Grundgedanken – diese Methode zum Teil zu eigen gemacht hat" (ebenda: 49). Zweifellos spielt hier Blaukopf auf die Bedeutung Durkheims im Denken so unterschiedlicher Autoren wie Pierre Bourdieu[14] oder Alphons Silbermann an, die ja, ohne sich allzu explizit auf Durkheim zu beziehen von der ‚gesellschaftlichen Tatsache‘ des Geschmacks, bzw. von Kunsterlebnissen und Kulturwirkungskreisen ausgehen, festmachbar daran, welcher Wert ‚Kunstwerken‘ von einzelnen Subjekten, in statistisch repräsentativer Art und Weise beigemessen wird. Blaukopf hebt zudem hervor, dass Durkheim als erster von den Begründern der Soziologie auf die Notwendigkeit der Interdisziplinarität, der vergleichenden Geschichtsforschung und der vergleichenden Ethnografie sowie auf die Bedeutung der Statistik verwiesen habe. Hierbei handelt es sich um Dimensionen der Kunstsoziologie, die, so Blaukopf, für das Fach unumgänglich seien. Blaukopf ist vermutlich bis zum ausgehenden 20. Jahrhundert der einzige Autor, der Durkheims Konzepte für ausreichend kunstsoziologisch relevant hielt, um auf sie einzugehen.

Allerdings sind interessanterweise gegen Ende des 20. Jahrhunderts Beiträge zur Kunstsoziologie zu konstatieren, die auf das Spätwerk Durkheims (1994/1912) ‚Die elementaren Formen des religiösen Lebens‘ Bezug nehmen. Ausgegangen wird dabei von Durkheims Unterscheidung zwischen dem ‚Profanen‘ und dem ‚Heiligen‘, und diese bei Durkheim vor allem auf der

---

14 Durkheims Position in der französischen Soziologie ist recht ambivalent. Ohne je als Bezugsperson prominent genannt zu werden, schulbildend gewesen zu sein, ist sein Beitrag dennoch grundlegend für zahlreiche nachfolgende Soziologen.

Basis ethnologischer Befunde entwickelten Differenz wird – gleichsam als anthropologische Konstante – auf das moderne (bürgerlich-romantische) Konzept von KünstlerInnen und Kreativität übertragen (vgl. Sherwood 2006). Dementsprechend würden KünstlerInnen das grundlegende Bedürfnis nach dem Sakralen, u.d.i. das Außergewöhnliche, das Unerklärbare, das in ‚aufgeklärten‘ Industriegesellschaften, die vor allem durch eine Überbetonung des Profanen gekennzeichnet sind, befriedigen.

3.2.3   Georg Simmel (1858–1918)

Georg Simmel gilt als Begründer der formalen Soziologie, und obwohl er starken Einfluss auf einige bedeutsame Soziologen bzw. Philosophen hatte (vor allem auf eher marxistisch orientierte Autoren wie Adorno, Benjamin, Kracauer, Lukacs oder Bloch) (vgl. Orth 1996), ist eine Schulbildung oder auch nur Übernahme zentraler Begriffe der Soziologie Simmels durch Nachfolgende kaum zu erkennen. Beeinflusst war er stark von Kant und Schopenhauer, aber auch vom Vitalismus, bzw. der dann gern mit Simmel in Verbindung gebrachten ‚Lebensphilosophie‘ Henri Bergsons. Simmel war weit über den engen akademischen Bereich hinaus bekannt, war ‚Modephilosoph‘ mit breiter Publikumswirkung. Dementsprechend vielfältig ist auch das Spektrum der Art seiner Publikationen und reicht von Artikeln in kleineren wissenschaftlichen Zeitschriften über Essays in Journalen zu großangelegten wissenschaftlichen Monografien (vgl. Hofmann 2004).

Die Bedeutung Georg Simmels für die Kunstsoziologie ist aus verschiedenen Gründen schwer fassbar. Zum einen durchziehen Bezugnahmen auf das Ästhetische beinahe sein gesamtes Denken (mit Ausnahme seiner strikt formalsoziologisch gemeinten Schriften[15]), zum anderen ist kein systematisches kunstsoziologisches Konzept in seinen Texten erkennbar. Schließlich ist vieles, was Simmels Überlegungen zur Kunst und Ästhetik kennzeichnet, zwischen Philosophie, Kunstwissenschaft und Soziologie angesiedelt, sodass eine eindeutig soziologische Ausrichtung nur schwer behauptbar bleibt. Simmel gilt zwar als Begründer der ‚formalen Soziologie‘ und als ein Klassiker, aber bis zum Beginn der 1980er Jahre waren seine Schriften kaum verfügbar. Und natürlich ist es kein Zufall, dass Simmel ab den 1980er Jahren ‚wiederentdeckt‘ wurde, denn er schrieb, dachte und war eigentlich schon ‚postmodern‘, wenngleich er gerne als erster Analytiker der ‚Moderne‘ benannt wird. Versucht man Simmels kunstsoziologisch relevante Schriften, die aus zahlreichen Aufsätzen und Essays, aber auch Monografien bzw. Kapiteln aus größeren Schriften bestehen, zu charakterisieren, dann drängt sich eine Gliederung in folgende Bereiche auf (vgl. Orth 1998): 1) Künstlerbiografien, 2) Überlegungen zum Wesen und zur Funktion von ‚Kunst‘ in der Gesellschaft, 3) zur Alltagsästhetik, zum Lebensstil und 4) Beobachtungen zur Moderne (vgl. Simmel 1995, 1996/1911, 2000, 2008).

1) **Künstlerbiografien**: Zentral sind hier seine Arbeiten zu Michelangelo, Rembrandt und Rodin zu nennen (daneben auch zu Goethe, Stefan George). Simmel entwickelt aus der biographischen Darstellung dieser drei Künstler gleichsam unter der Hand auch eine Kulturgeschichte des Abendlands. „Als Fazit von Simmels philosophischem Diskurs lässt sich sagen, dass er dadurch die drei Lebenstypen von Renaissancezeit, Barock und Moderne herausgearbeitet hat: Das überzeitliche Leben der allgemeinen Menschheit überhaupt, das zeitliche Leben des

---

15 Formale Soziologie geht davon aus, dass es immer wieder kehrende Muster in sozialen Beziehungen gebe, die zu erkennen die Aufgabe der Soziologie seien. Nicht die – empirisch beobachtbaren – konkreten Erscheinungen, sondern die diesen zugrunde liegenden formalen Beziehungen – z. B. die Dyade, der Streit etc. – seien das Wesentliche. Die Nähe zum Strukturalismus ist nahe liegend und von daher ist auch Simmels ‚Wieder-Entdeckung‘ durch die Postmoderne naheliegend.

einzigartigen Individuums sowie das unzeitliche Leben der anonymen und freischwebenden Großstädter" (Kim 2002: 297). Daraus kann methodisch ein kunstsoziologisch relevanter Faktor abgeleitet werden, nämlich der Anspruch, aus Künstlerbiografien Rückschlüsse auf die gesellschaftliche Verfasstheit einer Epoche zu ziehen (wenngleich sich Simmel wohl gegen jede ‚Widerspiegelungstheorie' gewehrt hätte, siehe dazu unten).

2) **Wesen und Funktion von Kunst**: Für Simmel ist Kunst, ausgehend von seiner Analyse der modernen Gesellschaft (des beginnenden 20. Jahrhunderts) eine, und vielleicht die einzige Möglichkeit, die Erfahrung des gelungen Lebens zumindest für eine kurze Zeit der Kontemplation bereitzustellen. Simmel spricht in diesem Zusammenhang von der ‚Tragödie der Kultur' (vgl. Hofmann 2004, Simmel 1996/1911). Damit meint er, dass fortschreitende Kulturentwicklung (in der Moderne) fortschreitende Ausdifferenzierung der Gesellschaft und damit einhergehend fortschreitende Unüberschaubarkeit der Funktionsweisen ebendieser Gesellschaft bedinge. Dazu kommt, dass der Ausdifferenzierung der Gesellschaft und der dementsprechenden Ohnmacht des Individuums ein ständig wachsender Druck, Individualität zu behaupten, entspräche. Und wenn Simmel meint, dass mit adäquater Kunstrezeption sich die ‚erlösende' Funktion von Kunst sich einstellen könne, wenn dadurch der ‚Weg zur Seele', zur Ahnung des gelungenen Lebens, ermöglicht wird, zeigt sich der sozialphilosophische Aspekt von Simmels Kunstsoziologie besonders deutlich.

Was aber meint Simmel überhaupt mit Kunst? Hier ist eine eindeutige Idealisierung der Kunst festzustellen. Kunstwerke sind für Simmel autonome Entitäten, jedes Kunstwerk ist ein Phänomen sui generis, ohne unmittelbare gesellschaftliche Relevanz, ohne Verweis auf die gesellschaftliche Realität (Abkehr von jeglicher Mimesis-Konzeption), ohne Beanspruchung von Schönheit (Abkehr von Ästhetik des Schönen), womit Simmel einen ahistorischen ästhetischen Rigorismus propagiert. (Hier wird auch der Einfluss von Kant und Schopenhauer deutlich.)

Daneben finden sich auch noch sehr ‚bodenständige' Texte zur Funktion von Kunst, z. B. im Aufsatz über den Bilderrahmen, in dem Simmel die Bedeutung der Grenze zwischen Kunst und ‚Nicht-Kunst' ausformuliert und, ohne dies klar anzusprechen, anregt, deren gesellschaftliche Institutionalisierung zu bedenken.

3) **Lebensstil**: Eine Möglichkeit in der Moderne, die für Simmel vom Widerspruch zwischen Individualisierung und Differenzierung (Entfremdung) charakterisiert war, menschenwürdig zu (über)leben, war (neben der Kunstrezeption) die der Stilisierung des Lebens. In diesem Zusammenhang sind aus heutiger Sicht auch seine Ausführungen zum ‚Kunstgewerbe' von größter Bedeutung. Denn er gesteht einerseits diesen Phänomenen – heute würden wir sagen: ‚Massenkultur' – eigenständigen Wert zu, andererseits spricht er ihnen die ‚erlösende' Funktion der Kunst ab (Kim 2002: 312**)** – dennoch sind für Simmel sowohl Kunst wie Kunstgewerbe gleichwertige Möglichkeiten der Ästhetisierung des Alltags und des Lebens. In einem seiner Hauptwerke, ‚Die Philosophie des Geldes' wird in diesem Zusammenhang gleichsam der diesbezügliche Grundstein für jede Art von Lebensstil-Soziologie der 1980er Jahre gelegt. Im letzten Kapitel dieser Schrift verweist Simmel darauf, dass für den Menschen der Moderne, der von der Geldwirtschaft geprägt sei, die einzige Möglichkeit, ein gelungenes, menschenwürdiges Leben zu führen eigentlich nur mehr in der Stilisierung des Alltags bestünde, insofern als ‚Kunstgenuss' diese nur kurzzeitig, ‚außeralltäglich' gewähren könne (Simmel 1989/1900: 591ff.).

4) **Verstreute Beobachtungen zur Kunst, zum Alltag, zur Moderne**: Hierzu sind zahlreiche Aufsätze über das Leben in der Großstadt, zur akustischen Umwelt, zur Mode, zu den Geschlechterverhältnissen, aber auch zu so paradigmatisch aufgefassten Phänomenen wie dem

‚Henkel‘ (Übergang vom alltäglichen Gebrauchsgegenstand zum künstlerisch gestalteten Gefäß), zur Ruine (Ästhetik des Verfalls), Reiseberichte und Städteschilderungen. zu nennen, die auf das breite Oeuvre seiner soziologisch (und sozialphilosophisch) relevanten Beobachtungen verweisen (vgl. Simmel 1995, 2000, 2008).

Abschließend seien noch einige Aspekte herausgestellt, die die Widersprüchlichkeit und systematische Unfassbarkeit Simmels, aber auch seine Strahlkraft auf nachfolgende Ansätze verdeutlichen:

- so hat er etwa in einem seiner früheren Aufsätze zur ‚Soziologischen Ästhetik‘ (in Simmel 2008), den Sozialismus gleichsam als ‚Gesamtkunstwerk‘, das sozialistische Projekt unter ästhetischem Gesichtspunkt angesprochen, damit wird für ihn Gesellschaft zur Kunst und Ästhetik zu einer zentralen Dimension soziologischer Analyse, gleichzeitig sind aber bei Simmel keine Sympathien zur sozialistischen Gesellschaftsutopie zu erkennen

- einerseits ist sein Abschied von jeder Widerspiegelungstheorie, seine Leugnung jeglicher sozialen Relevanz von Kunst (außer der, ein Angebot zum Eskapismus zu bieten) zentrales Element seiner kunstbezogenen Ausführungen – und dennoch ist die Resonanz seiner Gedanken bei nachfolgenden marxistischen Autoren deutlich nachvollziehbar – wenngleich, und das passt wieder ins Bild, diese sich selten explizit auf ihn berufen (vgl. Orth 1998: 751).

- Simmel propagiert gelebte Stilisierung des Alltags als Entlastung und als einzige Möglichkeit für ein menschenwürdiges Leben – persönlich war er ein Verfechter der l'art pour l'art Bewegung (er stand dem Stefan George-Kreis nahe), andererseits (und auch das passt wieder ins Bild) hatte er durchaus den Ruf, gemäß seinem Status als Modephilosoph, seinen Alltag zu ästhetisieren, ein ‚Dandy‘ zu sein (vgl. Hofmann 2004: 31).

Alles in allem mag charakteristisch sein, dass Simmel die Widersprüche der Industriegesellschaft zu seinem zentralen Thema macht, sie aber – im Gegensatz zu Marx – als unausweichlich bestehen lässt.

3.2.4   Max Weber (1864–1920)

Im Gegensatz zu Durkheim oder Pareto hat sich Max Weber nur marginal zur Kunst geäußert, und im Vergleich zu Simmel durchziehen Fragen zur Ästhetik und zur Kunst sein soziologisches Denken nicht auf beinahe immanente Weise. Seine diesbezüglichen Überlegungen sind klar abgegrenzt und nicht sehr umfangreich, können aber durchaus als Prolegomena einer Kunstsoziologie gelesen werden. Weber, Begründer der ‚verstehenden Soziologie‘, ähnlich wie Simmel ein profunder Analytiker und Kritiker des Kapitalismus, u. d. h. der ‚Moderne‘, beschäftigte sich vor allem mit der Frage, was die Sonderstellung der abendländischen Kultur im weltgeschichtlichen Kontext auszeichnet, und seine Antwort lässt sich mit dem Begriff der Rationalisierung zusammenfassen. Dieses eigentümliche, einzigartige Denken, das im zweckrationalen Handeln seinen Ausdruck findet, das in der aufklärerischen, emanzipatorischen ‚Entzauberung der Welt‘, aber auch im damit einhergehenden, die Individualität einengenden ‚stahlharten Gehäuse der Bürokratie‘ ihren Niederschlag findet, hat nicht zuletzt auch ihre Entsprechung in einem ganz bestimmten Umgang mit und Verständnis von Kunst gefunden.

1913[16] hält Weber einen Vortrag, der einige Jahre später als ‚Der Sinn der Wertfreiheit in den Sozial- und Wirtschaftswissenschaften‘ veröffentlicht wurde und dessen Titel nicht vermuten

---

16 Vgl. Blaukopf 1996: 121.

lässt, dass Weber darin auch auf Fragen der Kunst und Kunstsoziologie eingeht.[17] In dem Text behauptet Weber: „Allein der richtig verstandene ‚technische' Fortschritt ist gerade die Domäne der Kunstgeschichte, weil gerade er und sein Einfluss auf das Kunstwollen das am Ablauf der Kunstentwicklung rein empirisch, das heißt, ohne ästhetische Bewertung Feststellbare enthält" (Weber 1973a: 286f.).

Als technischen Fortschritt fasst er den „rationalen und deshalb eindeutigen Fortschritts-Begriff" auf, „dessen Brauchbarkeit für die empirische Kunstgeschichte eben daraus folgt, dass er sich ganz und gar auf die Feststellung der technischen Mittel beschränkt" (ebenda: 287).

In diesen Sätzen sind bereits die wesentlichen Eckpfeiler seines kunstsoziologischen Konzepts enthalten:

1. in kulturhistorischer Hinsicht: der rationale Fortschrittsbegriff verweist auf das Konzept der Rationalisierung und damit auf den ‚europäischen Sonderweg'

2. in gesellschaftsbezogener Hinsicht: die Betonung des Kunstwollens

3. in Bezug auf den Gegenstandsbereich: die technischen Mittel und deren Fortschritt und in weiterer Folge die Identifikation von Idealtypen, von Stilen

4. in methodischer und wissenschaftstheoretischer Hinsicht: Wertfreiheit und die Betonung des empirisch Feststellbaren

Neben den Passagen im genannten ‚Wertfreiheitaufsatz' und einem Fragment zur Musiksoziologie (s.u.) finden sich auch in seinen religionssoziologischen Schriften vereinzelte Ausführungen zur Rolle der Kunst, eine geplante Kunstsoziologie ist allerdings nicht zustande gekommen.

1) **Rationalisierung**: In der Einleitung zur ‚Religionssoziologie' streicht Max Weber die Besonderheiten des abendländischen Weges heraus, wobei er neben Recht, Wirtschaft, Wissenschaft, Politik auch auf die Kunst und hier zunächst insbesondere auf die Musik eingeht:

> „Das musikalische Gehör war bei anderen Völkern anscheinend eher feiner entwickelt als heute bei uns; jedenfalls nicht minder fein. (…) Aber rationale harmonische Musik, (…) unser Orchester (…), der Generalbass, unsere Notenschrift (…), unsere Sonaten, Symphonien, Opern, (…) und als Mittel zu dem alle unsere Grundinstrumente: Orgel, Klavier, Violine: dies alles gab es nur im Okzident" (Weber 1988/1920: 2).

Diese Überlegungen zur Musik hat Weber vor allem in der Schrift ‚Die soziologischen und rationalen Grundlagen der Musik' ausführlicher dargestellt. [18]

Zu anderen künstlerischen Gattungen führt Weber im Weiteren aus:

---

17 Seine diesbezüglichen Äußerungen sind also quasi ein ‚Nebenprodukt'. Das ist vermutlich auch ein Grund, warum die kunstsoziologisch relevanten Thesen des „Wertfreiheit"-Aufsatzes in der kunstsoziologischen Literatur lange Zeit keine Beachtung fanden, geschweige denn, dass sie schulbildend hätten werden können. Erst Kurt Blaukopf bzw. Alphons Silbermann „entdeckten" Webers diesbezügliche Thesen ebenso wie das schwer zugängliche musiksoziologische Fragment für die Musiksoziologie wieder. (Vgl. Silbermann 1963, später Braun 1992, Smudits 2002: 49f.).

18 Dieser Text ist posthum erschienen und war vermutlich nicht für die Veröffentlichung bestimmt, vielmehr handelt es sich um ein Exzerptheft, das möglicherweise Grundlage für eine ausführlichere Musik- bzw. Kunstsoziologie hätte sein sollen. Erstmals als unkommentierter Anhang – relativ unmotiviert – zur Erstauflage von ‚Wirtschaft und Gesellschaft', dann als lieblos, weil ebenfalls unkommentiert, geschweige denn editorisch bearbeitet bei UTB (Weber 1972/1921) als Monografie erschienen. Erst in den späten 1980er Jahren setzten Bemühungen um eine adäquate Neueditierung ein (vgl. Fußnote 17).

„Spitzbogen hat es als Dekorationsmittel auch anderwärts, in der Antike und in Asien, gegeben; (…) Aber die rationale Verwendung des gotischen Gewölbes (…) als konstruktives Prinzip großer Monumentalbauten und Grundlage eines die Skulptur und Malerei einbeziehenden S t i l s , wie sie das Mittelalter schuf, fehlen anderweitig. Ebenso aber fehlt, (…) jene Art von „klassischer" Rationalisierung der gesamten Kunst – in der Malerei durch rationale Verwendung der Linear- und Luftperspektive – welche die Renaissance bei uns schuf. Produkte der Druckerkunst gab es in China. Aber eine gedruckte: eine n u r für den Druck berechnete, nur durch ihn lebensmögliche Literatur: „Presse" und „Zeitschriften" vor allem, sind nur im Okzident entstanden" (ebenda: 2).

Wenn Weber den abendländischen Sonderweg thematisiert, ist auch klar, dass sein Ansatz ein zutiefst historisch begründeter ist, wenngleich er diese historische Fundierung nicht extensiv ausführt.

2) **Kunstwollen**: Entwicklung und Fortschritt, und damit die historische Dimension, sind zweifellos für Weber wesentliche Kategorien, die auch sein kunstsoziologisches Denken prägen. Hierzu finden sich vor allem in der Verwendung des Begriffs des ‚Kunstwollens', sowie in vereinzelten Ausführungen seiner Religionssoziologie deutliche Hinweise.

Weber spricht – wohl in Anlehnung an Alois Riegl (vgl. Kapitel 3.3) – vom „Kunstwollen ganzer Epochen" (Weber 1973a: 286), ohne allerdings zu spezifizieren, woher dieses Kunstwollen kommt.

Aus seinen religionssoziologischen Überlegungen lässt sich die Unterscheidung zwischen einer an Religion gebundenen Kunst und einer diese traditionellen Bindungen überwindenden Kunst der Moderne – also zwei verschiedene Ausprägungen des Kunstwollens – nachzeichnen.

Weber verweist in Bezug auf religiös motiviertes Kunstwollen darauf, dass

„Idole und Ikonen aller Art, Musik (…), die Tempel und Kirchen (…) Kirchengeräte aller Art als Hauptobjekte der kunstgewerblichen Arbeit (…) die Religion zu einer unerschöpflichen Quelle künstlerischer Entfaltungsmöglichkeit (machen)" (Weber 1972a/1921: 365).

Mit der Rationalisierung sowie mit der Herausbildung moderner Industriegesellschaften und dem damit einhergehenden Entstehen einer neuen Form des Kunstwollens konstituiere sich Kunst

„nun als ein Kosmos immer bewusster erfasster selbstständiger Eigenwerte. Sie übernimmt die Funktion einer, gleichviel wie gedeuteten, innerweltlichen E r l ö s u n g : vom Alltag und, vor allem, auch von dem zunehmenden Druck des theoretischen und praktischen Rationalismus. Mit diesem Anspruch aber tritt sie in direkte Konkurrenz zur Erlösungsreligion" (Weber 1988/1920: 555).

Kunst wird also zu einer eigenständigen Sphäre und grenzt sich von Religion ab. Allerdings erscheint nunmehr die ethische Norm (anstelle der religiös bestimmten Tradition) „leicht als Vergewaltigung des eigentlich Schöpferischen und Persönlichsten" (ebenda: 556). Die Crux der Rationalisierung: ‚Entzauberung der Welt' und damit Befreiung von traditionellen Bindungen versus Bürokratisierung gefolgt von einengenden ethisch begründeten Normen findet sich für Weber also auch in der Entwicklung der Kunst nachvollziehbar, führt allerdings auch hier zu der schon angesprochenen abendländischen Sonderstellung.

„Das spezifisch Künstlerische überhaupt bewusst zu entdecken, ist intellektualistischer Zivilisation vorbehalten. Eben damit aber schwindet das Gemeinschaftstiftende der Kunst ebenso wie ihre Verträglichkeit mit dem religiösen Erlösungswillen" (Weber 1972a/1921: 365).

Eine differenzierte Auseinandersetzung, welche sozialen Kräfte für diese Entwicklung der Kunst verantwortlich sind, findet sich bei Weber allerdings nicht. Wenn Weber die historische Entwicklung anspricht, dann tut er dies im Zusammenhang mit religionssoziologischen Überlegungen bzw. wäre wohl seine allgemeine ‚Rationalisierungs-These' auf die Kunst zu extrapolieren.

3) Kunst und technischer Fortschritt: Hier gilt es zwischen dem Einfluss (a) der allgemeinen technischen Entwicklung auf die Kunst einerseits und (b) dem spezifischen Einfluss der technischen Mittel des Kunstschaffens selbst zu unterscheiden.

Ad a) Im Zusammenhang mit dem Einflüssen technischen Fortschritts auf die Kunst findet sich eine bemerkenswerte mündliche Äußerung Webers beim ersten Soziologiekongress (Weber 1910), die recht anschaulich seine Einschätzung von Kunst und – wenn man so will – Populärkultur wiedergibt. Er meint nämlich, dass ‚moderne Technik' sehr wohl einen Einfluss auf formal-ästhetische Werte, auf die künstlerische Kultur habe, „allerdings nur durch die Existenz der modernen Großstadt (…) mit Trambahn, mit Untergrundbahn, mit elektrischen und anderen Laternen, Schaufenstern, Konzert- und Restaurationssälen, Cafés, Schloten, Steinmassen, und all dem wilden Tanz der Ton- und Farbimpressionen, den auf die Sexualphantasie einwirkenden Eindrücken (…)" (Weber 1910). Die moderne Großstadt regt an zu höchst ästhetischen Abstraktionen, teils als Protest, als spezifisches Fluchtmittel aus dieser Realität, teils als Anpassung an sie.

Für Weber ist also die ‚phantastisch, berauschende Rhythmik' der Großstadt Stimulans für Kunst, aber den spezifischen Erscheinungsformen (in einem anderen Zusammenhang spricht er deutlich entwertend vom ‚Lichtspiel') dieser modernen Großstadtkultur kann er keinen eigenen ästhetischen Wert abgewinnen.

Ad b) Wenn es um den unmittelbaren Zusammenhang von Technik und Kunst geht, beschränkt sich Weber auf den Kanon der legitimen künstlerischen Ausdrucksformen. Zur Illustration bezieht er sich auf die oben angeführten Beispiele aus Musik und Bildender Kunst. Und er stellt diesbezüglich exemplarisch fest: „Indem die kunstgeschichtliche und kunstsoziologische Betrachtung diese sachlichen, technischen, gesellschaftlichen, psychologischen Bedingungen des neuen Stils (u. d. h. eines technischen Fortschritts, AS) aufzeigt, erschöpft sie ihre rein empirische Aufgabe" (Weber 1973a: 287).

Folgende Beispiele führt Weber zur Musik an:

- Die veränderte musikalische Stimmung, nämlich die harmonische Chromatik, als Voraussetzung für die „Entstehung der Terz in deren harmonischer Sinndeutung".

- Die Entstehung „der modernen musikalischen Rhythmik (der guten und schlechten Taktteile) – statt rein metronomer Taktierung, einer Rhythmik, ohne welche die moderne Instrumentalmusik undenkbar ist".

- Die „Schaffung der rationalen Notenschrift (ohne welche keine moderne Komposition auch nur denkbar wäre) und (…) des rational polyphonen Gesanges".

- Den Hauptanteil an dieser Entwicklung sieht Weber beim Mönchtum, „welches ohne eine Ahnung von der späteren Tragweite seines Tuns die volkstümliche Polyphonie für seine Zwecke rationalisierte".

- Die durch bestimmte Lebensformen der Renaissancegesellschaft bedingte Übernahme und Rationalisierung des Tanztakts, des „Vaters der in die Sonate ausmündenden Musikformen".

• Die Entwicklung des Klaviers, einer „der wichtigsten technischen Träger der modernen musikalischen Entwicklung und ihrer Propaganda im Bürgertum", die im „spezifischen binnenraum-Charakter der nordeuropäischen Kultur" wurzelt (alle Zitate der Aufzählung aus Weber 1973a: 288ff.).

Dies macht klar, dass es sich für Weber bei den ‚technischen Mitteln' also sowohl um immaterielle Regelsysteme und Verfahrensweisen, wie um materielle Phänomene, also Instrumente, Apparaturen, in die diese Regelsysteme, eingeschrieben, verdinglicht sind, handelt (vgl. Smudits 2002: 33f.).

All dies, so fügt Weber hinzu, sind ‚Fortschritte' der **technischen** Mittel der Musik, welche deren Geschichte sehr stark bestimmt haben. „Diese Komponenten der historischen Entwicklung wird die empirische Musikgeschichte entwickeln müssen, ohne ihrerseits eine **ästhetische** Bewertung der musikalischen Kunstwerke vorzunehmen" (Weber 1973: 289).

Damit verweist Weber darauf, dass keine empirische Disziplin darüber entscheiden kann, ob fortschreitende Differenzierung als ‚Fortschritt' im Sinn zunehmenden ‚inneren Reichtums' bewertet werden kann. Vielmehr gelte es historisch unterscheidbare Idealtypen – und im Bereich der Kunst sind dies eben ‚Stile' – zu identifizieren, allerdings ohne eine qualitative Bewertung vorzunehmen

Das führt zum nächsten Punkt, nämlich der

4) **Wertfreiheit**: Schon aus seiner Definition von Kultur ist der einerseits radikal antiessentialistische, andererseits stark hermeneutisch beeinflusste (Dilthey), ja konstruktivistische Ansatz Webers ablesbar. Er schreibt: „Kultur ist ein vom Standpunkt des Menschen aus mit Sinn und Bedeutung bedachter endlicher Ausschnitt aus der sinnlosen Unendlichkeit des Weltgeschehens" (zit. nach Sukale 2006: 21).

Wenn Sinn und Bedeutung von Menschen gemacht werden, dann ist es wohl Aufgabe der Wissenschaft, diesen Prozess der Konstitution von Bedeutungen zu analysieren und nicht Bedeutungen als von vornherein gegeben zu behaupten.

Für die empirische Kunstwissenschaft gilt daher für Weber: „Das *Interesse* an den Kunstwerken und an ihren ästhetisch relevanten einzelnen Eigentümlichkeiten und also ihr *Objekt* ist ihr heteronom: als ihr Apriori, gegeben durch deren von ihr, mit ihren Mitteln, gar nicht feststellbaren ästhetischen Wert" (Weber 1973a: 288).

Das führt zur interessanten, allerersten wertenden Entscheidung, die auch den Gegenstandsbereich von Kunstsoziologie betrifft, nämlich wie Weber mit der Unterscheidung von Kunst und ‚Nicht-Kunst' umgeht. Er schreibt:

> „Es hat keine *wertende* Kunstbetrachtung gegeben, die mit dem exklusiven Gegensatz von ‚Kunst' und ‚Unkunst' ausgekommen wäre, und nicht daneben noch die Unterschiede zwischen Versuch und Erfüllung, zwischen dem Wert verschiedener Erfüllungen, zwischen der vollen und der in irgendeinem Einzelpunkt oder in mehreren solcher, selbst in wichtigen Punkten missglückten, dennoch aber nicht schlechthin wertlosen Erfüllung verwendete, und zwar nicht nur für ein konkretes Formungswollen, sondern auch für das Kunstwollen ganzer Epochen" (ebenda: 286).

Bewertung, so Weber, sei also nur in Bezug darauf, ob ein Werk dem jeweils gegebenen Kunstwollen entsprechend mehr oder weniger gelungen sei, möglich. Das wird noch deutlicher, wenn sich Weber in diesem Zusammenhang auf die technischen Mittel bezieht:

„Die Schaffung neuer technischer Mittel bedeutet zunächst nur zunehmende Differen-zierung und gibt nur die *Möglich*keit zunehmenden ‚Reichtums‘ der Kunst im Sinne der Wertsteigerung. Tatsächlich hat sie nicht selten den umgekehrten Effekt der ‚Verar-mung‘ des Formgefühls gehabt. Aber für die empirisch-*kausale* Betrachtung ist gerade die Änderung der ‚Technik‘ (im höchsten Sinne des Wortes) das wichtigste allgemein feststellbare Entwicklungsmoment der Kunst" (ebenda: 290).

Und an anderer Stelle meint Weber sogar, dass es im Gegensatz zur Wissenschaft im Bereich der Kunst keinen Fortschritt gebe, außer den, der sich in material- und formgerechtem Kunst-schaffen niederschlägt und der damit wiederum technisch vermittelt ist: „Es ist nicht wahr, dass ein Kunstwerk einer Zeit, welche neue technische Mittel oder etwa die Gesetze der Pers-pektive sich erarbeitet hatte um deswillen rein künstlerisch höher stehe als ein aller Kenntnis jener Mittel und Gesetze entblößtes Kunstwerk, – wenn es nur material- und formgerecht war, das heißt: wenn es seinen Gegenstand so wählte und formte, wie dies ohne Anwendung jener Bedingungen und Mittel kunstgerecht zu leisten war" (Weber 1972b: 315).

Gleichsam durch die Hintertür lässt also Weber doch wieder ästhetischen ‚Fortschritt‘ zu, nämlich insofern als er von einer mehr oder weniger gelungenen form- und materialgerechten Herstellung ausgeht. Man könnte Weber so auslegen: Auf den Stand einer ganz bestimmten technischen Entwicklung gibt es also besser oder schlechter gelungene künstlerische Arbeiten.

Die – ohnehin nur erahnbare – Schwierigkeit Webers, den Gegenstandsbereich der Kunstso-ziologie über das traditionelle Kunstverständnis seiner Zeit hinauszudenken, und seine gleich-zeitige sehr nüchterne Sicht auf die technischen Mittel bei wertender Enthaltsamkeit, verweist auf die Schwäche seines Zugangs, die aber gleichzeitig die Stärke sozialwissenschaftlicher Kulturforschung darstellt. Letztlich verschiebt er den hermeneutischen Zirkel, der die ästhe-tisch wertenden Kulturwissenschaften kennzeichnet, auf eine gesellschaftliche Ebene, aller-dings unter Außerachtlassung der gesellschaftlichen Kräfteverhältnisse, also der kulturellen Hegemonie[19]. Unter ‚Kunst‘ wird bei Weber nur das zugelassen, was mit den jeweils ‚herr-schenden‘ gesellschaftlichen Vorstellungen von Kunst, mit dem ‚Kunstwollen ganzer Epo-chen‘, übereinstimmt.

Die Einbettung der Entwicklung der technischen Grundlagen des Kulturschaffens in die sozi-alen, ökonomischen oder politischen Rahmenbedingungen wird nicht ernsthaft thematisiert: Für Weber ist Kunst, was eben als Kunst gilt – ein Standpunkt, der gerade in Zeiten beschleu-nigten kulturellen Wandels problematisch ist[20].

Die unmittelbare Wirkung Webers auf die Entwicklung der Kunstsoziologie war keine schul-bildende. Zwar sind die Positionen weiterer Vertreter der deutschsprachigen

(Kunst-)Soziologie – von Paul Honigsheim zu Leopold von Wiese (vgl. Kapitel 4.2) – sicher-lich von Webers Thesen mitgeprägt – eine nachhaltige und vor allem sichtbare Wirkung blieb allerdings bis zur schon erwähnten ‚Wiederentdeckung‘ (vgl. Fußnote 17) aus.

---

19 Dies wird dann ab den diesbezüglichen Konzepten von Antonio Gramsci (vgl. Kapitel 4.1), spätestens ab den Cultural Studies und der Kultursoziologie Pierre Bourdieus (vgl. Kapitel 5.1.) von Bedeutung.
20 Dies mag aber auch damit zusammenhängen, dass sich Weber nur fragmentarisch zur Kunst geäußert hat.

3.3   Nebenlinien

Neben den Gründervätern sind wieder einige Nebenlinien zu erläutern oder zumindest zu erwähnen, so der gerne übersehene Ökonom Thorstein Veblen, der in der Kunstsoziologie wenig
beachtete Werner Sombart, aber auch der Begründer der Psychoanalyse, Sigmund Freud und
der Linguist Ferdinand de Saussure. Ebenfalls eingegangen wird schließlich auf einige österreichische Vertreter der Kulturwissenschaften, deren Konzepte starke kunstsoziologische
Facetten aufweisen.

3.3.1   Vorläufer der Distinktionstheorie:
Thorstein Veblen und Werner Sombart

In der mit Kunstsoziologie befassten Literatur nur am Rande Erwähnung fanden bislang die
Arbeiten zweier Soziologen, deren Bedeutung als Vorläufer der Distinktionstheorie Pierre
Bourdieus vermutlich erst in den 1980er Jahren im vollen Umfang erkennbar wurde, nämlich
der von Norwegen in die USA eingewanderte Ökonom und Soziologe Thorstein Veblen und
der aus Deutschland stammende Soziologe und Wirtschaftshistoriker Werner Sombart.

Thorstein Veblen (1857–1929) veröffentlichte 1899 eine Schrift mit dem Titel ‚Theory of the
Leisure Class‘, im Deutschen als ‚Theorie der feinen Leute‘ übersetzt. Veblen geht davon aus,
dass Angehörige der oberen Schichten ihre gesellschaftliche Überlegenheit durch ‚Befreiung von
gemeiner Arbeit‘ (Veblen 2007/1899: 99) und damit einhergehend durch demonstrativen Müßiggang zum Ausdruck bringen. Daneben konstatiert er auch noch, dass es einen ‚stellvertretenden Müßiggang‘ gebe, wobei dieser dadurch repräsentiert werde, indem man sich Dienstleister
hält, die alltägliche Verrichtungen für einen erledigen, also Dienstboten, aber auch ‚Hausfrauen‘.
Schließlich unterscheidet Veblen noch demonstrativen Konsum und demonstrative Verschwendung als Insignien der Klasse der Müßiggänger. Dass Konsum und Verschwendung in enger
Verbindung mit gutem Geschmack stehen liegt nahe, insbesondere wenn Kostspieligkeit und
Qualität eines Materials zu bewerten sind. Detailreich schildert Veblen an Beispielen (ebenda:
129ff.) von Haustierhaltung, von bevorzugten Blumen, von menschlichen Schönheitsidealen,
von Architektur und Kleidung, wie sehr alltägliche Geschmacks- und Werturteile, sowie damit
zusammenhängende Bevorzugungen mit der jeweiligen sozialen Stellung derer einhergehen,
die diese Haltungen einnehmen. Veblen spitzt diese seine Überlegungen zu, wenn er schreibt:
„Wenn ein Erzeugnis schön sein soll, so muss es gleichzeitig auch teuer sein und darf sich für
seinen angeblichen Zweck nicht eignen“ (ebenda: 162). Billigkeit und ‚Gemeinheit‘, und damit
meint Veblen niedrige Produktionskosten, sowie die Verwendung ‚minderwertiger Materialien‘
werden „für Anzeichen künstlerischer Minderwertigkeit gehalten“ (ebenda: 159). Von daher ist
es nur folgerichtig, dass maschinell oder industriell hergestellte Güter niedriger als (kunst)handwerklich gefertigte bewertet werden (vgl. ebenda: 129).

Interessant ist allerdings, dass Veblen trotz der Verwendung von Worten wie ‚ästhetisch‘, ‚künstlerisch‘, ‚Geschmacksurteil‘ o. Ä. auf die naheliegende Bezugnahme auf Kunst im engeren Sinne, aber auch auf die gesellschaftliche Funktion und Funktionsweise von Kunstgewerbe oder
Kunstindustrie nicht oder kaum eingeht. Er erwähnt zwar die Rolle des Mäzenatentums und der
Förderung von Bildungseinrichtungen als mögliche Spielformen der Schaffung ‚stellvertretenden Müßiggangs‘ (ebenda: 364), er weist auf den Aspekt prunkvoller Verschwendung „beim
Bau von Gotteshäusern und bei der Gestaltung der Kultgegenstände“ (ebenda: 123) hin. Und
wenn Veblen Kriterien einer ‚müßig verbrachten Zeit‘ benennt, so findet sich auch ein Hinweis,

dass die künstlerische Tätigkeit mit ‚Nutzlosigkeit‘, zu tun habe und also einen Aspekt der Verschwendung darstelle. In diesem Zusammenhang erwähnt er unter anderem auch „quasi-künstlerische Werke“, die „Beherrschung von Grammatik und Versmaßen, die Hausmusik und andere häusliche Künste“ daneben aber auch „Mode, Möbel und Reisen (…)“ (ebenda: 59f.).

Diese Formulierungen lassen erahnen, dass es Veblen, wenn er ‚ästhetische Normen‘, ‚Schönheit‘, Kunst oder ‚künstlerische Gestaltung‘ anspricht, eher alltägliche Werturteile und Kunstfertigkeiten bzw. nicht-professionelle Kunstausübung zum Zeitvertreib meint, nicht aber das künstlerische Feld im engeren Sinn.

Ausführlichere Bezugnahme auf die Rolle der Kunst und der KünstlerInnen sowie deren möglicher Status als ‚stellvertretende Müßiggänger‘ finden sich nicht, was angesichts der zahlreichen, sehr plastischen Beispiele aus dem ‚alltagskulturellen‘ Lebenszusammenhängen verwundert. Kurt Blaukopf (1995: 81ff.) weist diesbezüglich darauf hin, dass Veblens Thesen sehr leicht auf viele Phänomene des Kunstlebens extrapoliert werden könnten und führt dies auch am Beispiel des Musiklebens der klassischen Periode der Musik (Weimarer und Wiener Klassik) ansatzweise aus. Gleichzeitig verweist Blaukopf aber auch darauf, dass Veblen wohl in erster Linie um eine Kritik des Lebensstils der Eliten der USA seiner Zeit, als um systematische, auch historische Entwicklungen berücksichtigende kunst- und kultursoziologische Überlegungen gegangen ist.

Im deutschsprachigen Raum ist neben Simmel und Weber sicherlich **Werner Sombart** (1863–1941) erwähnenswert, wenn es um kunstsoziologisch relevante Überlegungen zu Beginn des 20. Jahrhunderts geht. Sombart steht einerseits Veblens Gedanken sehr nahe, dass Geschmacksurteile und dementsprechende (alltags)kulturelle Praktiken mit der sozialen Stellung derer, die diese Praktiken ausüben, in enger Verbindung zu sehen sind. Im Gegensatz zu Veblen geht es ihm aber um das Verständnis des Entstehens und der Eigentümlichkeit des ‚modernen Kapitalismus‘. Im Gegensatz zu Weber jedoch, der ja in der Verbindung von Gewinnstreben und asketischer Geisteshaltung, wie sie der Protestantismus hervorgebracht hatte, die Ursache des Kapitalismus sah (Weber 1988/1920), verortete Sombart diese ursprüngliche Antriebskraft im Anhäufen und Verschwenden von Luxus. Er fasst diese Gedanken in der 1922[21] veröffentlichten Schrift ‚Liebe, Luxus und Kapitalismus – Über die Entstehung der modernen Welt aus dem Geist der Verschwendung‘ (Sombart 1996/1922) zusammen.

Sombart geht davon aus, dass das Zusammenspiel mehrerer, sich eher zufällig ergebender Faktoren (Erfindungen, Entdeckungen) etwa zu Beginn der Neuzeit eine gesellschaftliche Schicht herausbildet, die unverhältnismäßig großen Reichtum anhäufen kann. Dieser, so Sombart, werde aber nicht unmittelbar in wirtschaftliche Aktivitäten investiert, sondern in Luxus (Güter und Dienstleistungen). Dadurch entwickelten sich enorm prosperierende Luxusindustrien, die das Bedürfnis der herrschenden Eliten, ihren Reichtum demonstrativ zur Schau zu stellen, befriedigen. Sombart unterscheidet quantitativen Luxus, der sich als Vergeudung äußert, und qualitativen Luxus, der in Verfeinerung seinen Niederschlag findet. Die Parallelen zu Veblen, den Sombart auch zitiert, sind hier unübersehbar. Weiters differenziert Sombart zwischen altruistischem Luxus, der z. B. in der prunkvollen Ausstattung von Kirchen seinen Ausdruck findet und persönlichem Luxus – und allein um letzteren geht es Sombart in seiner Analyse der Genese des Kapitalismus. Eine wesentliche Rolle spielt dabei die Erotik. Er schreibt: „Aller persönliche Luxus entspringt zunächst einer rein sinnlichen Freude am Genuss: was Auge, Ohr, Nase, Gaumen und Tastsinn reizt, wird in immer vollkommenerer Weise in Gebrauchs-

---

21 Bereits 1913 war ein Text mit dem Titel ‚Luxus und Kapitalismus‘ erschienen, die zitierte Version ist eine zweite, offensichtlich überarbeitete Version aus 1922.

dingen irgendwelcher Art vergegenständlicht. Und diese Gebrauchsdinge machen den Luxusaufwand aus. Aller Wunsch nach Verfeinerung und Vermehrung der Sinnreizmittel wird nun aber letzten Endes in unserem Geschlechtsleben seinen Grund haben: Sinnenlust und Erotik sind letzten Endes ein und dasselbe" (ebenda: 86).

Dass es beim Luxus also – ohne dass dies explizit gesagt wird – auch um Fragen der Ästhetik geht, liegt auf der Hand. Sombart interessiert aber vielmehr die Erotik als Antriebskraft, gleichsam mittels demonstrativen Luxus Liebespartnerinnen zu gewinnen und demzufolge wird der Rolle der Frau im Rahmen dieser (patriarchalischen) Entwicklung besondere Beachtung geschenkt: Wohlhabende Männer gewinnen und verwöhnen ihre Mätressen, ermöglichen ihren ‚Weibchen‘ im bürgerlichen Haushalt ein angenehmes Leben (ebenda: 118).

Die Gestaltung des häuslichen Luxus in der bürgerlichen Gesellschaft handelt Sombart im Zusammenhang mit ‚Essluxus‘ und ‚Wohnluxus‘ ab, die Kultur des Luxus in der modernen Großstadt benennt Sombart folgendermaßen: 1) Theater, elegante Opernhäuser; 2) öffentliche Musikhallen, Ballhäuser; 3) feine Restaurants; 4) Hotels; 5) Läden (ebenda: 131).

Hier werden also erstmals Phänomene, die mit Kunst zu tun haben, explizit genannt, allerdings auffälligerweise nur in einem eher den Unterhaltungsbedürfnissen stehenden Zusammenhang (Opernhäuser, Musikhallen). Wie sehr Sombart die Kunst im engeren Sinn ausspart, wird deutlich, wenn er die Luxusindustrien (ebenda: 168ff.) behandelt. Hier zählt er unter den reinen Luxusindustrien auf: Seiden-, Spitzen, Porzellanindustrien und die Spiegelfabrikation, als vermischte Industrien nennt er Glas-, Zuckerindustrie, Goldschmiedearbeit und die Fabrikation künstlicher Blumen, unter gemischtes Gewerbe fallen schließlich eher profane Produktionsbereiche von der Wollindustrie zur Seifensiederei. Den Kunstmarkt, das Verlagswesen oder die Musikinstrumentenproduktion findet er nicht erwähnenswert.

Für Veblen, wie für Sombart, so lässt sich resümieren, sind Geschmacksurteile und (alltags) kulturelle Praktiken Mittel sozialer Selbstdarstellung, und hier wieder insbesondere für die Eliten zur Demonstration ihrer sozialen Überlegenheit. Bei beiden fällt allerdings auf, dass sie sich erstaunlich zurückhaltend zeigen, wenn es um die Einbeziehung von Kunst im engeren Sinne geht. Die Motive mögen unterschiedlich sein bei einem in den USA lebenden und denkenden Autor und bei einem der deutschen Bildungselite angehörigem Wissenschaftler, und es ist müßig darüber Mutmaßungen in die eine oder andere Richtung anzustellen. Aber festzuhalten bleibt dennoch, dass die Gleichsetzung von Kunst mit ‚Luxus‘, ‚Verschwendung‘, ‚Müßiggang‘, ‚Prunksucht‘ ganz offensichtlich vermieden wird.

Kunst im engeren Sinne , so drängt es sich auf, mag für Soziologen dieser Generation doch noch etwas über den alltäglichen Dingen Erhabenes gewesen sein und daher könnte es gleichsam tabuisiert gewesen sein, diese mit den profanen Dingen alltagskultureller Selbstdarstellung zusammen zu denken.

Auffällig ist auch, dass beide Autoren ökonomischem Denken nahe stehen und damit durchaus in einer Linie mit Adam Smith (vgl. Kapitel 2.1) zu sehen sind, der ja ebenfalls aus ökonomischer Sicht zu ersten ‚proto-kunstsoziologischen‘ Überlegungen gelangt ist.

Schließlich ist noch auf die auffällige, starke Betonung der Rolle der Erotik, bzw. der Frauen im Zusammenhang mit ‚Müßiggang‘ und ‚Luxus‘, sowohl bei Veblen wie auch bei Sombart, bemerkenswert. Es ist hier nicht der Ort, diese Sichtweisen kritisch zu analysieren, grundsätzlich verweisen sie aber in eine Richtung, die lange Zeit wohl auf Grund der patriarchalen und von ‚Vergeistigung‘ und ‚Körperfeindlichkeit‘ geprägten Kunsttheorie weder aufgegriffen noch systematisch ausgebaut wurden. Erst mit der verbindlichen Ausbreitung ‚gender-sensiblen' Denkens wurde die Grundlage gelegt, auch die basalen Elemente von *aisthesis*, also von ‚sinnlicher Wahrnehmung' in kunstsoziologische Konzepte mit einzubeziehen, und damit auch die Geschichte der Geschlechterverhältnisse neu lesen zu lernen. (Vgl. z. B. Menninghaus 2003: ‚Das Versprechen der Schönheit', worin der Frage nachgegangen wird, ob Kunst und Mode kulturelle Ausprägungen sexueller Wahrnehmungsmechanismen sind.)

Der Weg für die Berücksichtigung von Aspekten, die mit unmittelbarer Sinnlichkeit, mit Begehren und Erotik bzw. Sexualität zu tun haben wurde zu Beginn des 20. Jahrhunderts – nicht zuletzt auch für weite Bereiche der Kunstsoziologie – durch den Ansatz der Psychoanalyse bereitet.

3.3.2   Das Unbewusste und die Kunst: Sigmund Freud (1856–1938)

Die von Sigmund Freud entwickelte Psychoanalyse stellt nicht nur eine tiefenpsychologische Theorie und eine dieser Theorie entsprechende therapeutische Methode dar, sondern es handelt sich dabei auch um eine umfassende Kulturtheorie. Was sind nun die zentralen Elemente der Freud'schen Theorie? Die Grundlage seines Ansatzes stellt die ‚Entdeckung des Unbewussten' und die Analyse der Psychodynamik dar (Vgl. Freud 2009/1938, Quindeau 2008). Gemäß dieser Theorie wird das bewusste Handeln von Menschen durch unbewusste Triebregungen ebenso wie durch ebenfalls weitgehend unbewusste verinnerlichte Werte und Normen gesteuert. Die bewussten Erfahrungen und Handlungen machen das ‚Ich' des psychischen Apparats aus, die triebhaften Regungen das ‚Es' und die verinnerlichten Werte und Normen das ‚Über-Ich'. Wenn das ‚Es', das nach dem reinen Lustprinzip ‚funktioniert' Bedürfnisse im Menschen weckt, die gesellschaftlich nicht akzeptiert sind, wenn also das ‚Über-Ich' die Erfüllung der Wünsche verbietet, oder aber wenn auf Grund des Realitätsprinzips, auf Grund vernünftiger Überlegungen die Unerfüllbarkeit des triebhaften Begehrens deutlich wird, kommt es zu inneren Konflikten, die durch verschiedene innerpsychische und weitgehend unbewusste Mechanismen bzw. Strategien bewältigt werden. Die unbewussten, ‚verbotenen' Wünsche werden verleugnet, verdrängt, rationalisiert, verschoben, etc. Für die Kunstsoziologie ist der Mechanismus der Verschiebung bzw. der Sublimierung von Bedeutung, auf den noch zurückzukommen sein wird. Wenn der Konflikt zwischen ‚Es', ‚Ich' und ‚Über-Ich' für das Individuum unerträglich wird, kommt es zu einer psychischen Erkrankung, die aus psychoanalytischer Sicht durch das Bewusstmachen der unbewussten Anteile bewältigt werden kann. Freud spitzt dies mit der Formulierung zu: ‚Wo ‚Es' war, soll ‚Ich' werden'. Zugang zum Unbewussten kann hergestellt werden über die analytische Kur, das freie Assoziieren aller durch den Kopf gehenden Gedanken, durch Traumdeutung, in weitere Folge der Entwicklung der Psychoanalyse auch durch verschiedene Formen der Gesprächs-, Körper- oder Kunsttherapie. Auch im Witz wird Tabuisiertes, also eigentlich vom ‚Über-Ich' verbotenes artikulierbar, insofern, als es ja ‚nicht ernst gemeint' ist.

Die Bedeutung der Psychoanalyse für die Kunstsoziologie wird deutlich, wenn die kulturtheoretische Dimension des Freud'schen Ansatzes in Betracht gezogen wird. Vor allem in der Schrift ‚Das Unbehagen in der Kultur' finden sich die dazu wesentlichsten Gedankengänge. Freud geht darin von der anthropologischen Prämisse aus, dass der Mensch nach Glück strebt (Freud 2004/1930: 42). Dieses Streben kann zumindest ansatzweise Erfüllung finden, wenn Leid vermieden wird oder aber wenn intensive Glückszustände – zumindest kurzfristig – ermöglicht werden. Das Streben nach Glück zu erfüllen kann gemäß Freud vor allem durch folgende Strategien ermöglicht werden (ebenda: 44ff.): durch chemische Intoxikation, also durch die Einnahme von Drogen; durch die Abtötung von triebhaften Regungen und Bedürfnissen, also durch Askese oder Meditation; durch Sublimierung, d. h. durch das Ersetzen ‚niederer‘, triebhafter Bedürfnisse durch ‚höherwertige‘, intellektuelle oder kreative Tätigkeiten und schließlich durch ‚wahnhafte Umbildung der Wirklichkeit‘ also durch übersteigerte Religiosität oder politischen Fanatismus.

Kunst als eine Form von Sublimierung stellt also für Freud eine Möglichkeit dar, Glückszustände herbeizuführen, und zwar sowohl bei den Kunstschaffenden wie bei den RezipientInnen von Kunst. Allerdings schränkt er ein, dass die Methode „nur wenigen Menschen zugänglich ist. Sie setzt besondere, im wirksamen Ausmaß nicht gerade häufige Anlagen und Begabungen voraus" (ebenda: 46). Aber: „Wer für den Einfluss der Kunst empfänglich ist, weiß ihn als Lustquelle und Lebenströstung nicht hoch genug einzuschätzen." Allerdings handle es sich nur um ein „milde Narkose", um eine „flüchtige Entrückung", „nicht stark genug, reales Elend vergessen zu machen" (ebenda: 47).

Aus diesen grundlegenden theoretischen Überlegungen lassen sich sowohl produktions- wie rezeptionsästhetische Konzepte ableiten. Freud selbst hat diesbezüglich keine systematische Kunsttheorie entwickelt, vielmehr finden sich gelegentliche Bezugnahmen auf die Kunst, wie im ‚Unbehagen‘-Text, bzw. Fallstudien über Künstler, wobei vor allem Bildende Kunst und Literatur im Mittelpunkt stehen.

Grundsätzlich ist Freuds Konzeption von künstlerischer Erfahrung durch die Tatsache der Sublimierung begründet. Gemäß dieser These werden KünstlerInnen durch einen inneren Konflikt dazu getrieben, sich künstlerisch zu äußern, diesen Konflikt in kreativer Weise zu bearbeiten, zu verarbeiten, auszudrücken, wobei sich die KünstlerInnen dieser Antriebskräfte natürlich weitgehend nicht bewusst sind. Auf Grund der Analyse von Werken und biographischen Texten von KünstlerInnen können Aufschlüsse über vermutete biographisch angelegte Konflikte der jeweiligen KünstlerInnen gewonnen werden. Diese als Pathografie bezeichnete Methode hat Freud in einigen Aufsätzen angewendet – bekannt sind vor allem ‚Eine Kindheitserinnerung Leonardo da Vincis‘ und ‚Der Moses des Michelangelo‘ (Freud 1997/1910 bzw. 1914). Allerdings ist anzumerken, dass es sich dabei letztlich doch nur um die „spekulativen Beschreibung eines (vermuteten) Krankheitsverlaufs eines Künstlers" handelt, da die Deutungen des Analytikers auf keine Reaktion beim Analysanden stoßen können (Quindeau 2008: 56).

Dennoch kann der These, dass beim künstlerischen Schaffen unbewusste Konflikte des Schaffenden einen wesentlichen Anteil haben, etwas abgewonnen werden, wenn die Bedeutung, die Emotionen, Phantasie und Symbolik im Zusammenhang mit Kunst und die Rolle, die Träumen und Begehren bei innerpsychischen Prozessen spielen, in Betracht gezogen wird.

Dies wird umso deutlicher, wenn die rezeptionsästhetische Seite der psychoanalytisch begründeten Kunsttheorie ins Auge gefasst wird. Die Konflikte, Phantasien, die verwendeten Symbole oder Darstellungsformen auf Seiten der KünstlerInnen müssen mit Konflikten, Phantasien, auf Seite der RezipientInnen korrespondieren, d. h. gelungene Kunstrezeption hat immer auch etwas mit unbewussten Anteilen auf Seite der Rezeption zu tun. Kunstwerke können aus psychoanalytischer Sicht durchaus als Artikulationen, die ähnlich wie Träume funktionieren, verstanden werden. Der Künstler träumt ‚öffentlich‘ und die Kunstwerke rufen bei den RezipientInnen traumähnliche Erfahrungen, Identifikationen mit dem Triebschicksal des Künstlers hervor und bewirken damit Linderung der inneren Konflikte auf Seite der RezipientInnen (Waibl 2009: 247ff).

Freuds Konzept ist ein anthropologisches und kein soziologisches, seine Kulturtheorie ist der Schopenhauers, aber auch Simmels sehr nahe: Wie für die Genannten ist für Freud die menschliche Existenz, die conditio humana, mit grundlegenden Widersprüchen belastet,

Glückszustände sind nur kurzzeitig oder durch Realitätsverleugnung möglich, und ähnlich wie die beiden sieht er auch die Rolle der Kunst als Mittel zur kurzzeitigen Linderung von Leid, als ‚milde Narkose'.

Freud geht nicht auf mögliche schicht- oder kulturspezifische Varianten von Sublimierung ein, entwirft keine gesellschaftsbezogene Utopie – bestenfalls die die Vision des psychoanalytisch über sich selbst aufgeklärten Individuums, das ‚Herr im eigenen Haus' ist. Dennoch hat seine Theorie große Strahlkraft auf die Kunstsoziologie und Kunsttheorie des 20 Jahrhunderts ausgeübt, von der Frankfurter Schule, die versuchte, die Analyse der Triebstruktur mit marxistischer Gesellschaftskritik zu verbinden (Kapitel 4.1), über die Konfigurationssoziologie von Norbert Elias, die die ‚Zivilisierung' der ‚Triebhaftigkeit' zum Thema macht (Kapitel 4.3), zu den Cultural Studies, dem Strukturalismus und zur Postmoderne (Kapitel 5), Ansätze, in denen u. a. die Analyse populärkultureller Phänomene (Film, Werbung, Mode, Musikvideos etc.) eine wesentliche Rolle spielt, wofür sich psychoanalytische Deutungsschemata als besonders fruchtbar anbieten.

3.3.3   Begründung des Strukturalismus: Ferdinand de Saussure (1857–1913)

Zwischen 1907 und 1911 hielt der Schweizer Sprachwissenschaftler drei Vorlesungen, deren Inhalt auf der Basis von Mitschriften 1916, drei Jahre nach de Saussures Tod, unter dem Titel ‚Cours de linguistique génerale' veröffentlicht wurden. Weder stammt die zentrale Schrift der modernen Sprachwissenschaft also von de Saussure selbst, noch konnte sie von ihm autorisiert werden. Dennoch handelt es sich dabei um den vermutlich einflussreichsten Text für die Entwicklung des Strukturalismus (vgl. de Saussure 2001).

Die zentralen Thesen de Saussures sind folgende:

- Er unterscheidet zwischen Sprache (*language*), Sprachgebrauch (*parole*) und Sprachsystem (*langue*). Der tatsächlich gesprochenen – empirisch beobachtbaren – Sprache (*parole*) liegt ein letztlich nicht beobachtbares System (*langue*) zugrunde, das nicht individuell gesteuert wird. Wesentlich ist hier der Gedanke, dass den empirisch beobachtbaren Phänomenen tiefer liegende Systeme (Strukturen) zugrunde liegen.

- In Bezug auf das (zunächst sprachliche) Zeichen unterscheidet de Saussure zwischen dem Bedeutenden (Signifikant) und dem Bedeuteten (Signifikat). Das Bedeutende ist ein sinnlich wahrnehmbares Phänomen (Laute, Schriftzeichen, Wörter etc.), das Bedeutete dagegen die Vorstellung bzw. das Phänomen, auf das der Signifikant verweist. Wesentlich ist, dass die Beziehung zwischen Signifikant und Signifikat arbiträr ist. Es handelt sich also um rein willkürlich gesetzte Konventionen darüber, welche Lautgebilde mit welchen Phänomenen verbunden werden. Damit wird vor allem die soziale Dimension von Sprache thematisiert.

- Eine weitere wesentliche Unterscheidung ist die zwischen Syntagmatik (Sinn aufbauenden Beziehungen) und Paradigmatik (assoziativen Beziehungen). Bedeutungen erhalten ihre Spezifität durch die Aneinanderreihung von verschiedenen Elementen (Worten) oder durch die Wahl eines Elements (Wortes) aus einem ‚Pool' ähnlicher bedeutungtragender Worte. Damit wird die mögliche Vielfalt der Bedeutungsvermittlung angesprochen: Warum werden welche Worte in welchem Zusammenhang aneinandergereiht (syntagmatische Reihe) bzw. warum werden gerade diese Worte ausgewählt (paradigmatischer Gebrauch)?[22]

---

22 Eine syntagmatische Reihe wäre z. B. ‚ein wunderschönes, teures Kleidungsstück', eine Variation auf der paradigmatischen Ebene könnte z. B. den Satz ‚ein herrliche, kostbare Bekleidung' ergeben.

Auf weitere Elemente der de Saussure'schen Sprachwissenschaft soll hier nicht näher eingegangen werden, da dies vom eigentlichen Thema der Kunstsoziologie zu weit wegführen
würde (vgl. dazu auch Kapitel 5.2.).

Wesentlich ist in jedem Fall, dass de Saussure auch ausdrücklich auf die Tatsache verweist, dass
Sprachwissenschaft nicht nur auf die verbale Sprache beschränkt sein müsse, sondern, dass eine
Wissenschaft möglich sei, die „das Leben der Zeichen im Rahmen des sozialen Lebens untersucht. (…) Wir werden sie Semiologie (…) nennen" (de Saussure 1967/1916: 18). Somit kann
de Saussure neben der Tatsache, dass er den Weg für strukturalistisches Denken bereitet hat, auch
als wesentlicher Impulsgeber für das Entstehen der Semiotik angesehen werden.

Der Stellenwert, den da Saussures Konzept für die Kunstsoziologie bzw. auch für die Kunsttheorie einnimmt ist nicht unmittelbar einsichtig. Klar ist, dass er Sprache als soziales Phänomen begreift, von Menschen qua Konventionen gemacht und ständiger – allerdings sehr
langfristiger und nicht bewusst steuerbarer – Veränderung unterworfen. Deutlich ist auch, dass
seine Überlegungen zunächst für die Literaturwissenschaft von Relevanz waren. Aber seine
Andeutungen, dass eine allgemeine Wissenschaft von den Zeichen, Semiologie oder Semiotik,
denkbar wäre, verweisen über die rein auf verbale Phänomene bezogene Sprachwissenschaft
hinaus. Tatsächlich hat de Saussure den französischen Strukturalismus der 1950er und 1960er
Jahre ganz wesentlich beeinflusst – wenngleich er selbst den Begriff Struktur kaum verwendet
hat (Brügger/Vigso 2008: 11), ja er ist vermittelt über den Strukturalismus auch von Bedeutung für die Cultural Studies sowie verschieden Spielarten der Postmoderne.

3.3.4   Österreichische Traditionen der Kulturforschung

Ab etwa der Mitte des 19. Jahrhunderts ist im österreichisch-böhmischen Raum die Entwicklung einer spezifischen Ausrichtung der Kulturwissenschaften und Philosophie zu konstatieren. Charakteristisch für diese Tradition, die Blaukopf (1995a)[23] als ‚empiristisch' identifiziert,
ist vor allem das Bemühen, sich mit Kunst und Kultur aus einer wissenschaftlichen Weltauf-
fassung heraus – das heißt mit dem Ziel intersubjektiver Überprüfbarkeit und bestmöglicher
Werturteilsfreiheit – zu befassen. Unterschieden werden können 1) kunstwissenschaftliche, 2)
musikwissenschaftliche, 3) literaturwissenschaftliche und 4) philosophische Ansätze.

Ad 1) **Kunstwissenschaftliche und kunsthistorische Ansätze**. Hier ist die Wiener Schule der
Kunstgeschichte zu nennen, deren Mitbegründer Rudolf von Eitelberger (1817–1885) sich bereits mit ökonomischen Fragen des Kunstgewerbes, das er bezeichnenderweise als Kunst-Industrie bezeichnete (Eitelberger 1871), auseinandersetzte. Er analysierte das öffentliche Kunst-Bud-
get, nahm sich also so profaner Dinge wie kulturpolitischen Fragestellungen an und begründete
schließlich das Wiener Museum für Kunst und Industrie (jetzt Museum für Angewandte Kunst).

Eitelbergers Schüler Moritz Thausing (1838–1884) wandte sich gegen jede Art der intuitiven
Kunstanalyse und bestand auf genaue Kenntnis des Gegenstands, die sich durch Prüfung und
Vergleich, durch positivistische Sachbezogenheit ergäbe: „Es gibt keine Seele, keinen Geist,
keine Empfindung – und wie die Worte alle heißen mögen – in einem Kunstwerke, die nicht
durch sichtbare, ganz konkrete Formen in dasselbe hineingetragen wären, und die darum nicht
auch auf demselben klaren und deutlichen Wege aus demselben herauszusehen, herauszulesen
wären" (Thausing 1884: 11).

---

23 Blaukopf hat sich in seinem letzten Lebensjahrzehnt intensiv mit eben diesen Wurzeln der österreichischen Kul-
    turforschung beschäftigt. Der vorliegende Abschnitt wäre ohne diese seine Vorarbeiten nicht denkbar und fußt
    daher weitgehend auf seinen einschlägigen Publikationen.

Alois Riegl (1858–1905) schließlich gilt als einer der ersten Kunstsoziologen. Er knüpfte an die Tradition eines deutlichen Sich-Bekennens zu positivistischen Methoden an. Für ihn war das Kunstwerk „das Resultat eines bestimmten und zweckbewussten Kunstwollens (…), das sich im Kampfe mit Gebrauchszweck, Rohstoff und Technik durchsetzt" (Riegl 1973/1901: 9). Kunstforschung habe es demnach mit der Erkundung der Intention, des so genannten ‚Kunstwollens' zu tun. Riegls Schüler Hans Tietze (1880–1954) präzisierte diesen Begriff und unterstrich, dass er nicht als mystische Kraft zu verstehen sei, sondern als ein „lediglich aus den Werken und sonstigen Äußerungen gewonnenen Begriff, der zur Orientierung aller neu hinzukommenden Objekte dient, aber aus ihnen auch wieder Erweiterung und Modifizierung erfahren kann" (Tietze 1913: 14), es sich also um ein Konzept handelt, das auf der Grundlage empirischer Befunde entwickelt wird und verändert werden kann.

Ad 2) Im Zusammenhang mit der **Musikwissenschaft** sind die empiristischen Züge in den grundlegenden Konzepten Guido Adlers (1855–1941), des Begründers der Musikwissenschaft in Wien, zu erwähnen. In erkenntnistheoretischer und methodologischer Anlehnung an die Thesen von Riegl und Tietze sowie des Physikers und Philosophen Ernst Mach weist er auf die Einflüsse von sozialen, ökonomischen und politischen Bedingungen auf die Entwicklung der Künste hin, die zu untersuchen eine wesentliche Aufgabe auch der Musikwissenschaft sei (Adler 1898: 35). Zu nennen ist weiters Richard Wallaschek (1860–1917), der eine Verbindung zwischen Musikwissenschaft und Ethnologie anstrebte, aber auch ästhetische, psychologische und juridische Kompetenzen in seine Arbeiten mit einbrachte (Wallaschek 1903).

Ad 3) In dem Bereich der **Literaturwissenschaft** verweist Blaukopf (1995: 18) auf Richard Heinzel (1839–1905), der bereits ‚kommunikationswissenschaftlich' angelegte Textinterpretationen vornahm, sowie auf Wilhelm Scherer (1841–1886), der fachübergreifenden Empirismus mit streng empirisch-induktiver Methode anstrebte, sich auch schon mit dem ‚Tauschwert der Poesie' im Sinne der Untersuchung von Angebot und Nachfrage, also mit Bedingungen der Distribution von Literatur beschäftigte (Scherer 1888).

Ad 4) **Philosophische Konzepte**, insbesondere solche aus dem ‚Wiener Kreis': Eine systematische Theoriebildung, gleichsam eine fächerübergreifenden Kunstforschung wird dann vor allem von der Denkschule des „Wiener Kreises" – zwar kaum explizit programmatisch, aber indirekt, wenn es um Wertfragen und um die Diskussion eines wissenschaftlichen Weltbildes geht[24] – geleistet. Dabei ist vor allem der Vorschlag des Technikers, Mathematikers und Rilke-Forschers Richard von Mises (1883–1953) (1990/1939) hervorzuheben, den ‚Kunstbegriff' zu umgehen und gleichsam theoretisch zu entlasten, indem er operationalisiert wird: nicht Kunst, sondern die soziale Praxis des Umgangs mit den Künsten, die ‚Kunstübung' solle den Gegenstand einschlägiger wissenschaftlicher Forschung bilden (siehe Blaukopf 1997: 29f.). Und Stadler (1996: 97) resümiert, dass für von Mises „Kunstwissenschaft ein empirisches Verfahren zur Untersuchung der Bedingungen ästhetischer Urteile" sei.

Von Mises umreißt seine Position im ‚Kunst-Kapitel' des ‚Kleinen Lehrbuch des Positivismus' u. a. durch folgende, unmissverständliche Sätze: „Die Gegensätzlichkeit zwischen Wissenschaft und Kunst ist Ergebnis einer Differenzierung, die sich in geschichtlicher Zeit herausgebildet hat" (von Mises 1990/1939: 424). „Die Forderung nach objektiven, absoluten, allgemein verbindlichen Kriterien für das, was ‚schön' oder ‚künstlerisch wertvoll' heißen darf, ist logisch widerspruchsvoll" (ebenda: 430). „Das ästhetische Urteil wird in jedem einzelnen Fall bedingt: durch allgemeine Erfahrungen, die in dem Urteilenden eine gewisse Stimmung

---

24 Stadler (1996: 95) hält fest, dass es keine Kunsttheorie des Wiener Kreises gäbe, dass sich aber Elemente finden ließen, „aus denen sich eine originelle Position zu Wertfragen rekonstruieren lässt".

erzeugt haben und ihm zum Teil unbewusst sein können, durch spezielle Kenntnisse auf dem
in Frage kommenden ‚Kunst'-gebiet; durch willkürliche oder aus äußeren Umständen hervor-
gehende, momentane Einstellungen; durch Gewohnheit und vielleicht durch ererbte Anlagen.
Die Beachtung all dieser Einflüsse muss die Aufgabe der Kunstwissenschaft bilden" (ebenda:
435). „Unter Verzicht auf das Phantom einer normativen und absoluten Ästhetik bleibt der
empirischen Kunstwissenschaft ein genügend weites Feld der Forschung übrig. Sie wird, von
historisch-geografischen Gesichtspunkten ausgehend, die beobachtbaren Erscheinungen auf
dem Gebiete der Kunstübung zu beschreiben und zu ordnen und ihre Zusammenhänge mit
anderen Vorgängen des Gemeinschafts- und des Einzellebens (als Teil der Soziologie und der
Psychologie) zu erfassen suchen" (ebenda: 438).

Der vorsichtige Gebrauch des Wortes ‚Kunst', bei gleichzeitiger Bezugnahme auf das ‚Schöne', dies wiederum relativiert durch die Verwendung des Begriffs vom ‚ästhetischen Urteil',
verweisen auf die offensichtlich starke Orientierung am traditionell bürgerlich-romantischen
Kunstbegriff, der freilich gleichzeitig ‚entzaubert', empir(ist)ischer Forschung zugänglich gemacht werden soll.

3.3.5   Die Folgen im 20 Jahrhundert: Kurt Blaukopf (1914–1999)[25]

Kurt Blaukopf ergänzt im Anschluss an die Ausführungen von Mises' rund 60 Jahre später:
„Gegenstände der Kunstwissenschaften sind danach (sic!) nicht bloß die Kunstwerke, ihre Beschaffenheit und ihre Geschichte, sondern die Kunstübung. Als Kunstübung verstehen wir jeg-
liches gesellschaftliche Handeln, das mit den Künsten zu tun hat." (Blaukopf 1997: 30) Und
gleichsam als Arbeitsprogramm fügt er eine – wie er unterstreicht – unvollständige Liste von
Beispielen an, die das Feld der ‚Kunstübung' ausmachen: etwa das Schaffen von Kunstwerken, das Realisieren von Aufführungen, die unterschiedlichen, kunsttechnischen Verfahrensweisen und ihre psychologischen Aspekte, die institutionellen, technischen und ökonomischen
Voraussetzungen des sozialen Wirksamwerdens der Künste, alle Aspekte der Verbreitung und
der Rezeption der Künste sowie deren Rückwirkungen auf die Schaffensprozesse.

Blaukopf sieht in den angesprochenen Traditionen österreichisch-böhmischer Kunstwissenschaft und in der wissenschaftlichen Programmatik des Wiener Kreises eine Tendenz gegeben,
die dem entspricht, was Otto Neurath (1981), ein prominenter Vertreter des Wiener Kreises, als
„Orchestrierung der Wissenschaften" bezeichnet hat, also ein inhaltliches Aufeinander-Einge-
hen und ein methodologisches Sich-Aufeinander-Einstimmen unterschiedlicher wissenschaftlicher Disziplinen. Blaukopf (1995: 20) selbst interpretiert diesen Prozess für den Bereich der
Kunstwissenschaften als „Soziologisierung", ein Prozess der bereits in der zweiten Hälfte des
19. Jahrhunderts einsetzte und der seinen Höhepunkt wohl mit dem Wiener Kreis gefunden
hatte. Diese Entwicklung aufzuarbeiten und für die Kunst- und Kulturforschung des ausgehenden 20. und beginnenden 21. Jahrhunderts wieder fruchtbar zu machen, war sicherlich ein
vorrangiges Anliegen Blaukopfs, nicht zuletzt deshalb, weil er selbst sich in seinen kultur- und
musiksoziologischen Arbeiten an diesen Ansprüchen (mehr oder weniger implizit) orientiert
hat und damit auch die Grundlage einer Wiener Schule der Musiksoziologie vorgelegt hat
(siehe Bontinck 1996). So ist seine bereits 1955 formulierte Definition von Musiksoziologie
in enger gedanklicher Nähe zu den Ausführungen von von Mises. Er umschreibt Musiksoziologie nämlich „als Sammlung aller für die musikalische Praxis relevanten gesellschaftlichen

---

25 Dieser Abschnitt würde zwar vom zeitlichen Zusammenhang zu Kapitel 5 gehören, wird aber der Stringenz we-
    gen hier gleichsam als ausblickender Exkurs angefügt.

Tatbestände, Ordnung dieser Tatbestände nach ihrer Bedeutung für die musikalische Praxis und Erfassung der für die Veränderung der Praxis entscheidenden Tatbestände" (Blaukopf 1955: 342).

In diesem Zusammenhang ist auch erwähnenswert, dass eine von Blaukopfs wichtigsten musiksoziologischen Referenzen, nämlich Max Weber, wohl nicht zufällig den Begriff des Kunstwollens in Anlehnung an Riegl verwendete und weiters, dass Max Weber sich intensiv mit Fragen der Werturteilsfreiheit in den Sozialwissenschaften auseinandergesetzt hat (Weber 1973/1913), wobei die programmatische Nähe zu den Ideen des Wiener Kreises unübersehbar ist. Werturteilsfreiheit heißt hier wie da für den Kunstbereich vor allem, dass Kunst nicht als eine außergewöhnliche Sache, die sich herkömmlichen wissenschaftlichen Betrachtungsweisen entziehe, anzusehen ist, sondern dass sie auch und erst im Zusammenhang mit sozialen, rechtlichen, ökonomischen, technischen oder ideologischen Faktoren verstanden werden kann.[26]

Aus dieser Position heraus war für Blaukopf, dem es nie um eine disziplinäre Abgrenzung seiner Arbeit im akademischen Feld ging, interdisziplinäres Arbeiten ebenso eine Notwendigkeit wie eine Selbstverständlichkeit. Vor allem im Zuge der Beschäftigung mit dem kulturellen Wandel unter dem Einfluss neuer Kommunikationstechnologien, im konkreten vor allem der elektronischen Medien, zunächst als Mutation, dann als Mediamorphose begrifflich gefasst, entwickelte Blaukopf ein interdisziplinäres Forschungsprogramm, das berufs- und industriesoziologische, urheberrechtliche, ökonomische und (kultur)politische Dimensionen ebenso umfasste wie kommunikationstheoretische, naturwissenschaftlich-technische (Akustik, Elektronik etc.) oder ästhetische (z. B. Blaukopf 1996: insb. 270ff). Damit einher geht unvermeidbar eine Ausweitung des künstlerisch-kulturellen Feldes, da nämlich Phänomene wie die Werbung, oder neue technische Berufe (Ton-, Schnittmeister, Kameramann etc.) aus einer ernsthaften Analyse kultureller Entwicklungsprozesse nicht ausgeklammert werden können. Er steht damit Ansätzen wie dem der empirischen Kunstsoziologie im Sinne von Alphons Silbermann (Kapitel 4.2.) oder der Production-of-Culture-Perspektive (Kapitel 5.4.3) von der Konzeption her nahe.

Dass zur Realisierung eines solchen Forschungsprogramms der ‚Kunst'-Begriff naturgemäß den jeweiligen historischen und sozialen Rahmenbedingungen entsprechend zu modifizieren sein wird, wäre daher als nächster Schritt herauszustellen, da das traditionelle, bürgerlich-romantische Verständnis von Kunst wohl zu eng ist, um in einer Gesellschaft, die durch elektronische Medien und Digitalisierung jeglicher, also auch ästhetischer Kommunikation gekennzeichnet ist, tragfähig zu sein. Auch in dieser Hinsicht ist den Arbeiten Blaukopfs eine klare Bezugnahme auf ein weites Verständnis von musikalischer Praxis zu entnehmen. „Nicht vom musikalischen Kunstwerk, einem historisch späten Phänomen, wird hier ausgegangen, sondern von der Praxis, von der Musik als gesellschaftliches Handeln (…)" (Blaukopf 1996: 5).

Diese Überlegung ist unschwer auch verallgemeinerbar insoweit, als natürlich anstelle von musikalischer Praxis auch von künstlerisch-kultureller Praxis die Rede sein kann.

Blaukopfs Ansatz findet interessanterweise nicht nur Entsprechungen in der Forschungstätigkeit seiner engeren MitarbeiterInnen (siehe z. B. Bontinck 1996; Mark 2003; Ostleitner 1987; Smudits/Staubmann 1997; Smudits 2002), sondern auch in Arbeiten der österreichischen Kunstsoziologen Gerhardt Kapner (z. B. 1991), Andreas Gebesmair (2008) oder Tasos Zembylas (1997): Auch diesen geht es immer wieder darum, für die Notwendigkeit von Interdisziplinarität und eine möglichst nüchterne, wertfreie Betrachtung von Kunst zu plädieren.

---

26 Einen Überblick über Blaukopfs Musiksoziologie verschafft: Blaukopf 2010.

Kapner unterstreicht die Notwendigkeit, Kunst als historisches Phänomen zu begreifen, bei dem sich Veränderungen nicht nur als Abfolge verschiedener Stile äußern, sondern bei dem auch das Wesen der Sache selbst sich verändert. Damit wird aber das Konzepts bürgerlich-romantischer Kunst als eine historisch bestimmte Form von Kunst aufgefasst, die sich unter ganz bestimmten Bedingungen entwickelt hat und sich unter neuen Verhältnissen wiederum verändern kann, keinesfalls also als einzig denkbare und ‚richtige' Erscheinungsform künstlerischer Praxis angesehen werden kann. So formuliert Kapner eine provokante Frage: „Was ist, wenn das, was man als Kunst gelten lässt – und das ist ein sozialer Akt – nicht mehr an der Qualität, ja selbst nicht unbedingt an der Aussage der Werke, sondern zum Beispiel an der Stärke ihrer Wirkungen gemessen würde?" (Kapner 1992: 55)

Zembylas (1997) analysiert das Feld der bildenden Kunst und stellt die Einflüsse von so profanen Faktoren wie Recht, Markt, Beruf, Kritik und Museum als wesentliche Gestaltungskräfte dieses Feldes heraus. In seiner Begründung der Kulturbetriebslehre (2004) schließlich arbeitet er die vielfältigen Verbindungen zwischen kulturwissenschaftlichen und sozialwissenschaftlichen Zugängen, zwischen kunsttheoretischen und praktischen Betrachtungsebenen in Bezug auf künstlerisches Handeln als soziales Handeln heraus.

4 Die Auseinandersetzung mit dem Anderen: Die Entdeckung der Populärkultur (Zwischenkriegszeit, bis ca. 1960)

Ab den 1920er Jahren ist festzustellen, dass kunstsoziologische Ansätze und Arbeiten in vermehrter Weise sich mit den zu dieser Zeit unübersehbar etablierenden Kulturindustrien, vor allem mit jener der Film- und Phonoindustrie, aber auch mit dem Radio, der Reklame und vielfältigen Formen der Populär- oder Massenkultur zu beschäftigen beginnen. Diese Ansätze sind zum Teil äußerst kritisch und kulturpessimistisch angelegt, zum Teil aber auch abwägend, neutral bis analytisch oder deskriptiv.

Auf der einen Seite zählen dazu die gesellschaftskritisch, marxistisch orientierten Ansätze, allen voran diejenigen der Frankfurter Schule, und hier insbesondere die Arbeiten Theodor W. Adornos, aber auch die von Walter Benjamin oder Arnold Hauser, auf der anderen Seite die positivistisch, empirisch ausgerichteten Studien zum Publikumsverhalten, exemplarisch festmachbar an den Arbeiten von Paul Lazarsfeld und in weiterer Folge von Alphons Silbermann. Neben diesen beiden Positionen ist noch die sich herausbildende, bereits angesprochene (vgl. Kapitel 3.3) strukturalistische, zeichentheoretische Position zu erwähnen, die aber erst in der 2. Hälfte des 20 Jahrhunderts in kunstsoziologische Ansätze integriert wird (vgl. Kapitel 5).

4.1 Marxistisch inspirierte Ansätze

Hier ist zunächst die Kritische Theorie zu nennen. Dabei handelt es sich um einen Ansatz, der in den 1920er Jahren am Frankfurter Institut für Sozialforschung begründet wurde, weshalb auch von der Frankfurter Schule gesprochen wird. Die wichtigsten kunstsoziologischen Vertreter waren Max Horkheimer und Theodor W. Adorno. Daneben waren – in kulturtheoretischer Hinsicht – auch noch Herbert Marcuse, Erich Fromm, Leo Löwenthal, und im weiteren Umfeld Walter Benjamin, Siegfried Kracauer und Ernst Bloch von Bedeutung.

Nach der Machtergreifung der Nationalsozialisten mussten die Vertreter des Frankfurter Instituts in die Vereinigten Staaten emigrieren, in den frühen 1950er Jahren kehrten Horkheimer und Adorno nach Deutschland zurück, um an der Universität Frankfurt tätig zu sein.

Die zentrale Intention der Frankfurter Schule bestand darin, eine vom Marxismus inspirierte, kritische Theorie der Gesellschaft, insbesondere der kapitalistischen Industriegesellschaft, zu entwickeln. Es sollte eine Gegenposition zum auch in den Sozialwissenschaften vorherrschenden positivistischen, naturwissenschaftlich geprägten Wissenschaftsverständnis entwickelt werden, die aber nicht an orthodoxer marxistischer Theorie oder Ideologie orientiert war, sondern über diese hinauswies. Insofern stand auch ein grundlegende Kritik der instrumentellen Vernunft, an der Fortschritts-, Technik- und Wissenschaftsgläubigkeit (die ja im orthodoxen

Marxismus weiterhin gepflegt wurde) in Zentrum der kritischen Theorie. In kulturtheoretischer Hinsicht wurde vor allem die Integration von psychoanalytischen Ansätzen in die marxistische Gesellschaftstheorie betrieben und damit der subjektive Faktor, die menschlichen Bedürfnisse und Triebstrukturen neu bewertet bzw. in sozialwissenschaftliche Konzepte integriert. Darüber hinaus wurde die Entwicklungslogik des historischen Materialismus (der zwingend zu einer sozialistischen Gesellschaft führen sollte) verworfen und also ein Rückfall in die Barbarei jederzeit für denkbar und möglich gehalten (dies nicht zuletzt bedingt durch die Erfahrung des Nationalsozialismus der überwiegend jüdischen Vertreter der Kritischen Theorie).

Im Zentrum der Frankfurter Schule stand die Auseinandersetzung mit Fragen, die die Entfremdung des Subjekts in der kapitalistischen Gesellschaft betreffen: die Verdinglichung jedweder Beziehungen, also auch emotionaler, sowie die prominente Rolle des Warencharakters, der sich über alle menschlichen Lebensäußerungen zu stülpen beginnt.

4.1.1   Theodor W. Adorno (1903–1969)

Der für die Kunstsoziologie wohl bedeutendste Vertreter der Kritischen Theorie, Theodor W. Adorno hat diese nachhaltig geprägt, seine Schriften werden bis heute rezipiert und diskutiert. Seine kunstsoziologischen Konzepte sollen im Folgenden ausführlicher, gleichsam paradigmatisch für die Kritische Theorie, aber auch für die Eigentümlichkeit des dialektischen Denkens, dargestellt werden. Seine Nähe zur Kunst ist durch die Familie und persönliche Ambition begründet: seine Mutter war Opernsängerin, die im elterlichen Haushalt lebende Tante war Pianistin, er selbst schwankte in seiner Jugend, ob er eine Laufbahn als Komponist oder als Wissenschaftler einschlagen solle. So studierte er in den frühen 1920er Jahren u. a. bei Alban Berg Komposition, entschied sich dann aber doch für ein Studium der Philosophie, Soziologie und Psychologie.

Seine Arbeiten kreisen im Wesentlichen um drei Themenkomplexe: um das Verhältnis von Wahrheit und Kunst, um das Phänomen der Kulturindustrie und um das Verständnis von ‚richtiger‘ Kunstsoziologie, das gleichsam unter der Hand als drittes Thema sein Denken kennzeichnet.

a.   Wahrheit und Kunst

Adorno geht davon aus, dass Kunst Wahrheit vermitteln müsse, und, dass es sich dementsprechend in einer kapitalistischen Gesellschaft nur dann um Kunst handeln kann, wenn diese die Widersprüchlichkeiten dieser Gesellschaft, die sich als umfassende Entfremdungs- und Verdinglichungsprozesse festmachen lassen, zum Ausdruck bringt, die also verstörend, beunruhigend, trost- und erbarmungslos, letztlich unerträglich ist. Für seine Zeit sieht er dies insbesondere in den Arbeiten der Zweiten Wiener Schule, insbesondere bei Arnold Schönberg oder in Werken von James Joyce, Franz Kafka oder Samuel Beckett gegeben. Adorno geht dabei von der Analyse des Werks aus, dessen innere Struktur kompetent[27] erfasst werden müsse um diese dann in Beziehung zur Analyse der Gesellschaftsstruktur setzen zu können.

Dabei ist er allerdings – was ihm auch gerne zum Vorwurf gemacht wird – sehr apodiktisch, er gebraucht gerne Attribute wie ‚wahr‘ und ‚falsch‘, ‚genuin‘, er spricht von ‚Kunstwerken höchster Dignität‘, ohne dies unmittelbar zu begründen, geschweige denn zu operationalisieren.

Unbedingter Ausgangspunkt seines Denkens, das sich durch alle kunstsoziologischen Schriften zieht, ist

---

27 Diese Kompetenzen beschreibt Adorno in Bezug auf Musik als adäquates bzw. ‚strukturelles Hören‘ (Adorno 2003/1962: 182), eine Qualifizierung, die durchaus auf andere Kunstgattungen übertragen werden kann.

- das Ausgehen von der Autonomie der Kunstwerke, wie sie im bürgerlich-liberalen Zeitalter errungen wurde (wobei er zugesteht, dass diese „kaum je ganz rein herrschte" (Adorno 2003/1963: 338), sowie

- die vorrangige Bedeutung der Form von Kunstwerken gegenüber Inhalten, Form ist „sedimentierter Inhalt" (Adorno 1970: 217). „Der Formbegriff markiert die schroffe Antithese der Kunst zum empirischen Leben, (…). Kunst hat soviel Chance wie die Form und nicht mehr" (ebenda: 213).

Im Folgenden sollen anhand einiger Zitate nicht nur die Argumente, sondern auch die Spezifik der Sprache Adornos nachvollziehbar gemacht werden[28]. Zunächst zum Verhältnis von Wahrheit und Kunst:

> „Kunst geht auf Wahrheit, ist sie nicht unmittelbar; insofern ist Wahrheit ihr Gehalt. Erkenntnis ist sie durch ihr Verhältnis zur Wahrheit; Kunst selbst erkennt sie, in dem sie an ihr hervortritt. Weder ist sie jedoch als Erkenntnis diskursiv, noch ihre Wahrheit die Widerspiegelung eines Objekts" (ebenda: 419).

> „Der Wahrheitsgehalt der Werke ist nicht, was sie bedeuten, sondern was darüber entscheidet, ob das Werk an sich wahr oder falsch ist, und erst diese Wahrheit des Werkes an sich ist der philosophischen Interpretation kommensurabel und koinzidiert, der Idee nach jedenfalls mit der philosophischen Wahrheit. (…) genuine ästhetische Erfahrung muss Philosophie werden oder sie ist überhaupt nicht" (ebenda: 197).

Entsprechend seiner persönlichen künstlerischen Ambition steht vor allem das musikalische Kunstwerk im Zentrum seines Interesses. So schreibt er in Bezug auf Musik, wobei eine Ausweitung auf das Kunstwerk schlechthin durchaus legitim ist: „Ästhetische und soziologische Fragen der Musik sind unauflöslich, konstitutiv miteinander verflochten (…) ästhetischer Rang und gesellschaftlicher Wahrheitsgehalt der Gebilde selbst haben miteinander zu tun (…). Nichts an Musik taugt ästhetisch, was nicht (…) gesellschaftlich wahr wäre" (Adorno 2003/1962: 398).

Es geht also darum, den gesellschaftlichen Wahrheitsgehalt durch analytische Arbeit herauszuschälen, zu entbergen. Kunstwerke sind damit für Adorno wie Rätsel zu verstehen: „Der Wahrheitsgehalt der Kunstwerke ist die objektive Auflösung des Rätsels eines jeden einzelnen. Indem es die Lösung verlangt, verweist es auf den Wahrheitsgehalt. Der ist allein durch philosophische Reflexion zu gewinnen" (Adorno 1970: 193). Und weiter: „Als konstitutiv aber ist der Rätselcharakter dort zu erkennen, wo er fehlt: Kunstwerke, die der Betrachtung und dem Gedanken ohne Rest aufgehen, sind keine" (ebenda: 184). Wenn sich also das Rätsel des Kunstwerks völlig erschließt, dann handelt es sich um misslungene Kunst, z.B. um Kitsch oder Produkte der Kulturindustrie.

Allerdings folgen auch gelungene Kunstwerke ihrer eigenen Logik, die bei der adäquaten Analyse der Kunstwerke anzuwenden sind.

> „Obwohl die Kunstwerke weder begrifflich sind, noch urteilen, sind sie logisch. (…) Die Logik der Kunst ist, paradox nach den Regeln der anderen (philosophischen Logik, AS), ein Schlussverfahren ohne Begriff und Urteil. (…) Ihr logisches Verfahren bewegt sich in einem seinen Gegebenheiten nach außerlogischen Bereich" (ebenda: 205).

Die spezifische Logik der Kunstwerke erschließt sich nur in der strikten Analyse der Form: „Unstreitig ist der Inbegriff aller Momente von Logizität oder, weiter, Stimmigkeit an den Kunstwerken das, was ihre Form heißen darf" (ebenda: 211).

---

28 Adornos ,Ästhetische Theorie' ist nicht nur aus theoretischer, sondern auch aus ästhetischer Perspektive zu lesen. Hier ist die Umkehrung des Adornoschen Imperativs: ,Kunst muss Philosophie werden, oder sie ist überhaupt nicht' durchaus vice versa verstehbar.

Um die Logizität der Form erfassen zu können, bedarf es aber höchster, dem Kunstwerk ange-
messener, adäquater Analysekompetenzen.

Und zur Intention von gelungener Kunst schreibt Adorno:

> „Die ästhetische Erfahrung ist die von etwas, was der Geist weder von der Welt noch
> von sich selbst schon hätte, Möglichkeit, verhießen von ihrer Unmöglichkeit. Kunst ist
> das Versprechen des Glücks, das gebrochen wird" (ebenda: 204f).

Adorno entwickelt konsequenterweise keine positive Utopie, sieht im Spätkapitalismus[29] keine emanzipatorische Funktion von Kunst, außer bestenfalls der, dass sie die Erinnerung an die
Wahrheit, an Humanität, an ein gelungenes Leben aufrechterhalten solle. Dazu muss sie sich
aber jeder Vereinnahmung verweigern. „Sie verschließt sich der Forderung nach Sinn, bricht
mit der Ordnung, den Erwartungen, die an sie herangetragen werden, pocht auf ihre Andersheit
und bewahrt sich im Widerspruch, der Dissonanz, im Nichtidentischen und Fragmenthaften"
(Hauskeller 1998: 83). Und einige Passagen in Texten zur Kulturindustrie können durchaus als
Verabschiedung von der Möglichkeit gelungener Kunst gelesen werden:

> „Was man den Gebrauchswert in der Rezeption der Kulturgüter nennen könnte, wird
> durch den Tauschwert ersetzt, anstelle des Genusses tritt Dabeisein und Bescheidwis-
> sen, Prestigegewinn anstelle der Kennerschaft. (…) Der Gebrauchswert der Kunst, ihr
> Sein, gilt ihnen (den Konsumenten, AS) als Fetisch, ihre gesellschaftliche Schätzung,
> die sie als Rang der Kunstwerke verkennen, wird zu ihrem einzigen Gebrauchswert, der
> einzigen Qualität, die sie genießen. So zerfällt der Warencharakter der Kunst, indem er
> sich vollends realisiert" (Horkheimer/Adorno 1985/1944: 142).

„Die gesamte Praxis der Kulturindustrie überträgt das Profitmotiv blank auf die geistigen Gebilde. (…) Geistige Gebilde kulturindustriellen Stils sind nicht länger auch Waren, sondern
sind es durch und durch" (Adorno 2003/1963: 338, Hervorhebung von Adorno). Vor allem
diese Argumentation unterstreicht die soziologische Relevanz Adornos, und lässt es problematisch erscheinen – abgesehen von seiner zweifellos bedeutenden Stellung in der Kunstsoziologie – ihn als ‚bloßen‘ Sozialphilosophen oder spekulativen Kunsttheoretiker zu qualifizieren.

b. Kulturindustrie

Der im Exil entstandene und 1947 erstmals veröffentlichte Aufsatz ‚Kulturindustrie‘ in der
‚Dialektik der Aufklärung‘ war mit dem Untertitel ‚Aufklärung als Massenbetrug‘ versehen,
womit die Intention des Konzepts schon angesprochen ist. Kulturindustrie kennzeichnet sich
darin als ein auf Manipulation des Bewusstseins und der Bedürfnisse angelegtes und durch
Verdinglichung, Standardisierung und Kommerzialisierung charakterisierbares Phänomen.
Die Kulturindustrie erzeugt[30] Anpassung an die herrschenden, d. h. kapitalistischen Verhältnisse; die Produkte der Kulturindustrie sind nicht an den Bedürfnissen der RezipientInnen
orientiert, sondern sie formen, ja, produzieren diese Bedürfnisse gleichsam.

Die Verwendung des Begriffs Kulturindustrie als verbale Verbindung der aus einem traditionellen Kunstverständnis heraus unvereinbaren Sphären Kultur und Industrie war sowohl von
einer provokanten wie ironischen Intention gespeist, ist aber auch konzeptuell begründet. Er
wurde anstelle von Massenkultur, so Adorno, bewusst gewählt „um von vornherein die Deu-

---

29 Für Adorno unterscheidet sich das liberal-bürgerliche Zeitalter vom Spätkapitalismus durch unterschiedliche Einfluss-
    formen der Kulturindustrie. Er beschäftigt sich hauptsächlich mit dem Spätkapitalismus, also seiner ‚Gegenwart‘.
30 Dass die Kulturindustrie sprachlich wie ein handelndes Subjekt gefasst wird, entspricht der Diktion Horkheimers
    und Adornos. Gemeint ist ein das gesellschaftliche Ganze umfassender Wirkungszusammenhang.

tung auszuschalten, dass es sich um etwas wie spontan aus den Massen selbst aufsteigende Kultur handle, um die gegenwärtige Gestalt von Volkskunst. Von einer solchen unterscheidet Kulturindustrie sich aufs äußerste" (Adorno 2003/1963: 337).

Benannt werden soll die soziale Funktionsweise, wie auch die ästhetische Struktur der Kulturproduktion, die als bedeutendster Faktor im Kulturleben unter kapitalistischen Bedingungen letztlich nur zur Stabilisierung eines Entfremdung und Verdinglichung produzierenden Systems fungiert.

Basierend auf dem Konzept der ,Negativen Dialektik' geht Adorno davon aus, dass die Funktion von wahrhaftiger Kunst unter kapitalistischen Verhältnissen nur darin bestehen könne, sich zu verweigern, zu irritieren. Und weiter: dass unter kapitalistischen Bedingungen keine Kunst möglich sei, die Wahrheit vermittle. Anders gesagt: Wenn Kunst erträglich, möglicherweise sogar erfolgreich wird, dann wird sie zu einem Produkt der Kulturindustrie. Diese charakterisiert Adorno als ebenjene Trostspenderin, die ein emotionelles Überleben der Individuen in einer kapitalistischen Gesellschaft überhaupt erst ermöglicht. Die Kulturindustrie, so Adorno, stellt letztlich einen ,Verblendungszusammenhang' her: „Der Gesamteffekt der Kulturindustrie ist der einer Anti-Aufklärung; in ihr wird (...) Aufklärung, nämlich die fortschreitende technische Naturbeherrschung, zum Massenbetrug, zum Mittel der Fesselung des Bewusstseins" (ebenda: 345).

Horkheimer/Adorno weisen aber durchaus auf die Wechselseitigkeit des Verblendungszusammenhangs hin: „In der Tat ist es der Zirkel von Manipulation und rückwirkendem Bedürfnis, in dem die Einheit des Systems immer dichter zusammenschießt (sic!)." Allerdings ist die Verteilung der Machtverhältnisse eindeutig: „Verschwiegen wird dabei, dass der Boden, auf dem die Technik Macht über die Gesellschaft gewinnt, die Macht der ökonomisch Stärksten über die Gesellschaft ist" (Horkheimer/Adorno 1985/1944: 109).

In Anlehnung an psychoanalytische Konzepte argumentieren Horkheimer/Adorno, dass die Produkte der Kulturindustrie die Bedürfnisse des Publikums zu erfüllen versprechen, ohne dies je wirklich zu tun, durch die Präsentation des Immergleichen, Immerneuen werde ein Glücksversprechen produziert, das nie eingelöst werde und daher bestenfalls als Ersatzbefriedigung fungiere, mittels der das entfremdete Leben unter kapitalistischen Bedingungen überhaupt erst erträglich würde.

Die besondere Tragik dieser Konstellation bestünde schließlich darin, dass die um ihr Glück betrogenen sogar über diesen Betrug Bescheid wüssten, ihn aber trotzdem hin nehmen als Trost, als Flucht, als Ersatz für das gelungene Leben.

> „Nicht nur fallen die Menschen (...) auf Schwindel herein (...) sie wollen bereits einen Betrug, den sie selbst durchschauen; sperren krampfhaft die Augen zu und bejahen in einer Art Selbstverachtung, was ihnen widerfährt (...). Uneingestanden ahnen sie, ihr Leben werde ihnen vollends unerträglich, sobald sie sich nicht länger an Befriedigungen klammern, die gar keine sind" (Adorno 2003/1963: 342).

Und in pointierten Zuspitzungen der Funktionsweise der Kulturindustrie formulieren Horkheimer/Adorno:

> „So schlägt die Quantität des organisierten Amusements in die Qualität der organisierten Grausamkeit um. (...) Donald Duck in den Cartoons, wie die Unglücklichen in der Realität, erhalten ihre Prügel, damit die Zuschauer sich an die eigenen gewöhnen" (Horkheimer/Adorno 1985/1944: 124).

„Das Existieren im Spätkapitalismus ist ein dauernder Initiationsritus: Jeder muss zeigen, dass er sich ohne Rest mit der Macht identifiziert, von der er geschlagen wird. Das liegt im Prinzip der Synkope des Jazz, der das Stolpern zugleich verhöhnt und zur Norm erhebt" (ebenda: 138).

Und schließlich in Gegenüberstellung von Kunst und Kulturindustrie:

„Kunstwerke sind asketisch und schamlos, Kulturindustrie ist pornografisch und prüde" (ebenda: 126).

c. Kunstsoziologie

In den Thesen zur Kunstsoziologie definiert Adorno: „Kunstsoziologie umfasst, dem Wortsinn nach, alle Aspekte im Verhältnis von Kunst und Gesellschaft. Unmöglich, sie auf irgendeinen, etwa auf die gesellschaftliche Wirkung von Kunstwerken einzuschränken. (…) Die dogmatische Beschränkung auf diesen Sektor würde(…) die objektive Erkenntnis gefährden (…). Vielmehr hängen die Wirkungen von zahllosen Mechanismen der Verbreitung, der sozialen Kontrolle und Autorität, schließlich der gesellschaftlichen Struktur ab, innerhalb derer Wirkungszusammenhänge sich konstituieren lassen; auch vom gesellschaftlich bedingten Bewusstseins- und Unbewusstseinsstand derer, auf welche Wirkung ausgeübt wird" (Adorno 2003/1967: 204).

In Bezug auf die Ein- und Wertschätzung der empirischen Forschung fühlt sich Adorno missverstanden: „Nachdrücklich möchte ich unterstreichen, dass ich innerhalb ihres Sektors diese Verfahrensarten nicht nur für wichtig, sondern auch für angemessen halte" (ebenda: 205). Aber: „Schließlich sind die quantitativen Resultate (…) statistischer Erhebungen (…) nicht Selbstzweck, sondern dazu da, dass einem an ihnen etwas soziologisch aufgeht (ebenda: 210)

Das kunstsoziologische Ideal für Adorno sind demnach „objektive Analysen – das heißt, solche der Werke –, Analysen der strukturellen und spezifischen Wirkungsmechanismen und solche der registrierbaren subjektiven Befunde aufeinander abzustimmen. Sie müssten sich wechselseitig erhellen" (ebenda: 206).

Allerdings ist anzumerken, dass empirische Befunde über die musik- und kunstbezogenen kulturellen Praktiken und Werthaltungen der Gesellschaftsmitglieder für Adorno keine Grundlagen für seine kunst- und musiksoziologischen Konzepte darstellten.[31]

Gleichsam als Rechtfertigung dafür könnte die folgende Aussage gelesen werden: „Es gibt Kunstwerke höchster Dignität, die zumindest nach den Kriterien ihrer quantitativen Wirkung sozial keine erhebliche Rolle spielen (…). Dadurch würde die Kunstsoziologie verarmen: Kunstwerke obersten Ranges fielen durch ihre Maschen. Wenn sie trotz ihrer Qualität, nicht zu erheblicher sozialer Wirkung gelangen, ist das ebenso ein fait social wie das Gegenteil" (ebenda: 206).

In Adornos konkreten kunst- und musiksoziologischen Arbeiten steht das Kunstwerk im Zentrum seiner Analysen, die allerdings adäquat und mit höchster Kompetenz durchzuführen sind. „Der den Kunstwerken immanente soziale Gehalt indessen ist kein Tummelplatz unverbindlicher Reflexionen, sondern diskursiv dem zugänglich, der von der Sache etwas versteht. (…) Wie in der Ästhetik gehe ich auch in der Soziologie gerade nicht von der Wirkung, sondern von dem wirkenden Gebilde, insgesamt von der Produktionssphäre aus." (Adorno 2003/Nach-

---

31 Dass Adorno aber durchaus auch empirische Soziologie betreiben konnte, belegt seine Mitarbeit bei der Untersuchung zum autoritären Charakter.

lass: 813) Eine adäquate soziologische Analyse bedarf unbedingt adäquater Rezeption. Adorno schließt sich der These von Platon gegenüber den Sophisten an und schreibt „man müsse um über eine Sache zu reden, von der Sache selber etwas verstehen" (ebenda: 811).

> „Keine adäquate (Rezeption) kann unreflektierter sein als das Rezipierte. Wer nicht weiß, was er sieht oder hört, genießt nicht das Privileg unmittelbaren Verhaltens zu den Werken, sondern ist unfähig, sie wahrzunehmen" (Adorno 1970: 502).

Das wurde Adorno natürlich immer und gerne als elitäre Haltung vorgeworfen.

Das Ziel von Kunstsoziologie im Sinne Adornos besteht letztlich darin, auf der Basis adäquater Analysen von Kunstwerken Aufschlüsse über die Gesellschaft zu gewinnen. Die Schwierigkeit der Kunst- und Musiksoziologie sieht Adorno vor allem darin, sich nicht mit äußeren Zuordnungen zu begnügen und „(...) nicht damit zu fragen, wie die Kunst in der Gesellschaft steht, wie sie wirkt, sondern die erkennen will, wie Gesellschaft in den Kunstwerken sich objektiviert" (Adorno 2003/1967: 211).

Zusammenfassend lässt sich sagen, dass Adornos Kunstsoziologie – und er beanspruchte sehr deutlich, dass es sich um eine solche handle – einen im wesentlichen produktorientierten Ansatz, der eine starke kulturpessimistische und sozialphilosophische Ausrichtung hat. Angemessene kunst- und musiksoziologische Erkenntnis ist für ihn nur möglich, wenn das Kunstwerk im Kontext einer umfassenden Gesellschaftstheorie einer adäquaten Analyse unterzogen wird. Demzufolge ist nicht der soziale Gebrauch eines künstlerischen Phänomens, sondern die Besonderheit des Materials (unter historisch bestimmten Bedingungen) und damit zusammenhängend die Form Grundlage für kunst- und musiksoziologische und im Weiteren dann allgemeine soziologische Erkenntnis. Diese Position fand vor allem Widerspruch bei der empirische ausgerichteten Kunst- und Musiksoziologie, wie sie von Alphons Silbermann vertreten wurde, die ihren Niederschlag in der sogenannten Adorno-Silbermann Debatte fand, auf die noch einzugehen sein wird.

Die pessimistisch kulturkritische Haltung Adornos wurde von anderen Vertretern der Kritischen Theorie nur ansatzweise geteilt: Walter Benjamin, Leo Löwenthal als Zeitgenossen Adornos bzw. als Vertreter der nächsten Generation der Kritischen Theorie, Jürgen Habermas (ab den 1960er Jahren) räumten der Kulturindustrie durchaus auch emanzipatorische Potentiale ein. Die nachhaltige Wirkung, vor allem der Thesen Adornos, sind in den seit den 1990er Jahren entstandenen Arbeiten von Autoren wie Dieter Prokop, Roger Behrens oder Heinz Steinert ablesbar, bei denen eine zeitgemäße Neubewertung des Ansatzes von Adorno, ohne diesen zu verwerfen, versucht wird, und die durchaus unter dem Aspekt einer ‚Neuen Kritischen Theorie‘ gesehen werden können.

4.1.2 Kritische Theorie und darüber hinaus

Andere Vertreter der Kritischen Theorie bzw. Autoren aus deren Umfeld schätzten die Wirkungsweise der Kulturindustrie durchaus weniger pessimistisch ein als Adorno.

Zuallererst wäre hier **Walter Benjamin** (1892–1940) zu nennen. Vor allem im Aufsatz ‚Das Kunstwerk im Zeitalter seiner technischen Reproduzierbarkeit‘ (Benjamin 1976/1936) entwickelt er eine kunstsoziologische Position, bei der die historische Dimension im Vordergrund steht, ohne dass dabei allerdings neue Entwicklungen mit dem Maßstab eines traditionellen Kunstverständnisses gemessen werden. Er sah in den Möglichkeiten der technischen Reproduzierbarkeit von Kunst, insbesondere im Film und in der Fotografie auch Potentiale für neue,

zerstreute aber auch prüfend-kritischere Wahrnehmungsweisen, die Überwindung traditioneller Verhältnisse, was die Bedeutung von Kunst in der bürgerlichen Gesellschaft betrifft, sah
mit den neuen technischen Apparaturen die Möglichkeit zu einer emanzipatorischen – wie er
es pointiert ausdrückt – „Politisierung der Kunst" (ebenda: 51).

Benjamin geht davon aus, dass neue Produktivkräfte im Bereich der Kunst – er führt die Litho-
grafie, und dann eben vor allem die Fotografie und den Film an – ein neues Verständnis dessen
schaffen, was Kunst ist oder sein kann, sie verändern zunächst die innere Struktur und dann
vor allem den gesellschaftlichen Stellenwert und damit die gesellschaftliche Funktion von
Kunst. Konkret spricht er vom Verkümmern der ‚Aura' traditioneller Kunstwerke als Folge
ihrer technischen Reproduzierbarkeit: Deren Originalität und materielle Dauer, ihre Fundierung aufs Ritual und ihre Einbindung in die Tradition werden erschüttert. Die im Zuge der
bürgerlichen Revolution teilweise schon erfolgte Emanzipation der Kunst aus dem Ritual, die
ihren Ausdruck darin findet, dass der Kultwert gegenüber dem Ausstellungswert an Bedeutung
verliert, wird durch neue technische Reproduktionsmöglichkeiten weiter vorangetrieben und
zwar bis zu einem Punkt, an dem möglicherweise eine völlig neue Fundierung der Kunst –
Benjamin spricht von der Fundierung auf Politik – erkennbar werden könnte. Diese Veränderungen der gesellschaftlichen Funktion von Kunst gehen einher mit Veränderungen der Wahrnehmung von Kunst. Anstelle der kontemplativen Betrachtung, der Versenkung im Werk, tritt
die zerstreute, aber auch die prüfend, sezierende Rezeption als „Symptom von tiefgreifenden
Veränderungen der Apperzeption" (ebenda: 48) in fortgeschritten industrialisierten Massen-
gesellschaften. Die für ihn aktuell erfahrbaren Veränderungen bewertet Benjamin ambivalent:
traditionelle Muster (Aura, Kontemplation) werden zurückgedrängt, aber es eröffnen sich auch
neue Muster (Reproduzierbarkeit, Zerstreuung), die sowohl Gefahren (Manipulierbarkeit der
Massen) wie Befreiungsmöglichkeiten (von traditionellen Zwängen) mit sich bringen können.
Benjamins Kunstsoziologie ist damit sowohl eine produktions- wie auch rezeptionsästhet-
sche, ja sogar auch eine vermittlungsästhetische. Seine Argumentation, die oft fragmentarischen Charakter hat, ist streckenweise überzeugend und erhellend[32] allerdings bleibt bei nä-
herer Betrachtung einiges offen, z. B. was denn die Aura des literarischen oder musikalischen
Kunstwerks ausmachen würde? Was ist das Original eines Romans oder einer Symphonie?
Darüber nachzudenken, lohnt sich. Immerhin war Benjamin Schallplatte und Buchdruck gut
bekannt. Dazu äußert er sich im ‚Kunstwerk'-Aufsatz aber nicht.

Siegfried Kracauer (1889–1966) war im Umfeld der Frankfurter Schule angesiedelt, aber
zu querdenkerisch, um ihr wirklich zugeordnet werden zu können. Er war gleichermaßen
Theoretiker wie Journalist und Romancier. Vermutlich war er der erste, der das Kleinbürgertum soziologisch ernst genommen hat, in seinen Essays über die ‚Angestellten' (Kracauer
1971/1929), in der Aufsatzsammlung ‚Das Ornament der Masse' (Kracauer 1977) kommt eine
andere Sichtweise als in der ‚Kritischen Theorie' zum Ausdruck, ein Versuch des Verstehens
und Akzeptierens neuer gesellschaftlicher Rahmenbedingungen. Insbesondere seine Arbeiten
zum Film, in denen dieser nicht bloß ästhetisch, sondern als gesellschaftlich relevantes Phänomen thematisiert wird, sind bedeutsame Beiträge zu einer Kunstsoziologie, die sich – damals
– aktuellsten Entwicklungen zuwendet. Kracauer ist Benjamin sehr nahe, wenn er „genau und
unverhohlen die Unordnung der Gesellschaft den Tausenden von Augen und Ohren" (Kracauer 77: 315, Hervorhebung SK) im Film, ja in den Produkten der Kulturindustrie, vermittelt
sieht. Allerdings – und das ist das Privileg des Romanciers – gibt es auch Aussagen, in denen
eine Verurteilung der farbenprächtigen, betäubenden, ablenkenden Welt der Kulturindustrie

---

32 Nicht zufällig heißt eine Sammlung von Texten Benjamins ‚Illuminationen'.

geäußert wird (Kracauer 1971/1929: 57f.). Insofern ist Kracauer als ambivalenter, aber höchst sensibler Beobachter der Entwicklung des Verhältnisses von autonomer Kunst und Kulturindustrie einzuschätzen.

Im Zusammenhang mit der ersten Generation der Kritischen Theorie muss noch **Leo Löwenthal** (1900–1993), der der Populärkultur Informationsfunktion und die Ermöglichung von nicht nur negativ verstandenem Eskapismus zugestand. Er beschäftigte sich bevorzugt mit Literatur, spricht sich hier nachdrücklich für eingehende empirische Untersuchungen aus, wobei er deutlich den Gegenstandsbereich auf populärkulturelle Phänomene ausweitet: „Die akademischen Disziplinen, deren traditionelle Aufgabe in der Darstellung der Literaturgeschichte und in der Analyse literarischer Werke bestand, wurde durch die Flut der Massenliteratur, der Bestseller, der Comics usw. völlig überrumpelt (…) Ein wichtiges Wissensgebiet ist also noch unerfüllt, und es wird Zeit, dass sich der Soziologe dieser ungelösten Frage zuwendet" (Löwenthal 1990/1948: 328). Nachzugehen sind Fragen nach der Funktion von Literatur in der Gesellschaft (kultisch-religiös, kritisch, bildend etc.), nach der Stellung des Schriftstellers in der Gesellschaft (Prestige, Einkommen, Abhängigkeiten etc.), nach gesellschaftlichen Problemen als literarischer Stoff „(f)ür vergangene Epochen ist die Literatur häufig die einzige verfügbare Quelle, aus der wir Kenntnisse über private Sitten und Gebräuche entnehmen können" (ebenda 332) – und zu gesellschaftlichen Determinanten des Erfolgs (Auflagen, Abhängigkeit von ökonomischen oder politischen Faktoren, wie Kriege oder Wirtschaftskrisen).

Wesentlich ist, dass für Löwenthal Populärkultur ein Produkt des bürgerlichen Zeitalters ist, gleichsam in Nachfolge der Volkskunst: „Löwenthal definiert die Populärkultur negativ als nicht-kanonisierte Kultur im Unterschied zur kanonisierten hohen Kunst. Die Unterscheidung zwischen Werken der hohen Kunst und solchen der Populärkultur ist daher nicht eindeutig möglich. (…) Doch scheint dies auch nicht nötig zu sein, da die Unterscheidung von Kunst auf der einen und Populärkultur auf der anderen Seite bei Löwenthal wohl als perspektivische, nicht aber dichotomische bestimmt wird" (Kausch 1988: 118).

4.1.3 Orthodoxe marxistische Ansätze

Georg Lukács (1885–1971) nimmt in der marxistisch inspirierten Kunstsoziologie eine besondere Stellung ein. Einerseits hat er unorthodoxe Ansätze, wie die Kritische Theorie stark beeinflusst, andererseits hat er im rätedemokratischen (1919) und dann im ‚realsozialistischen' Ungarn nach dem Zweiten Weltkrieg eine recht schillernde Rolle als ‚Kulturpoliker' gespielt (vgl. Benseler 1979: 162ff.). Einerseits war er stark von Simmel beeinflusst, andererseits hat er dann später eine strikt marxistisch-dialektische Position vertreten. Wenngleich er gerne als Theoretiker der Widerspiegelungstheorie – also: Kunst spiegelt reale Lebensverhältnisse wieder – zitiert wird, ist seine letztendiglich Konzeption – gebrochen durch politisch bedingte Zugeständnisse ans jeweilige Regime – eine, in der der Subjektivität Gewicht zugemessen wird. Kunst stillt zwar das Bedürfnis nach Überhöhung des Alltagslebens, aber sie kann auch aktiv zurückwirken. Geschichte, so Lukács, sei nicht nur als äußere Natur nach mechanischen Gesetzmäßigkeit zu begreifen, sondern als intensiv zu erfassende und gestaltende Totalität (vgl. ebenda: 176).

Ein kunstsoziologisch beachtenswerter Philosoph, der sich eher der orthodoxen marxistischen Tradition, denn der Kritischen Theorie verbunden fühlte, war **Ernst Bloch** (1885–1972). Er sah ein zentrales Anliege, vor allem bürgerlicher Kunst darin, eine Idee von einer möglichen besseren Welt zu vermitteln. Gelungene Kunst muss gemäß Bloch einen ‚Vorschein' vermit-

teln, dem ‚Prinzip Hoffnung' Ausdruck geben, solle utopisch sein. Damit stand er deutlich
im Gegensatz zur Kritischen Theorie im Sinne Adornos, aber auch zur orthodoxen marxistischen Widerspiegelungstheorie. Eine positive Utopie wäre dennoch insofern als Kritik an
der gegebenen Gesellschaft zu verstehen, als sie eine Negation dieser Gesellschaft vermittelt,
über sie hinausweist. Damit ist er sehr nahe bei Schopenhauer, Simmel oder Freud (Kunst als
Entlastung, als kurzzeitige Möglichkeit, ein ‚besseres Leben' zu fantasieren; vlg. Kapitel 3)
und recht weit weg vom Konzept, das Kunst als unmittelbare Kritik an bestehenden gesellschaftlichen Bedingungen auffasst. Seine Kunstphilosophie – soziologisch gewendet – heißt:
Kunst antizipiert das bessere Leben – ganz im Gegensatz zu Adorno (vgl. Kapitel 4.1.). Das
‚Hauptwerk Blochs, das dreibändige ‚Prinzip Hoffnung' (Bloch 1974/1959) ist jenseits der
kunstsoziologischen Relevanz als eine anregende Kunst- und Literaturgeschichte zu lesen.

Arnold Hauser (1892–1978) steht zwischen der Kritischen Theorie und orthodox marxistischen Ansätzen. Er hat zwei zentrale Werke zur Konstitution der Kunstsoziologie als eigen-
ständiges Fach verfasst: die ‚Sozialgeschichte der Kunst und Literatur' (Hauser 1978/1951)
und die ‚Soziologie der Kunst' (Hauser 1974). Dazwischen liegt noch die Arbeit zum ‚Manierismus'(Hauser 1973/1964), in der er die Sonderstellung abendländischer Kunst, bedingt
durch den Bruch vom Ende des Mittelalters hin zur Neuzeit herausstellt. Letztlich ist seine Kunstsoziologie eine des bürgerlichen Zeitalters. Hier erlangt die Kunst höchste Autonomie, vor allem, indem sie sich von kultisch-religiösen Verbindlichkeiten emanzipieren kann.
Gleichzeitig bleibt Kunst an Sinnlichkeit gebunden, was der Rationalität aufklärerischen Denkens ein Stück entgegensteht. Der dialektische Denker Hauser sieht in der Kunst im bürgerlichen Zeitalter die Thematisierung der verloren gegangenen Ganzheit des Lebens, jenseits
der religiös bestimmten Ganzheit (vgl. Hauser 1974: 3ff.). Damit ist er, in Betonung der Autonomie und Authentizität der Kunst, der Frankfurter Schule sehr nahe. Seine Einschätzung
der Veränderungen im Bereich des Kunstlebens im 20en Jahrhunderts sind dagegen eher als
vorsichtig zu bezeichnen[33] Grundsätzlich unterscheidet er zwischen ‚volkstümlicher Kunst'[34],
Massenkunst, also – im Jargon der Kritischen Theorie – den Produkten der Kulturindustrie
und ‚authentischer Kunst', womit die Kunst der Bildungseliten gemeint ist. Seine ganz offensichtliche Bevorzugung der authentischen, und also bürgerlichen Kunst, macht seine Nähe zur
Kritischen Theorie, aber letztlich auch seinen ‚Eurozentrismus' klar, der vor allem – dies im
Gegensatz zu Adorno – wegen seines groß angelegten historischen Zugangs auffällt. Dennoch:
Seine ‚Sozialgeschichte' ist ein höchst empfehlenswerter Fundus an kunstsoziologischen Tatsachen. Insofern ist Hauser ein dialektischer denkender, aber ein höchst kompetenter histo-
risch-empirisch argumentierender Autor.

Antonio Gramsci (1891–1937) war ein italienischer marxistischer Politiker und Theoretiker
und hatte vor allem auf die Cultural Studies (vgl. Kapitel 5.1) nachhaltigen Einfluss. Seine
wesentlichen Schriften verfasste er im Gefängnis unter dem faschistischen Mussolini Regime
(vgl. Gramsci 1980). In marxistisch unorthodoxer Weise betonte er die Bedeutung des Überbaus, von Kunst bis zu alltagskulturellen Praktiken, und argumentierte, dass die ‚kulturelle
Hegemonie' vor allem über die Definitionsmacht des ‚Populären' hergestellt würde. Das, was
als populär gelte, rechtfertige auch politische Macht. Für Gramsci als Politiker, geht es also vor

---

33   Vor allem in der ‚Soziologie der Kunst' stellt sich in den entsprechenden Kapitel zu ‚Massenmedien' und ‚Pop-
     Art' der Eindruck ein, dass Hauser sich keiner begründbaren Einschätzung fähig fühlt. Dies ist insofern interes-
     sant, als Hauser in der 1920er Jahren in einer Filmgesellschaft in Wien gearbeitet hat und eine Publikation zur
     Soziologie des Films plante (vgl. Scharfschwerdt 1979: 203f.).
34   Mittlerweile ist der Begriff ‚volkstümliche Kunst' auf die von der Kulturindustrie vereinnahmten Bereiche der
     Volkskunst eingeschränkt, trifft also nicht das von Hauser gemeinte, die Volkskultur.

allem darum, das ‚Populäre‘ in den Griff zu bekommen. Hier gewinnt die Auseinandersetzung über Populärkultur, oder über Produkte der Kulturindustrie, eine neue – explizit politische – Dimension. Eine wesentliche Rolle schreibt Gramsci in diesem Kontext den Intellektuellen, also auch u. a. den KünstlerInnen zu. Als ‚organische Intellektuelle‘ vertreten sie die Interessen einer Klasse, der sie nicht notwendigerweise entstammen oder angehören müssen, für deren Sache sie aber aus politisch-moralischer Überzeugung eintreten wollen.

4.1.4   ‚Neue‘ Kritische Theorie

Ab den 1960er Jahren sind in Fortführung des Ansatzes der Frankfurter Schule zum Teil die einschlägigen Konzepte weiterverfolgt worden, zum Teil sind aber auch darüber hinausweisende Sichtweisen zu konstatieren (vgl. dazu auch Winter/Zima 2007).

Jürgen Habermas (*1929) hat in seiner Habilitationsschrift ‚Strukturwandel der Öffentlichkeit‘ (Habermas 1962) das Augenmerk auf die Bedeutung des literarisch-künstlerischen Feldes im Zusammenhang mit der Entstehung der bürgerlichen Öffentlichkeit gelenkt. Kunstsoziologisch relevant ist vor allem die Beschreibung des Prozesses der Herausbildung von Kunstmärkten und neuen Publikumsschichten ab der Mitte des 17. Jahrhunderts (ebenda: 46ff.).

Die Reklame, ab den 1960er Jahre als Werbung bezeichnetes Phänomen, steht im Zentrum des Denkens von **Wolfgang Haug** (*1936). Im Gefolge der Kritischen Theorie streicht er noch deutlicher als seine Vorgänger die enge Verbindung zwischen psychischen Dispositionen der KonsumentInnen und ökonomischen Interessen des Kapitals, also der AnbieterInnen von Waren heraus. Zentral in seiner Schrift zur ‚Warenästhetik‘ (Haug 1971) ist der Begriff des ‚Gebrauchswertversprechens‘. Es geht bei der Werbung – als zentrales Vermittlungsorgan von Warenästhetik – nicht um die Deklaration des Gebrauchswert einer Ware, sondern um das – ästhetisch vermittelte – Versprechen eines zusätzlichen Gewinns, der vor allem die emotionale Dimension der RezipientInnen ansprechen soll, und daher ästhetisch kommuniziert wird. Ein Werbespot soll ein Lebensgefühl vermitteln, das weit über den bloßen Gebrauchswert hinausgeht, den der Konsum dieses Produkts verspricht. Dabei wird natürlich mit den basalen Triebstrukturen gespielt. Dass dabei KünstlerInnen gefragte ExpertInnen sind, solche Botschaften, die auf unbewusste Wirkungen angelegt sind, ist naheliegend, dass damit von KünstlerInnen gestaltete Phänomene in der Alltagswelt ständig präsent sind, ist nichts Neues (fast 1500 Jahre stand abendländische Kunst im Dienste der katholischen Heilsgeschichte), Haug hat dieses Phänomen für die entwickelten Industriegesellschaften mit dem Begriff der Warenästhetik auf den Punkt genbracht.

Schließlich soll noch auf den Beitrag von **Heinz Steinert** (1942–2011) zu einer Weiterentwicklung der Kritischen Theorie verwiesen werden. Er bringt mit dem Begriff des ‚Arbeitsbündnisses‘, gespeist aus psychoanalytischer Terminologie[35], einen neuen Gesichtspunkt in die kunstsoziologische Theoriebildung ein (Steinert 2008). Das Verhältnis zwischen KünstlerInnen und RezipientInnen ist, so Steinert, eine gleichsam unausgesprochene Vereinbarung: RezipientenInnen erwarten etwas, das genau die KünstlerInnen ihnen anbieten – und umgekehrt. Wird das Arbeitsbündnis gebrochen, gibt es Kunstskandale, Pleiten oder im besten Falle Langweile. Die Aufgabe der Kunstsoziologie in entwickelten Industriegesellschaften sieht Steinert darin, die vielfältigen Formen von ‚Arbeitsbündnissen‘ in ihrer Widersprüchlichkeit

---

35 In der Psychoanalyse gehen KlientInnen mit TherapeutInnen ein Arbeitsbündnis ein – sie schließen gleichsam einen Vertrag, in dem das therapeutische Setting genau geregelt wird: 3× pro Woche, im Liegen, von 10–11 Uhr, Honorar wird auch bei Fernbleiben der KlientInnen fällig etc.

und in Bezug auf die kulturindustriellen Rahmenbedingungen zu identifizieren, beschreiben und analysieren. Gemeinsam mit Christine Resch hat Steinert dann diese kunstsoziologische Position als ‚Interaktionsästhetik' positioniert (Resch/Steinert 2003), die sich von der traditionellen Werkästhetik (bürgerlich autonomer Kunst) und der Rezeptionsästhetik abhebt, als die ästhetische Bedeutung eines künstlerischen (auch populärkulturellen) Phänomens in einer dynamischen Interaktion zwischen KünstlerInnen und RezipientInnen immer wieder neu gestaltet wird. „Was wir heute brauchen, ist eine Interaktions-Ästhetik', die alle an dem Ereignis Beteiligten zu ihrem Recht kommen lässt: Das ‚Werk' erweist sich als Spezialfall, der die bürgerliche Kunst beherrscht hat (Steinert 2008: 89).

4.1.5   Ausblick: Neubewertung der Kulturindustrie ab den 1960er Jahren

Ein deutlicher Paradigmenwechsel in Bezug darauf, wie die Kulturindustrie einzuschätzen sei, stellte sich ab den 1960er Jahren ein, als, neben der Herausbildung einer ‚Neuen Kritischen Theorie', Autoren, die vor allem aus dem Bereich der Semiotik, der Medientheorie, des Strukturalismus oder der Cultural Studies kamen (u. a. Umberto Eco, Marshall McLuhan, Roland Barthes, Raymond Williams, Paul Willis; vgl. Kapitel 4.3. und Kapitel 5) sich mit Phänomenen der Massenkultur auf eine wissenschaftlich seriöse und anspruchsvolle Weise zu beschäftigen begannen. Die Formen und Inhalte, die Produktions- und Verbreitungsbedingungen und schließlich die jeweils spezifischen Rezeptionsweisen, Lesarten und Aneignungsmuster wurden zum Gegenstand gründlicher Analysen gemacht, die Produkte und Funktionsweisen der Kulturindustrie wurden als relevante Indikatoren für gesellschaftliche Verfasstheiten, für kulturelle Veränderungen oder soziale Problemlagen angesehen und in diesem Sinne durchaus den Produkten der etablierten Künste gleichgestellt.

Diese Haltung wurde schließlich im Rahmen von postmodernen Ansätzen etwa ab den 1980er Jahren noch deutlich verstärkt. Von da an war der pejorative Charakter, der dem Phänomen ‚Kulturindustrie' immer noch latent nachhing endgültig überwunden, was sich nicht zuletzt auch in der Neubenennung derselben niederschlug. Von da an war die Rede von den ‚creative industries' bzw. von der Kreativwirtschaft, die nicht als Gegensatz zur etablierten Kunst zu denken sei, sondern die diese genauso umfasse und der daher dieselbe Beachtung zuzugestehen sei. Nicht zuletzt wurde ‚Kultur' als Wirtschafts- und Standortfaktor erkannt, wobei auch in diesem Zusammenhang keine polarisierende Differenzierung zwischen Kulturindustrie und Kunst getroffen wurde und wird. Grundsätzlich ist davon auszugehen, dass die Prinzipien der Kulturindustrie mittlerweile das gesamte Kulturleben erfasst haben und auch die traditionellsten Einrichtungen des Kunstbereichs nach Rentabilitäts- und Marktkriterien organisiert und bewertet werden.

4.2   Positivistisch ausgerichtete Ansätze: Empirische Kunstsoziologie

Jenseits der kulturkritischen und historischen Betrachtungsweisen der marxistisch inspirierten Ansätze von Adorno bis Steinert ist die empirisch- positivistische Kunstsoziologie angesiedelt. Ein wesentlicher Bezugspunkt dieses Ansatzes ist das Postulat der Wertfreiheit, wie es von Max Weber eingefordert worden war. 1930 hat **Paul Honigsheim (1885–1963)** knappe Thesen zur Kunstsoziologie, gleichsam als Forschungsprogramm präsentiert, in denen im Wesentlichen die empirische Erfassung der ‚Vergesellschaftungsart' von KünstlerInnen, der gesellschaftlichen Struktur des Publikums, sowie der Zwischengebilde zwischen Künstlern und Publikum, also den Vermittlern und der Kritik (Honigsheim 1978/1930: 160f.) angesprochen wird.

Bemerkenswert im Zusammenhang mit der Konstituierung der empirischen Kunstsoziologie ist eine Studie von **Paul Lazarsfeld** (1901–1976). Anfang der 1930er Jahre wird unter seiner Leitung in Österreich die erste großangelegte empirische Erhebung zum Rezeptionsverhalten und Werthaltungen des Radiopublikums – die sogenannte ‚RAVAG-Studie'[36] – durchgeführt. Somit kann Lazarsfeld durchaus als Begründer der empirischen Kunstsoziologie angesehen werden. In den USA entwickelt Lazarsfeld u.a. ab Mitte der 1930er Jahre im Rahmen des sogenannten ‚Princeton-Radio-Research-Projects' die Grundlagen der modernen Survey-Forschung und damit auch die Methoden der empirischen Kunstsoziologie (vgl. Hecken 2007: 145). Hier geht es in erster Linie um die nach sozialdemografischen Variablen differenzierte, möglichst repräsentative Erfassung von Verhaltens- und Rezeptionsmustern sowie von Werthaltungen. Die Ergebnisse der Forschungsarbeiten dienen den Auftraggebern – öffentliche oder private Einrichtungen – als Entscheidungshilfe für deren Handeln.

In den 1950er Jahren formuliert **Alphons Silbermann** (1909–2000) die Grundlagen einer empirischen Kunstsoziologie, die einerseits im Gefolge der empirischen Sozial- und Surveyforschung steht, die sich andererseits deutlich von der Kunstsoziologie der ‚Kritischen Theorie' abzusetzen trachtet. Silbermann (1978/1967, 1986) entwirft ein am Strukturfunktionalismus von Talcott Parsons orientiertes Konzept von Kunstsoziologie, bei dem vom Kunsterlebnis als Kristallisationspunkt kunstsoziologischer Forschung ausgegangen wird. Dieses realisiert sich, wenn Menschen Beziehungen eingehen. „Diese Beziehungen verwirklichen sich in den Künsten durch das Kunsterlebnis. Einzig das Kunsterlebnis kann Kulturwirkekreise herstellen, kann aktiv, kann sozial sein, kann bestimmter Gegenstand, kann als soziale Tatsache Ausgangs- und Mittelpunkt kunstsoziologischer Betrachtungen sein." (Silbermann 1978/1967: 193). Alle um dieses empirisch festmachbare Phänomen des Kunsterlebnisses feststellbaren Dimensionen, die organisatorischen, die ökonomischen, die technischen, rechtlichen oder auch mentalen sind Gegenstand empirischer Forschung, aber auch die entsprechenden Funktionsweise von Kunst in physiologischer (Wahrnehmung), psychologischer (Gefühle) und schließlich soziologischer Hinsicht (Geschmacksurteile) sind mit zu berücksichtigen. Ziel ist letztlich die Beschreibung der schon genannten Kulturwirkekreise[37]. In Bezug auf das Kunstwerk, das neben den KünstlerInnen und dem Publikum zwar als Teil des totalen Kunstprozesses aufgefasst wird, sollen allerdings nur die feststellbaren Voraussetzungen bzw. Effekte des Kunstwerks in Betracht gezogen werden, die Analyse des Kunstwerks selbst ist für Silbermann dagegen von keinerlei Bedeutung. Dieses Programm einer empirischen Kunstsoziologie, das Silbermann am Beispiel der Musik auch einzulösen versucht hat (Silbermann 1957), ist von erstaunlicher Komplexität, vergleicht man es mit der Schlichtheit zahlreicher nachfolgender empirischer kunstsoziologischer Untersuchungen bzw. statistischer Berichtsbände. Dies mag damit zu begründen sein, dass die „programmatischen Schriften (der empirischen Kunstsoziologie) Silbermann 1986; Thurn 1973) erstaunlich wenige theoretische und methodologische Anknüpfungspunkte, die heute brauchbar wären (bieten)" (Otte 2012: 115).

Als wesentlich bei der Kunstsoziologie Silbermanns ist hervor zu streichen, dass der Fokus vom ‚Kunstwerk' weg verlegt wird, hin zu den umfassenden gesellschaftlichen Rahmenbe-

---

36 RAVAG steht für Radio-Verkehrs-AG, das Manuskript galt lange Zeit als verschollen, ist Anfang der 1990er Jahre wieder aufgetaucht (Mark 1996).

37 Der Begriff deckt in etwa das ab, was unter gesellschaftlichen Teilkulturen oder Lebensstilgruppierungen verstanden wird.

dingungen, unter denen es sich realisiert. Damit wird aber gleichzeitig das Spektrum der für die Kunstsoziologie relevanten Phänomene erweitert hin auf alle künstlerischen, also auch auf populärkulturelle Äußerungen, und nicht mehr nur beschränkt gedacht auf solche, die wie immer zustande gekommene Qualitätsansprüche erfüllen.

In den 1960er Jahren entspann sich eine Auseinandersetzung zwischen Adorno und Silbermann, in der Gegenstandsbereich und Methodik einer angemessenen Kunstsoziologie zur Disposition standen. Es handelte sich um eine Variante des sogenannten Positivismusstreits in der deutschen Soziologie, der zwischen Vertretern von positivistischen und kritisch-rationalistischen Positionen einerseits und solchen der Kritischen Theorie andererseits ausgetragen wurde (vgl. Dahms 1994).

Der vordergründig akademische Disput um die ‚richtige‘ Kunstsoziologie, ob und wie weit die innere Struktur des Kunstwerks in die soziologische Analyse miteinzubeziehen ist, erhält vor dem Hintergrund des ‚Kalten Krieges‘, der realpolitisch die 1950er und 1960er Jahre prägte, eine zusätzliche, kaum explizit gemachte Dimension, nämlich welche weltanschaulichen Grundhaltung, die bei Adorno eine kapitalismuskritische und bei Silbermann eine kapitalismusfreundliche war, die ‚richtige‘ ist.

Die Adorno/Silbermann-Debatte und die damit einhergehende Erweiterung des Gegenstandbereichs der Kunstsoziologie erfolgte allerdings auch nicht zufällig zu einer Zeit, als mit der Pop- und Rockmusik, aber auch dem Film und dem Fernsehen, Dimensionen des Kulturlebens gesellschaftlich relevant wurden, die bis dahin – ähnlich wie Volksmusik oder Boulevard-Theater – aus dem akademischen Diskurs weitgehend ausgeklammert waren. Dem entsprach auch der sich ab den späten 1950er Jahren im angelsächsischen Raum entwickelnde Ansatz der Cultural Studies (vgl. Kapitel 5.1.1), für den populärkulturelle Phänomene geradezu prädestiniert schienen, Auskunft über gesellschaftliche Befindlichkeiten zu liefern.

Allerdings ist anzumerken, dass die Kapitalismuskritik dem Adornoschen Denken so immanent ist, das eine Soziologie im Sinne Adornos ohne jene gar nicht vorstellbar ist, wohingegen empirische Studien im Sinne Silbermanns sowohl affirmativ wie auch gesellschaftskritisch gedacht werden können. Pierre Bourdieu folgt in seiner Studie ‚Die feinen Unterschiede‘ (vgl. Kapitel 5.1.2) über weite Strecken den Prinzipien der empirischen Kunstsoziologie und bringt dennoch eine grundsätzliche Kritik der Kunst in einer kapitalistischen Gesellschaft zustande.

4.2.1   Exkurs: Der Anwendungsbezug von empirischer Kunstsoziologie

Spätestens seit den 1970er Jahren wurden und werden in entwickelten Industrienationen immer wieder mehr oder weniger groß angelegte empirische Studien zum kulturellen Verhalten der Bevölkerung, zum Medienkonsum, zur sozialen Lage der Kulturschaffenden, ab den 1990er Jahren zu Lebensstilen, sowie zu verschiedensten Fragen, die das künstlerische Feld betreffen, durchgeführt.

Daneben sind zahlreiche punktuelle, sehr konkret auf eine spezifische Thematik fokussierte Arbeiten, Fallstudien, ad hoc Studien zu erwähnen. Bei Arbeiten dieses Typs ist eine klare Forschungsfrage vorgegeben, zumeist eingeschränkt auf eine künstlerische Ausdrucksform, immer in einem konkreten raumzeitlichen Rahmen, wobei die Studie in unterschiedlichste Richtungen (politisch, ökonomisch, rechtlich etc.) gehen kann. Dabei soll ein Problem in überschaubarer Weise geklärt werden, ohne dass notwendigerweise der Anspruch auf Verallgemeinerbarkeit gestellt wird.

Dabei sind vor allem drei Instanzen zu identifizieren, die kunstsoziologisches Wissen nachfragen: a) die Kulturverwaltung bzw. -politik, b) (halb)private Organisationen und Institutionen des Kunst- und Kulturlebens sowie schließlich die c) Wirtschaft.

a. Ab den 1970er Jahren versuchte die ‚Kulturpolitik‘ zunehmend, sich an den empirischen Ergebnissen sozialwissenschaftlicher Untersuchungen zu orientieren, wenn es darum ging politische Entscheidungen zu treffen. Demgemäß wurden auch Studien in Auftrag gegeben um Informationen über das kulturelle Verhalten der Bevölkerung, die soziale Lage der KünstlerInnen sowie über die kulturelle Bedeutung des Rundfunks zu erhalten. Gegen Ende der 1980er Jahre verschob sich dieses Interesse in Richtung ökonomischer Legitimation bzw. Evaluation. Sozialwissenschaftliche Studien dienten von da an eher der Klärung von Umwegrentabilitäten und sollten die Effizienz von Fördermechanismen sowie die ökonomische Bedeutung des Kultursektors überprüfen.

b. Berufsverbände von KünstlerInnen, Verwertungsgesellschaften, Institutionen des Kunstlebens wie Konzerthäuser, Museen oder Festivals, Kulturindustrien wie Fernsehanstalten, Film- oder Phonographische Unternehmen haben ein Interesse über ihre Situation, ihre Chancen und möglichen Partnerschaften, über ihr Publikum etc. Bescheid zu wissen. Dementsprechend fungieren sie häufig als Auftraggeber für sehr spezifisch ausgerichtete, empirische kunstsoziologische Untersuchungen.

c. Spätestens seitdem die Lebensstil-Thematik (vgl.Kapitel 5.1.3) eine breitere Resonanz gewonnen hat, ist ein möglichst zielgruppenspezifisches Marketing Anliegen von Wirtschaftsunternehmen. Das kulturelle Verhalten der potentiellen KonsumentInnen zu erkunden, mit der Absicht diese dann optimal (über welche Medien?) erreichen und ansprechen (mit welchen künstlerisch-ästhetisch gestalteten Botschaften?) zu können, fördert das Interesse an Lebensstil-Studien, bei denen natürlich Fragen des ästhetischen Geschmacks, des kulturellen Verhaltens im Vordergrund stehen. Also auch in diesem Fall: sozialwissenschaftliche Studien als Entscheidungshilfe – in diesem Fall für ökonomisches Handeln.[38]

4.3 Nebenlinien

In Bezug auf die Ausweitung des Gegenstandsbereichs der Kunstsoziologie sind noch der Philosoph Ernst Cassirer, die Soziologen Norbert Elias und Karl Mannheim zu nennen, sowie die Kunstwissenschaftler Aby Warburg und Ernst Panofsky, die medientheoretischen Ansätze von Marshall McLuhan, Hans Magnus Enzensberger und Jean Baudrillard und der US-amerikanische Pragmatismus.

4.3.1 Philosophie und Soziologie

Ernst Cassirer (1874–1945) war gewiss mehr Philosoph denn Soziologe, aber sein Denken hatte großen Einfluss auf die Semiotik und Kunstsoziologie. In der ‚Philosophie der symbolischen Formen‘ (Cassirer 1923–1929), und dann im Spätwerk ‚Was ist der Mensch?‘ (Cassirer

---

38 Nachsatz: Vor diesem Hintergrund ist zur Optimierung beruflicher Chancen von ‚KunstsoziologInnen‘ eine Kombination von kunstsoziologischer Expertise mit einer anderen, ‚fachfremden‘ Disziplin (z. B. Urheberrecht, Betriebswirtschaft, Informatik, künstlerische Praxis im engeren Sinn etc.) anzuraten.

1960/1944) entfaltete er ein breites Spektrum von Sichtweisen auf die möglichen Ausdrucksformen des menschlichen Geistes. In Bezug auf die Kunst sieht er für die abendländische
Kultur eine Entwicklung von mimetischen, nachbildenden künstlerischen Äußerungen zu sol-
chen, die formgebend sind: „Das mimetische Prinzip, das Jahrhunderte lang die Philosophie
der Kunst beherrschte, verlor seine Geltung" (Cassirer 1960/1944: 179). Mit Rousseau, dem
Goethe und Herder folgen, änderte sich das: „Eine neue Theorie der Schönheit (…), die die
Kunst als ein selbständiges und ursprüngliches Phänomen sieht, wird nun in der europäischen
Literatur vertreten" (ebenda). „Die Kunst ist wie die anderen symbolischen Formen (…) nicht
Abbildung, sondern Entdeckung von Wirklichkeiten (…) der Verdichtung und Zusammenfas-
sung" (ebenda: 182).

Interessanterweise ist auch durchaus eine Nähe zur empirischen Kunstsoziologie im Sinne Silbermanns festzustellen, wenn Cassirer darauf hinweist, dass die Symbole der Kunstschaffenden bei
den RezipientInnen ‚Kunsterlebnisse' hervorrufen: „Im ästhetischen Erleben offenbart sich nicht
der Geist nüchterner Sachlichkeit (…). Das Kunsterlebnis ist Leidenschaft" (ebenda 183ff.).

Karl Mannheim (1893–1947), einer der Begründer der ‚Wissenssoziologie', ist vor allem
durch seine Konzeption der ‚freischwebenden Intelligenz'[39] die keiner Klassenlage zugeordnet werden kann, ja, die gerade über diese Unabhängigkeit definiert wird, von kunstsoziologischer Relevanz. Diese Einschätzung der sozialen Lage der Intellektuellen, zu denen neben
WissenschaftlerInnen, PolitikerInnen auch KünstlerInnen gehören, korrespondiert mit einigen
kunstsoziologischen Positionen seiner Generation, bei der die Autonomie der Kunst (Adorno),
der ‚subjektive Faktor' (Lukács, Hauser) im Zentrum steht.

Erst in den 1980er Jahren wurde die Schriften von **Norbert Elias** (1897–1990) für die Kultursoziologie (wieder)entdeckt, allen voran der ‚Prozess der Zivilisation' (Elias 1979/1939), und die
von Elias begründete Figurationssoziologie fand Eingang in den Kanon etablierter soziologischer
Ansätze. Ähnlich wie die Kritische Theorie ist das Denken von Elias durch die Verbindung von
soziologischen und psychoanalytischen Ideen geprägt, allerdings ohne marxistische Schlagseite.
Im ‚Prozess der Zivilisation' beschreibt er mit zahlreichen Bezugnahmen auf alltägliche Phänomene (Tischsitten, Körperlichkeit, Benimm-Fibeln etc.) die zunehmende Verinnerlichung von
Verhaltensregeln, die als Grundlage für den Erfolg der bürgerlichen Gesellschaft anzusehen sind,
allen voran die Selbstkontrolle. In einer Studie über Mozart (Elias 1991), die er knapp vor seinem Tod fertigstellte, analysiert er beispielhaft die gesellschaftliche Position eines hochbegabten
Künstlers in einer Epoche, die noch stark durch Abhängigkeiten von aristokratischen Dienstge-
bern und zum Teil schon bürgerlichen Auftraggebern geprägt war.

4.3.2   Kunstwissenschaft

Eine frühe Ausweitung des Gegenstandsbereiches der Kunstwissenschaft ist bei **Aby Warburg** (1866–1929) anzutreffen. Er ging davon aus, dass alle ‚Bilder' – und zwar aller Gattungen, also nicht nur der Bildenden Kunst im engeren Sinn, sondern auch der Volks- und Populärkultur, sowie, für seine Zeit revolutionär, auch Fotografien – als Zeugnisse bzw. Dokumente
einer ‚historischen Psychologie' anzusehen seien. Um diese ‚Psychologie' zu verstehen, ist
es nötig, den soziokulturellen Kontext in die Analyse, bei der es nicht zuletzt um ‚äußerlich
bewegtes Beiwerk', wie Kleider, Frisuren u.ä. geht, miteinzubeziehen (vgl. Schöll-Glass 2007:
181). „Das Bild, wo immer es in Hochkunst oder Alltagssphäre auftaucht, wird als ‚soziales

---

39 Ein Begriff, den er von Alfred Weber übernimmt (vgl. Mannheim 1964: 454).

Erinnerungsorgan' verstanden und mit dem in Verbindung gebracht, was Warburg später ‚soziales Gedächtnis' nennt." (Locher 2007: 65). Damit ist der Bezug zur Ikonologie, als deren Begründer er gilt, aber auch zu der seit etwa den 1980er Jahren verstärkten Beschäftigung mit ‚Erinnerungskulturen' gegeben (vgl. Pethes 2008). Diese spezifische Fragestellung, verbunden mit entsprechender Methodik, legt einen interdisziplinären Zugang nahe, womit auch die Nähe zur Kunstsoziologie angesprochen ist.

Erwin Panofsky (1892–1968) ist für die Kunstsoziologie vor allem aus methodischen Gründen von Relevanz. Beeinflusst von Warburg, aber auch von Cassirer und Mannheim, präzisiert er gleichsam die methodische Vorgangsweise Warburgs, um zu umfassenden Analyseergebnissen zu gelangen und konzipiert damit ein klares Forschungsprogramm der Ikonologie. Panofsky unterscheidet drei Sinnschichten, die bei der Deutung des Sinns eines Kunstwerks zu berücksichtigen sind: a) die ‚vor-ikonografische Interpretation', dabei geht es um das primäre, natürliche Sujet, um die reine Phänomenwahrnehmung; b) die ‚ikonografische Interpretation', wobei es um die Bezugnahme auf überlieferte Quellen und Konventionen geht, und c) die ‚ikonologische Methode', bei der es darum geht eine synthetische Deutung vor dem kulturhistorischen Hintergrund zu erarbeiten, die Idee, den Gehalt freizulegen, das Kunstwerk als „Symptom von etwas anderem" (Panofsky 1979/1939: 212) erkennbar zu machen. Für Panofsky geht es in letzter Konsequenz – auf der Basis kompetenter, gleichsam empirisch begründeter Interpretation – um die umfassende Interpretation von Werken der bildenden Kunst, die ohne Einbeziehung soziokultureller Zusammenhänge nicht möglich ist. Dass der Habitus dann zu einer Epochen definierenden Haltung von Menschen zur Kunst wird, ist eine soziologisch sehr befruchtende Idee gewesen, was sich u. a. daran ablesen lässt, dass Bourdieu in Panofskys Konzeption einen Vorläufer seiner Habitustheorie sieht (Bourdieu 1970: 125f). Der Habitus verbindet, „nach Panofskys Sprachgebrauch (…) Künstler mit der Kollektivität und seinem Zeitalter (…) ohne dass dieser es merkte (und weist) seinen anscheinend noch so einzigartigen Projekten Richtung und Ziel" (ebenda: 132).

Dass Panofskys wissenschaftlichen Interessen über das traditionelle Kunstverständnis hinaus gingen, ist daran ablesbar, dass er sich recht früh mit dem Film, aber auch mit einem ‚Design-Phänomen', wie dem ‚Rolls-Royce-Kühler' beschäftigt hat (vgl. Bredekamp 2008: 71).

4.3.3   Medientheoretische Ansätze[40]

Walter Benjamins Einschätzung der Auswirkungen der damals neuen Kommunikationstechnologien Fotografie und Film auf die Kunst wurden bis in die 1960er Jahre kaum aufgegriffen. Erst als der kanadisch-US-amerikanische Literaturwissenschaftler und Medientheoretiker **Marshall McLuhan** (1911–1980) mit seinen Arbeiten zum ‚Ende der Gutenberg Galaxis' (McLuhan 1968/1962) und der programmatischen These ‚Das Medium ist die Botschaft' (McLuhan/Fiore 1969/1967) auf breitere Resonanz stieß, setzte auch in der Kunst- und Kultursoziologie ein intensivere, medienbezogene Diskussion ein. McLuhans Ansatz war spektakulär und spekulativ, er stellte die technisch bedingte Eigengesetzlichkeit verschiedener Medien ins Zentrum seiner Argumentation: das Fernsehen bringe eine andere Kultur hervor als die Schrift. Der Buchdruck initiierte die ‚Gutenberg-Galaxis', eine Schreib- und Lesekultur, das Fernsehen beendet diese und befördert eine völlig neue Kultur, das ‚globale Dorf', in dem das Fernsehgerät gleichsam als Lagerfeuer fungiere. Mit der Verbreitung neuer Medien geht also, nach Auffassung nach McLuhan, eine völlige Veränderung der Kultur einher.

---

40 Vgl. dazu Smudits 2002, vor allem Kapitel 4.

1970 versuchte **Hans Magnus Enzensberger** (*1929) eine Aktualisierung zentraler Gedanken Benjamins, nicht zuletzt angeregt von McLuhans Ideen. Im Hinblick auf die damals zentralen Medien Radio und Fernsehen schrieb er den bemerkenswerten Satz: „Was bisher Kunst hieß, ist in einem strikt hegelianischen Sinn durch die Medien und in ihnen aufgehoben." (Enzensberger 1970: 179) Und er meint weiter, dass das für die ästhetische Theorie die Notwendigkeit eines durchgreifenden Wechsels der Perspektive bedeute: „Die Umwälzung der Produktionsbedingungen im Überbau hat die herkömmliche Ästhetik unbrauchbar gemacht. (…) Auszugehen wäre von einer Ästhetik, die dem neuen Stand der Produktivkräfte – wie er durch die elektronischen Medien erreicht wird – angemessen ist. (…) Die Tendenzen die Benjamin seinerzeit am Beispiel des Films erkannt und in ihrer ganzen Tragweite theoretisch erfasst hat, sind heute mit der rapiden Entwicklung der Bewusstseins-Industrie manifest geworden" (ebenda 178f.).

Enzensberger kritisiert die grundsätzlich kulturpessimistische Haltung, die vor allem marxistisch inspirierte Autoren wie Lukács, Adorno oder Horkheimer neuen Kommunikationstechnologien gegenüber einnahmen.

„Das unzulängliche Verständnis, das die Marxisten für die Medien aufgebracht, und der fragwürdige Gebrauch, den sie von ihnen gemacht haben, erzeugte in den westlichen Industrieländern ein Vakuum, in das folgerichtig ein Strom nichtmarxistischer Hypothesen und Praktiken eingedrungen ist" (ebenda: 177). Allen voran McLuhan, „dem zwar alle analytischen Kategorien zum Verständnis gesellschaftlicher Prozesse fehlen", der aber „von der Produktivkraft der neuen Medien (…) im kleinen Finger mehr verspürte als alle ideologischen Kommissionen der KPdSU" (ebenda: 177). Benjamin dagegen sei der einzige marxistische Theoretiker, „der die emanzipatorischen Möglichkeiten der neuen Medien erkannt hat (…). Sein Ansatz ist von der seitherigen Theorie nicht eingeholt, geschweige denn weitergeführt worden" (ebenda 178f.).

Ähnlich argumentiert **Umberto Eco** (*1932), allerdings nicht auf die Kunst, sondern auf die Kultur bezogen, wenn er feststellt, „dass jede Veränderung der kulturellen Werkzeuge in der Menschheitsgeschichte eine tiefreichende Krise des überkommenen oder geltenden ‚Kulturmodells' auslöst. (…) Die Erfindung der Schrift (…) ist dafür ein Beispiel, die der Druckerpresse oder der audiovisuellen Medien ein anderes. Wer die Druckerpresse nach den Kriterien einer auf mündliche oder visuelle Verständigung gegründeten Kultur bewertet, verhält sich, historisch und anthropologisch, kurzsichtig" (Eco 1984: 38).

Erwähnenswert ist in der Fortführung dieser Diskussion noch die postmoderne Position von **Jean Baudrillard** (1929–2007) (vgl. auch Kapitel 5.2). Seine medientheoretischen Überlegungen schließen u.a. an Benjamin, McLuhan, Enzensberger, aber auch an Henri Lefebvre an. Von letzterem übernimmt er die Kategorie der ‚Simulation' (Lefebvre 1977). In seiner ‚Theorie der strukturellen Revolution des Wertes' behauptet Baudrillard, dass in der zweiten Hälfte des 20. Jahrhunderts, die Simulakren[41] zweiter Ordnung, denen die industrielle Produktion und das ‚Marktgesetz des Wertes' entsprechen, abgelöst werden durch Simulakren dritter Ordnung, denen die Simulation (anstelle der Produktion) und das ‚Strukturgesetz des Wertes' entsprechen (Baudrillard 1982: 79). Eine ganz wesentliche Rolle in diesem Szenario kommt den Kommunikationstechnologien zu, die die Reproduktion und schließlich die Simulation ermöglichen (deshalb sein Bezug auf Benjamin und McLuhan). So wie die industrielle Produktion und damit einhergehend das ‚Marktgesetz des Wertes' die Verbindung zwischen Gebrauchs- und Tauschwerten zerstörte und in Folge dessen letztlich alle Güter als bloße Tauschwerte zirkulieren und ihre Bedeutung als Gebrauchswerte verlieren, so zerstört jetzt –

---

41 Gemeint sind damit Kopien, Abbilder, Imagination, Simulationen von Realität.

im Zeitalter der Reproduktion bzw. Simulation – das Strukturgesetz des Wertes die Verbindungen zwischen Signifikanten und Signifikaten. Die Zeichen und Bilder verweisen auf nichts mehr als auf sich selbst oder auf andere Zeichen und Bilder – sie haben keine Bedeutung mehr (verweisen auf kein Signifikat) – die Zeichen flottieren, wie Baudrillard erneut in Anlehnung an Lefebvre formuliert.

Damit rückt die formbestimmende Kraft der Codes – und nicht der Medien – ins Zentrum der Analyse und der Emanzipationsmöglichkeiten, weswegen er auch von einer Kritik der politischen Ökonomie der Zeichen spricht. Im Text ‚Kool Killer' etwa sieht er in Graffitis die Möglichkeit für ‚Semiotische Guerrilla' die herrschenden Codes aufzusprengen (Baudrillard 1978).

4.3.4 Pragmatismus

Der Pragmatismus ist eine US-amerikanische philosophische Strömung, die auch auf Teile der Soziologie bis heute einen wesentlichen Einfluss hat. John Dewey, Charles Saunders Pierce (vgl. Kapitel 3.1.4) und George Herbert Mead prägten den Symbolischen Interaktionismus, dessen prominenter Vertreter Howard S. Becker wiederum die Konzeption der ‚Art World' vom pragmatischen Kunsttheoretiker Arthur C. Danto übernahm und die Production-of-Culture-Perspektive mit begründete (vgl. Kapitel 5.4.3; auch: Hecken/Spree 2002).

Der zentrale Gedanke pragmatisch argumentierender Ansätze besteht darin, dass ‚Kunst-Welten' eine eigengesetzliche Dynamik entwickeln, damit Ideen, Werte und ästhetische Phänomene hervorbringen, und weiters, dass diese Phänomene bei der ‚Außenwelt' – also bei breiteren, potentiellen Publikumsschichten auf mehr oder weniger großes Verständnis stoßen. Pragmatische Ansätze versuchen demnach die innere Dynamik der Kunstwelten ebenso zu verstehen, wie die Dynamiken, die sich zwischen ‚Kunstwelten' und ‚Außenwelten' ergeben.

John Dewey (1859–1952) einer der Begründer des Pragmatismus, hat sich erst spät, im Alter von 75 Jahren, in dem Buch ‚Kunst als Erfahrung' (Dewey 1988/1934) mit Kunst auseinandergesetzt (also zu einer Zeit, in der im deutschsprachigen Raum die Kritische Theorie die Funktionsweise der Kulturindustrie analysierte). Er geht davon aus, dass ästhetische Erfahrung eine Steigerung alltäglicher Erfahrung ist, und dass es sich um ein Grundbedürfnis für alle Menschen gleichermaßen handle, diese Steigerung erfahren zu können. Weiters stellt er fest, dass Kunst in entwickelten Gesellschaften die Bedürfnisse breiter Gesellschaftsschichten nicht erfüllt. Bedingt dadurch, dass sich unter kapitalistischen Bedingungen der „Künstler sich gedrängt (fühlt), seine Arbeit als isoliertes Mittel der ‚Selbstdarstellung' zu begreifen" (ebenda: 16), entstehe eine Kluft zwischen „Hersteller und Verbraucher", zwischen der „gewöhnlichen und der ästhetischen Erfahrung" (ebenda: 17). Die ‚Verbraucher' orientieren sich daher an Produkten der Populärkultur, da sie mit den Produkten der ‚hohen Kunst' nichts anzufangen wüssten. „Die Zweige der Kunst, denen der Durchschnittsmensch unserer Tage vitalstes Interesse entgegenbringt, werden von ihm nicht zur Kunst gezählt: Zum Beispiel Filme, moderne Tanzmusik, Comics (…). Denn wenn das, was er unter Kunst versteht, in Museum oder Galerie verbannt wird, so sucht der nicht zu unterdrückende Wunsch nach Genuss seine Befriedigung in den Möglichkeiten, die die Umgebung des Alltags bietet" (ebenda: 12).

Deweys Ansatz schwankt zwischen der Kritischen Theorie, denn natürlich kann er den Produkten der Populärkultur nichts Positives abgewinnen, und einem entideologisierten Verständnis von ‚Kunst als alltäglicher Praxis'. Für eine kulturpessimistische Position ist der Pragmatiker zu antimetaphysich, für eine kulturpädagogische oder -politische ist er zu unverbindlich.

Ein pragmatischer Ansatz, der sich in Richtung Semiotik bewegt, wird von **Nelson Goodman** (1906–1998) vertreten. Er versucht in ‚Sprachen der Kunst' (Goodman 1995/1968) Kriterien zu entwickeln, die eine ästhetische Erfahrung charakterisieren können (zusammengefasst in Goodman 1982/1967: 580): syntaktische Dichte, semantische Dichte, exemplifikatorische Beziehung und relative syntaktische Fülle.[42]

Bemerkenswert in kunstsoziologischer Hinsicht ist das offensichtliche Umgehen der Unterscheidung von Kunst und Populärkultur. „(…) er will keine Isolierungen vornehmen, sondern geht davon aus, dass ästhetische Erfahrungen integral sind und die herkömmlich hierarchisch gesehenen Wertsphären durchdringen" (Schneider 1996: 225).

Mit der Frage, was Kunst in einer Epoche auszeichnet, in der das künstlerische Material allgemein geworden ist, d. h. in der alles und jedes zum Kunstwerk werden kann, wenn nur eine entsprechende Kontextualisierung erfolgt, beschäftigt sich **Arthur C. Danto** (*1924). Er führte den Begriff ‚Art World' in die Diskussion ein, wollte ihn aber nicht, wie dann später z. B. Howard S. Becker, soziologisch, sondern kunsttheoretisch bzw. -philosophisch verstanden wissen. „Etwas überhaupt als Kunst zu sehen, verlangt nichts weniger als das: eine Atmosphäre der Kunsttheorie, eine Kenntnis der Kunstgeschichte. Kunst ist eine Sache, deren Existenz von Theorien abhängig ist" (Danto 1991/1981).

‚Kunst nach dem Ende der Kunst' (Danto 1996) ist also auf Interpretation angewiesen, ein Kunstwerk wird erst dann zu einem Kunstwerk, wenn der kunsthistorische und kunsttheoretische Kontext explizit gemacht wird, und dieser theoretische Kontext mit der Rezeption mitreflektiert werden kann.

Schließlich soll noch auf **Richard Shusterman** (*1949) verwiesen werden, der in Bezugnahme auf Dewey, Goodman und Danto eine Reformulierung des pragmatischen Ansatzes unternimmt, bei dem der tendenziell abschätzige Beigeschmack in Bezug auf Phänomene der Populärkultur explizit vermieden wird und für diese eigenständige ästhetische Relevanz beansprucht wird. In der Schrift ‚Kunst leben' (Shusterman 1994) wird am Beispiel des Rap versucht diesen Anspruch einzulösen. Jedoch erfährt die ‚hohe Kunst des Rap' (ebenda: 157) eine voluntaristisch wirkende Nobilitierung.

Auch auf aktuelle, vor allem im französischen Sprachraum zu findende und sich als pragmatisch verstehende kunstsoziologische Ansätze, etwa der von Nathalie Heinich, die ihre Kunstsoziologie explizit als ‚pragmatische Soziologie' bezeichnet (und auch dem Ansatz Beckers (vgl. Kapitel 6.6) nahesteht) sei hier verwiesen.

---

42 Eine ausführliche Klärung der Kategorien würde den Rahmen sprengen, sie werden hier nur aufgezählt, um einen Eindruck vom terminologischen und damit auch theoretischen Zugang Goodmans zu vermitteln.

5   Die Erarbeitung neuer Sichtweisen

Die empirische Kunstsoziologie bahnte in der ersten Hälfte des 20. Jahrhunderts schon eine prinzipielle Ausweitung des Gegenstandbereiches an, thematisierte dies aber aufgrund ihrer Theorieabstinenz nicht, wohingegen die marxistischen Ansätze eine grundsätzlich negative Haltung gegenüber den Phänomenen der Kulturindustrie oder Populärkultur nur selten ausklammern konnten. Ab den 1960er Jahren setzt eine Entwicklung ein, die aus heutiger Sicht durchaus als **Paradigmenwechsel** der Kunstsoziologie anzusehen ist. Dem liegen, neben zahlreichen die gesamte gesellschaftliche Entwicklung betreffenden Phänomenen (Konsumgesellschaft, Wohlfahrtsstaat), vor allem zwei Faktoren, die das Fach im engeren Sinne betreffen, zugrunde:

- Einerseits ist auf die verstärkte Einbeziehung strukturalistischer (semiotischer, kommunikationstheoretischer) Konzepte in der Kunstsoziologie hinzuweisen. Diese Ansätze (z. B. Roland Barthes, Umberto Eco, Marshall McLuhan) werden ab den 1960er Jahren verstärkt in die Kernbereiche der Kunstsoziologie integriert. Insofern als für diese Sichtweisen künstlerische Phänomene nur einen Teil des Universums von symbolisch-expressiven Zeichen darstellen, findet damit eine deutliche Ausweitung des Gegenstandsbereiches der Kunstsoziologie – hin zur Populärkultur – statt.

- Andererseits ist eine deutliche Zunahme von WissenschaftlerInnen zu konstatieren, die zumeist aus den mittleren Schichten stammen[43]. Diese bringen nunmehr ihre spezifischen, durchaus lebensgeschichtlich bedingten ‚ästhetischen Erfahrungen‘ in ihre kunst- und kultursoziologischen Konzeptionen mit ein.

Charakteristisch für die angesprochene Entwicklung können die Cultural Studies ab den späten 1950er Jahren, sowie die Arbeiten Pierre Bourdieus ab den 1960er Jahren sowie die ‚Production-of-Culture‘-Perspektive ab den 1970er Jahren angesehen werden. Weiters sind verstärkt feministische bzw. die Gender-Thematik berücksichtigende Ansätze zu konstatieren. Diese neuen theoretischen Zugänge, die auch eine Unbefangenheit kennzeichnet, empirische Feldarbeit mit ambitionierter Theoriebildung zu verbinden, zusammen mit der Systemtheorie, die etwa ab den 1980er Jahren hinzukommt, sind gegenwärtig als die wesentlichsten im Bereich der Kunstsoziologie anzusehen.

---

43 Zwei der Begründer der Cultural Studies, Raymond Williams und Richard Hoggart, entstammen der britischen Arbeiterklasse, Pierre Bourdieu war Sohn eines Postbeamten in der südfranzösischen Provinz, um nur einige der Prominentesten zu nennen.

5.1   Identitäts- und Geschmackskulturen

5.1.1   Cultural Studies[44]

Mit den Cultural Studies entstand gegen Ende der 1950er-Jahre in Großbritannien eine Strömung kulturwissenschaftlichen Denkens, die sich für die Kunstsoziologie von großer Bedeutung erweisen sollte. Unter dem Einfluss von marxistischer Gesellschaftstheorie, Strukturalismus und Semiotik galt das Interesse der Cultural Studies einer Neubewertung der Popularkultur sowie der Entwicklung einer neuen Perspektive auf die Aneignung von Produkten der Kulturindustrie.[45]

a.   Kulturalistische Perspektive

Zu den Pionieren dieser genuin britischen und von Beginn an inter- bzw. transdisziplinär orientierten Forschungstradition zählen **Richard Hoggart** (*1918), **Edward P. Thompson** (1924–1993) und **Raymond Williams** (1921–1988), die sich in ihren Schriften mit dem Verhältnis von Kultur und Gesellschaft in Hinblick auf die ArbeiterInnenklasse beschäftigen. In kritischer Auseinandersetzung mit der englischen Literaturkritik sowie inspiriert durch die marxistische Klassenanalyse entwickeln sie die für weitere Arbeiten im Umfeld der Cultural Studies grundlegende kulturalistische Perspektive, deren zentrales Merkmal die Verwendung eines explizit anti-elitären Kulturbegriffs ist. Die Kritik richtet sich vor allem gegen die auch im akademischen Kontext der Kunstwissenschaften dominante bürgerliche Kunstauffassung, wonach Kultur als die Sache einer vermeintlich moralisch überlegenen Minderheit gilt, die von der zunehmend aufkommenden Massenkultur bedroht sei. In seinen wegweisenden Werken „Culture and Society 1780–1950" und „The Long Revolution" plädiert Raymond Williams für eine Erweiterung dieses engen Kulturverständnisses. „Kultur" soll nicht mehr länger ausschließlich die Werke der sogenannten Hochkultur umfassen, sondern auch die alltäglichen kulturellen Erfahrungen, Praktiken und Ausdrucksformen *aller* Gesellschaftsmitglieder: „Yet a culture is not only a body of intellectual and imaginative work; it is also and essentially a whole way of life" (Williams 1958: 325). Williams versteht Kultur als einen Prozess und eine alltägliche Praxis, als eine umfassende Lebensweise, die sich im Alltag und in Institutionen wie auch in Kunst und Literatur manifestiert. In seiner Analyse der historischen Genese des modernen Kulturbegriffs von 1780 bis 1950 setzt Williams „Kultur" mit anderen „key words" der Moderne, nämlich „Industrie", „Demokratie", „Klasse" und „Kunst", in Verbindung, wodurch die Analyse von Kultur zur politisch motivierten Gesellschaftsanalyse wird, mit dem Ziel die sozialen Lebensverhältnisse der ArbeiterInnenklasse zu beschreiben (vgl. Horak 2006). Darüber hinaus ebnet Williams mit seiner anti-elitären Auffassung von Kultur den Weg für die wissenschaftliche Untersuchung von Popularkultur.

b.   Kreativer Umgang mit populärer Kultur

Die Beschäftigung mit Popularkultur bestimmt auch die Arbeit des im Jahr 1964 gegründeten Centre for Contemporary Cultural Studies (CCCS) an der Universität Birmingham. Im Rahmen ihrer Forschungen vollzieht sich eine theoretische Weiterentwicklung, indem die kulturalistische

---

44 VerfasserIn des Kapitels 5.1.1 sind Michael Parzer und Rosa Reitsamer.
45 Vgl. als weiterführende Literatur Winter 2001, Lutter/Reisenleitner 2002, Horak 2002, Machart 2008.

Perspektive durch die Rezeption von kontinentaleuropäischen Denktraditionen – zu nennen sind vor allem Strukturalismus und Semiotik sowie marxistische Ideologie- und Hegemonietheorien – um eine herrschaftskritische Sichtweise ergänzt wird. Von besonderer Bedeutung ist diese Erweiterung für die Etablierung einer neuen Sichtweise auf die Rezeption kultureller Texte, die bis heute als ein zentrales Charakteristikum der Cultural Studies gilt. lm Gegensatz zur insbesondere im Kontext der Kritischen Theorie verbreiteten Annahme, wonach KonsumentInnen von populären kommerziellen Waren als passive und manipulierte Opfer der kapitalistischen Kulturindustrie gelten, betonen die Cultural Studies die Kreativität der RezipientInnen im Umgang mit populärer Kultur. So schreibt **Paul Willis** (*1950) über populäre Musik: „Zwar wird (…) Popmusik unter kapitalistischen Verhältnissen als Ware produziert, doch gesellschaftliche Minoritäten und unterdrückte Gruppen haben die ‚profane‘ Energie, sich manchmal spezielle Artefakte zu eigen zu machen, sie auszuwählen und kreativ weiterzuentwickeln, um so ihre eigenen Bedeutungsgehalte zum Ausdruck zu bringen" (Willis 1981: 208).

Ausgangspunkt ist die Annahme, dass ein bestimmter kultureller Text, also zum Beispiel ein Song, auf unterschiedliche Art und Weise konsumiert und interpretiert werden kann. Die daraus resultierenden „Lesarten" fänden allerdings nicht in einem Vakuum statt, sondern seien in spezifische Machtstrukturen eingebettet. Es gebe einen Interpretationsspielraum, der zwar maßgeblich durch die dominante Ideologie in der kapitalistischen Gesellschaft eingeschränkt ist, aber auch Freiräume für oppositionelle Lesarten zulässt. Die Grundlage für diese Rezeptionstheorie bildet das in den 1970er-Jahren in Umlauf gebrachte Manuskript „Encoding/Decoding" von **Stuart Hall** (*1932), einem der Hauptvertreter der Cultural Studies und Leiter des CCCS von 1968 bis 1979. Hall (1999) kritisiert die zu dieser Zeit in der Medienforschung vertretene Annahme eines linearen Kommunikationsprozesses (SenderIn – Botschaft – EmpfängerIn) und plädiert für eine Betrachtungsweise, die der prinzipiellen Offenheit medialer Texte gerecht wird. Am Beispiel der Rezeption von Radionachrichten zeigt Hall, dass in keiner Weise vorab feststeht, wie die transportierten Medieninhalte von den KonsumentInnen rezipiert werden. Zwar könne auf der Produktionsseite (Kodieren) eine bestimmte Lesart angestrebt werden, die Dekodierung auf der RezipientInnenseite entziehe sich jedoch der Kontrolle. Hall unterscheidet in diesem Zusammenhang drei idealtypisch konstruierte Arten, einen medialen Text zu dekodieren: Wenn die/der RezipientIn die konnotierte Bedeutung der Nachricht vollständig übernimmt, gilt dies als „dominant-hegemoniale" Dekodierung. Die zweite Möglichkeit einen medialen Text zu lesen, bezeichnet Hall als „ausgehandelte Position", die durch eine Mischung aus adaptiven und oppositionellen Elementen gekennzeichnet ist. Als dritte Lesart eines medialen Textes nennt Hall die „oppositionelle Lesart", bei der es zu einer subversiven Wendung der dominanten Bedeutung kommt. Hall plädiert folglich für eine Medienanalyse, die sowohl die „Vereinnahmung" durch die Kulturindustrie als auch widerständiges Potential berücksichtigt. Im Zentrum seiner ideologiekritischen Analyse steht eine „politics of significance", eine „Signifikationspolitik", bei der ein aktives Publikum die Bedeutungen der Medienbotschaften selbst erarbeitet. Halls Modell findet in einer Reihe von empirischen Studien seine Bestätigung. Beispielsweise widmet sich David Morley (1980) den klassenspezifischen Lesarten der TV-Magazinsendung „Nationwide"; ebenso in dieser Tradition steht Ien Angs Untersuchung der kulturellen Bedeutung der Seifenoper „Dallas" (Ang 1986).

Theoretische Fundierung erfährt diese Perspektive zunächst durch die Integration marxistischer Ideologiekritik. Unter Bezugnahme auf Louis Althusser lautet die zentrale Frage, warum sich bestimmte Bedeutungen stärker durchsetzen als andere (‚*politics of signification*‘). In der konkreten Analyse geht es darum, jene als natürlich und selbstverständlich erscheinenden Bedeutungen

als soziale Konstruktionen zu betrachten und deren Reproduktions- aber auch Transformations-
potential im Kontext bestehender Machtstrukturen zu untersuchen. Als besonders prominentes
Beispiel ideologiekritischer Forschung gilt Paul Willis' 1977 erschienene Studie „Learning to
Labour. How working class kids get a working class job", in der gezeigt wird, wie die Schule
maßgeblich zur Reproduktion der ArbeiterInnenklasse beiträgt (Willis 1979).

Neben Althussers Ideologiekritik ist auch Antonio Gramscis Hegemonietheorie von wegweisen-
der Bedeutung für die Weiterentwicklung der Cultural Studies. Für Gramsci entsteht Hegemonie, wenn seitens der Herrschenden ein möglichst breiter Konsens in einer widersprüchlich und
hierarchisch strukturierten Gesellschaftsordnung etabliert und aufrechterhalten wird. Allerdings
ist dieser Konsens keine ausgemachte Sache und folglich die ideologische Hegemonie der Herrschenden nicht vor Widersprüchen und Brüchen gefeit. Kultur wird in diesem Konzept zum
Schauplatz des Kampfes um Ideologie.

Die Cultural Studies übertragen diese Überlegungen auf die Popularkultur, die als Ort verstanden wird, wo einerseits ideologischer Konsens als selbstverständlich und offensichtlich erscheint,
andererseits aber auch Widerstand geleistet wird und der Konsens permanent gefährdet ist. Vor
dem Hintergrund einer in den 1960er- und 1970er-Jahren expandierenden Popularkultur richtet
sich das Interesse der Cultural Studies vor allem auf die den hegemonialen Interessen entgegengesetzten Momente der Aneignung von marktförmig verbreiteten Waren. Besonders deutlich
kommt dies in den Jugendsubkulturstudien am CCCS zum Ausdruck.

c.   Die Jugendsubkulturforschung der Cultural Studies

Die beiden zentralen Ansätze zur Erforschung von Jugendkulturen in den 1950er- und
1960er-Jahren sind einerseits die Betrachtung von Jugend im Sinne der kommerziellen und
publizistischen Manipulation und Ausbeutung, andererseits der gesellschaftliche Diskurs, der
das deviante und delinquente Verhalten von Jugendgruppen und „Gangs" aus der sozialen
Unterschicht als eine „Bedrohung" der bürgerlichen Normen und Werte und als Zeichen des
gesellschaftlichen Verfalls versteht. Die Cultural Studies weisen mit ihrer Theoretisierung und
Erforschung von Subkulturen beide Ansätze zurück, indem sie die Subkulturen der Arbeite-
rInnenklasse-Jugendlichen als eine „umfassende Lebensweise" verstehen. Als Klassiker der
Jugendsubkulturforschung am CCCS gilt gemeinhin der 1976 von Stuart Hall und Tony Jeffer-
son herausgegebene Sammelband ‚*Resistance Through Rituals. Youth Subcultures in Post-War
Britain*', in dem die Bedeutung expressiver Jugendstile wie z. B. der Mods, der Punks oder der
Skinheads einer Analyse unterzogen werden. In dieser Publikation legen die AutorInnen eine
spezifische Definition von Jugendsubkulturen vor: Jugendsubkulturen existieren ausschließlich in der ArbeiterInnenklasse, die nach Alter und Generation unterscheidbar sind. Mit einer
eigenständigen Gestalt und Struktur, zentriert um gewisse Aktivitäten und Werte, Formen des
Gebrauchs von materiellen Artefakten und dem Besetzen territorialer Räume, sind sie klar
erkennbare Subkulturen der ArbeiterInnenklasse, die in Verbindung wie in Abgrenzung zur
‚*parent culture*' (ArbeiterInnenklassekultur der Eltern) und zur hegemonialen Kultur stehen.
Diese vergleichsweise eng geführte Definition von Jugendkultur gibt einen Ansatzpunkt zur
Erforschung der als widerständig verstandenen Stile und Alltagspraktiken von Jugendlichen.
Die Cultural Studies verstehen Stil – eine Kombination aus Kleidung, Habitus, Sprache und
spezifischem Verhalten in der Öffentlichkeit – als eine Aussage der Jugendlichen über sich
selbst; die Stile der Jugendsubkulturen werden als „imaginäre Lösungen" der ArbeiterInnen-
klasse-Jugendlichen für die aus ihrer Klassenlage resultierenden realen Probleme wie der mangelnde Zugang zu höherer Schulbildung oder Arbeitslosigkeit interpretiert. Zu den wichtigsten

in diesem Kontext entstandenen Werken zählen Paul Willis' *‚Profane Culture'* (1979), eine ethnographische Untersuchung der Motorrad-Kultur und Hippies, sowie Dick Hebdiges viel beachtete Studie über Punk mit dem Titel *‚Subculture – The Meaning of Style'* (1979).

Eine erste Kritik an der Jugendsubkultur-Theorie kommt mit der 1974 am CCCS gegründeten *‚Women's Studies Group'* aus den eigenen Reihen. In ihrem 1977 veröffentlichten Artikel *‚Girls and Subculture'* halten Angela McRobbie und Jenny Garber fest: „Very little seems to have been written about the role of girls in youth cultural grouping" (McRobbie/Garber 2005: 105), und wenn Mädchen und junge Frauen in den Analysen thematisiert werden, dann als „passiver Aufputz" im Gegensatz zu den aktiven, als widerständig porträtierten jungen Männern oder als Subjekte, die dominante Weiblichkeitsstereotype reproduzieren. Diese Sichtweise führen die Autorinnen nicht zuletzt auf den *‚male bias'* der Jugendsubkulturforscher selbst zurück. Gegen Ende der 1970er-Jahre beginnt die Erforschung von Mädchenkulturen; in den 1980ern werden im Sinne der Geschlechterforschung verstärkt Fragen nach den Erfahrungen von Mädchen und Jungen und ihren Beziehungen zueinander bei alltäglichen Freizeitaktivitäten sowie nach den Repräsentationen von junger Weiblichkeit und Männlichkeit thematisiert (siehe hierzu Kapitel 5.3).

Die frühen Studien zur Bedeutung von Geschlecht in jugendkulturellen Konsumpraktiken legten einen Grundstein für die heute ausdifferenzierten Forschungen, die unter dem Begriff der feministischen Cultural Studies firmieren (für einen Überblick siehe Shiach 2008). Neuere Arbeiten auf diesem Gebiet adressieren nicht nur genderspezifische Fragestellungen, sondern richten ihren Fokus auch auf die Bedeutung von Ethnizität und „race" für Jugendliche als KonsumentInnen von Musik, Mode und Medien sowie als kulturelle ProduzentInnen. Als zentraler globaler Bezugsrahmen für die Entstehung und Partizipation an hybriden Jugendkulturen fungieren die kulturellen Codes der afroamerikanischen Popularkultur, auf die Jugendliche unterschiedlicher Klassen- bzw. Milieuzugehörigkeit sowie diverser ethnischer und geographischer Herkunft referieren. Im Zuge der gesellschaftlichen Veränderungen definieren sich Jugendliche nicht länger als einer exklusiven Subkultur mit strikten Ein- und Ausschlussritualen zugehörig, sondern handeln ihre Affinität zu Jugendkulturen entlang variierender Distinktionslinien von „hip", „cool" und „up" versus „out" und „down" aus, indem sie auf unterschiedliche kulturelle Codes der „Black Diaspora" für die Konstruktion ihrer Identitäten zurückgreifen. In seiner qualitativen Studie „New Ethnicities and Urban Culture" (1996) untersucht Les Back, wie afro-britische Jugendliche in London am Beginn der 1990er-Jahre Musikstile wie Hip-Hop für ihre Definitionen von Schwarz-Sein in Großbritannien heranziehen. MusikerInnen und Musikfans bringen, so Back, „neue Ethnizitäten" hervor, die nicht länger als exklusive Jugendsubkulturen existieren; vielmehr werden Jugendkulturen zu Ressourcen, die schwarzen Jugendlichen unterschiedliche Identifikationsmöglichkeiten bieten. Das Ergebnis ist eine Art von „diasporic code-switching" (Back 1996), das beispielsweise auch türkische Jugendliche der zweiten und dritten Generation in Berlin, Jugendliche aus so genannten Wiener GastarbeiterInnenfamilien oder junge MigrantInnen in Paris oder New York zu vollziehen vermögen. Diese Beispiele verweisen auf Dezentralisierungsprozesse weg vom alten Traum des „American way of life", der seit den 1920er-Jahren für Generationen von Jugendlichen Leitmotiv war, hin zu einem „neuen Internationalismus" (Huq 2003).

Im Zuge zunehmender Individualisierung, Enttraditionalisierung und Globalisierung verändern sich auch (jugend)kulturelle Ausdrucksformen. Zu fragen ist daher, ob Klassenzugehörigkeit tatsächlich noch als die zentrale Erklärung jugendkultureller Stile dienen kann. Jugendliche lösen sich mit und in ihrem kulturellen Konsumverhalten zunehmend von ihrer sozialen

Herkunft; und anstelle von gegenkulturellen Standpunkten tritt häufig die „Selbstdarstellung mittels exzentrischer Ausdrucksweisen und Bricolagetechniken" (Vollbrecht 1997: 25). Die von Jugendkulturen seit den 1950ern entwickelten subkulturellen Stile werden für Jugendliche beliebig variierbar, wodurch sich die Forschungsperspektive verstärkt auf die Entwicklung hybrider Jugendkulturen und posttraditionaler Vergemeinschaftungsformen wie etwa Jugendszenen richtet, in deren Mittelpunkt u. a. Musik, Medien oder Sport stehen (Hitzler et al. 2001).

d. Identität und Ethnizität

„Klasse" galt in der Gründungsphase der Cultural Studies als die wichtigste Kategorie für die Analyse von Popularkultur – sowohl für Raymond Williams Definition der „Arbeiterkultur" als auch für die Jugendsubkulturforschung. Im Zuge der kritischen Auseinandersetzung mit diesen frühen Arbeiten der Cultural Studies entstanden ab Anfang der 1980er-Jahre eine Reihe weiterer Forschungsansätze, die über die Vorstellung einer (primär) durch Klassenwidersprüche gekennzeichneten Gesellschaft hinausgehen. Die Erkenntnis, dass Geschlecht und Ethnizität/„race" neben Klasse als zentrale Elemente für die soziale und kulturelle Identitätsstiftung fungieren und daher nicht länger ausgeblendet werden dürfen, wurde vor allem von Stuart Hall in seinen Schriften zu Identität, Ethnizität und Repräsentation vorangetrieben (Hall 1989 und 2004). Ausgangspunkt für die Forschungen von Hall und anderen VertreterInnen der Cultural Studies, wie etwa von Paul Gilroy, ist ein Verständnis von Geschlecht, Ethnizität/„race", Identität und Nation als politische Kategorien, die durch soziale und kulturelle, juristische und staatliche Diskurse und Praktiken hervorgebracht werden. In zahlreichen Schriften diskutiert Hall die Frage, wie „race" im kulturellen Feld und in den Medien definiert und konstruiert wird und stellt fest, dass in diesen Feldern rassistische Ideologien – teilweise vorsätzlich, teilweise unbewusst – reproduziert werden. „Race", so Hall (1989), wird erst durch die Artikulation von Differenz hervorgebracht, weshalb nicht von „race", sondern von einem Prozess der „Rassifizierung" zu sprechen sei. „Rassizifierung" meint folglich die Zuschreibung einer Identität durch rassistische Diskurse, die ein vermeintlich geschlossenes „wir" konstruiert und einem hermetisch abgeriegeltem „Anderen" gegenüberstellt. Der Prozess der „Rassifizierung" vollzieht sich durch „Stereotypisierung", bei der Differenzen reduziert, essentialisiert und naturalisiert werden, indem Menschen auf einige wenige, vermeintlich auf Natur beruhende, Wesenseigenschaften festgeschrieben werden. „Stereotypisierung" ist also eine „Strategie der Spaltung", die das Normale und Akzeptable vom Anormalen und Inakzeptablen trennt, und eine „Praxis der Schließung", die das Nicht-Passende und Andere ausschließt und verbannt. Diese Spaltungs- und Schließungsstrategien treten vor allem an Orten und Räumen auf, die durch große soziale Ungleichheiten in der Machtverteilung gekennzeichnet sind. Hall beschreibt Ethnozentrismus und Androzentrismus als zwei Aspekte von Macht, durch die soziale Ungleichheiten hervorgebracht und reproduziert werden. Durch Ethnozentrismus werden die Normen der eigenen Kultur auf andere Kulturen angewendet, während Androzentrismus weiße Männer als universalistische gesellschaftliche Norm setzt. Im Zusammenhang mit „Rassifizierung" und „Stereotypisierung" identifiziert Hall (2004) zudem zwei Formen der Identitätspolitik. Die erste Form beschreibt einen essentialistischen Identitätsdiskurs, der sich beispielsweise in plakativen Sätzen wie „Alle Weißen gehören zusammen" ausdrückt. Die zweite Form der Identitätspolitik rückt hingegen Fragen der Hybridität und der identitären Fragmentierung in den Forschungsfokus, da sich jede Identität über Ausschlüsse und Differenzen konstruiert. Identitäten sind folglich als komplex, intern differenziert, widersprüchlich und situational bedingt zu verstehen – ein theoretischer Ansatz, der von den Cultural Studies ausgehend auch die Kunstsoziologie maßgeblich beeinflusste.

e. Populäre Vergnügen aus poststrukturalistischer Perspektive

Ein für die spätere Phase der Cultural Studies charakteristisches Merkmal ist die verstärkte Rezeption poststrukturalistischer Theorien ab Ende der 1980er-Jahre. Für die kunstsoziologische Forschung

erweisen sich insbesondere jene Ansätze von Bedeutung, die Stuart Halls Medienrezeptionstheorie unter stärkerer Einbeziehung poststrukturalistischer Überlegungen weiterentwickeln. Zu nennen ist in diesem Zusammenhang das Werk von **John Fiske** (*1939), der in Anlehnung an Jacques Derridas' Dekonstruktivismus von einer prinzipiellen Instabilität von Bedeutungen ausgeht und damit aufzeigen möchte, dass nicht nur die Zugehörigkeit zu einer Subkultur, sondern auch der Konsum von Charts-Musik, Seifenopern oder Mädchenmagazinen subversives Potential beinhalten kann. Als „productive pleasures" bezeichnet Fiske (1989) jene Vergnügen, die bei der Produktion von (oppositionellen) Bedeutungen eines kulturellen Textes entstehen. Voraussetzung dafür, dass populärkulturelle Texte Vergnügen bereiten können, ist ihre Offenheit an Bedeutung, ihre Polysemie. Darin unterscheide sich die Popularkultur von der Hochkultur, deren Rezeptionsmodi von der dominanten Ideologie vorbestimmt seien und kaum interpretatorischen Spielraum aufweisen würden.

Im Gegensatz zur Jugendsubkulturforschung der Cultural Studies richtet Fiske sein Hauptaugenmerk nicht auf besonders auffällige und spektakuläre (sub)kulturelle Umgangsformen, sondern auf jedwede Art kultureller Praxis im Alltagsleben der Menschen. Gerade bisher im akademischen Diskurs unbeachtet gebliebene musikalische Formen wie Songs von Madonna oder Videos der Pop-Gruppe a-ha sind für Fiske von besonderem Interesse. So zeigt er anhand einer Analyse von Madonna-Videos und deren Rezeption, dass es „Freiräume innerhalb ihres (Madonnas) Images (gibt), die der ideologischen Kontrolle entkommen und ihrem Publikum erlauben, Bedeutungen herzustellen, die mit seiner sozialen Erfahrung zusammenhängen. (…) Ihr Image wird dann nicht zu einer Modellbedeutung für junge Mädchen im Patriarchat, sondern zu einem Ort des semiotischen Ringens zwischen den Kräften der patriarchalischen Kontrolle und des weiblichen Widerstands, des Kapitalismus und der Beherrschten, der Erwachsenen und der Jugendlichen" (Fiske 2000: 115).

Fiske geht es um das jeweilige politische Potential des Konsums populärkultureller Waren und Images. Dabei fokussiert Fiskes Ansatz jene Momente subtilen Widerstands in der kapitalistischen Gesellschaft, die dazu beitragen die unterprivilegierten und unterdrückten Mitglieder der Gesellschaft zu ermächtigen (Fiske 1989: 188).

Mit der „affektiven Macht" populärer Musik beschäftigt sich auch **Lawrence Grossberg** (*1947). Im Gegensatz zu Fiske richtet Grossberg (2000) seinen Blick auch auf die Grenzen der subversiven Macht des Populären; so fordere populäre Musik die politischen und ökonomischen Institutionen der Gesellschaft nur selten heraus. Er wendet sich gegen die romantische Vorstellung, Subkultur sei inhärent oppositionell und stehe außerhalb der Hegemonie und in Opposition zu den Interessen der dominanten Kultur. Die subversive Macht, von z. B. Rockmusik, sei nicht abhängig von potentiellen, den hegemonialen Interessen entgegengesetzten Bedeutungen, sondern von den Möglichkeiten, Lust und Vergnügen zu bereiten. Entsprechend vorsichtig kommentiert Grossberg: „So ist alles, was Rock tun kann, die Veränderung der Rhythmen des Alltagslebens. (…) Wenn er keinen Widerstand definieren kann, so kann er zumindest eine Art Ermächtigung anbieten, die es den Leuten erlaubt, ihren gelebten Kontext zu finden. Er ist eine Möglichkeit, sich durch den Tag zu bringen" (Grossberg 2000: 245).

f.   Resümee

Die Cultural Studies haben das Feld der Kunstsoziologie um eine Reihe von bedeutsamen Einsichten erweitert. Zu nennen ist erstens die wegweisende Definition von Kultur als „a whole way of life" als Antwort auf einen akademischen Diskurs, der sich weitgehend auf die Auseinandersetzung mit Kunstwerken der Hochkultur beschränkte. Die Cultural Studies hingegen plädieren für die Untersuchung der alltäglichen Praktiken und Erfahrungen *aller* Gesellschaftsmitglieder – und ebnen damit den Weg für die Untersuchung von Popularkultur, die mittlerweile als weitgehend etablierter Forschungsgegenstand der Kunstsoziologie gilt. Zweitens leitet die unter dem Einfluss von (Post-)Strukturalismus und Semiotik entwickelte Medienrezeptionstheorie einen Wandel von der Produktions- zur Rezeptionsästhetik ein. Während die Kritische Theorie den Blick auf die negativen Auswirkungen kapitalistischer Kulturindustrie richtet und dabei vor allem den Verfall ästhetischer Qualität beklagt, nehmen die Cultural Studies die Umgangsweisen der RezipientInnen in den Blick, denen politisches Potential zugeschrieben wird (während Fragen zur Ästhetik im klassischen Sinn ausgeblendet werden). Damit richtet sich drittens der Fokus auf Macht- und Herrschaftsverhältnisse: Popularkultur wird nicht mehr als Produkt kapitalistischer Herrschaftsverhältnisse betrachtet, sondern als Ort, an dem diese Herrschaftsverhältnisse kritisiert oder zumindest aus dem Gleichgewicht gebracht werden können.

5.1.2   Pierre Bourdieu (1930–2002): Geschmack als Mittel sozialer Distinktion[46]

Die Kritik an der bürgerlichen Kunstauffassung durchzieht auch das Werk des französischen Soziologen Pierre Bourdieu. Während die Cultural Studies ihr Hauptaugenmerk auf die kulturellen Alltagspraktiken der weniger privilegierten Gesellschaftsmitglieder richten, interessiert sich Bourdieu in seinen bahnbrechenden Schriften zum Kulturkonsum[47] für die Frage, wie den Mitgliedern der oberen Schichten der Konsum von Kunst dazu dient, soziale Überlegenheit zu demonstrieren und sich von „unten" abzugrenzen. Als Opus Magnum gilt in diesem Zusammenhang die 1979 erschienene und mittlerweile zum soziologischen Klassiker avancierte Studie *Die feinen Unterschiede* (1987), in der Bourdieu die eng mit dem Aufstieg des Bürgertums verbundene Unterscheidung zwischen einem „sublimen" und einem „primitiven" Geschmack zum Gegenstand der Forschung macht. Bourdieus erklärtes Ziel ist es, diese ästhetische Hierarchie, die etwas zeitgemäßer in den Begriffspaaren „Hoch- versus Trivialkultur" oder „high vs. low culture" zum Ausdruck kommt, hinsichtlich ihres ideologischen Gehalts zu untersuchen und deren Bedeutung für die Reproduktion sozialer Ungleichheit in der Gegenwartsgesellschaft zu analysieren. Mit diesem dezidiert gesellschaftskritischen Blick auf die Funktion von Kunst und Kunstkonsum in der gegenwärtigen Gesellschaft stellt Bourdieu einige fundamentale Annahmen traditionellen kunst- und kultursoziologischen Denkens in Frage und trägt damit maßgeblich zur Etablierung neuer Perspektiven sowie Forschungsfelder in diesem Bereich bei.[48]

---

46 Verfasser des Kapitels 5.1.2 ist Michael Parzer.
47 Für die Kunstsoziologie nicht weniger bedeutsam sind Bourdieus Schriften zur Kunstproduktion, die im Kapitel 5.4.2. einer näheren Betrachtung unterzogen werden.
48 Vgl. als weiterführende Literatur Müller 1986, Bennett et al. 2009, Fröhlich/Rehbein 2009, Kastner 2009.

a. Kulturelles Kapital und die symbolische Ordnung sozialer Ungleichheit

Ausgangspunkt von Bourdieus Überlegungen ist die Kritik an der traditionellen Sozialstrukturanalyse, die ihr Hauptaugenmerk auf die Verfügung über materielle Ressourcen legt. Bourdieu zweifelt nicht daran, dass die Ökonomie die Grundlage der gesellschaftlichen Rangfolge bildet, allerdings misst er der symbolischen Dimension gesellschaftlicher Strukturierung einen zentralen Stellenwert bei. Von großer Bedeutung erweist sich dabei der Geschmack: Individuen und soziale Gruppen würden sich nämlich nicht nur durch ihre Ausstattung mit finanziellen Ressourcen, sondern auch in ihren kulturellen Vorlieben und Kompetenzen sowie in ihrem Umgang mit Kunst und Kultur unterscheiden. Anhand von alltäglichen Geschmacksurteilen, die von der Vorliebe für zeitgenössische Kunst bis hin zu kulinarischen Präferenzen reichen, veranschaulicht Bourdieu, wie im Geschmack die soziale Position der Gesellschaftsmitglieder in Form eines spezifischen Lebensstils ihren Ausdruck findet.

Diese Erweiterung einer traditionell ökonomisch orientierten Bestimmung sozialer Lebenslagen um eine kulturelle Dimension ist die Grundlage von Bourdieus Kapitalsortentheorie, in der eine Differenzierung von „ökonomischem", „sozialem" und „kulturellem" Kapital vorgenommen wird (Bourdieu 1983): „Ökonomisches Kapital" umfasst sämtliche materielle Ressourcen eines Menschen, dazu zählen vor allem Besitz, Vermögen und Einkommen. „Soziales Kapital" bezeichnet die Ressourcen, die einem Gesellschaftsmitglied auf Basis seiner sozialen Kontakte und Beziehungen zur Verfügung stehen. Auf einer dritten Ebene – und dies ist für die Kunstsoziologie von besonderem Interesse – spricht Bourdieu von „kulturellem Kapital". Darunter versteht er das Bildungskapital, also die im Rahmen der Sozialisation erworbenen Wissensbestände und Fertigkeiten ebenso wie die für das jeweilige Herkunftsmilieu typischen Umgangsformen und Verhaltensweisen. In Hinblick auf die Aneignung von kulturellem Kapital unterscheidet Bourdieu drei Formen: Kulturelles Kapital kann in objektivierter, institutionalisierter und/oder inkorporierter Form erworben werden. Unter objektiviertem kulturellem Kapital werden insbesondere materielle Kulturgüter wie z. B. Kunstgegenstände, Musikinstrumente oder Bücher subsumiert. Als institutionalisiertes kulturelles Kapital gelten die im Rahmen der schulischen Ausbildung erworbenen Bildungsqualifikationen (z. B. Titel bzw. Ausbildungszertifikate). Wesentlich subtile, aber umso effektiver entfaltet das sogenannte inkorporierte kulturelle Kapital seine Wirksamkeit. Es handelt sich dabei um verinnerlichte, körpergebundene und dauerhafte Dispositionen, die im Rahmen des familiären Sozialisationsprozesses angeeignet werden.

b. Die ästhetische Einstellung oder die Ideologie des natürlichen Geschmacks

Besonders deutlich kommt kulturelles Kapital in den sozialen Umgangsweisen mit Kunst (bzw. jenen Gegenständen und Praktiken, die in unserer Gesellschaft als Kunst gelten) zum Ausdruck. In seinem 1970 erstmals in deutscher Sprache erschienenen Aufsatz „Elemente zu einer soziologischen Theorie der Kunstwahrnehmung" analysiert Bourdieu (1974) in Anlehnung an den Kunsthistoriker Erwin Panofsky die zentralen sozialen Mechanismen ästhetischen Urteilens. Um ein Kunstwerk als solches wahrnehmen und aus dessen Betrachtung bzw. Rezeption Genuss schöpfen zu können, bedarf es gewisser ästhetischer Kompetenzen. Dazu zählen das Wissen über ästhetische Konventionen, zum Beispiel über den Ablauf der Sonatenhauptsatzform in den Sinfonien der Wiener Klassik, die Vertrautheit mit den kanonisierten Werken einer bestimmten Epoche, aber auch das Verfügen über ein breites Repertoire an Artikulationsmöglichkeiten, mithilfe dessen Urteile über das Gesehene, Gelesene oder Gehörte zum Ausdruck gebracht werden können.

„Konsum von Kunst erscheint (…) als ein Akt der Dechiffrierung oder Decodierung, der die bloß praktische oder bewusste und explizite Beherrschung einer Geheimschrift oder eines Codes voraussetzt. (…) Von Bedeutung und Interesse ist Kunst einzig für den, der die kulturelle Kompetenz, d. h. den angemessenen Code besitzt" (Bourdieu 1987: 19).

Bourdieu geht davon aus, dass diese ästhetischen Kompetenzen im Rahmen der primären Sozialisation vermittelt werden und demnach je nach sozialem Herkunftsmilieu variieren. Während Kinder aus den privilegierten Gesellschaftsschichten bereits früh mit kulturellen Produkten der Hochkultur (klassische Musik, bildende Kunst, Literatur etc.) und hochkulturellen Verhaltensweisen (Besuch von Museen, Theater, Oper etc.) vertraut gemacht werden, haben Kinder aus weniger privilegierten Herkunftsmilieus wesentlich geringere Chancen, sich „adäquate" Umgangsformen mit Kunst anzueignen. Die Schule könne diese Defizite nicht kompensieren, zumal dort nie die für großbürgerliche Milieus charakteristische Ungezwungenheit und Selbstsicherheit im Umgang mit Hochkultur gelernt werden könne: „Durch alltäglichen Umgang mit ‚Kunst' wird ein bestimmter ‚Geschmack' erworben, der nichts weiter ist als unmittelbare Vertrautheit mit geschmackvollen Dingen; erworben wird damit auch das Gefühl, einer höflicheren und gesitteteren Welt anzugehören" (ebenda: 137). Trotz ihrer nachweislich gesellschaftlichen Bedingtheit werden kulturelle Vorlieben allerdings als weitgehend „natürlich", die Beherrschung der für die Kunstrezeption notwendigen Codes als individuelle Fähigkeit betrachtet. Diese „Ideologie des natürlichen Geschmacks" trage maßgeblich zur Verschleierung der sozialen Mechanismen jedweder Geschmacksbildung bei.

c. Geschmack klassifiziert

Bourdieu zufolge prägt das in unserer Herkunftsfamilie erworbene kulturelle Kapital maßgeblich unsere kulturellen Präferenzen, sei es das Faible für Beethovens Sinfonien oder aber die Vorliebe für Schlager und volkstümliche Musik – Geschmack wird damit zum aussagekräftigen Indikator zur Bestimmung sozialer Klassen:

„Geschmack klassifiziert – nicht zuletzt den, der die Klassifikationen vornimmt. Die sozialen Subjekte, Klassifizierende, die sich durch ihre Klassifizierungen selbst klassifizieren, unterscheiden sich voneinander durch die Unterschiede, die sie zwischen schön und hässlich, fein und vulgär machen und in denen sich ihre Position in den objektiven Klassifizierungen ausdrückt oder verrät" (Bourdieu 1987: 25).

Um den Zusammenhang zwischen kulturellen Vorlieben und der Stellung in der Sozialstruktur zu verdeutlichen, unterscheidet Bourdieu drei „Geschmäcker": den „legitimen", den „mittleren" und den „populären" Geschmack (Bourdieu 1987: 36–38). Als Beispiel für den legitimen Geschmack, der die kulturelle Praxis des Bildungs- und Großbürgertums widerspiegle – und am ehesten dem nahe kommt, was Kant als „interesseloses Wohlgefallen" bezeichnete, nennt Bourdieu die Vorliebe für Johann Sebastian Bachs „Wohltemperiertes Klavier". Typisch für diesen Geschmack sei eine bürgerliche Kunstauffassung, die der Autonomie künstlerischen Schaffens einen besonderen Stellenwert einräumt: Es besteht der Anspruch, ein Werk unabhängig von seiner Funktion zu würdigen. Die Form des Kunstwerks ist wichtiger als dessen Inhalt, im Vordergrund steht eine kontemplative Rezeption – d. h. das geistige Sichversenken in ein Musikstück bzw. die besinnliche Betrachtung eines Kunstwerkes. Dies setze allerdings eine „ästhetische Einstellung" voraus. Darunter versteht Bourdieu „die einzige gesellschaftlich für ‚angemessen' erachtete Art und Weise, sich Gegenständen zu nähern, denen die Gesellschaft den Titel von Kunstwerken verlieh (…)" (Bourdieu 1987: 58). Der mittlere Geschmack bezieht sich auf die minder bewerteten Werke der legitimen Künste – als Beispiel nennt Bourdieu George Gershwins „Rhapsody in Blue" und Franz Listzs „Ungarische Rhapsodie" ebenso wie die Werke der Chanson-Interpreten Jacques Brel und Gilbert Bécaud. Dieser Geschmack charakterisiere insbesondere das Kleinbürgertum, zu dem Bourdieu Angestellte, LehrerInnen und VerkäuferInnen zählt. Typische Merkmale von Angehörigen dieser Geschmacksgruppe seien deren Bildungsbeflissenheit sowie die Orientierung an der Praktikabilität kultureller Produkte. Ganz unten in der Geschmackshierarchie stehe der sogenannte „populäre Geschmack" – darunter fallen die Präferenz von Werken der „leichten" Musik (z. B. „An der schönen blauen Donau" von Johann Strauß oder die Oper „La Traviata" von Guiseppe Verdi) sowie die Vorliebe für Schlager. Dieser „Notwendigkeitsgeschmack" finde sich insbesondere bei Angehörigen der Arbeiterschicht. Zentrales Merkmal sei die Unterordnung der Form unter die Funktion. Ein Gegenstand, z. B. ein Musikstück, werde eher hinsichtlich seiner potentiellen Funktion (z. B. Tanzmusik) als in Bezugnahme auf seine formalen Gestaltungsprinzipien (z. B. Sonatenhauptsatzform) beurteilt.

d. Theorie des Habitus

Anhand empirischer Daten veranschaulicht Bourdieu, dass Geschmack ein Resultat klassenspezifischer Sozialisation und damit auch Ausdruck unserer Klassenzugehörigkeit ist. Er geht aber noch einen Schritt weiter und behauptet, dass Geschmack in der Folge dazu beiträgt jene Strukturen zu festigen, als deren Konsequenz unsere Vorlieben und Aversionen hervorgehen. Auf einer theoretischen Ebene untermauert Bourdieu diese These durch eines seiner berühmtesten Konzepte: der Theorie des Habitus. Der Habitus, verstanden als ein System von Dispositionen, die einerseits im Rahmen der Sozialisation erworben bzw. sozial „vererbt" werden und andererseits das Handeln, Denken und Wahrnehmen eines Individuums maßgeblich bestimmen, bildet die Schnittstelle zwischen objektiver Klassenlage und individuellem Handeln – und fungiert als zentraler Mechanismus gesellschaftlicher Reproduktion. In unserem Habitus kommt zum Vorschein, woher wir stammen, welcher sozialen Gruppe wir angehören und welche Prägung wir durch diese Zugehörigkeit erfahren haben. Sichtbar wird unser Habitus durch die Art, wie wir uns verhalten und wie wir handeln, aber auch durch unsere Vorlieben und Aversionen. Zugleich dient der Habitus als Orientierungsgrundlage für unser Handeln: Er setzt unserem Handlungsspielraum Grenzen und produziert damit wieder habitusgeleitete Handlungen. Daraus konstituiert sich der Raum der Lebensstile, als deren „Erzeugungsformel" der Geschmack fungiert: „Der Geschmack bildet mithin den praktischen Operator für die Umwandlung der Dinge in distinkte und distinktive Zeichen (…): durch ihn geraten die Unterschiede aus der physischen Ordnung der Dinge in die symbolische Ordnung signifikanter Unterscheidungen" (Bourdieu 1987: 284). Durch die „fortlaufende Umwandlung von Notwendigkeiten in Strategien, der Zwänge in Präferenzen (…)" (ebenda: 285) erscheint Geschmack als unhinterfragter „Gesamtkomplex distinktiver Präferenzen" (ebenda: 283) und bringt ungewollt eine strategisch orientierte Praxis hervor: „Der Geschmack bewirkt, dass man hat, was man mag, weil man mag, was man hat, nämlich die Eigenschaften und Merkmale, die einem de facto zugeteilt und durch Klassifikation de jure zugewiesen werden" (ebenda: 284f.). Geschmack ist demnach nicht nur Ausdruck von Klassenzugehörigkeit und sozialer Herkunft, sondern auch für die Aufrechterhaltung bestehender sozialer Hierarchien mitverantwortlich. Durch das klassenspezifisch differenzierte habitusgeleitete Handeln der Subjekte reproduzieren sich die objektiven Klassenverhältnisse – Geschmack wird zum zentralen Medium der Reproduktion sozialer Ungleichheit.

e.   Distinktion und symbolischer Klassenkampf

Allerdings handelt es sich bei Bourdieus Gesellschaftsentwurf nicht um ein statisches Gebilde – vielmehr erweist sich der soziale Raum als dynamisches Kräftefeld: Insbesondere durch die Akkumulation als auch durch die Transformation von Kapital sind die Positionen im sozialen Raum in einem gewissen Ausmaß variabel. Insbesondere strukturelle Veränderungen, wie zum Beispiel der soziale Wandel der letzten fünfzig Jahre (v.a. Wohlstandssteigerung und Bildungsexpansion) führen zu einer zunehmenden sozialen Mobilität innerhalb des sozialen Raumes. Dies gilt sowohl für Individuen, aber auch für soziale Gruppen bzw. gesamte Klassen. Welche Implikationen diese Veränderungen hinsichtlich der Reproduktion von sozialer Ungleichheit haben, ist Gegenstand soziologischer Kontroversen, die insbesondere im Feld der Lebensstilforschung geführt werden (siehe dazu Kapitel 6.2). In diesem Kräftefeld spielt wiederum der Geschmack eine zentrale Rolle: Durch die Vorliebe für Hochkultur (bei gleichzeitiger Aversion gegenüber dem „Trivialen") sichern sich Angehörige der privilegierten Gesellschaftsschichten ihre soziale Stellung im hierarchisch orientierten Gesellschafsgefüge – und grenzen sich von denen weiter „unten" ab: Kulturelles Kapital wird zum zentralen Distinktionsmittel bzw. zur „Waffe" im symbolischen Klassenkampf in der Sphäre der Kultur. Was aber verleiht bestimmten kulturellen Praktiken und Waren ihr distinktives Potential – oder anders formuliert: Wie kommt eine ästhetische Hierarchie überhaupt zustande? Laut Bourdieu wird Distinktion hergestellt, indem bestimmten, meist nur selten vorkommenden und nur für wenige verfügbaren kulturellen Produkten bzw. Praktiken ein symbolischer Wert zugeschrieben wird – wobei dieser Wert gesellschaftlich anerkannt sein bzw. zumindest als erstrebenswert für alle gelten muss. Monopolisierung findet statt, entweder indem materielle Zugangsbarrieren implementiert werden (z.B. teure Karten für den Konzerteintritt), oder aber durch kulturelle Grenzziehungen (Verwendung von Codes, die nur für einige wenige, mit viel kulturellem Kapital ausgestattete Personen dechiffrierbar sind). Die Zuschreibung von Wert ist wiederum Gegenstand der Auseinandersetzung: Aus unterschiedlichen Distinktionsbedürfnissen resultiert ein permanenter Kampf um die Definitionsmacht, d.h. um die Macht zu bestimmen, was als wertvoll gilt und was nicht. Eine maßgebliche Rolle in diesen Kämpfen spielt die gesellschaftliche Elite – Bourdieu meint damit das Großbürgertum, das diese Definitionsmacht ausübt und damit maßgeblich zur Reproduktion ästhetischer Hierarchien beiträgt.

Allerdings unterliegen ästhetische Rangfolgen einem permanenten Wandel, der durch Inflations- und Entwertungsprozesse zusätzlich beschleunigt wird. Die Exklusivität einer kulturellen Praxis oder eines kulturellen Produkts besteht ja gerade darin, dass deren Ausübung bzw. dessen Erwerb einer Minderheit vorbehalten bleibt. Ist dies nicht mehr der Fall, schwindet auch der exklusive Charakter – und damit das Potential zur Repräsentation soziokultureller Überlegenheit, was zur Folge hat, dass ein neues distinktives Statussymbol definiert werden muss. Für Bourdieu tragen diese Transformationen in unterschiedlichen Feldern maßgeblich zur „Aufrechterhaltung der Spannung auf dem Markt der symbolischen Güter" bei (Bourdieu 1987: 391f.), wodurch die Angehörigen der privilegierten sozialen Gruppen stets dazu angehalten werden, ihre kulturelle Hegemonie zu verteidigen – oder im Falle von zu großer Verbreitung bedrohter distinktiver Merkmale, „die Bestätigung ihrer Exklusivität in immer neuen Merkmalen zu suchen" (ebenda: 391f.). Gerade das Feld der Kunst bietet hierfür einen bedeutsamen Schauplatz dieser Dynamiken.

f. Resümee

Bourdieus Geschmacksanalyse war und ist von weitreichender Bedeutung für die Entwicklung der Kunstsoziologie: Erstens verliert der Geschmack durch den empirischen Nachweis seiner gesellschaftlichen Bedingtheit den natürlichen und individuellen Charakter, der diesem gerne zugeschrieben wird: Vorlieben und Aversionen werden damit unweigerlich zum Indikator der sozialen Position – und machen die jeweilige Stellung im gesellschaftlichen Beziehungsgefüge sichtbar. Zweitens tragen Geschmacksurteile aus Bourdieus Perspektive zur Perpetuierung sozialer Strukturen bei, zumal der Habitus dafür sorgt, dass Geschmack von Generation zu Generation weitergegeben wird. Und drittens nehmen Gesellschaftsmitglieder mit ihren Geschmacksurteilen unweigerlich am symbolischen Klassenkampf in der Sphäre der Kultur teil, in der um die Aufrechterhaltung hegemonialer Machtpositionen gefochten wird. Der Konsum von Kunst verliert vor diesem Hintergrund seine Unverfänglichkeit, er wird zum bedeutsamen Instrument sozialer Distinktion in der gegenwärtigen Gesellschaft.

Nicht zufällig verwendet Bourdieu in diesem Zusammenhang die Termini „Sozio-Analyse" und „Psychoanalyse des Sozialen": Damit will er zeigen, dass die Mechanismen sozialer Reproduktion dem Bewusstsein kaum zugänglich sind – und wie sehr sich in unseren alltäglichen, harmlos anmutenden Verhaltensweisen und Tätigkeiten das Potential einer Perpetuierung bestehender Verhältnisse einzuschleichen vermag. Diese Erkenntnisse sind auch für die Kunstsoziologie bzw. eine Soziologie der Ästhetik relevant: So zeigen Bourdieus Analysen den Nutzen einer kunstsoziologischen Herangehensweise, die ihre Aufgabe nicht im Fällen und Begründen von ästhetischen Urteilen sieht, sondern die alltäglichen Geschmacksurteile selbst zum Gegenstand der Forschung macht. Indem nach deren Genese, vor allem aber nach ihren Konsequenzen gefragt wird, eröffnet sich ein weites Feld, das sich von Ideologiekritik bis hin zur Ungleichheitsforschung erstreckt. Für die wissenschaftliche Beschäftigung mit Kunst ergibt sich daraus die bedeutsame und mitunter verstörende Einsicht, dass auch die Wissenschaft – seien es die traditionellen Kunstwissenschaften oder auch große Teile der Kunstsoziologie – in einem beträchtliches Ausmaß an der Definition von Kunst (und auch Nicht-Kunst) beteiligt ist. Vor diesem Hintergrund ist jede Kunstsoziologie daraufhin zu befragen, inwiefern und in welchem Ausmaß sie mit ihren Praktiken des Klassifizierens und Kanonisierens zur Perpetuierung gesellschaftlicher Ungleichheitsverhältnisse beiträgt.

5.1.3 Lebensstilforschung[49]

„Lebensstilforschung" ist die Bezeichnung für eine vorwiegend im deutschsprachigen Raum etablierte Forschungstradition der Soziologie, die ihren Blick auf den Gesamtzusammenhang von Verhaltensweisen, Interaktionen, Meinungen, Wissensbeständen und bewertenden Einstellungen eines Individuums bzw. sozialer Gruppen richtet (vgl. Hradil 1999: 431). Da der Umgang mit Kunst – und dazu zählen kulturelle Vorlieben und Aversionen ebenso wie kulturelle Partizipation und ästhetisches Urteilsvermögen – einen wichtigen Bestandteil eines Lebensstils bildet, ist dieser Forschungsbereich auch für die Kunstsoziologie von Relevanz.[50]

---

49 Verfasser des Kapitels 5.1.3 ist Michael Parzer.
50 Vgl. weiterführende Literatur Richter 2005, Bennett et al. 2009, Rössel/Otte 2011.

a. Ulrich Becks Individualisierungstheorie

Den Ausgangspunkt der Lebensstilforschung bildet die Auseinandersetzung mit der traditionellen Sozialstrukturanalyse Anfang der 1980er-Jahre durch Ulrich Beck (*1944). Kritik richtete sich insbesondere gegen die Vorstellung einer klassenspezifisch hierarchisierten Gesellschaft, die der zunehmenden Pluralisierung und Differenzierung sozialer Lagen nicht mehr gerecht werde. „Jenseits von Klasse und Schicht" (Beck 1986: 121) lautet die mittlerweile als „Individualisierungsthese" (auch: „Entkopplungsthese") in den soziologischen Diskurs eingegangene Gesellschaftsdiagnose, wonach die Klassenzugehörigkeit an Relevanz für die Erklärung sozialen Handelns verloren hat. Die Bildungsexpansion ab den 1960er- und 1970er-Jahren, der Anstieg der Arbeitseinkommen, die zunehmende soziale und geografische Mobilität sowie die aus der Verkürzung der Arbeitszeit resultierende Aufwertung der Freizeit hätten nicht nur zu einer erheblichen Verbesserung der Lebensbedingungen, sondern auch zu einer bedeutsamen Erweiterung der Handlungsspielräume beigetragen. Darüber hinaus habe die voranschreitende Individualisierung einen gravierenden Bedeutungsverlust traditioneller Orientierungsmuster und klassenspezifischer Handlungsschemata zur Folge. An die Stelle vorgegebener Biografiemuster seien individuell gestaltbare Lebensläufe oder, in den Worten Ulrich Becks, „Bausätze biographischer Kombinationsmöglichkeiten" (ebenda: 217) getreten.

b. Die Erlebnisgesellschaft

Ulrich Becks Überlegungen bilden die Grundlage für die Arbeit von **Gerhard Schulze** (*1944), der mit seinem 1992 erschienenen Werk „Die Erlebnisgesellschaft" die soziologische Diskussion um Lebensstil, Geschmack und soziale Ungleichheit mehr als ein Jahrzehnt maßgeblich geprägt hat. In dieser umfangreichen theoretischen und empirischen Studie grenzt sich Schulze sowohl von der traditionellen Sozialstrukturanalyse als auch von Bourdieus Distinktionstheorie ab: Während Bourdieu davon ausgeht, dass Geschmack maßgeblich von den inkorporierten Dispositionen des jeweiligen Herkunftsmilieus bestimmt wird, betont Schulze vor dem Hintergrund der schwindenden Bedeutung der Herkunftsfamilie die Unabhängigkeit der Akteure von ihrer angestammten Welt und den damit verbundenen Orientierungsmustern. An die Stelle habitusgeleiteter Praxisformen trete die individuelle Handlungsfreiheit: „Im dimensionalen Raum alltagsästhetischer Schemata kann sich jeder die Position suchen, die ihm zusagt, weitgehend unabhängig von Beruf, Einkommensverhältnissen, Herkunftsfamilie" (ebenda: 207).

Aber worauf beruhen Geschmacksurteile in einer Gesellschaft, wenn sich kulturelle Vorlieben und Aversionen abseits unserer familiären Sozialisation bilden und jegliche klassenspezifische Klassifizierungsmuster abhanden gekommen sind? Laut Schulze orientieren sich die Individuen an ihrer subjektiven Empfindung. Das Innenleben werde zum Maßstab des Handelns, das persönliche Erleben die Grundlage für die Entstehung von kulturellen Präferenzen. In den Vordergrund rücke die persönliche Erlebnisorientierung, Genuss werde zum zentralen Moment jeglicher kultureller Praktiken.

> „Wegen seiner unmittelbaren Spürbarkeit hat Genuss (…) eine hervorgehobene theoretische Bedeutung, die im Begriff der Erlebnisorientierung zum Ausdruck kommt: Erlebnisorientierung ist definiert als das Streben nach psychophysischen Zuständen positiver Valenz, also nach Genuss" (ebenda: 108).

Schulze plädiert in diesem Zusammenhang für eine Erweiterung des Ästhetik-Begriffs, um der subjektiven Dimension ästhetischer Bewertung Rechnung zu tragen: „Das Schöne kommt nicht von außen auf das Subjekt zu, sondern wird vom Subjekt in Gegenstände und Situationen hineingelegt" (ebenda: 39). Die Ästhetisierung dürfe nicht auf „Kunst" im engeren Sinne beschränkt bleiben, sondern müsse auch die „Ästhetisierung des Alltags" in den Blick nehmen: „Die Wohnung zu putzen oder das Auto zu reparieren unterscheidet sich in der Möglichkeit des Schönseins nicht von Loireschlößchen, Bergkristallen und Rilke-Sonetten" (ebenda: 39).

Anhand empirischer Daten identifiziert Schulze fünf Milieus, die durch bestimmte sozialstrukturelle Merkmale ebenso wie durch bestimmte Vorlieben und Aversionen charakterisiert werden (Harmoniemilieu, Unterhaltungsmilieu, Integrationsmilieu, Niveaumilieu und Selbstverwirklichungsmilieu). Im Gegensatz zu Bourdieus Auffassung eines hierarchischen sozialen Raumes konstituieren sich diese Milieus aufgrund unterschiedlicher psychophysischer Empfindungsqualitäten und nicht aufgrund des Strebens nach sozialer Exklusion bzw. Distinktion.

Schulzes Studie entfachte in der soziologischen Fachwelt eine heftige Debatte (siehe dazu v.a. Geißler 1996 und Meyer 2001). Aus theoretischer Sicht werden die größten Defizite in Schulzes Handlungstheorie geortet, die keinen Platz für strategisches Handeln lässt und damit Machtbeziehungen aus der soziologischen Analyse ausschließt. Aus empirischer Sicht wird Schulze, insbesondere vor dem Hintergrund der Beobachtung zunehmender Armut seit Ende der 1990er-Jahre, eine euphemistische Grundhaltung vorgeworfen, die der gegenwärtigen Befindlichkeit unserer Gesellschaft nicht gerecht werde. Mittlerweile relativieren zahlreiche aktuelle Studien Gerhard Schulzes Annahme einer zunehmenden Erosion von Klassenlagen. Anhaltend erfolgreiche Reproduktionsbestrebungen der Eliten, wachsende Ungleichheit der Einkommen, neue Spaltungen und Exklusionsmuster sowie verstärkte Abstiegsängste auch in Wohlstandslagen stellen die grundlegende Prämisse der Erlebnisgesellschaft, nämlich zunehmender Wohlstand für alle Gesellschaftsmitglieder, in Frage.

c.   Die Allesfresser-These

Weitgehend abseits dieser spezifisch deutschsprachigen Diskussion findet sich der Befund einer zunehmenden Entkopplung von Geschmack und sozialer Position auch in der neueren US-amerikanischen Kultursoziologie – zumindest auf den ersten Blick. In seinen Anfang der 1990er Jahre veröffentlichten Studien zum Einfluss von Berufsgruppenzugehörigkeit auf den Musikgeschmack zeigt **Richard A. Peterson** (1932–2010), dass der Zusammenhang zwischen einer hohen sozialen Stellung in der Sozialstruktur und einem elitären Geschmack seine Gültigkeit eingebüßt hat (vgl. Peterson/Simkus 1992). Zwar deuten die Daten der quantitativen Untersuchung darauf hin, dass klassische Musik nach wie vor von bildungsnahen und privilegierten Gesellschaftsmitgliedern konsumiert wird – allerdings nicht in der Ausschließlichkeit, wie das Bourdieu für die Angehörigen (groß)bürgerlicher Milieus in Frankreich konstatiert hat. Vielmehr zeigt sich, dass vor allem Mitglieder in hohen sozialen Positionen neben Produkten der Hochkultur auch populäre Genres in ihr Geschmacksrepertoire integriert haben. Diese KonsumentInnen, die sich durch einen breitgefächerten Geschmack auszeichnen, nennt Richard Peterson „Omnivores" – im Gegensatz zu den sogenannten „Univores", also jenen vorwiegend aus bildungsfernen Milieus stammenden Gesellschaftsmitgliedern, die lediglich an einem Genre Gefallen finden. Viele KultursoziologInnen sehen darin eine neue Logik soziokultureller Distinktion, die den Umfang kultureller Vorlieben zum grundlegenden Maßstab macht. Die zentrale These lautet, dass sich gesellschaftliche Gruppen nicht mehr primär dadurch unterscheiden, an *welchen*, sondern an *wie vielen* unterschiedlichen Genres sie Gefallen finden.

d. Grenzüberschreitender Geschmack als Ressource?

Allesfresserei, so ließe sich annehmen, ist ein Indiz für den endgültigen Bedeutungsverlust traditioneller ästhetischer Grenzziehungen. Vor allem aus individualisierungstheoretischer Sicht werden die musikalischen Allesfresser als tolerante Individuen gesehen, die sich durch eine generelle Offenheit gegenüber unterschiedlichen musikalischen Welten auszeichnen. Diese Offenheit sei dem Bedürfnis geschuldet, mit unterschiedlichen kulturellen Verhaltensweisen zu experimentieren, und diene in erster Linie der Selbstverwirklichung. Eine alternative Sichtweise betrachtet Allesfresserei dagegen als eine neue Möglichkeit, hohen sozialen Status durch Geschmack zum Ausdruck zu bringen: „Omnivores may be seen as expressing a new aesthetic which, even if more inclusive and ‚cosmopolitan‘ than that of earlier cultural elites, is no less directed towards the demonstration of cultural and social superiority" (Chan/Goldhorpe 2007: 3).

Weitgehend unbestritten ist, dass ein umfangreiches Wissen über unterschiedliche künstlerische Genres von Vorteil ist, speziell dann, wenn es um die Nutzbarmachung dieser Wissensbestände in alltäglichen Interaktionen geht, also zum Beispiel unterschiedliche (berufliche und private) Kontakte geknüpft, etabliert oder aufrechterhalten werden. Gerade in einer Gesellschaft, in der Offenheit, Flexibilität sowie die Einbindung in soziale Netzwerke zu den wichtigsten Anforderungen zählen, stellen Wissensbestände und Kompetenzen in möglichst unterschiedlichen Bereichen eine bedeutsame Ressource dar. Während soziokulturelle Superiorität lange Zeit durch demonstrative Distanz zu populärkulturellen Formen und einen snobistischen Lebensstil zum Ausdruck gebracht wurde, scheint es in der Gegenwartsgesellschaft erforderlich zu sein, Elemente der Populärkultur in den eigenen Lebensstil zu integrieren: „Wer auf der Überlegenheit seines Geschmacks beharrt und für alles Populäre nur Abscheu zeigt, darf nicht mit der Anerkennung rechnen, die jenen entgegengebracht wird, die sich gegenüber eine Vielzahl von kulturellen Praktiken offen zeigen" (Gebesmair 2004: 199).

5.2   Postmoderne und Poststrukturalismus: Konsequenzen für die Kunstsoziologie[51]

Unter den Etiketten der Postmoderne und des Poststrukturalismus versammeln sich zahlreiche heterogene theoretische Konzepte und methodische Ansätze. Selten haben sich die DenkerInnen, die diese Konzepte und Ansätze entwickelten und weiterentwickelten, selbst als postmodern oder poststrukturalistisch verstanden – sie standen diesen Etikettierungen zum Teil sogar kritisch gegenüber. Auch in der wissenschaftlichen Literatur ist die Zuordnung einzelner DenkerInnen alles andere als eindeutig. Die meisten sind sowohl unter dem Schlagwort der Postmoderne als auch unter dem Begriff des Poststrukturalismus aufzufinden.

Für den vorliegenden Zusammenhang soll es genügen, in Anlehnung an Ben Agger (1991) eine Grobeinteilung in einerseits postmoderne DenkerInnen, die sich mit Gesellschafts-, Kultur- und Geschichtstheorien auseinandersetzen, und andererseits poststrukturalistische DenkerInnen, die sich mit Sprache bzw. Sprachtheorien befassen, vorzunehmen. Diese Trennung ist nicht unproblematisch, weil sich viele der vorgestellten DenkerInnen hinsichtlich ihrer Gesamtwerke mit ganz unterschiedlichen Problemen beschäftigten und sich dadurch einer eindeutigen Kategorisierung entziehen.

---

51 Verfasser des Kapitels 5.2 ist Rainer Prokop.

Im nun folgenden Beitrag sollen die Postmoderne und der Poststrukturalismus in Grundzügen erschlossen und einige der damit assoziierten DenkerInnen sowie deren theoretische Konzepte und methodische Ansätze exemplarisch dargestellt werden. Anhand ausgewählter Werke werden postmoderne und poststrukturalistische Denkweisen, die sich – wie bald zu sehen sein wird – nicht auf einen gemeinsamen Nenner bringen lassen, skizziert. Dies geschieht u. a. auch unter Bezugnahme auf die Ästhetikvorstellungen und Kunstverständnisse der jeweiligen DenkerInnen, um die Charakteristika postmodernen und poststrukturalistischen Denkens dadurch noch zu unterstreichen. Die inhaltlichen Schwerpunkte wurden in diesem Beitrag so gesetzt, dass die bereits erwähnte Unterscheidung zwischen postmodernen und poststrukturalistischen DenkerInnen sinnvoll bleibt, wenngleich im Falle anderer Schwerpunktsetzungen auch eine andere Einteilung gewählt werden könnte. Abschließend werden Konsequenzen für die Kunstsoziologie aufgezeigt.

5.2.1   Postmoderne

Postmoderne, so lässt sich grob sagen, „signalisiert einen vielfachen Wandlungsprozess" (Welsch 1993: 11), der nicht nur im ästhetischen Bereich Platz griff, sondern sich z. B. ebenso in gesellschaftlichen, ökonomischen oder technologischen Veränderungen ausdrückte. Zu nennen sind in diesem Zusammenhang u. a. die Transformation von der industriellen Produktions- zur postindustriellen Dienstleistungsgesellschaft, die ökonomische Umstellung von Globalkonzepten auf Strategien der Diversifizierung oder die Strukturveränderungen der Kommunikation infolge neuer Technologien (Welsch 1993: 11).

Der Begriff der Postmoderne tauchte bereits 1870 erstmals auf und erfuhr im Laufe der Zeit von verschiedenen DenkerInnen unterschiedliche inhaltliche Aufladungen. Durch die Veröffentlichung von Jean-François Lyotards einflussreichem Werk „Das postmoderne Wissen" (1994), das im französischen Original 1979 erschien und eine Auftragsarbeit für den Universitätsrat der Regierung von Québec darstellte, fand der Begriff ab 1979 nachhaltigen Eingang in die Philosophie. Lyotards Begriff der Postmoderne soll nun genauerer Betrachtung unterzogen werden.[52]

a.   Lyotard (1924–1998): Das Ende der großen Erzählungen und die Ästhetik des Erhabenen

In „Das postmoderne Wissen" untersucht der französische Philosoph Lyotard aktuelle Wissensformen und -bestände vor dem Hintergrund medientechnologischer Voraussetzungen und digitaler Vernetzungen. Lyotard versteht den Begriff der Postmoderne als Abgrenzung zu einer auf Fortschritt gerichteten Moderne, der es seit der Aufklärung darum ging, mit ihren „großen Erzählungen" (Lyotard 1994) einheitliche und allumfassende Erklärungsmodelle der Welt zu liefern. Die großen Erzählungen der Moderne wie die Aufklärung, der Idealismus oder der Historismus legten der Welterklärung jeweils ein zentrales Prinzip wie Vernunft, Gott oder Subjekt zugrunde, um auf dieser Grundlage allgemeine bzw. allgemeingültige Aussagen zu treffen. Für Lyotard haben die großen Erzählungen nicht nur „ihre Glaubwürdigkeit verloren" (Lyotard 1994: 112), sie klammern auch das Heterogene aus ihren Betrachtungen aus oder zwingen das Einzelne unter ihre allgemeine Betrachtungsweise, was zu einer Einebnung von Besonderheiten führt. An die Stelle von einheitlichen und absoluten Erklärungsprinzipien setzt Lyotard das pluralistische Konzept einer Welt, die sich in einer Vielzahl von „Sprachspielen", ein Begriff, der auf den österreichischen Philosophen Ludwig Wittgenstein (1984) zurückgeht, realisiert. Dieses plura-

---

52   Vgl. weiterführende Literatur Welsch 1988, Vester 1993, Münker 2000.

listische Konzept bietet verschiedene Erzählungen bzw. Erklärungsmodelle an, um den in der Postmoderne vorhandenen differenten Wissensformen, Lebensweisen und Handlungsmustern Rechnung zu tragen. Mit Begriffen wie Vielfalt, Schein, Ironie, Zufall oder Spiel wendet sich die Postmoderne gegen die Ausgrenzung des Heterogenen und plädiert für eine Vielzahl von nicht miteinander zu vereinbarenden Wahrheits-, Gerechtigkeits- und Menschlichkeitsbegriffen. Postmoderne bedeutet nicht, wie der Begriff nahe legt, „nach der Moderne", sondern Reflexion, Destruktion bzw. Dekonstruktion moderner Leitvorstellungen. Die Postmoderne führt in diesem Sinne die Moderne fort, verabschiedet aber den Modernismus. Lyotard hat dies auch einmal ein „Redigieren" (Lyotard 1988), ein Umarbeiten der Moderne genannt. Der Postmoderne-Begriff kann sowohl eine Epoche als auch eine Geisteshaltung bezeichnen.

In den 1980er Jahren wurde im Anschluss an Lyotard eine sehr intensive Postmoderne-Diskussion geführt, die mit großer Aufmerksamkeit in der intellektuellen Öffentlichkeit verfolgt wurde und am Ende dieser Dekade wieder abebbte. Die Postmoderne sah sich darin mit einer Kritik an ihren vermeintlich irrationalistischen und antiaufklärerischen Ansätzen[53] konfrontiert, die in einem „anything goes"- bzw. „alles ist erlaubt"-Vorwurf gipfelte. Was dabei allerdings häufig übersehen wurde, ist, dass sich Lyotard nicht gegen Rationalität im Allgemeinen wandte, sondern gegen eine bestimmte historische Form von Rationalität, nämlich jene, die auf der Ausgrenzung des Heterogenen basiert (Engelmann 2004: 16).

Auch durch seinen Entwurf einer Ästhetik des Erhabenen, der an dieser Stelle nur kurz erwähnt sein soll, kämpft Lyotard gegen die Ausgrenzung des Heterogenen an und redet im Zuge dessen der postmodernen Kunst das Wort. Das postmoderne Kunstwerk erscheint bei Lyotard als das erhabene Werk, d.h. als ein Werk der Negativität, also der Nicht-Beziehung, das sich aus der Logik der Repräsentation löst und in dessen Textur Abwesenheit eingeschrieben ist: „ein Text über nichts (Flaubert), eine Musik des Schweigens und der Stille (Cage), monochrome Bilder (Newman)" (Jung 1995: 222). Dadurch, dass sich die Kunst aus der Logik der Repräsentation löst – und hier kommt das Konzept der Erhabenheit ins Spiel – regt sie zu denken an. Anhand der Ästhetik des Erhabenen setzt Lyotard einen politischen Anspruch fort, den er bereits in seinen frühen ästhetischen Schriften erhob: Aisthetisches, d.h. wahrnehmendes Denken und ästhetische Theorie „aktivieren all unsere Vermögen" und „halten zur Akzeptanz der Pluralität – pluraler Lebenswelten und -stile, einer Meinungspluralität – an" (Jung 1995: 225). Das Ästhetische und die Ästhetik fungieren im Sinne Lyotards als „postmoderne Einsprüche gegen die schlechte Moderne" (Jung 1995: 225).

b. Welsch (*1946): Rundumästhetisierung und ästhetisches Denken

Der Philosoph Wolfgang Welsch gilt als einer der „pronnonciertesten Vertreter postmodernen Denkens in Deutschland" (Liessmann 1999: 176). Er legte 1987 mit dem Werk „Unsere postmoderne Moderne" (1993) das „Grundbuch der deutschen Postmoderne" (Jung 1995: 209) vor und trug darüber hinaus entscheidend zur „Propagierung und Rezeption Jean-François Lyotards" (Jung 1995: 209) und dessen Schriften, insbesondere denjenigen ästhetischen Inhalts, bei.

Welsch konstatiert und plädiert in mehreren Aufsätzen, 1990 in „Ästhetisches Denken" (1998) versammelt, für eine ästhetische Verfasstheit der Wirklichkeit und schlägt die Kunst bzw. das Ästhetische als zeitgemäßes Modell für (das Verstehen dieser) Wirklichkeit vor. Das dominante Denken sei Welsch zufolge heutzutage ein ästhetisches. Dies ist laut Welsch deshalb der Fall, weil es zu einem „Kollaps der Vernunft als des Vermögens der Begriffe" (Jung 1995: 210) gekommen

---

53 Der deutsche Philosoph Jürgen Habermas warf den postmodernen PhilosophInnen beispielsweise Konservativismus vor (Habermas 1988).

sei. Ästhetisches Denken hat von Grund auf „Wahrnehmung zum Ausgangspunkt und Vollzugs-medium" (Welsch 1998: 58). „Ausschlaggebend für diese Veränderung in der Kompetenz eines Denktypus – für diese Verlagerung von einem logozentrischen[54] zu einem ästhetischen Denken – ist die Veränderung der Wirklichkeit selbst. Heutige Wirklichkeit ist bereits wesentlich über Wahr-nehmungsprozesse, vor allem über Prozesse medialer Wahrnehmung konstituiert." (Welsch 1998: 57) Den Grund dafür, dass Wirklichkeit nur mehr durch ein wahrnehmendes Denken erschließbar ist, sieht Welsch also in der ästhetischen Verfasstheit, Inszenierung bzw. medialen Drapierung der Wirklichkeit. Ästhetisch hat in Hinblick auf die technologische Bestimmung der objektiven Welt und die mediale Vermitteltheit der sozialen Welt vor allem die Bedeutung der Virtualisierung. Die Welt als und im Bild wird von Welsch als ein „factum brutum", als bloße Tatsache, das Medium als „ens realissimum" (Welsch 1998), als das allerwirklichste Sein, bezeichnet. Vor diesem Hinter-grund begreift Welsch ästhetisches Denken als das eigentlich realistische Denken.

Kritik kann in dieser Perspektive nur mehr als kompetenter Umgang mit den Bilderwelten der Medien verstanden werden. „Dazu nun bietet die Kunsterfahrung, die Begegnung und Ausein-andersetzung gleichsam mit den Sonderwelten der Kunst, das nötige Rüstzeug, die Armatur; in der Beschäftigung mit Kunst lernen wir nämlich Komplexität, erfahren Pluralität und Differen-ziertheit, die uns dann auch für unser weiteres (Alltags-)Leben sensibilisieren." (Jung 1995: 211) Als Ort, an dem Kunsterfahrung im weitesten Sinne und damit aisthetische Schulung möglich ist, nennt Welsch das Museum. An Kunsterfahrungen gewonnene und eingeübte Wahrnehmungen seien laut Welsch die probaten Mittel, um eine komplex strukturierte, postmoderne, durch ein wahres Bildermultiversum gekennzeichnete Wirklichkeit adäquat wahrzunehmen. Kunst kann in diesem Sinne „soziale Modellfunktion" (Welsch 1998: 165) haben, da man an ihr Pluralität studieren kann, die sich analog in der postmodernen Gesellschaft als differente Lebensformen ausdrückt. Die Beschäftigung mit Kunst soll schließlich sogar – so Welsch – zu einer veränderten politischen Kultur beitragen, denn der ästhetisch sensibilisierte Mensch verhalte sich toleran-ter und liberaler und er sei gefeit vor Dogmatik aller Art. Als Ziel dieser Art von ästhetischem Denken schwebt Welsch die Ethik vor. Zu verteidigen gilt es aus Welschs Perspektive die durch Heterogenität geprägte Pluralität gegen einen „allgegenwärtigen Trend zur Einschleifung, Unter-drückung (und) Uniformierung des Differenten" (Welsch 1998: 164f.).

c.   Baudrillard (1929–2007): Massenmedien und hyperreale Simulation

Der französische Soziologe, Philosoph und Medientheoretiker Jean Baudrillard hat sich in sei-nem ersten Buch „Das System der Dinge – Über unser Verhältnis zu den alltäglichen Gegen-ständen" (1991), das 1968 erstmals unter dem Titel „Le système des objets" erschien, mit Phä-nomenen der Alltagswelt und der alltäglichen Kultur, auf denen bei Baudrillard im Allgemeinen ein ausgeprägter Fokus liegt, auseinandergesetzt. Er beleuchtet in diesem Werk das Verhältnis der Menschen zu alltäglichen Gegenständen wie Inneneinrichtungen, Autos oder Uhren und ver-sucht auf diesem Weg Aufschlüsse über die „Systematik der menschlichen Verhaltensweisen und Verhältnisse" (Baudrillard 1991: 11) zu gewinnen. An Gegenständen des Alltags glaubt Baudril-lard ein System zu erkennen, mit dessen Hilfe sich Subjekte eine Welt zurechtlegen. Es ist eine Welt des Besitzes, eine Welt der „primitiven und sehnsuchtsvollen Gefräßigkeit der bürgerlichen Häuser", eines privaten Imperialismus, „der um sich herum ein funktionell domestiziertes Milieu und die domestizierten Zeichen der Vergangenheit einrichtet" (Baudrillard 1991: 109). Diese Konstruktion einer Welt, die aus einem System der Dinge ein System von Bedeutungen und Wer-

---

54   Mit Logozentrismus ist hier die vernunftzentrierte Metaphysik bzw. abendländische Rationalität, der immer ein
     jeweiliges Zentrum des Denkens zugrunde liegt, gemeint.

ten ableitet, hält Baudrillard allerdings für antiquiert. Sie kann lediglich noch als Privatideologie bzw. -mythologie eines einzelnen Bourgeois Gültigkeit beanspruchen, als Erklärungsmodell für eine durch Massenmedien bestimmte Gegenwartsgesellschaft hat das alte System der Bedeutungen ausgedient. Denn: In der postmodernen Gegenwartsgesellschaft ist alles nur mehr Bild und Schein, ist die Realität – Baudrillard zufolge – in eine hyperreale Simulation überführt worden. „Die Macht und ubiquitäre Präsenz der Bilder, der Medien Fernsehen, Video und Computerbildschirm, schafft nicht nur die traditionellen Deutungen und Bedeutungen ab, sondern die Realität – die sogenannte objektive Außenwelt – gleich mit dazu." (Jung 1995: 230) Den Umstand, dass in der Gegenwart die über die Massenmedien vermittelten und die Wirklichkeit bezeichnenden Bilder wichtiger geworden seien als die bezeichnete Wirklichkeit selbst, beschreibt Baudrillard mit dem Konzept der „Simulation" (Baudrillard 1978). Das Bild als Abbild bzw. als Repräsentation von etwas Wirklichem, Möglichem oder Phantastischem hat sich überlebt. Zeichen haben sich von ihrem Bezeichneten gelöst und sind referenzlos geworden; sie repräsentieren nichts, sie sind lediglich präsent. Die durch Massenmedien simulierte Welt ist im Sinne Baudrillards zum „Simulakrum" (Baudrillard 1978), zu einer Scheinwelt geworden, die in Form einer Hyperrealität die wirkliche Welt zunehmend verdränge. Dadurch wird beispielsweise auch der Anspruch kritischer Kunst ad absurdum geführt, denn der für die kritische Kunst wesentliche Gedanke einer Trennung zwischen Sein und Schein verliert in einer nur mehr durch Schein konfigurierten Welt seine Bedeutung (Baudrillard 1989).

Baudrillards Überlegungen stehen im Rahmen einer kultursoziologisch und semiologisch orientierten allgemeinen Medien- und Gesellschaftstheorie, die sich dem generalisierenden Einfluss von Kommunikationsmedien auf Gesellschaft widmet. Die Feststellung, dass sich die Zeichen von ihrem Bezeichneten gelöst haben und damit referenzlos geworden sind, verweist bereits auf ein wesentliches Charakteristikum des Poststrukturalismus, der im Folgenden genauerer Betrachtung unterzogen werden soll.

5.2.2   Poststrukturalismus

Der Poststrukturalismus hat sich seit den späten 1960er Jahren vor allem in Frankreich entwickelt, wobei als dessen Ausgangspunkte die strukturale Linguistik und die strukturale Anthropologie fungierten. Einer der bedeutendsten Anknüpfungspunkte der poststrukturalistischen DenkerInnen ist der Schweizer Sprachwissenschaftler Ferdinand de Saussure bzw. dessen zentrales, 1916 erschienenes Werk „Grundfragen der allgemeinen Sprachwissenschaft" (2001). Saussure gilt gemeinhin als der „Begründer der strukturalen Linguistik" und damit als „Urvater des Strukturalismus" (Berger 2004: 56). Für Saussure stellte Sprache, verstanden als soziales Produkt, einen Teil einer umfassenderen Wissenschaft von den Zeichen, der Semiotik oder auch Semiologie, dar, die sich mit „Fragen der Zeichen und ihren Ordnungen, mit Problemen der Bedeutung und der Kommunikation im Allgemeinen" (Berger 2004: 58) befasst. Die Semiotik untersucht „Texte und Zeichensysteme genauso wie die Dinge, die uns umgeben und die in einem bestimmten kulturellen Kontext jeweils in einen Bedeutungszusammenhang eingereiht sind" (Berger 2004: 58). Die Sprache ist für Saussure das wichtigste System[55] dieser Zeichensysteme. Seit den späten 1940er Jahren hatte auch die strukturale Anthropologie, insbesondere das Werk des französischen Anthropologen Claude Lévi-Strauss, großen Einfluss auf die strukturalistisch orientierten Wissenschaften.

---

55 Anstatt von Struktur spricht Saussure von einem System der Sprache.

In Hinblick auf den Poststrukturalismus handelt es sich nicht um eine geschlossene Schule mit einem einheitlichen Programm, sondern vielmehr um eine „methodisch divergente Forschungs- bzw. Denkorientierung, die den klassischen Strukturalismus einer kritischen Revision unterzieht" (Berger 2004: 55). „Gegenstand der (poststrukturalistischen) Kritik sind die idealistischen Konsequenzen des klassischen Strukturalismus, wobei vor allem die Vorstellung einer überhistorischen und geschlossenen Struktur, der teleologische Charakter vieler Ansätze sowie die Idee eines strukturübergreifenden Zentrums hinterfragt werden. Und da der Strukturalismus, trotz aller Betonung der Relationalität, an eben dieser regulativen Idee eines Zentrums, sei es das nun Subjekt, die Geschichte oder die Gesellschaft, festhält, wird er als neuzeitliche Metaphysik abgelehnt." (Berger 2004: 59) Die PoststrukturalistInnen versuchen ihrerseits dezentrale Strukturen zu denken. Beeinflusst durch den deutschen Philosophen Friedrich Nietzsche wird die „Freilegung und Unterminierung strukturell wirkender Mechanismen der Macht in der Sprache, sowie in der Gesellschaft und ihren Institutionen" (Berger 2004: 60) zum Gegenstand der Untersuchung. Für die PoststrukturalistInnen gibt es – im Unterschied zu strukturalistischen Positionen – „keine Struktur außerhalb dessen, was Sprache ist", wobei Sprache in einem sehr breiten Sinn als „Sprache der Zeichen" (Deleuze 1992: 8) verstanden wird. Auch das Subjekt ist in poststrukturalistischer Auffassung „durch und durch ein Zeichenprodukt seiner Gesellschaft und seiner Geschichte". Es ist „in der Sprache gefangen" und wird durch „seine Sprache und seine Kultur definiert" (Berger 2004: 60). Damit wird die seit der Aufklärung vordringliche Definition des Menschen als autonom denkendes Wesen sowie der neuzeitliche Vernunftbegriff und der damit verbundene Anspruch, eine allgemein gültige Wahrheit finden zu können, einer strengen Kritik unterzogen. Das poststrukturalistische Denken lässt sich in diesem Sinne als postmodern charakterisieren.

Insbesondere die Rückbesinnung der PoststrukturalistInnen auf Saussures Zeichentheorie und dessen Grundlegung der Semiotik zog eine verstärkte Interdisziplinarität nach sich. Als gemeinsamer Nenner dieser Interdisziplinarität fungiert die semiotische Betrachtung der Welt. Der Poststrukturalismus hatte großen Einfluss auf verschiedenste wissenschaftliche Bereiche wie Philosophie, Wissenschaftstheorie, Soziologie, Psychoanalyse, Kulturtheorie, Literaturwissenschaft oder Geschichte.

a.   Foucault (1926–1984):
Diskurs, Macht und die Ästhetik der Übertretung und Entgrenzung

Der Historiker und Philosoph Michel Foucault geht von der Annahme aus, dass im Prozess der Herausbildung der Moderne Machtspiele inszeniert, also Techniken der Diskursregulierung und Institutionen etabliert werden, die das Subjekt bzw. dessen Denken und Handeln disziplinieren. Durch Institutionen wie Schule, Gefängnis oder Irrenanstalt und insbesondere durch die „Regeln einer diskursiven Polizei" (Foucault 1977: 25) wird vorgeschrieben, was und wie zu denken sei, und wie man sich zu verhalten habe. Die Diskurse, verstanden als Aussageformationen, die zu einem spezifischen Zeitpunkt der Geschichte einen bestimmten gesellschaftlichen Raum füllen, wirken äußerlich sowie innerlich und sorgen für Ordnung und Übersicht. Sie strukturieren und klassifizieren die Gesellschaft und entscheiden über Teilhabe und Ausschluss auf Feldern wie Politik, Recht oder Kunst und Kultur. Die Produktion des Diskurses wird „zugleich kontrolliert, selektiert, organisiert und kanalisiert (…) – und zwar durch gewisse Prozeduren, deren Aufgabe es ist, die Kräfte und die Gefahren des Diskurses zu bändigen, sein unberechenbar Ereignishaftes zu bannen, seine schwere und bedrohliche Materialität zu umgehen" (Foucault 1977: 7). Diese Prozeduren sind Foucault zufolge auf den abendländischen Logozentrismus zurückzuführen, den er unter Bezugnahme auf Friedrich

Nietzsche verwirft. Es handle sich in Hinblick auf diesen Logozentrismus im Sinne Foucaults vielmehr um eine „Logophobie", also um eine „stumme Angst vor jenen Ereignissen, vor jener Masse von gesagten Dingen, vor dem Auftauchen all jener Aussagen, vor allem, was es da Gewalttätiges, Plötzliches, Kämpferisches, Ordnungsloses und Gefährliches gibt, vor jenem großen unaufhörlichen und ordnungslosen Rauschen des Diskurses" (Foucault 1977: 35).

Dieses „ordnungslose Rauschen des Diskurses" sieht Foucault im literarischen Werk der Moderne zur Sprache gebracht, denn die Werke von De Sade, Artaud oder Bataille sind Ausdruck von Grenzüberschreitungen und Tabubrüchen. Sie artikulieren das durch die diskursive Polizei Ausgeschlossene, das „Außen", jenes außerhalb der Grenzen der Ordnung des Logos befindliche Andere, also das „andere Denken und die raunende Logik des Wahnsinnigen, die Obsessionen der Gewalt und die Be- bzw. Versessenheit des Sexus" (Jung 1995: 227). Im „Rauschen des Diskurses" werden die Spuren des Logos getilgt. „Damit sollen der Körperpanzer und die Befestigungsanlagen der Gesellschaft wenn nicht gesprengt, so doch mindestens durchlöchert werden." (Jung 1995: 227) Das literarische Werk, der Text der Avantgarde, „steht an den Grenzen zur Leere und zum Nichts, die wir sind, wenn wir uns von den klassischen Paradigmen (der Identität, der Subjekt-Objekt-Dialektik, des Aneignungsdenkens) losgerissen haben" (Jung 1995: 229). Es legt uns eine Denkform nahe, „in der die Frage nach der Grenze an die Stelle der Suche nach der Totalität tritt, und in der die Gebärde der Übertretung die Bewegung des Widerspruchs ersetzt" (Foucault 1979: 87). Die Ästhetik Foucaults lässt sich in diesem Sinne als eine Ästhetik der „Übertretung und Entgrenzung" (Jung 1995: 226) verstehen.

Das im literarischen Werk artikulierte „Außen" wird von Foucault als immanenter Effekt der Sprache aufgefasst. Foucault sieht in der Sprache eine unüberwindbare und konstitutive Grenze. Deshalb kann sich Sprache auch nicht auf ein reales Außen beziehen, sondern nur auf sich selbst. Es geht nicht um Repräsentation, sondern um Präsenz. Die Sprache stößt durch die Literatur experimentell in eine semantische Leere vor.

b.   Derrida (1930–2004): Dekonstruktion

Der französische Philosoph Jacques Derrida gilt als einer der Hauptvertreter des Poststrukturalismus sowie als radikaler Kritiker der abendländischen Metaphysik und des westlichen Logozentrismus. Seine Philosophie der Dekonstruktion, die er 1967 erstmals in seinen Werken ‚De la grammatologie' (1967) und ‚L'écriture et la différence' (1967) vorstellte, ist gekennzeichnet durch eine Art der Textlektüre, in der er beispielsweise durch die Relektüre klassischer philosophischer, aber ebenso nicht-philosophischer Texte zu zeigen versucht, dass jegliche Ansprüche auf so etwas wie reine Bedeutung oder textuelle Geschlossenheit zu Aporien führen. Ein Text-Äußeres gibt es bei Derrida nicht. Sein Denken breitet sich innerhalb der Spaltung von Signifikant und Signifikat, also von Bezeichnendem (Ebene des Lautbildes bzw. des Ausdrucks) und Bezeichnetem (Ebene der Vorstellung bzw. des Inhalts) aus, deren Beziehung als instabile gedacht wird. Dies hat einen permanenten Prozess der Verschiebung von Bedeutung zur Folge. Mit seinem Konzept der Differenz (‚différance') bezeichnet Derrida diese fortlaufende Verschiebung von Bedeutung. Er richtet sich damit also u. a. gegen die Annahme, dass Wörter eine feste Bedeutung hätten. Die Dekonstruktion, eine bewusst hybride Kombination aus Destruktion und Konstruktion, sucht in Texten ihrerseits nach dem Verdrängten, dem Abwesenden, rekonstruiert es und destruiert die Macht der geltenden Diskurse. Derrida praktiziert mit diesem Verfahren ein spielerisches Verändern und Durchbrechen von Machtstrukturen.

c.   Barthes (1915–1980): Mythos und Vieldeutigkeit des Textes

Mit seinem 1957 erschienenen Werk „Mythen des Alltags" (1964) legte der französische Philo-soph, Literatur- und Kulturtheoretiker Roland Barthes mit Hilfe des semiotischen Instrumenta-riums eine ideologiekritische Analyse von Produkten der modernen Massenkultur vor, indem er u. a. Mythen in der Werbung, der Mode oder in Zeitungsnachrichten untersuchte. Alles, wovon ein Diskurs Rechenschaft ablegen kann, vermag Barthes zufolge zum Mythos zu werden. Der Mythos wird von ihm verstanden als ein „sekundäres semiologisches System" (Barthes 1964), das die Bedeutungen der jeweiligen Objekte überlagert und die ideologische Tendenz aufweist, historisch und kulturell gewachsene Phänomene als natürlich und unveränderbar darzustellen. Die von Barthes analysierten Mythen erscheinen als wesentlicher Beitrag zur Legitimierung so-zialer Unterschiede. Um diese Mythen zu entlarven bedarf es eines entmystifizierenden Lesens.

In seiner Texttheorie versuchte Barthes aufzuzeigen, dass sich ein literarischer Text nicht in seiner Bedeutung festlegen lässt, sondern dass dieser vielmehr ein vielschichtiges Gewebe verschiedenster Codes darstellt. In Texten kann also Polysemie bzw. Vieldeutigkeit entdeckt werden. Aus diesem Grund ist es dem Autor oder der Autorin eines Textes nicht möglich, einen jeweiligen Text in seiner Bedeutung zu fixieren, weswegen auch die Vorstellung von einem autonomen AutorInnensubjekt verabschiedet werden muss. Hinter der Konstruktion eines sol-chen Subjekts stehen – so Barthes – bürgerliche, ideologische und kapitalistische Interessen (Barthes 2008). Der wichtigste Teil der Schaffung von Bedeutung liegt Barthes zufolge auf Seiten der RezipientInnen, denn durch den Akt der Rezeption wird aktiv Bedeutung geschaf-fen, werden TextkonsumentInnen zu TextproduzentInnen.

d.   Kristeva (*1941): Text und Intertextualität

Auch der Textbegriff der Psychoanalytikerin, Literatur- und Kulturwissenschaftlerin Julia Kris-teva, den sie in ihren Werken „Sēmeiōtikē – Recherches pour une sémanalyse" (1969) und „Po-lylogue" (1977) entwickelte, bricht radikal mit der Referenz auf die AutorInnenintention als Sinnzentrum des Textes. Sie versteht Text als ein „Produktionsinstrument eines Prozesses der Erzeugung von Bedeutung und Bezeichnung" (Link-Heer 1998: 470f.), der nicht nur auf literari-sche Texte beschränkt bleibt, sondern sich in die „Geschichte und in die Gesellschaft einschreibt und diese umschreibt" (Link-Heer 1998: 471). Auf dieser Grundlage entwickelte sie auch ihre Subjekttheorie, „in der das Subjekt nicht als feste und fixierte Substanz, sondern nur als Prozess – insofern der ständigen Verschiebung von Bedeutung vergleichbar – zu begreifen ist" (Berger 2004: 62f.). Das Subjekt des Autors/der Autorin bzw. des Lesers/der Leserin wird bei Kristeva nicht als immer schon gegeben vorausgesetzt, sondern als eine Instanz verstanden, „die in die-sem Prozess der Bedeutungsbildung ihrerseits konstituiert wird" (Link-Heer 1998: 471).

Zentrale Bedeutung kommt in ihrem Werk dem Begriff der Intertextualität zu. Dieser Begriff meint, dass Texte nicht als Einheiten, sondern nur in Relationen mit jeweils anderen Texten zu verstehen sind. Dies gilt auch für kulturelle Strukturen, die ebenso Bezüge zu jeweils anderen Strukturen aufweisen.

5.2.3   Konsequenzen für die Kunstsoziologie

Postmoderne und poststrukturalistische Denkweisen haben für die Kunstsoziologie zahlreiche Konsequenzen, die abschließend kursorisch angedeutet werden sollen. Anstatt auf *die* Kunst richtet eine von postmodernen Einsichten inspirierte Kunstsoziologie das Augenmerk auf eine

Vielzahl von Künsten, um der in der Postmoderne vorherrschenden kulturellen Pluralisierung Rechnung zu tragen. Dies impliziert die Aufhebung des Unterschieds zwischen elitärer und populärer Kunst und Kultur. Der bürgerliche Kunst- und Kulturbegriff, der sich seit jeher allem Populären verwehrt hat, wird im Zuge dessen vor allem in Hinblick auf die dahinter stehenden Ideologien dekonstruiert und entmystifiziert. Zu fragen wäre in diesem Zusammenhang, welche Interessensgruppen, Institutionen und Machtkonstellationen sich hinter diesen Ideologien verbergen, welche gesellschaftlichen Positionen durch jeweilige Ideen und Wertungen legitimiert werden sollen und wie Teilhabe und Ausschluss auf den Feldern der Kunst und Kultur organisiert sind. Zur Beantwortung dieser und ähnlicher Fragestellungen sind Perspektivenvielfalt, Verschiebungen von Blickwinkeln und die Einbeziehung von interdisziplinärer Forschung sowie einer Vielzahl methodischer Ansätze gefordert. Durch das Aufwerfen der angedeuteten Fragestellungen vermag eine postmoderne Soziologie der Künste auch praktisch und politisch zu sein, denn der Gegenstand der Politik in der Postmoderne ist vor allem die Re-Allokation von Aufmerksamkeit (Bauman 1992: 200); Aufmerksamkeit, die in postmodernen kunstsoziologischen Perspektiven vor allem für die kulturellen Heterogenitäten gewonnen werden soll.

In methodischer Hinsicht ist der Diskursbegriff Foucaults einer der bedeutendsten Beiträge für eine Sozialwissenschaft, die sich mit kommunikativen Prozessen und deren soziologisch-machtpolitischen Dimensionen auseinandersetzt. Foucaults Arbeiten haben zu einer Reihe von an ihn anschließenden diskurstheoretischen Ansätzen etwa in Form der wissenssoziologischen Diskursanalyse (Keller et al. 2001; Keller 2004; 2005) geführt. Die wissenssoziologische Diskursanalyse Reiner Kellers widmet sich der „Analyse institutioneller Regulierungen von Aussagepraktiken und deren performativer, wirklichkeitskonstituierender Macht" (Keller 2004: 8) und lässt sich auch für kunstsoziologische Untersuchungen nutzbar machen. An postmoderne und poststrukturalistische feministische Denkerinnen wie Julia Kristeva, Luce Irigaray oder Hélène Cixous anknüpfende empirische Filmdiskursanalysen (Mulvey 1989) setzten sich bereits konkret mit den Fragen auseinander, wie Filmdiskurse durch geschlechtsspezifische Themen, geschlechtsspezifisches Wissen und Machtverhältnisse zwischen Männern und Frauen strukturiert sind. Dabei wird der männlichen Position als Zentrum, von dem aus dieses Wissen und diese Diskurse entwickelt werden, mit Ablehnung begegnet.

Eines der wichtigsten Angriffsziele von poststrukturalistischen DenkerInnen wie Derrida, Barthes oder Kristeva ist die Vorstellung von einem autonomen AutorInnen- bzw. KünstlerInnensubjekt. Ein Autor/Künstler oder eine Autorin/Künstlerin erscheint aus poststrukturalistischen Perspektiven nicht mehr als ästhetischer Ursprung, sondern wird als Subjekt vielmehr erst im Prozess der Bedeutungsbildung konstituiert. Dabei ist auch zu bedenken, dass ein künstlerischer oder kultureller Text, wie jeder andere Text auch, auf jeweils andere Texte verweist. Der radikale Bruch mit der Referenz auf die AutorInnenintention als Sinnzentrum eines künstlerischen oder kulturellen Textes und im Speziellen die Verlagerung der Schaffung von Bedeutung auf die Seite der RezipientInnen von künstlerischen oder kulturellen Texten hat etwa im Bereich der Cultural Studies zur Entwicklung einer Medienrezeptionstheorie und damit zu einer Verschiebung von der Produktions- zur Rezeptionsästhetik beigetragen (vgl. Kapitel 5.1.1). Für die Cultural Studies bedeutsam geworden ist außerdem eine theoretische Konzeption, die auf den französischen Soziologen Michel Maffesoli (1988) zurückgeht, nämlich jene des Neo-Tribalismus. Maffesoli prägte den Begriff der „urban tribes" bzw. „tribus urbaines", mit dem er postmoderne „urbane Stämme" als Netzwerke oft sehr heterogener Personen, die durch gemeinsame Erlebnisse, Leidenschaften oder Emotionen miteinander verbunden sind, beschrieb. Im Gegensatz zu traditionellen Stämmen sind diese „urban tribes" u. a. dadurch gekennzeichnet, dass die Individuen gleichzeitig mehreren „tribes" angehören können, es sich dabei um temporäre Vergemeinschaftungen handelt und diese Vergemeinschaftungen zumeist eine gemeinsame Ästhetik aufweisen. Maffesolis theoretische Überlegungen fanden vor allem in der Fan- und Subkulturforschung Anwendung. Für ihn selbst fungierte die Punk-Kultur als typisches Beispiel für einen „urbanen Stamm".

Poststrukturalistische Einsichten schärfen nicht zuletzt den Blick für den realitätsformierenden Charakter der Wissenschaftssprache und damit auch der Sprache einer Soziologie der Künste. Sprache im Allgemeinen und Wissenschaftssprache im Besonderen ist nicht einfach eine Repräsentation sozialer Wirklichkeit, sie stellt Wirklichkeit vielmehr erst selbst her. Die Art und Weise, wie wir soziale Wirklichkeit beschreiben und erklären, ist abhängig von den verwendeten Begriffen und Rhetoriken. Damit sind u. a. die in wissenschaftlichen Kunstdiskursen prominenten Begriffe wie Schönheit, Authentizität, Individuum, Werk, Genie, die letztlich allesamt im Begriff der Wahrheit kulminieren, problematisch geworden. Eine postmoderne bzw. poststrukturalistische Soziologie der Künste trägt zu einer kritischen Lesart von wissenschaftlichen Texten bei, beachtet deren intertextuelle Bezüge und regt eine permanente Überprüfung der eigenen Begrifflichkeiten und Positionen an.

5.3 Kunstsoziologie und feministische Theorien: Ein kursorischer Überblick[56]

The Advantages of Being a Woman Artist:
Working without the pressure of success
Not having to be in shows with men
Having an escape from the art world in your 4 free-lance jobs
Knowing your career might pick up after you're eighty
Being reassured that whatever kind of art you make it will be labeled feminine (…)
Having the opportunity to choose between career and motherhood (…)
Being included in revised version of art history
Not having to undergo the embarrassment of being called a genius
Getting your picture in the art magazines wearing a gorilla suit

A Public Service Message from GUERRILLA GIRLS conscience of the art world (www.guerrillagirls.com, Zugriff: April 2012)

Diese humoristisch formulierte und mittels Poster, Postkarten, Videos und Performances in die Öffentlichkeit getragene Kritik an Sexismen und Rassismen in der Kunstwelt stammt von den Guerrilla Girls, einer anonymen Gruppe von Künstlerinnen, die sich in den USA Mitte der 1980er Jahre formieren und durch ihr Gorilla-Outfit auf sich aufmerksam machen. Die selbstbezeichneten „feministischen Rächerinnen" wählen die Namen verstorbener Künstlerinnen als Pseudonyme, sie rekurrieren auf ihre persönlichen Erfahrungen und feministische Theorien zur Skandalisierung struktureller und individueller Benachteiligungen qua Geschlecht und „race"[57].

Der Kunstsoziologie im Allgemeinen folgend thematisieren geschlechtsspezifische Fragestellungen das Verhältnis zwischen Gesellschaft und Kunst – jedoch erweitert um die sozialen Kategorien Geschlecht, Klasse, Ethnizität und Sexualität. Fragen zum Geschlechterverhältnis

---

56 Verfasserin des Kapitels 5.3 ist Rosa Reitsamer.
57 Der Begriff „race" wird als eine soziale, kulturelle und politische Kategorie verstanden, nicht als biologische.

im Feld der Kunst greifen Theorien der feministischen Soziologie auf, sie untersuchen soziale
Ungleichheiten auf der Makro-, Meso- und Mikroebene, rekurrieren aber auch auf Analysen
der Frauen- und Geschlechterforschung in anderen Disziplinen wie etwa den Medien-, Film-,
Musik- und Kunstwissenschaften, den Gay and Lesbian Studies, den Queer Studies oder den
Cultural und Postcolonial Studies[58]. Inspiriert von der Zweiten Frauenbewegung der 1970er
Jahre, der Thematisierung der Zusammenhänge von Gewalt und Sexualität, von reproduktiver
(Haus-)Arbeit und privater Ausbeutung und den damit einhergehenden politischen Forderun-
gen nach rechtlicher und ökonomischer Gleichberechtigung und Gleichstellung von Frauen
streben es kunstsoziologische feministische Forschungen an, zu umfassenderem Erkenntnis-
gewinn hinsichtlich der Entstehungs-, Aneignungs- und Vermittlungszusammenhänge von
Kunst in westlichen Gesellschaften zu gelangen.

5.3.1   Frauenforschung und „Frauenkultur"

Ein zentrales Leitmotiv für die Zweite Frauenbewegung stellt Simone de Beauvoirs Buch „Das
andere Geschlecht" (1949, dt. 1951) bereit, in dem sie den viel zitierten Satz schreibt „Als Frau
wird man nicht geboren, zur Frau wird man gemacht" (de Beauvoir 1992: 265). Beauvoir lenkt
mit dieser Aussage den Fokus auf die Sozialisation, die Traditionen, Normen und Ideologien,
die Menschen erst zu Frauen und Männern machen, und postuliert somit Geschlecht als soziale
Konstruktion. Für die Frauenforschung der 1970er und 1980er Jahre entwickelt Gayle Rubin
(1975) mit der Unterscheidung in „Sex" als biologisches Geschlecht und „Gender" als soziales
Geschlecht ein begriffliches Instrumentarium für die Zurückweisung naturalistischer Vorstellungen und biologistischer Argumentationen, die sich im 19. Jahrhundert rasant verbreiteten
und weißen Männern in westlichen Gesellschaften den Zugang zu Rechten und Ressourcen
in den Bereichen Politik, Wirtschaft, Bildung und Kultur ermöglichten, während Frauen auf
reproduktive Tätigkeiten verwiesen wurden. Mit der Kritik an biologistischen Begründungen
sozialer Hierarchien und Machtverhältnisse ist es der feministischen Forschung möglich nach-
zuweisen, dass die ungleiche Verteilung von Rechten, Ressourcen, Chancen und Anerkennung
zwischen Frauen und Männern nicht auf biologische Unterschiede oder vermeintlich angebo-
rene Dispositionen rückführbar ist, sondern das Ergebnis gesellschaftlicher Prozesse darstellt.
Diesen Beweis führt Linda Nochlin in ihrem bereits 1971 publizierten Artikel „Why Have
There Been No Great Women Artists?" (1971), der den Beginn der feministischen Kunstge-
schichtsforschung markiert. Sie richtet mit dieser Frage den Analysefokus auf die sozialen
Verhältnisse im Kunstbetrieb, seine Institutionen und Praktiken sowie die gesellschaftliche
Stellung von KünstlerInnen, Auftraggebern, Mäzenen und Publikum. Erst durch das Zusam-
menwirken dieser Institutionen und AkteurInnen werde der Mythos vom Künstler als Genie
erzeugt und eine Hierarchisierung der Kunstgattungen in „hohe" und „angewandte" Künste
vorgenommen, die entlang von „männlichem" Schöpfertum und als reproduktiv wahrgenom-
menem „weiblichen" Geschick verläuft. Die den Diskursen über künstlerische Genialität und
Gattungshierarchien eingeschriebenen geschlechtsspezifischen Zuweisungen regulierten den
Zugang zu verschiedenen Formen künstlerischer Ausbildung und Arbeit (Frauen war bis ins
20. Jahrhundert hinein das akademische Kunststudium verwehrt), sie dienten aber auch als rhe-
torische Legitimationsfiguren dafür, dass kunstschaffende Frauen weder „Genies" sein, noch
eine den Männern ebenbürtige Position als „Meisterinnen" einnehmen konnten. Die feldspe-

---

58 Einige der zahlreichen wie vielseitigen Ansätze und Studien aus diesen wissenschaftlichen Disziplinen sollen
    hier vorgestellt werden. An dieser selektiven, kaum repräsentativen Auswahl spiegelt sich die Schwierigkeit der
    Eingrenzung der Kunstsoziologie im Allgemeinen und der feministischen Kunstsoziologie im Besonderen wider.

zifischen Praktiken der Vergeschlechtlichung von Kunstsparten und Musikgenres finden sich bis heute beispielsweise in der Konstruktion von Rock und „Underground" als „männlich" und Pop und „Mainstream" als „weiblich" (vgl. Frith/McRobbie 1978), wodurch Mädchen/ junge Frauen auf die Position der vermeintlich passiven Fans reduziert und Musikerinnen auf die Rolle der Sängerin festgeschrieben werden; als Instrumentalistinnen, Technikerinnen oder Musikproduzentinnen und in leitenden Positionen in der Musikindustrie sind Frauen nach wie vor unterrepräsentiert. In ihrem zum Gründungstext der feministischen Filmtheorie avancierten Artikel „Visual Pleasure and Narrative Cinema" (1973) deckt Laura Mulvey erstmals die patriarchalischen und phallozentristischen Strukturen im Hollywood-Kino der 1930er, 40er und 50er Jahre auf. Sie beschreibt, wie die Lust (*pleasure*) am Sehen und Gesehenwerden entlang der Gegensatzpaare aktiv und männlich versus passiv und weiblich verläuft, wodurch der Mann als Subjekt, die Frau lediglich als Objekt, als Bild, repräsentiert sei, das weiblichen Zuschauern die Möglichkeit zur Identifikation verwehre.

Diese Analysen stehen exemplarisch für die Ausrichtung der kunstwissenschaftlichen Frauenforschung der 1970er und 1980er Jahre, die sich den historischen, sozialen und ökonomischen Bedingungen der Kunstproduktion von Frauen widmet und deren Ausschlüsse sowie ambivalenten Inklusionen in verschiedene historische Epochen und Kunstsparten als Ergebnis „patriarchalischer Vorherrschaft" interpretiert. Diese ist tief im abendländischen Denken der Moderne mit seinen binären Oppositionen von Kultur und Natur, Geist und Körper, Subjekt und Objekt, öffentlicher und privater Sphäre etc. verankert und wird durch Institutionen, Organisationen und AkteurInnen fortlaufend reproduziert.

Neben dieser Kritik konzentriert sich die sozialwissenschaftliche Frauenforschung auf den „weiblichen Lebenszusammenhang" und die Suche nach einer eigenständigen „Frauenkultur" , die im Sinne eines „HerStory"-Narrativs mit der Organisation von Ausstellungen, Konzerten und Festivals eine Umsetzung findet und sich auch in den künstlerischen Positionen von Frauen manifestiert, die Körper, Sexualität, Weiblichkeit und Gewalt thematisieren. Für die Cultural Studies entwerfen Angela McRobbie und Jenny Garber (1976) das Konzept der „bedroom culture" zur Beschreibung einer distinkten Mädchenkultur, die sich im Unterschied zu den Freizeitaktivitäten junger Männer nicht auf der Straße abspielt, sondern in den Kinderzimmern der Mädchen.

Die Studien zur „weiblichen Ästhetik", die der Manifestation der geschlechtsspezifischen Sozialisation und Erfahrungen von Frauen in ihren künstlerischen Werken nachgehen (z. B. Hélène Cixous, Luce Irigaray), erweisen sich nach anfänglicher Popularität jedoch als weitgehend unhaltbar. Ebenso wie die Debatten um eine „Frauenkultur" als Kern der Zweiten Frauenbewegung setzen sich jene über eine genuin „weibliche Ästhetik" dem Essentialismus-Vorwurf aus. Das Thema der Gleichheit und/oder Differenz zwischen den Geschlechtern steht folglich im Vordergrund der feministischen Forschung bis Mitte der 1980er Jahre, die in einem ersten Schritt die Gleichstellung von Frauen und Männern fordert, in einem zweiten aber notwendigerweise versuchte, die weibliche Position um- und aufzuwerten mit dem Ziel, dem Ausschluss von Frauen aus dem „Main-" bzw. „Malestream" entgegenzuwirken.

5.3.2   Differenzen zwischen Frauen und Intersektionalität

Im Verlauf der 1980er Jahre werden die Debatten um Gleichheit und/oder Differenz zwischen den Geschlechtern allmählich durch notwendige Diskussionen über die Differenzen zwischen Frauen und in Folge damit einhergehend um das Konzept der Intersektionalität erweitert. Dieser Perspektivenwechsel wird von lesbischen Frauen, „Women of Color" und postkolonialen Feministinnen

eingeleitet, die die Kategorie „Frau" als universalistische Leitkategorie für feministische Theoriebildung in Frage stellen. Eine erste Kritik am Patriarchatskonzept weißer Mittelschichtfeministin-
nen und der Idee von „global sisterhood" formuliert das Combahee River Collective (1982), ein
Zusammenschluss schwarzer, lesbischer Frauen. Das Kollektiv macht auf seine Lebensrealitäten
aufmerksam, indem es erklärt, Diskriminierungen aufgrund von „race", Klasse, Geschlecht und
Sexualität zu erfahren und Formen der Allianzenbildung zwischen Frauen auf Basis ihrer unterschiedlichen gesellschaftlichen Positionierung zu erkämpfen seien. Für die Kunstwelt analysiert
Adrian Piper „The Triple Negation of Colored Women Artists" (1990), die auf ihren historischen
und aktuellen Ausschlüssen aus dem kunsthistorischen Kanon des „euroethnischen Mainstreams"
und den „Frauenausstellungen" weißer Feministinnen basiere. An die Phase der Ausschlüsse
schließe die Inklusion einiger weniger schwarzer oder afroamerikanischer Künstlerinnen an, die
durch das Interesse des Kunstfeldes an Differenz und „Andersheit" charakterisiert sei. Differenz
und „Andersheit" werden, so Stuart Hall (2004), durch „Prozesse der Rassifizierung" und „Strategien der Stereotypisierung" hergestellt, indem Menschen auf einige wenige, einfache, vermeintlich
auf Natur beruhende Wesenseigenschaften reduziert und festgeschrieben werden. Hierzu gehört
etwa die Vorstellung, dass „Colored Women Artists", deren künstlerische Arbeiten Gender und
Sexualität oder politische Ungleichheiten thematisieren, aggressiv, manipulativ und sexuell verfüh-
rerisch wären. Oder mit den Worten bell hooks (sic!): „Für die dominante Kultur symbolisiert der
schwarze weibliche Körper immer sexuelle Erfahrung." (hooks 1992: 197) Folglich argumentiert
Adrian Piper, dass die Position von schwarzen Künstlerinnen im Kunstfeld durch ihren Kampf
gegen Rassismen und Sexismen geprägt und strukturiert seien.

Auf allgemein gesellschaftlicher Ebene thematisiert Patricia Hill Collins die Diskriminierungen von „Women of Color". Sie greift den Begriff der Intersektionalität auf und schlägt vor,
„race", Klasse und Gender als „interlocking systems of oppression" (Hill Collins 1990: 221)
zu verstehen und die daraus resultierenden sozialen Ungleichheiten als Teil einer übergeordne-
ten „matrix of domination" (ebenda: 224) zu analysieren. Angewendet auf das Feld der Populärkultur (vgl. Knüttel/Seelinger 2011) thematisieren intersektionale Analysen neben Formen
der Repräsentation auch die sozialen Praktiken der AkteurInnen sowie die neoliberalen ökonomischen Machtverhältnisse.

An die Kritik von schwarzen Frauen anschließend befragen auch postkoloniale Feministinnen
das dominante feministische Theorieprojekt auf seinen „eurozentristischen Universalismus"
(Mohanty 1988). Sie halten fest, dass weiße westliche Feministinnen ohne Rücksicht auf die
Besonderheiten von „race", Klasse oder geopolitischer Situiertheit von Frauen Repräsentationen von der „Dritte-Welt-Frau" als Opfer konstruieren (Minh-ha 1989; Mohanty 1988) und
die Erfahrungen, Kämpfe und Theorien von Frauen des globalen Südens sowie minorisierter
Frauen in westlichen Gesellschaften ausgeblendet werden.

Dass sich die Geschichte des Kolonialismus, die Konstruktion des „Anderen" und „Fremden"
sowie hierarchische Geschlechterverhältnisse auch in Museen einschreiben, zeigt exemplarisch die Analyse der Geschichte, der Ausstellungen und ethnologischen Sammlungen des
Museums für Völkerkunde sowie des Kunsthistorischen und Naturhistorischen Museums in
Wien (Muttenthaler/Wonisch 2006). In musealen Kontexten werden die Praktiken des Sam-
melns, des Klassifizierens von ethnologischen Objekten, ihr Aufstellen und ihre Beschriftung
zu politischen Akten, durch die Differenzen qua Geschlecht und „race" als selbstverständlich
und „natürlich" präsentiert werden.

5.3.3   Queer Theory, Postmoderne und ‚Neue' Feminismen

Eine erste akademische Ausformulierung der Queer Theory nimmt Judith Butler mit ihrem ein-flussreichen Buch „Gender Trouble: Feminism and the Subversion of Identity" (1990; dt. Das Unbehagen der Geschlechter; 1991) vor. Im Anschluss an Michel Foucaults „Sexualitätsdispositiv" weist Butler die zu Beginn der 1970er Jahre eingeführte Sex-Gender-Unterscheidung zurück. Sie argumentiert, dass „Sex", das biologische Geschlecht, der Natur und „Gender", das soziale Geschlecht, der Kultur zugeordnet und folglich die dualistische Begriffsordnung des abendländischen Denkens durch feministische Theorien weitergeführt werde. Einen Ausweg sieht Butler in der Überwindung der Sex-Gender-Dichotomie durch eine radikale „Ent-Natura-lisierung der Geschlechtsidentität" (Butler 1991: 218), indem nicht nur „Gender" als diskursiv hergestellt zu verstehen sei, sondern auch „Sex" respektive der Körper. Eine dem Diskurs vor-gelagerte Materialität existiere folglich nicht, weil die binäre Geschlechtsidentität, also Weib-lichkeit und Männlichkeit, erst durch performative Akte der Wiederholung von normierenden Praktiken entstehe. Butler entwickelt ihr Konzept der Performativität in Anlehnung an die The-orie der Sprechakte (John L. Austin, Jacques Derrida) und hält fest, dass die zwanghafte Wie-derholung vergeschlechtlichter Praktiken auch die Möglichkeit der Subversion biete – nämlich dann, wenn sie fehlerhaft vollzogen werde. Die Konsequenz wäre ein Aufbrechen der binären Geschlechtsidentitäten und des heterosexuellen Begehrens. Queere Theorien schlagen also vor, Geschlecht und Sexualität (Körper) als soziale und kulturelle Konstruktionen, ohne biologische Determiniertheit, zu verstehen. „Queer" stellt demnach keine Identität dar, sondern vielmehr eine Identitätskritik und eine „Identitätsbaustelle, ein Ort beständigen Werdens" (Jagose 1996: 165).

Dass der Begriff queer auch für die Beschreibung einer spezifischen postmodernen Nutzung von Zeit und Raum dienlich sein kann, illustriert Judith Halberstam in ihrem Buch „In a Queer Time & Space" (2005) anhand ihrer kritischen Diskussion ausgewählter künstlerischer und subkultureller Praktiken in den USA des späten 20. und frühen 21. Jahrhunderts. Zu dieser Zeit tauche „queere Temporalität" innerhalb homosexueller Communities auf, die tief erschüttert von der AIDS-Epidemie konventionelle Vorstellungen über Leben, Zukunft und Vergänglich-keit einer Revision unterziehen müssen und neue Formen der Gemeinschaft unter den Vorzei-chen von Risiken, Krankheit, Tod und abseits der heterosexuellen Lebenserfahrungen von Ehe und generativer Reproduktion entwickeln. Diese „queere Temporalität" sei unmittelbar mit der Produktion „queerer Räume" – verstanden als reale und symbolische Orte der Gegenöffent-lichkeit und des Widerstands – verbunden (Halberstam 2005: 3–5).

Auf den Einfluss queerer Theorien machen auch TheoretikerInnen und AktivistInnen im Zusam-menhang mit der Formierung einer neuen Generation feministischer Gruppen und AkteurInnen aufmerksam, die wahlweise als Ausdruck des „Third-Wave-Feminism", des „Post-", „Pop-" oder „Do-It-Yourself-Feminism" rezipiert werden. Im Unterschied zur Zweiten Frauenbewegung, zum „Second-Wave-Feminism", der primär im Feld des Politischen agiert, situieren sich diese AkteurInnen im Feld der Populärkultur und Kunst und verstehen die kritischen Auseinanderset-zung mit Popkultur als eine Komponente ihres politischen Kampfes. Dieses neue feministische Selbstverständnis wird von afroamerikanischen Rapperinnen und der US-amerikanischen Ri-ot-Grrrl-Bewegung gegen Ende der 1980er Jahre, Anfang der 1990er Jahre artikuliert, indem sie selbstbestimmt ihren Platz in den männerdominierten Hip-Hop- und Post-Punk-Szenen einfor-dern. In ihrer Untersuchung der Riot-Grrrl-Bewegung beschreibt Ednie Kaeh Garrison (2000) queere Artikulationsweisen, die (sub)kulturelle Produktion von Musik, alternative Medien (Fanzines) und Kunst, die Nutzung neuer Medientechnologien, politische Aktivismen sowie die Netzwerke zwischen Frauen unterschiedlichen Alters als zentrale Elemente des „Third-Wave-Feminismus". Für ihre Abgrenzung zur Zweiten Frauenbewegung referieren die feministischen AkteurInnen häufig auf queere Theorien und greifen eine „Politik der Ambiguität" (Genz/Brabon 2009: 158) auf, die die Identitätspolitik des „Second-Wave-Feminismus" mit ihrer anti-femininen Agenda herausfordern soll. Ihre (sub)kulturellen, musikalischen und künstlerischen Ausdrucksweisen spiegeln die Erfahrungen von Individualisierung und Fragmentierung sowie den Anti-Essentialismus und Multikulturalismus der Postmoderne wider, sie verweisen aber auch auf die Debatten über die Differenzen zwischen Frauen, ohne dabei die Diskurse der Zweiten Frauenbewegung, vor allem die Thematisierung von Gewalt gegen Frauen oder die notwendige Solidarität zwischen Frauen, zu verwerfen.

5.4   Das Feld der Kunstproduktion

5.4.1   Niklas Luhmann (1927–1998): Systemtheoretische Kunstsoziologie[59]

Der deutsche Soziologe Niklas Luhmann war einer der produktivsten Denker im Bereich der soziologischen Theoriebildung und gilt als einer der bedeutendsten und zugleich umstrittensten Gesellschaftstheoretiker des 20. Jahrhunderts. Sein systemtheoretisches Theoriegebäude zählt nach wie vor zu den einflussreichsten Theorieentwürfen im deutschsprachigen Raum – und dies nicht nur innerhalb der Soziologie. Auch in etlichen Nachbardisziplinen wie etwa der Literatur-, Kunst-, Medien-, Erziehungs- oder Politikwissenschaft wurde die Luhmann'sche Systemtheorie eifrig rezipiert, verarbeitet und weiterentwickelt.

1984 erschien Luhmanns Buch „Soziale Systeme – Grundriss einer allgemeinen Theorie", mit dem er keinen geringeren Anspruch stellte als den, eine universalistische „Supertheorie" vorgelegt zu haben. Der systemtheoretische Universalitätsanspruch bedeutet, dass der gesamte Gegenstandsbereich der Soziologie mit Hilfe der auf äußerst hohem Abstraktionsniveau operierenden Theorie sozialer Systeme und ihres komplexen Begriffsapparats beschreibbar gemacht werden soll. Jeder Sachverhalt der Welt muss sich in diesem Selbstverständnis also von der Theorie erfassen lassen können – die Theorie selbst miteingeschlossen, da sie ebenso ein Bestandteil der Welt ist.

Als wichtiger Bezugspunkt in der Luhmann'schen Systemtheorie fungiert zunächst die Differenz von System und Umwelt. Etwas gehört entweder zu einem System oder zu dessen Umwelt. Um von einem System sprechen zu können muss eine Grenze vorhanden sein, die eine eindeutige Zuordnung von Elementen und deren Relationen zu einem System ermöglicht. Die Grenze ist die Differenz zwischen dem System und seiner Umwelt. In Hinblick auf die Luhmann'sche Systemtheorie handelt es sich in diesem Sinne um einen differenztheoretischen Ansatz.

Ganz wesentlich für die Systemtheorie Luhmann'scher Prägung ist der Paradigmenwechsel zur Theorie geschlossener, autopoietischer Systeme, den Luhmann in den „Sozialen Systemen" (1984) in Abgrenzung zur Theorie offener Systeme vollzog und dadurch mit der vorangegangenen systemtheoretischen Tradition brach. Luhmann definiert den Begriff der Autopoiesis folgendermaßen: „Als *autopoietisch* wollen wir Systeme bezeichnen, *die die Elemente, aus denen sie bestehen, durch die Elemente, aus denen sie bestehen, selbst produzieren und reproduzieren.* Alles, was solche Systeme als Einheit verwenden: ihre Elemente, ihre Prozesse,

---

59 Verfasser des Kapitels 5.4.1 ist Rainer Prokop.

ihre Strukturen und sich selbst, wird durch eben solche Einheiten im System erst bestimmt." (Luhmann 1985: 403; Hervorhebungen im Original) Luhmann unterschied in den „Sozialen Systemen" mehrere autopoietische Systemarten: organische, psychische und soziale Systeme. Diese Systemarten vollziehen ihre Autopoiesis in je unterschiedlicher Art und Weise: In Hinblick auf organische Systeme ist die basale Operationsweise das Leben, bei psychischen Systemen das Bewusstsein und bei sozialen Systemen die Kommunikation.

Luhmanns Hauptaugenmerk als Soziologe lag auf den sozialen Systemen. Soziale Systeme beziehen sich auf die Welt bzw. verarbeiten die Welt durch Reduktion von Komplexität, denn die Welt bietet zu jedem Zeitpunkt mehr Möglichkeiten an als tatsächlich verarbeitet werden können. Komplexität bezeichnet die Gesamtheit aller möglichen Zustände, Reduktion von Komplexität die zentrale Funktion von Systemen, die Gesamtheit der in der Welt möglichen Ereignisse durch Selektionsleistungen einzuschränken. Das bedeutet auch, dass die Umwelt eines Systems immer komplexer ist als das jeweilige System selbst. Daher gibt es zwischen Umwelt und System immer ein sogenanntes Komplexitätsgefälle.

Soziale Systeme lassen sich vor dem Hintergrund ihres Operationsmodus Kommunikation nach ihrer Informationsverarbeitungskapazität differenzieren. Die niedrigste Informationsverarbeitungskapazität weisen bei Luhmann Interaktionssysteme auf, eine wesentliche Steigerung demgegenüber stellen Organisationen dar, und das historisch höchste Informationsverarbeitungsniveau wird auf der Ebene von Funktionssystemen erreicht. Das bedeutet, dass der Bezug eines Systems zur Weltkomplexität auch von der Eigenkomplexität dieses Systems abhängig ist. Einfachere soziale Systeme haben demzufolge eine einfachere Welt bzw. Weltvorstellung als komplexere. Das Ensemble der genannten sozialen Systemtypen (Interaktionssysteme, Organisationen und Funktionssysteme) in ihrer jeweiligen historischen Zusammensetzung bildet schließlich die Gesellschaft.

Komplex ist die Welt nicht aus sich heraus, sondern nur aus der Perspektive von Systemen, die die Welt beobachten. Große Bedeutung kommt in der Systemtheorie daher dem Begriff der Beobachtung zu. Luhmann formulierte in Anlehnung an den englischen Mathematiker George Spencer Brown eine allgemeine Theorie der Beobachtung, die darauf hinausläuft, dass alle Arten von Systemen über die Fähigkeit zu beobachten verfügen. Der Figur des Beobachters kommt in dieser Konzeption ein entsubjektivierter Status zu. Beobachtung ist immer eine operativ hergestellte Konstruktion eines Systems und besteht aus den zwei Komponenten des Unterscheidens und Bezeichnens. Etwas kann nur dann bezeichnet werden, wenn es von etwas anderem unterschieden wird. Das bedeutet also, dass eine Beobachtung eine Unterscheidung dazu gebraucht, um eine Seite dieser Unterscheidung und nicht die andere zu bezeichnen. Die zwei Komponenten der Beobachtung treten zwar stets gemeinsam auf, explizit genannt wird aber zumeist nur die Bezeichnung, also z. B. Niklas Luhmann – und nicht Jacques Derrida oder dieses bestimmte Gemälde – und nicht alle anderen. Jede Beobachtung ist also an die gewählte Unterscheidung gebunden und im Moment des Beobachtens ist es für eine Beobachtung nicht möglich, die Unterscheidung, die sie gebraucht, zu beobachten. In diesem Sinne benutzt jede Beobachtung ihre eigene Unterscheidung als blinden Fleck. Allerdings gibt es immer mehr als eine Unterscheidungsmöglichkeit, anhand der etwas beobachtet werden kann. Zum Beispiel kann eine zweite Beobachtung mit Hilfe einer (anderen) Unterscheidung die Unterscheidung der ersten Beobachtung beobachten und auf diese Weise mit dieser (anderen) Unterscheidung bezeichnen. Die Beobachtung der Beobachtung wird in der Systemtheorie Beobachtung zweiter Ordnung genannt. Eine Beobachtung zweiter Ordnung besitzt in Hinblick auf eine Beobachtung erster Ordnung keine privilegierte Position.

Luhmann entwickelte den ersten grundlegenden theoretischen Entwurf der „Sozialen Systeme" bei der Erprobung der Theorie an unterschiedlichen Phänomenen und sozialen Systemen im Laufe der Zeit kontinuierlich weiter und nahm Schritt für Schritt Erweiterungen, Verfeinerungen, Akzentverschiebungen und Korrekturen der Theoriearchitektur vor. Die analytische Ausarbeitung in Bezug auf einzelne Teilsysteme der modernen Gesellschaft erfolgte in Form von Monographien zu Systemen wie Wirtschaft, Politik, Recht, Wissenschaft, Religion oder Erziehung. Auch zur Kunst verfasste Luhmann nach mehreren vorangegangenen Aufsätzen[60] eine Monographie: „Die Kunst der Gesellschaft" (1995). Zu einem großen Teil greift er hier seine Überlegungen aus früheren Aufsätzen wieder auf und verarbeitet sie weiter. Auch im Falle der Kunst hatte Luhmann stets den Ausbau und die Weiterentwicklung der Gesamttheorie im Blick, die er schließlich 1997 – kurz vor seinem Tod – noch einmal in „Die Gesellschaft der Gesellschaft" darlegte. Damit sollte bereits deutlich geworden sein, dass die systemtheoretische Kunstsoziologie nicht als alleinstehendes theoretisches Konstrukt zu verstehen ist, sondern sich vielmehr als Teil einer allgemeinen Sozialtheorie darstellt. Die Auseinandersetzung mit Kunst ergab sich für Luhmann dadurch, dass eine auf Universalität abzielende Gesellschaftstheorie nicht ausblenden kann, dass es so etwas wie Kunst gibt.

Luhmann kann wohl als einer der radikalsten Vertreter der Autonomie der Kunst betrachtet werden. Der Theorie sozialer Systeme konform beleuchtet er vorwiegend das autopoietische **Kunstsystem**, das sich durch aneinander anschließende Kommunikationen reproduziert. Das Kunstsystem soll im ersten Teil dieses Beitrags genauerer Betrachtung unterzogen werden. Luhmann geht in Hinblick auf das Kunstsystem von einer systemischen Einheit aller Kunstgattungen aus, wie sie innerhalb des Systems selbst erstmals in der Romantik formuliert wurde. Seine Überlegungen basieren dabei hauptsächlich auf den Bereichen Literatur und bildender Kunst. Andere Kunstbereiche spielen eine eher untergeordnete Rolle. Außerdem wird **Kunst** bei Luhmann – wenn es um Fragen der Effektivität von Kommunikation geht – **als symbolisch generalisiertes Kommunikationsmedium** behandelt (Luhmann 1976). Dieser Aspekt wird im zweiten Teil der Darstellung aufgegriffen. Abschließend folgen resümierende Schlussbemerkungen.

a.   Kunst als gesellschaftliches Funktionssystem

Funktionale Differenzierung und die Funktion der Kunst

Luhmann zufolge ist die Gesellschaft in der Moderne von der Erfüllung unterschiedlicher Funktionen – wie materielle Reproduktion, Herstellung kollektiv bindender Entscheidungen oder Produktion neuer Erkenntnisse – abhängig. Diese Funktionen werden von gesellschaftlichen Funktionssystemen wie Wirtschaft, Politik oder Wissenschaft autonom bzw. exklusiv erfüllt. Luhmann spricht in Hinblick auf die Ausdifferenzierung dieser und weiterer gesellschaftlicher Teilsysteme von funktionaler Differenzierung. Durch funktionale Differenzierung unterscheidet sich die moderne Gesellschaft von allen vormodernen Gesellschaften. Die funktionale Differenzierung der Gesellschaft setzte spätestens zwischen Mitte des 19. und Beginn des 20. Jahrhunderts ein und löste die bis dahin vorherrschende gesellschaftliche Ordnungsform einer hierarchisch geordneten Schichtengesellschaft ab. Der Grund dafür liegt Luhmann zufolge darin, dass letztere Form der Gesellschaftsordnung in Bezug auf die gesellschaftlichen Kapazitäten zur Komplexitätsverarbeitung zu beschränkend wirkte und leistungsfähigere For-

---

60 Die der „Kunst der Gesellschaft" (1995) vorangegangenen älteren „Schriften zu Kunst und Literatur" (2008) Luhmanns wurden von Niels Werber in gesammelter Form herausgegeben.

men der Komplexitätsreduktion gefragt waren, die schließlich durch die Umstellung auf die funktional differenzierte Gesellschaftsordnung ermöglicht wurden. Luhmann bestreitet nicht, dass in der modernen Gesellschaft zwar mehr oder minder ausgeprägte schichtungsmäßige (oder auch andere) soziale Formen vorhanden sind, er hält aber die funktionale Differenzierung für das primäre Gliederungsprinzip der modernen Gesellschaft.

In dieser theoretischen Anlage kommt auch der Kunst eine Funktion für die moderne Gesellschaft zu und diese sieht Luhmann in der „Herstellung von Weltkontingenz"[61] (Luhmann 1986: 625). Was ist damit gemeint? Kunst bezieht sich in Luhmanns Verständnis auf genau jene Möglichkeiten, die durch die Realisierung bestimmter Dinge auf bloße Möglichkeiten reduziert wurden und versucht aufzuzeigen, wie in diesem Bereich eine Ordnung mit eigener Notwendigkeit möglich ist. Das Kunstwerk stellt eine eigene fiktive Realität fest, welche sich von der gängigen bzw. der realen Realität unterscheidet. Es generiert die Trennung des Realen in eine reale und eine fiktive Wirklichkeit. Unter realer Realität versteht Luhmann den normalen Alltag bzw. den Bereich vertrauter Erwartungen, unter fiktionaler Realität den Bereich der Reflexion anderer (unvertrauter, überraschender, nur artifiziell zu gewinnender) Ordnungsmöglichkeiten. Die Kunst macht demnach Ordnungsmöglichkeiten sichtbar, die anderenfalls unsichtbar blieben. Die fiktive Realität des Kunstwerks zeigt auf, dass die reale Realität auch anders möglich ist. Genau dieser Umstand ist mit dem Begriff der Weltkontingenz gemeint. Nur in der Kunst und nirgendwo sonst wird laut Luhmann Weltkontingenz erzeugt (Luhmann 1990: 13; Luhmann 1995: 157; Baraldi et al. 2006: 105).

Autopoiesis

Ein wesentliches Kennzeichen von Funktionssystemen der modernen Gesellschaft im Allgemeinen und des Kunstsystems im Besonderen ist Autonomie. Der Beginn der Entwicklung von Kunst hin zur Autonomie ist seit dem späten Mittelalter beobachtbar. Davor hatte die Kunst dienende Funktionen in anderen Funktionskontexten zu erfüllen. Kunstwerke des Mittelalters bzw. Werke, die wir rückblickend als solche bezeichnen würden, waren dazu bestimmt, religiöse, politische oder andere gesellschaftliche Bedeutungen herauszustellen. Autonomie bedeutet vor diesem Hintergrund die Ablösung der Kunst von anderen sozialen Funktionen (Luhmann 1995: 256ff.).

Für Luhmann bildet Kunst heute ebenso wie Wirtschaft, Politik oder Wissenschaft ein selbstreferentiell-geschlossenes, autopoietisches Subsystem der Gesellschaft.[62] Luhmann hat das Autopoiesis-Konzept von den chilenischen Biologen bzw. Neurophysiologen Humberto Maturana und Francisco Varela, die damit das Organisationsprinzip des Lebendigen bezeichneten und ihre Überlegungen exemplarisch am Beispiel der Zelle ausführten, übernommen, generalisiert und auf soziale Zusammenhänge übertragen. Der Autopoiesis-Begriff setzt sich aus den griechischen Worten *autos* (= selbst) und *poiein* (= machen) zusammen und bezeichnet den Prozess der Selbsterzeugung und -erhaltung eines Systems. Autopoietische Systeme produzieren und reproduzieren sich auf der Grundlage ihrer eigenen Elemente. Der Begriff der Selbstreferentialität ist ganz im Sinne des Autopoiesis-Begriffs zu verstehen. Selbstreferentiell bedeutet, dass die Operationen immer nur an sich selbst anschließen können. In diesem Sinne sind autopoietische Systeme auch operational geschlossen. Operational geschlossen heißt,

---

61 In der „Gesellschaft der Gesellschaft" bezeichnet Luhmann die Funktion der Kunst auch als *„Reaktivierung ausgeschalteter Possibilitäten"* (Luhmann 1998: 352; Hervorhebung im Original).

62 Im Verhältnis zu anderen Funktionssystemen weist Kunst im Übrigen eine Besonderheit auf: Die Teilnahme an ihr ist freigestellt. In diesem Zusammenhang fällt auf, dass nur relativ kleine Anteile der Bevölkerung am Kunstgeschehen teilnehmen (Luhmann 1995: 390).

dass das System nicht in seiner Umwelt operieren kann, sondern eben nur innerhalb seiner eigenen Grenzen. Da autopoietische Systeme allerdings auch die Form des Austausches mit ihrer Umwelt festlegen können, sind sie zugleich offen. Geschlossenheit wird in diesem Zusammenhang folglich nicht als Gegensatz, sondern als Bedingung für Offenheit verstanden (Luhmann 1985: 402ff.; Kneer/Nassehi 2000: 57ff.; Dür 2001: 145ff.).

(Kunst-)Kommunikation

In Hinblick auf soziale Systeme bzw. die Gesellschaft als Ensemble aller sozialen Systeme vollzieht sich die Autopoiesis über Kommunikation. Alles, was Gesellschaft ist, ist Kommunikation. Der Mensch, der aus mehreren, vollständig überschneidungsfrei operierenden Systemen wie dem organischen, dem neuronalen oder dem psychischen System besteht, befindet sich in der systemtheoretischen Konzeption daher in der Umwelt der Gesellschaft. Dies mag zunächst befremdlich klingen, soziale Systeme setzen aber – wie alle autopoietischen Systeme – entsprechende Umweltbedingungen voraus. Soziales Geschehen ist somit auf den Menschen – wie auf vieles andere auch – unabdingbar angewiesen. Die Umwelt eines Systems ist in diesem Sinne nicht weniger wichtig als das System selbst (Luhmann 1984: 288f.). Den Umstand, dass Systeme aufeinander angewiesen sind und zugleich Umwelt für einander darstellen, hat Luhmann mit dem Begriff der strukturellen Kopplung beschrieben. Von struktureller Kopplung ist also immer dann die Rede, wenn ein bestimmtes Abhängigkeits- bzw. Unabhängigkeitsverhältnis zwischen Systemen beschrieben werden soll (Baraldi et al. 2006: 186ff.).

Das Kunstsystem, das in der Systemtheorie als ein Sondersystem gesellschaftlicher Kommunikation fungiert, besteht also *ausschließlich* aus Kommunikation bzw. aus vielen aneinander anschließenden Kommunikationen. In autopoietischen Systemen geht es letztlich um nichts anderes als um „das Anschließen". Das unaufhörliche Reproduzieren immer neuer Kommunikationen stellt das Dauerproblem sozialer Systeme dar. Kommunikationseinheiten sind einerseits die *Elemente* eines sozialen Systems, andererseits sind Kommunikationen zugleich aber auch der *Operationsmodus*, durch den immer weitere Elemente in einem selbsttragenden Prozess erzeugt werden. Das, was Kommunikation bzw. eine Kommunikationseinheit ist, kann nur durch und innerhalb von Kommunikationen festgelegt werden. Konkret geht es im Kunstsystem um kunstbezogene Kommunikation, also um die „Kommunikation des anders als mit Kunst nicht Kommunizierbaren" (Mahrenholz 1998: 81). Dabei spielen Kunstwerke eine große Rolle. Es wird nämlich *durch* sie kommuniziert. Sie sind die einzelnen Elemente des Kunstsystems. Es kann freilich auch *über* Kunstwerke kommuniziert werden, z. B. in Form von Kunstkritik, Kunstkommentierung oder in der Form des Bekanntmachens, Empfehlens oder Ablehnens von Kunstwerken. Um von einem sozialen System der Kunst sprechen zu können, müssen sich die einzelnen Kunstwerke in einem autopoietischen Reproduktionsnetzwerk befinden. Das bedeutet, dass sich jedes Kunstwerk in einer rekursiven Verbindung mit anderen Kunstwerken und innerhalb einer schriftlich oder mündlich verbreiteten verbalen Kommunikation über Kunst realisiert, wobei hierfür Ausstellungen, Museen, Theater, Reproduktionen, öffentliche Debatten usw. nötig sind. Durch jede misslungene Kommunikation wird die Autopoiesis der Kunst in Frage gestellt, auf Dauer gefährdet und im schlimmsten Fall unterbrochen und beendet, was die Auflösung des Systems Kunst zur Folge hätte (Luhmann 1995: 244ff.).

Wichtig ist, dass Kunstwerke in der Systemtheorie niemals als materielle Artefakte vorkommen. Jedes Kunstwerk ist als kommunikatives Objekt zu unterscheiden von seiner Wahrnehmbarkeit bzw. Anschaubarkeit und von seiner materiellen Realisation. Selbstverständlich werden für ein Kunstwerk immer auch Farben, Töne oder andere „Materialitäten" benötigt, aber alles, was zur materiellen Realisation von Kunstwerken benötigt wird, befindet sich aus systemtheoretischer Perspektive in der Umwelt des Kunstsystems. Denn das Kunstsystem selbst „reproduziert Kommunikation durch Kommunikation und nicht etwa über Zwischenoperationen, die aus Marmor oder Farbe, aus tanzenden Körpern oder aus Tönen bestehen" (Luhmann 1995: 131). Kunstkommunikation bedarf in diesem Sinne der strukturellen Kopplung mit ihrer Umwelt.

Funktionssysteme operieren immer nach Maßgabe von einem je eigenen, binären Kommunikationscode, welcher der Funktion eines jeweiligen Systems entspricht, einen positiven und einen negativen Codewert aufweist und für die operative Schließung dieses Systems sorgt. An der binären Codierung von Kommunikation zeigt sich die Autonomie von Funktionssystemen, dritte Werte sind auf Ebene der Codierung ausgeschlossen. In Hinblick auf das Kunstsystem bereitete Luhmann die Festlegung eines eindeutigen Codes allerdings große Schwierigkeiten. Ursprünglich hatte er dem Kunstsystem den spezifischen binären Code schön/hässlich zugedacht. Demzufolge fallen alle Kommunikationen, die sich am binären Code schön/hässlich orientieren, in das Kunstsystem. Auffällig ist hierbei zunächst allerdings der nur lose gegebene Zusammenhang zwischen Codierung und Funktion des Kunstsystems. Denn: Was hat das Schöne oder das Hässliche mit der Erzeugung von Weltkontingenz zu tun? Ein weiterer problematischer Aspekt besteht darin, dass es KünstlerInnen durchaus erstrebenswert finden können etwas Hässliches hervorzubringen. Insbesondere die moderne Kunst spielt nicht selten mit der Negativ-Seite des Codes. „Diese Goutierung des negativen Codewertes ist ungewöhnlich, denn er erhält damit eine unübliche Vorrangstellung. (…) Raffinierte Verteidiger der Schön-Hässlich-Disjunktion würden nun auf die Ästhetik des Hässlichen hinweisen, die das Hässliche schön macht. Das Hässliche würde dann in der Kunst zum Kunstschönen. Aber was würde aus der Zweiwertigkeit des Systems, wenn alles Hässliche auch als schön gelten könnte? Letztlich gäbe es nichts Hässliches mehr." (Becker/Reinhardt-Becker 2001: 130) Nicht zuletzt erscheint die schön/hässlich-Codierung nicht nur auf Kunstwerke, sondern auch auf andere Objekte anwendbar. Sie bleibt außerdem auf die figurative Ebene beschränkt und erfasst nicht die Operationen der Beobachtung bei der Herstellung sowie Betrachtung eines Kunstwerks, die als Operationen weder schön noch hässlich sind (Reese-Schäfer 2005: 114).

Die Unterscheidung schön/hässlich erschien Luhmann selbst kaum haltbar. Eine Alternative zu schön/hässlich sah er schließlich in der Differenz passt/passt nicht bzw. stimmig/nicht stimmig. Es geht hierbei also um jene Operationen, die die Frage aufwerfen, ob eine bestimmte Form hinsichtlich der Formenkombination innerhalb eines Kunstwerks passend bzw. stimmig ist oder nicht. Aber auch diese Codierungsversuche Luhmanns erschienen vielen KritikerInnen zufolge eher Notbehelfe denn schlüssige Leitdifferenzen des Kunstsystems zu sein (Becker/Reinhardt-Becker 2001: 129ff.; Feist 2005: 33).

Stil und Neuheit

Eine wichtige Funktion in Hinblick auf die Verbindung von Kunstwerken mit anderen Kunstwerken kommt der Ebene des Stils zu. Auf dieser Ebene findet Strukturbildung im Kunstsystem statt. Was sich keinem Stil zuordnen lässt, verliert seine Bedeutung als Kunstwerk und kann nicht als Kunst verstanden werden. Stile ermöglichen es, Kunstwerke aneinander anzuschließen und die Kunst als autopoietisches System zu etablieren. Genau hierin liegt für Luhmann die Funktion des Stils (Luhmann 1995: 338). In der Moderne geht es allerdings nicht mehr nur um die korrekte Anwendung bestimmter Regeln oder die Befolgung eines Stils, sondern es wird auch Neuheit verlangt. Kopie, ursprünglich vom Begriff „copia" stammend und „Reichtum des verfügbaren Wissens" (Luhmann 1994: 42) bedeutend, wird zum Schimpfwort. Ein Kunstwerk muss – wie seit der Frühmoderne verlangt wird – neu und vor allem ein Original sein. Stil verarbeitet diesen Innovationsdruck und damit die Temporalität aller Formen. Aus den Grenzen eines Stils ergibt sich die Möglichkeit anderer Stile. Das Auswechseln und Ausprobieren von Formen bzw. Formenkombinationen ist ein evolutionärer Prozess der Selektion, Variation und der Restabilisierung. Dieser evolutionäre Prozess lässt eine Vielzahl von Stilen entstehen, die sich in Kunstwerken bewährt haben (Luhmann 1995: 323ff.; Reese-Schäfer 2005: 115).

Die Funktionssysteme sind im Allgemeinen im Zuge zunehmender gesellschaftlicher Ausdifferenzierung dazu angehalten, ständig Neues zu produzieren, aber gerade das Kunstsystem besteht in hohem Maße auf die Unterscheidung von Altem und Neuem. Was zu einem bestimmten Zeitpunkt als Überraschung gelten kann, wird systemisch vorstrukturiert; was letztlich als neue und neueste Kunst anerkannt wird, obliegt ausschließlich den Entscheidungen des Kunstsystems selbst.

b.   Kunst als symbolisch generalisiertes Kommunikationsmedium

Kunst: Die Wahrscheinlichmachung unwahrscheinlicher Kommunikation

Das Gelingen von Kommunikation ist für Luhmann höchst unwahrscheinlich. Genau genommen sind es gleich drei verschiedene Unwahrscheinlichkeiten, mit denen Kommunikation zu kämpfen hat:

1. Die Unwahrscheinlichkeit des *Verstehens* – versteht der Adressat/die Adressatin, was der Kommunikant/die Kommunikantin meint?

2. Die Unwahrscheinlichkeit des *Erreichens* eines Adressaten/einer Adressatin – erreicht der Kommunikant seinen Adressaten/seine Adressatin bzw. die Kommunikantin ihren Adressaten/ihre Adressatin? Erreicht eine Kommunikation mehr Personen[63] als in einer konkreten Situation anwesend sind?

3. Die Unwahrscheinlichkeit des *Erfolgs* der Kommunikation – ist die Informationsmitteilung des Kommunikanten/der Kommunikantin von Erfolg gekrönt bzw. wird diese vom Adressaten/von der Adressatin akzeptiert und in dessen/deren eigenkomplexes Handeln oder Erleben eingebaut? (Luhmann 1984: 216ff.)

Luhmanns Medienbegriff korreliert mit diesen drei Unwahrscheinlichkeiten der Kommunikation. Medien sollen die Kommunikation erleichtern und dazu dienen, Unwahrscheinliches in Wahrscheinliches zu transformieren. In Entsprechung zu den drei Arten der Unwahrscheinlichkeit der Kommunikation müssen drei verschiedene Medien unterschieden werden, die einander wechselseitig ermöglichen, limitieren und mit Folgeproblemen belasten:

1. *Sprache*, die dem Kommunikationshemmer Verstehen entgegensteht.

2. *Verbreitungsmedien* wie Schrift, Druck oder Funk, die sich auf das Problem des Erreichens beziehen.

3. *Symbolisch generalisierte Kommunikationsmedien*, die sich funktionsgenau auf das Problem des Erfolgs bzw. Nicht-Erfolgs von Kommunikation im Sinne eines Anschlussverhaltens beziehen (Luhmann 1984: 220ff.).

---

63 In diesem Zusammenhang ist wieder zu beachten: „Der Mensch kann nicht kommunizieren; nur die Kommunikation kann kommunizieren" (Luhmann 2002: 31). Personen sind in der Systemtheorie deshalb – genau genommen – kommunikationsinterne Einheiten bzw. Identifikationspunkte der Kommunikation (Kneer/Nassehi 2000: 87). Oder anders ausgedrückt: „Handelnde Personen sind (…) eine Erfindung der Kommunikation" (Schuldt 2003: 44).

Symbolisch generalisierte Kommunikationsmedien sichern der Kommunikation Erfolgswahrscheinlichkeit und können in diesem Sinne auch als Erfolgsmedien bezeichnet werden. Es gelingt ihnen, „erfolgreiche Kommunikation auch über den Kreis von Anwesenden hinaus und in unbekannten oder unbequemen Situationen wahrscheinlich zu machen" (Schuldt 2003: 46). Sie optimieren die Selektion der Kommunikation in der Art, dass sie nicht nur die Verstehensleistung des Adressaten bzw. der Adressatin miteinberechnen, sondern darüber hinaus auch als Motivationsmittel wirken. Es soll also eine Informationsmitteilung nicht nur verstanden, sondern auch in das Erleben oder Handeln des oder der Anderen integriert werden (Luhmann 1984: 222). Die Wahrscheinlichmachung erfolgreicher Kommunikation läuft demzufolge über verschiedene Zuschreibungen als Handeln und Erleben. Symbolisch generalisierte Kommunikationsmedien unterscheiden sich danach, ob sie den Adressaten/die Adressatin und den Kommunikanten/die Kommunikantin als erlebend oder handelnd voraussetzen. Diese Zurechnungsmöglichkeiten werden von den symbolisch generalisierten Kommunikationsmedien der jeweiligen Funktionssysteme erfüllt (Luhmann 1998: 335ff.).

Im Falle der Kunst geht es darum, dass ein Künstler oder eine Künstlerin *handelt* und ein Betrachter oder eine Betrachterin[64] *erlebt*. Es geht also um das Problem, dass der Kommunikant bzw. die Kommunikantin (der Künstler oder die Künstlerin) erwartet, dass der Adressat bzw. die Adressatin (der Betrachter oder die Betrachterin) das Handeln des Kommunikanten/der Kommunikantin in sein/ihr Erleben integriert. Die Einlösung der Kommunikation zwischen dem Kommunikanten/der Kommunikantin und dem Adressaten/der Adressatin scheitert mit größter Wahrscheinlichkeit an dieser überhöhten Erwartung des Kommunikanten/der Kommunikantin. Das Problem besteht also dann, wenn es für den Adressaten bzw. die Adressatin schwierig wird, das, was der Kommunikant bzw. die Kommunikantin als Handeln produziert, als sinnvoll zu akzeptieren – wenn also das Kunstwerk sich als ein von jemandem ohne wiedererkennbaren Zweck produziertes Objekt darstellt. Traditionellerweise ist ein Kunstwerk ein *hergestelltes* Objekt – in Unterscheidung zu einem „natürlichen" Objekt – und es wird als solches wahrgenommen, wenn erkannt wird, dass es sich dabei um ein Ergebnis des Handelns von jemandem handelt. Ein Kunstwerk ist also artifiziell und provoziert die Frage, zu welchem Zweck es wohl produziert wurde. Diese Frage wird besonders interessant, sobald sich Kunst als autonomes gesellschaftliches Funktionssystem ausdifferenziert hat und auf externe Motivation oder Unterstützung verzichtet. Der Zweck der Kunst liegt dann nicht länger darin, auf etwas zu verweisen, das nicht direkt zugänglich ist oder in der Imitation von Natur, es geht lediglich um das Experimentieren mit neuen Formenkombinationen. Kunstwerke sind Selbstzweck. Sie haben im Gegensatz zu anderen künstlichen Objekten keinen externen Nutzen (Baraldi et al. 2006: 104f.). Dem symbolisch generalisierten Kommunikationsmedium Kunst gelingt vor diesem Hintergrund die Wahrscheinlichmachung unwahrscheinlicher Kommunikationen im Kunstsystem.

KünstlerInnen und KunstbetrachterInnen als BeobachterInnen zweiter Ordnung

An Kunst sind sowohl KünstlerInnen als auch KunstbetrachterInnen als BeobachterInnen beteiligt. Beide Seiten realisieren Beobachtungen zweiter Ordnung, also Beobachtungen von Beobachtungen.[65] Der Künstler bzw. die Künstlerin beobachtet ein herzustellendes Kunstwerk

---

64 Der Begriff des Betrachters bzw. der Betrachterin erscheint in Hinblick auf Kunst nicht ganz angemessen zu sein, denn auch „Kunstmusik" oder Literatur werden beispielsweise bei Luhmann als Kunst begriffen. Weder im Falle der „Kunstmusik" noch der Literatur geht es allerdings vorranging um Betrachtung. Wir wollen diesen Begriff dennoch der Einfachheit halber beibehalten.

65 KünstlerInnen müssen klarerweise aber auch Handgriffe beisteuern und diese bis zu einer unbewussten Automatik des Könnens beherrschen (Luhmann 1990: 21).

hinsichtlich der Art und Weise, wie es andere beobachten werden, wobei er oder sie nicht alle Möglichkeiten erfassen muss. Durch das Kunstwerk sollen einerseits die Erwartungen der BetrachterInnen geführt, andererseits sollen sie darüber hinaus auch überrascht werden. Die Seite der BetrachterInnen muss ihrerseits die Unterscheidungsstruktur des Kunstwerks entschlüsseln und daran erkennen, dass das Kunstwerk nicht von selbst entstanden, sondern hergestellt worden ist, um Beobachtungen zu binden. BetrachterInnen können an Kunst nur teilnehmen, wenn sie sich als BeobachterInnen auf die für ihr Beobachten geschaffenen Formen einlassen und auf diesem Wege die Beobachtungsdirektiven nachvollziehen. Dabei geht es nicht notwendig um den Nachvollzug der Herstellungsoperationen eines Künstlers oder einer Künstlerin. Das Werk übernimmt die Direktion, definiert die Inklusionsbedingungen und lässt dabei die Möglichkeit offen, etwas zu erkennen, das bisher niemand (auch der Künstler bzw. die Künstlerin selbst nicht) gesehen hatte. Durch die Weisungen, die ein Kunstwerk beinhaltet, schließt sich ein Betrachter oder eine Betrachterin an Beobachtungen – seien es koordinierte oder nicht koordinierte Beobachtungen –, anderer an. Kunstwerke sind *durch* und *für* die Wahrnehmung eines Beobachters bzw. einer Beobachterin konstruiert (Luhmann 1995: 71, 115ff., 244).

Kunst als funktionales Äquivalent zur Sprache

Eine zentrale systemtheoretische Unterscheidung ist in diesem Zusammenhang jene zwischen Wahrnehmung und Kommunikation, die vor Luhmann in der akademischen Ästhetik nicht vorkam. Das Kunstwerk engagiert den Betrachter bzw. die Betrachterin direkt mit seinen bzw. ihren Wahrnehmungsleistungen. Wahrnehmung ist – Luhmann zufolge – eine, wenn nicht *die* zentrale Spezialkompetenz des Bewusstseins. Kunst realisiert eine strukturelle Kopplung von Bewusstseinssystem und Kommunikationssystem, ohne dabei auf Sprache zu rekurrieren. Da in der Systemtheorie Bewusstseinssysteme und soziale Systeme üblicherweise durch Sprache strukturell gekoppelt sind, Kunst aber die Kopplung dieser beiden Systemarten in vergleichbarer Weise (auch ohne den Rückgriff auf Sprache) leisten kann, bildet Kunst ein funktionales Äquivalent zur Sprache. Kunst „funktioniert als Kommunikation, obwohl, ja weil sie durch Worte (von Begriffen ganz zu schweigen), nicht adäquat wiedergegeben werden kann" (Luhmann 1995: 36). Im Gegensatz zu sprachlicher Kommunikation lockert die über Wahrnehmung geleitete Kunstkommunikation die strukturelle Kopplung von Bewusstsein und Kommunikation, da die Wahrnehmungswelt mit größeren Bewegungsfreiheiten ausgestattet ist (Luhmann 1995: 227; Schuldt 2003: 81). „In der Kommunikation *durch* das Kunstwerk (unterschieden von der Kommunikation *über* Kunstwerke, die freilich sprachlich abläuft) wird die Wahrnehmung auf neue und reizvolle Weise engagiert; das wahrgenommene Objekt muss auf eine andere Ordnung als die gewohnte bezogen werden – andernfalls werden nur Farbflecken oder Klangsequenzen wahrgenommen, aber nicht das Kunstwerk als solches." (Baraldi et al. 2006: 106; Hervorhebungen RP)

c.   **Schlussbemerkungen**

Die Systemtheorie bzw. der auf erkenntnistheoretischer Ebene damit in Zusammenhang stehende Konstruktivismus stellt keine Fragen nach dem Wesen der Kunst. Die Bestimmung dessen, was als Kunst zählt, bleibt in einer derartigen Theorieanlage dem Kunstsystem selbst überlassen. „Alle anderen Beobachter werden in die Position von Beobachtern zweiter Ordnung verwiesen: Sie müssen sich darauf beschränken, zu berichten, was das Kunstsystem selbst als Kunst bezeichnet. Sie müssen es folglich diesem System überlassen, die eigenen Grenzen zu bestimmen." (Luhmann 1995: 393) Auch die Systemtheorie bezieht somit eine Position der Beobachtung zweiter Ordnung: Sie muss sich damit zufrieden geben zu beobachten, wie das Kunstsystem beobachtet. Systemtheoretische Kunstsoziologie ist in diesem Sinne als ein kunstbeobachtendes System zu verstehen.

Im Anschluss an Luhmann haben weitere AutorInnen die Kunst oder das, was sich damit in Verbindung bringen lässt, systemtheoretisch oder zumindest unter Zuhilfenahme systemtheoretischer Versatzstücke beobachtet. Exemplarisch sollen abschließend einige dieser Beobachtungen kurze Erwähnung finden.

Nachdem sich Peter Fuchs in seinem Werk „Die Welt, die Kunst und soziale Systeme – Die Kulturtheorie von Niklas Luhmann" (1990) mit Kunst sowie in mehreren Aufsätzen (1987; 1992; 1996) mit Musik befasst hatte, unternahm er gemeinsam mit Markus Heidingsfelder im Aufsatz „Music No Music Music – Zur Unhörbarkeit von Pop" (2004) den Versuch, Pop(musik) als soziales System zu konzeptionieren. In Reaktion auf diese Konzeption versuchten Autoren wie Michael Hutter (2004) bzw. Thorsten Hahn und Niels Werber (2004) aufzuzeigen, dass Pop(musik) entgegen der Behauptungen von Fuchs und Heidingsfelder sich vielmehr als ein Teil des Kunstsystems darstelle.

Tatjana Böhme-Mehner beschäftigte sich ihrerseits in „Die Oper als offenes autopoietisches System im Sinne Niklas Luhmanns?" (2003) mit Fragen nach Anwendungsmöglichkeiten systemtheoretischer Ansätze in der Musikwissenschaft am Beispiel der Oper. Die Arbeit weist nicht nur musikwissenschaftliche, sondern auch kunst- bzw. musiksoziologische Qualitäten auf.

Schließlich sei noch Harry Lehmanns Werk „Die flüchtige Wahrheit der Kunst – Ästhetik nach Luhmann" (2006) angesprochen. Lehmann begab sich für seine Untersuchungszwecke „in das Luhmannsche Theoriegebäude und stellt(e) dort – in der Absicht, eine Theorielücke für Gesellschaftskritik zu entdecken – erneut die Frage nach der gesellschaftlichen Funktion von Kunst" (Lehmann 2006: 9). Er dachte in diesem Sinne mit der Systemtheorie gegen die Systemtheorie und implementierte zusätzlich eine reformulierte Variante von Theodor Adornos Auffassung vom Kunstwerk.

5.4.2   Pierre Bourdieu: Das Feld der Kunst[66]

a. Die Regeln der Kunst

Mit seinem Werk „Die Regeln der Kunst – Genese und Struktur des literarischen Feldes" (Bourdieu 2001) legte der französische Soziologe Pierre Bourdieu (1930–2002) 1992 seine zentrale Untersuchung zum Feld der Kunst vor, in die mehrere vorangegangene und zum Teil sehr früh verfasste Texte, wie der bereits 1966 in ‚Les Temps Modernes' erschienene Artikel ‚Champ intellectuel et projet créateur' (dt. Bourdieu 1974), Eingang fanden. Bourdieu rekonstruiert in den „Regeln der Kunst" die Genese und Struktur des literarischen Feldes im Frankreich des 19. und 20. Jahrhunderts und entwickelt daran anschließend eine „Wissenschaft von den kulturellen Werken" (Bourdieu 2001: 340), mit dem Anspruch, die Gesamtheit sozialer Bedingungen, die an der Entstehung eines Kunstwerks mitwirken, zu beschreiben.

Der Gegenstand der „Wissenschaft von den kulturellen Werken" ist sowohl die Produktion kultureller Werke als auch die Produktion des Werts dieser Werke, da „das Kunstwerk als werthaltiges symbolisches Objekt nur existiert, wenn es gekannt und anerkannt, das heißt von Betrachtern, die

---

66 Verfasser des Kapitels 5.4.2 ist Rainer Prokop.

mit der dazu erforderlichen ästhetischen Einstellung und Kompetenz ausgestattet sind, gesellschaftlich als Kunstwerk instituiert ist" (Bourdieu 2001: 362). Die Entstehung des Werts eines
Kunstwerks wird bei Bourdieu nicht auf die schöpferische Kraft bzw. den materiellen Herstel-
lungsakt eines Künstlers oder einer Künstlerin beschränkt, sondern auf die Gesamtkonstitution
des künstlerischen Feldes zurückgeführt. Zu dieser Gesamtkonstitution gehören insbesondere
Kommentare von KommentatorInnen (Kritiken und Rezensionen), die Kunstwerke durch ebendiese Kommentare wesentlich mitproduzieren. In diesem Sinne ist der „Diskurs über das Kunstwerk (…) kein bloß unterstützendes Mittel mehr zum besseren Erfassen und Würdigen, sondern
ein Moment der Produktion des Werks, seines Sinns und seines Werts" (Bourdieu 2001: 276).

b.   Feld und Kapital

Zunächst sollen kurz zwei zentrale Begriffe der Bourdieu'schen Theorie erörtert werden: Feld
und Kapital. Gesellschaft wird von Bourdieu als sozialer Raum, der sich in unterschiedliche
Felder unterteilt, beschrieben. Generell sind Felder wie etwa das Feld der Politik, der Wirtschaft oder eben auch der Kunst bei Bourdieu als zweidimensionale Räume konzipiert, die
ihre Struktur durch konkurrierende Positionen von AkteurInnen und Institutionen erhalten.
Unter einem Feld versteht Bourdieu ein „Netz oder eine Konfiguration von objektiven Relationen zwischen Positionen" (Bourdieu 1996: 127), wobei diese objektiven Relationen immer
zu einem bestimmten Zeitpunkt in einem Feld bestehen. Aufgrund der objektiven Relationen
zwischen Positionen ergeben sich Unterschiede zwischen den AkteurInnen, die sich als eine
Differenz bzw. als ein Abstand beschreiben lassen.

AkteurInnen nehmen Positionen innerhalb eines jeweiligen Feldes je nach den für dieses Feld
wichtigen Kapitalsorten ein. Sie sind mit verschiedenen „Sorten von Macht oder Kapital"
(Bourdieu 1985: 10), sozialem (gesellschaftlich mobilisierbare Beziehungen), kulturellem
(Bildung)[67], ökonomischem (Geld und Besitz) und symbolischem Kapital (Prestige), ausgestattet und verteilen sich in den Feldern einerseits nach dem „Gesamtumfang an Kapital", über
das sie verfügen, und andererseits nach der Struktur bzw. „Zusammensetzung dieses Kapitals",
„das heißt je nach dem spezifischen Gewicht der einzelnen Kapitalsorten, bezogen auf das
Gesamtvolumen" (Bourdieu 1985: 11). Die hierarchische Verteilung des Kapitals hinsichtlich
Volumen und Struktur bestimmt die unterschiedlichen Positionen der AkteurInnen im Feld.

c.   Der Kampf als grundlegender Mechanismus von Feldern

Der grundlegende Mechanismus von Feldern ist die Auseinandersetzung bzw. der Kampf
konkurrierender AkteurInnen. Felder sind Arenen, in denen die KonkurrentInnen um die Be-
wahrung oder Veränderung der herrschenden Kräfteverhältnisse kämpfen. „Das generierende
und vereinheitlichende Prinzip dieses „Systems" ist der Kampf selbst." (Bourdieu 2001: 368)
Wenngleich die Kämpfe auf den Feldern unterschiedliche Formen annehmen, gibt es doch immer einen „Kampf zwischen den Herrschenden und den Anwärtern auf die Herrschaft" (Bourdieu 1993: 107). Während die etablierten bzw. herrschenden AkteurInnen mit den höchsten
Positionen in einem Feld zu Erhaltungsstrategien neigen, um ihre privilegierten Positionen zu
verteidigen, tendieren diejenigen mit den niedrigen Positionen, häufig die Neuen und damit
Jüngeren, zu Umsturzstrategien. In Anlehnung an die Religionssoziologie Max Webers be-

---

67 Bourdieu unterscheidet – genau genommen – drei Formen des kulturellen Kapitals: inkorporiertes (Bildung),
     objektiviertes (Bücher, Kunstwerke, Instrumente etc.) und institutionalisiertes kulturelles Kapital (Abschluss-
     zeugnisse und Bildungstitel).

schreibt Bourdieu diese Strategien der Herrschenden mit dem Begriff der Orthodoxie, jene der AnwärterInnen auf die Herrschaft mit dem Begriff der Heterodoxie bzw. Häresie.

Was auf dem Feld der Kunst im Zusammenhang mit der Besetzung von Positionen zählt, ist symbolisches Kapital und die daraus resultierende symbolische Macht, die Bourdieu zufolge in dem Maße existiert, wie es gelingt, sich Anerkennung zu verschaffen. Der Kampf auf dem Feld der Kunst ist also immer ein Kampf um künstlerische und damit symbolische Anerkennung, wobei einerseits *um* symbolisches Kapital gekämpft wird, andererseits auch *mit* symbolischem Kapital.

Die auf dem Feld allgemein anerkannte, bereits etablierte Avantgarde nimmt in diesem Kampf die orthodoxe Position ein, die sie ständig gegen die heterodoxen Positionen der (noch) nicht etablierten Avantgarde, die im Feld gegen diese orthodoxen Positionen um den eigenen Aufstieg und um Anerkennung kämpft, verteidigt. Das Werk des künstlerischen Nachwuchses „diskreditiert die geltenden Konventionen, das heißt die Produktions- und Bewertungsnormen der ästhetischen Orthodoxie, und lässt die diesen Normen entsprechenden Produkte als überholt und altmodisch erscheinen" (Bourdieu 2001: 401). Der Kampf zwischen den Avantgarden, bei dem es stets um den Anspruch auf das „Monopol kultureller Legitimität" (Bourdieu 1974: 112) geht, bestimmt die Dynamik des Feldes und treibt die Entwicklung der Kunst voran. In der Perspektive Bourdieus stellt sich die gesamte Kunstgeschichte, also die Geschichte des Kunstfeldes, als eine Geschichte des Kampfes dar.

d. Spielfeld, Spielregeln und der Glaube an den Wert des Spiels

Die Struktur eines Feldes gibt den aktuellen Stand der Machtverhältnisse zwischen den am Kampf beteiligten AkteurInnen und Institutionen wieder bzw. den Stand der Verteilung des spezifischen Kapitals, welches im Verlauf früherer Macht- und Positionskämpfe akkumuliert wurde und den Verlauf späterer Kämpfe bestimmt. Diese Struktur ist dynamisch und veränderbar, sie steht permanent auf dem Spiel. Bourdieu beschreibt das Feld auch als ein mit eigenen Spielregeln ausgestattetes Spielfeld, dessen dynamische Grenzen ein im Feld umkämpftes Interessensobjekt darstellen. In diesem Sinne geht es in Feldern nicht nur um die feldinterne Hierarchie der Positionen, sondern auch um die Regeln des Spiels. Dort, wo die spezifischen Spielregeln nicht mehr gelten bzw. „wo die Feldeffekte aufhören" (Bourdieu 1996: 131) zu wirken, liegen die Grenzen eines Feldes. Im Falle des Kunstfeldes unterscheiden die Feldgrenzen die „wahren" von den „falschen" KünstlerInnen. Demzufolge sind die AkteurInnen des Kunstfeldes auch bemüht, aktuelle oder potentielle KonkurrentInnen aus dem Feld auszuschließen, indem sie versuchen, die feldspezifische Struktur in ihrem Sinne zu beeinflussen. Die Definition des Künstlers oder der Künstlerin selbst steht hier also zur Disposition.

Trotz aller Antagonismen der AkteurInnen gibt es innerhalb eines Feldes eine objektive Übereinkunft darüber, dass der Kampf es wert ist, gekämpft zu werden. „Wer sich am Kampf beteiligt, trägt zur Reproduktion des Spiels bei, indem er dazu beiträgt, den Glauben an den Wert dessen, was in diesem Feld auf dem Spiel steht, je nach Feld mehr oder weniger vollständig zu reproduzieren." (Bourdieu 1993: 109) Diesen kollektiven Glauben an den Wert des Spiels – Bourdieu spricht in Hinblick auf das künstlerische Produktionsfeld auch von einem „Glaubensuniversum" (Bourdieu 2001: 362) –, den die AkteurInnen stillschweigend teilen und der sich alleine durch die Tatsache ausdrückt, *dass* sie spielen, bezeichnet Bourdieu als „illusio" (Bourdieu 2001: 360). Die ‚*illusio*' ist entscheidend für die Existenz bzw. das Funktionieren eines Feldes.

e. Disposition, Positionierung und Position

Zur genauen Analyse der Kämpfe auf Feldern im Allgemeinen und dem Kunstfeld im Besonderen unterscheidet Bourdieu drei Kategorien, die in einem spezifischen Wechselverhältnis zueinander stehen. Es handelt sich dabei um die Kategorien der Disposition (Habitus), der Positionierung (Stellungnahme) und der Position (Stellung).

Unter Dispositionen versteht Bourdieu die habituellen Voraussetzungen, die von den AkteurInnen als Einsätze im Kampf um Positionen auf dem Kunstfeld genutzt werden. Bei Dispositionen handelt es sich um nicht (vollständig) bewusste Handlungs- und Wahrnehmungsschemata, die sich im Laufe der Sozialisation von AkteurInnen herausbilden. Bourdieu zufolge bringen AkteurInnen aus einem großbürgerlichen Umfeld beispielsweise eine andere ästhetische Einstellung bzw. bessere Voraussetzungen mit, um künstlerische Werke zu schaffen, als AkteurInnen aus einem kleinbürgerlichen Umfeld. Dispositionen von AkteurInnen hängen von deren Positionen im sozialen Raum ab. Über den Begriff der Disposition wird somit eine Verbindung zwischen künstlerischem Feld und dem sozialen Raum hergestellt. Bourdieu versteht die soziale Herkunft eines Akteurs bzw. einer Akteurin allerdings nicht als einen Faktor, der die Position im Feld der Kunst mechanisch determiniert. Der Habitus einer Person bildet zwar die Grundlage ihrer ästhetischen Wahrnehmung und stellt eine begrenzte Menge an Möglichkeiten bereit, aber das Kunstfeld folgt seiner eigenen spezifischen Logik, also einer anderen Logik als der soziale Raum. Das bedeutet, dass die Möglichkeiten von AkteurInnen auf dem Kunstfeld nicht mit den Möglichkeiten im sozialen Raum identisch sind.

Mit Positionierung bezeichnet Bourdieu den künstlerischen Output von einem Akteur oder einer Akteurin. Unter diesem Gesichtspunkt erscheint das Kunstfeld als ein „Raum der Werke" (Bourdieu 2001: 369), wobei der Wert eines Kunstwerks sich immer nur in Relation bzw. Differenz zu anderen Kunstwerken bestimmen lässt. Ein Kunstwerk kann als solches überhaupt nur wahrgenommen werden, wenn es stilistische oder inhaltliche Bezugspunkte zu anderen Kunstwerken aufweist und sich damit in den „Raum der Werke" einordnen lässt. Entweder stellen künstlerische Produktionen Fortsetzungen bzw. Überholungen von anderen Kunstwerken dar oder sie sind als Brüche mit anderen Werken zu verstehen. Was an künstlerischen Produktionen zu bestimmten historischen Zeitpunkten überhaupt denkbar oder auch nicht denkbar ist, hängt vom „Raum des Möglichen" (Bourdieu 2001: 371) ab, der sich über die Zeit hinweg verändert und zu jedem Zeitpunkt die gesamte Geschichte des Feldes mitführt. Der „Raum des Möglichen" wird von Bourdieu gleichsam als eine „Menge wahrscheinlicher *Zwänge*" und eine endliche „Menge *möglicher Nutzungen*" (Bourdieu 2001: 372; Hervorhebungen im Original) beschrieben.

Positionierungen sind in Hinblick auf die unterschiedlichen Positionen im Feld der Kunst als homolog zu begreifen. Das bedeutet, dass sich die Positionsstruktur in einer entsprechenden Struktur von symbolischen Hervorbringungen, respektive Kunstwerken oder allgemeiner: ästhetischen Stellungnahmen, manifestiert. Das zwischen Positionen und Positionierungen bestehende Determinierungsverhältnis ist ein wechselseitiges. Das heißt, dass einerseits die Positionierungen bis zu einem gewissen Grad von der Stellung des Akteurs bzw. der Akteurin innerhalb der Positionsstruktur eines Feldes abhängig sind, andererseits besteht allerdings auch eine relative Eigenständigkeit der Positionierungen, die es einem Akteur oder einer Akteurin ermöglicht, durch symbolische Hervorbringungen die eigene Stellung im Raum der objektiven Positionen zu verändern. Als Vermittlungsebene zwischen Positionen und Positionierungen fungiert die bereits nachgezeichnete Ebene der habituellen Dispositionen. Durch sie wird die Homologie zwischen der Positions- und der Symbolstruktur des Feldes hergestellt.

f.   Der Nomos des Kunstfeldes

Das Feld der Kunst ist, wie Bourdieu historisch-soziologisch rekonstruiert, durch eine paradoxe Struktur gekennzeichnet: es bildet sich gleichzeitig *in* der bürgerlichen Welt sowie auch *gegen* diese aus. Wenngleich die Kunst weitgehend als Teil der bürgerlichen Kultur zu verstehen ist, basiert die Grundkonzeption des Kunstfeldes auf dem Bruch mit dem ökonomisch dominierten Blick des bürgerlichen Kapitalismus. Bourdieu sieht demnach das grundlegende Gesetz, den „nomos" (Bourdieu 2001: 104) des künstlerischen Feldes, in der „Unabhängigkeit von den wirtschaftlichen und politischen Machtinstanzen" (Bourdieu 2001: 104). Gegen diese beiden weltlichen Machtinstanzen setzt das Feld der Kunst seine eigene Logik, nämlich jene der Autonomie. Die Autonomie des Kunstfeldes und damit auch die künstlerische Ordnung basieren auf dem Gegensatz von Kunst und Geld. Dem Grundsatz des ökonomischen Feldes „Geschäft ist Geschäft" (Bourdieu 2001: 354) setzt die Kunst ihren eigenen Grundsatz des ‚*L'art pour l'art*' (Bourdieu 2001: 344), Kunst um der Kunst willen, entgegen. Mit der weltlichen und „gewöhnlichen Sichtweise" (Bourdieu 2001: 354) auf die Dinge zu brechen und sich von „merkantilen Zwecken" (Bourdieu 2001: 354) abzusetzen bedeutet gleichsam die „Grundlage der Existenz des Künstlers als Künstler" (Bourdieu 2001: 105) im Feld der Kunst. Die höchsten Positionen im künstlerischen Feld können demnach nur durch die Abkehr von der ökonomischen Welt erlangt werden. „Auf symbolischem Terrain vermag der Künstler nur zu gewinnen, wenn er auf wirtschaftlichem Terrain verliert (zumindest kurzfristig), und umgekehrt (zumindest langfristig)." (Bourdieu 2001: 136) Die symbolischen Profite auf dem Kunstfeld sind oftmals allerdings an ökonomische Voraussetzungen gebunden: Häufig waren bzw. sind die KünstlerInnen der Avantgarde, wie beispielsweise Charles Baudelaire, der auf ein stattliches Erbe seines Vaters zurückgreifen konnte, ökonomisch gut abgesichert.

g.   Zwei Hierarchisierungsprinzipien künstlerischer Produktion

Auch kulturelle Güter, die nicht nur als künstlerische Zeichen mit rein symbolischen Bedeutungen, sondern auch als ökonomische Handelsgüter fungieren, können ebenso wie die Strategien der KulturproduzentInnen danach unterschieden werden, ob sie (tendenziell) am ökonomischen Handelswert oder (tendenziell) am symbolischen Kunstwert (diese beiden Werte bleiben nach Bourdieu relativ unabhängig voneinander) orientiert sind. Aus dieser Unterscheidung ergeben sich zwei konkurrierende Hierarchisierungsprinzipien künstlerischer Produktion, die auf die grundlegende Struktur des Feldes der Kunst verweisen, nämlich das „autonome Prinzip" einerseits und das „heteronome Prinzip" (Bourdieu 2001: 344) andererseits.

Das „autonome Prinzip" entspricht in Bourdieus Konzeption dem „Subfeld der eingeschränkten Produktion" (Bourdieu 2001: 344) und beschreibt den Grad an feld*interner* Konsekration, also den Grad der Anerkennung von ProduzentInnen in diesem Subfeld durch ihre KollegInnen, ExpertInnen bzw. durch andere ProduzentInnen. Auch die Institutionen der Kunstbewertung entscheiden hier über die Feldhierarchie. Das „Subfeld der eingeschränkten Produktion" reguliert die Anerkennung von Kunst über das „Prinzip der internen Hierarchisierung" (Bourdieu 2001: 345). Erfolg wird hier am dauerhaften Ruf eines Werkes gemessen. Für die Aufnahme eines Werkes in den Kanon der erlesenen Werke kommt nach oft langwierigen Anerkennungsprozessen nur die „wahrste Kunst" in Frage. In weiterer Folge wird die konsekrierte und kanonisierte Kunst dann auch in Lehr- und Studienpläne von Bildungseinrichtungen aufgenommen.

Das „heteronome Prinzip" entspricht bei Bourdieu dem „Subfeld der Massenproduktion" (Bourdieu 2001: 344) und ist abzulesen an feld*externen* Kriterien, nämlich den Indizien „kommerziellen Erfolgs" oder „gesellschaftlicher Bekanntheit" (Bourdieu 2001: 345). Dementsprechend sind die ProduzentInnen in diesem Subfeld, die bürgerlichen KünstlerInnen, bei einem breiten Publikum anerkannt. Bourdieu spricht in diesem Zusammenhang auch vom „Prinzip der externen Hierarchisierung" (Bourdieu 2001: 345).

h.   Die Beziehungen der Subfelder der Kunst zum Feld der Macht

Sowohl der Mechanismus der internen als auch der externen Hierarchisierung beschreiben die Beziehungen der beiden Subfelder der Kunst zum „Feld der Macht" (Bourdieu 2001: 341), das sich exemplarisch in Ökonomie und Politik zeigt. Das „Feld der Macht" bezeichnet einen spezifischen gesellschaftlichen Herrschaftsbereich, der die unterschiedlichen gesellschaftlichen Felder miteinander verbindet. Es hat sich zwischen den gesellschaftlichen Feldern herausgebildet bzw. liegt zu diesen Feldern quer und ist zu begreifen als eine „Art Metafeld" (Schumacher 2011: 137) bzw. als ein „Raum der Kräftebeziehungen zwischen Akteuren oder Institutionen" (Bourdieu 2001: 342).

Das „Prinzip der internen Hierarchisierung" beschreibt die Autonomie vom „Feld der Macht". Dieses Prinzip begünstigt diejenigen, die ihre Kunst auf den „Prinzipien künstlerischer Reinheit" gründen und Unabhängigkeit von den Sphären ökonomischer und politischer Macht beanspruchen, nämlich die KünstlerInnen der Avantgarde. Für diese KünstlerInnen geht es um die Akkumulation von symbolischem Kapital, die nur durch die Abkehr von ökonomischem Kapital möglich ist. Die „reine Kunst" ist in diesem Sinne symbolisch herrschend, aber ökonomisch beherrscht. Den Mechanismus der externen Hierarchisierung beschreibt Bourdieu im Gegensatz dazu als Übergriff des Feldes der Macht auf das Feld der Kunst. Dieser Mechanismus begünstigt diejenigen, die das Feld ökonomisch und politisch beherrschen. Die Nähe zum „Feld der Macht" drückt sich in einer hohen Konzentration von ökonomischem Kapital und dem damit einhergehenden geringen Ertrag an symbolischem Kapital aus. „Kommerzielle Kunst" ist symbolisch beherrscht, ökonomisch allerdings herrschend.

Gerade durch ihre Gegensätzlichkeit sind die beiden kulturellen Produktionsweisen der „reinen Kunst" und der „kommerziellen Kunst" miteinander verbunden: Die Kämpfe zwischen den Positionen „reiner" und „kommerzieller" Kunst „tragen entscheidend zur Produktion und Reproduktion des Glaubens (an den Wert des Spiels) bei, der zugleich Grundvoraussetzung und Effekt der Funktionsweise des Feldes ist" (Bourdieu 2001: 269).

i.   Kulturelle versus ökonomische Elite: der gesamtgesellschaftliche Gegensatz

Was auf dem Kunstfeld in der Opposition der beiden Subfelder und ihrer Hierarchisierungsprinzipien zum Ausdruck kommt, stellt ein kleines „Abbild" des gesamtgesellschaftlichen Gegensatzes im sozialen Raum zwischen den beiden Fraktionen der herrschenden Klasse dar. Die herrschende Klasse, also die Positionen am oberen Rand des sozialen Raums, unterteilt sich nach Bourdieu in eine *kulturelle* Elite (KünstlerInnen, SchriftstellerInnen, Intellektuelle), die über ein verhältnismäßig hohes Volumen an kulturellem und ein dazu verhältnismäßig geringeres Volumen an ökonomischem Kapital verfügt, und in eine *ökonomische* Elite (bürgerliches UnternehmerInnentum), deren Kapitalzusammensetzung in einem umgekehrt proportionalen Verhältnis zur kulturellen Elite steht.

In kapitalistischen Gesellschaften liegt die größere gesellschaftliche Macht Bourdieu zufolge auf Seiten der ökonomischen Elite, die die tatsächlichen gesellschaftlichen Machtpositionen besetzt. Die ökonomische Elite stellt in diesem Sinne den herrschenden Teil der herrschenden Klasse dar, die kulturelle Elite den beherrschten Teil der herrschenden Klasse. Weil der Be-

reich der Kunst und Kultur, der von der kulturellen Elite dominiert wird, kein Bereich tatsäch-
licher gesellschaftlicher Macht ist, nimmt das Kunstfeld in Bezug auf das „Feld der Macht"
eine „dominierte Position" (Bourdieu 2001: 342) ein.

Das Feld der Kunst kann daher, weil es die umgekehrte ökonomische Logik des „Wer verliert,
gewinnt" installiert, auch als Reaktion der KünstlerInnen und Intellektuellen auf ihre sozial
untergeordnete Position gesehen werden. Denn was liegt in Anbetracht der Dominanz der
Ökonomie näher, als ein „eigenes autonomes Universum zu erschaffen, das die Vorzeichen der
realen Welt auf den Kopf stellt" (Schumacher 2011: 135)?

5.4.3 Production of Culture[68]

Die Production-of-Culture-Perspektive zählt zu den einflussreichsten Ansätzen US-amerikani-
scher Kunst- und Kultursoziologie. Zentrales Charakteristikum der insgesamt sehr heterogenen
Forschungstradition ist die Untersuchung von Kultur vor dem Hintergrund ihrer strukturellen
Produktionsbedingungen. Anwendung finden sowohl Konzepte aus dem Bereich der Indust-
rie-, Berufs- und Organisationssoziologie, wie auch Theorien der Wirtschaftswissenschaften
und der Sozialpsychologie. Methodisch reicht das Spektrum von ethnografischen bis hin zu
quantitativen Forschungsdesigns. In Hinsicht auf die methodologische Orientierung existieren
im Rahmen der Production-of-Culture-Perspektive unterschiedliche soziologische Richtungen
nebeneinander. Es zählen sowohl interpretative Ansätze wie der Symbolische Interaktionismus
(z.B. Becker 1982) oder wissenssoziologische Konzepte (z.B. Bennett 1980) dazu, aber auch
formalere Modelle aus dem Bereich der Wirtschafts- oder Organisationssoziologie (z.B. Pe-
terson/Berger 1975; Hirsch 1972). In Abgrenzung zu der insbesondere im kunstwissenschaftlichen Diskurs verbreiteten Annahme, wonach Kunstwerke das Ergebnis eines individuellen
Schöpfungsaktes seien, betont die Production-of-Culture-Perspektive die Rolle des jeweiligen
Kontexts, innerhalb dessen eine kulturelle Produktion stattfindet. Besondere Aufmerksamkeit
gilt dabei der Funktionsweise und Eigenlogik des jeweiligen Produktionssystems sowie der
Interaktion zwischen den AkteurInnen, die an der Schaffung von künstlerischen Werken sowie
Produkten der Kulturindustrie beteiligt sind.

a.   Entstehungskontext

Entstanden ist die Production-of-Culture-Perspektive in den 1970er-Jahren im Zuge einer
Erneuerung der vorherrschenden amerikanischen Kultursoziologie. Die spezifische Herangehensweise an kulturelle Phänomene, die sich erst später zu einem eigenständigen Forschungs-
ansatz entwickelt hat, ist weniger das Ergebnis einer komplexen, bewusst konzipierten Kulturtheorie; vielmehr hat sie sich aus einer Reihe unterschiedlicher Forschungsarbeiten im Laufe
der Zeit herausgebildet.

Das Label „Production-of-Culture-Perspektive" geht zurück auf die Arbeiten von **Richard A.
Peterson** (1932–2010), der insbesondere in seinem wegweisenden Text „The Production of
Culture. A Prolegomenon" (1976) eine neue Betrachtungsweise von Kultur vorschlägt (siehe
dazu auch Peterson 1979, 1994; Peterson/Anand 2004, Anand 2004, Santoro 2008 und 2008a).
Darin kritisiert Peterson zunächst die aus seiner Sicht unbefriedigenden soziologischen Erklä-
rungsversuche des Zusammenhangs von Kultur und Gesellschaft. Weder eine materialistische
Auffassung, der zufolge die Kultur die Gesellschaft widerspiegele, noch eine idealistische

---

68 Verfasser des Kapitels 5.4.3 ist Michael Parzer.

Annahme, wonach die kulturelle Sphäre für die Produktion von Sozialstruktur verantwortlich sei, aber auch nicht die Vorstellung von Kultur und Gesellschaft als jeweils autonome Sphären könnten letztendlich Aufschluss über die Verwobenheit von Kultur und Gesellschaft geben (vgl. Peterson 1976: 670f.). Anstatt vage Spekulationen über diesen Zusammenhang anzustellen, betont Peterson die Unlösbarkeit dieser Frage mit dem Ziel „to focus (…) even more explicitly (…) on the special environments where symbols are deliberately produced" (Peterson 1979: 139). Diese „special environments", verstanden als relativ autonome Produktionsmilieus, bilden für Peterson die vermittelnde Instanz zwischen Kultur und Gesellschaft. In den Vordergrund rücken damit jene empirisch beobachtbaren Faktoren, die im Produktionsprozess von Kultur eine zentrale Rolle spielen. Gegenstand der Forschung sind „the processes by which elements of culture are fabricated in those milieux where symbol-system production is most self-consciously the center of activity" (Peterson 1976: 672). Der Begriff „Produktion" beschränkt sich dabei nicht auf den Akt der Herstellung („*creation*") kultureller Produkte, sondern umfasst sämtliche Handlungen, die an der Produktion und Reproduktion von kulturell-expressiven Phänomenen beteiligt sind. Darüber hinaus plädiert Peterson in Anlehnung an den englischen Anthropologen Edward Burnett Tylor für einen weitgefassten Kulturbegriff, der nicht nur Kunst, sondern auch Bereiche wie Wissen, Brauchtum, Glauben oder Gesetze umfasst (vgl. Peterson 1976: 670). Das Feld der Kunst wird vor diesem Hintergrund als ein Symbolsystem neben vielen anderen betrachtet – und büßt damit die häufig attestierte Sonderstellung ein:

> "The production perspective underscores that, for the purposes of the inquiry at hand, there is nothing unique about any specific symbol system that prevents it being studied with standard social scientific and humanist methods, and there is, therefore, nothing sacrosanct about either nuclear physics or scientology, classical music or rap music, constitutional law or street-level law or about established church doctrine or cult worship" (Peterson 1994: 177).

Ziel dieser „nominalistischen" Perspektive ist es, sowohl Gemeinsamkeiten als auch die Kontingenz in den unterschiedlichen Feldern der Kulturproduktion sichtbar zu machen und somit zu einem umfangreicheren Verständnis von Kultur zu gelangen. Darüber hinaus ermöglicht sie die weitgehend wertfreie Analyse jedweder kulturellen Ausdrucksform; zu den Forschungsgegenständen der Production-of-Culture-Perspektive zählen Orchesterrepertoires ebenso wie Billboard-Charts.

Grundsätzlich können im Rahmen der Production-of-Culture-Perspektive zwei Stränge unterschieden werden: Insbesondere mit dem Namen Richard Peterson ist ein Forschungsprogramm verbunden, das sich der Untersuchung von strukturellen Bedingungen kreativen Handelns widmet (Peterson 1994; Peterson/Anand 2004). Hier richtet sich der Blick auf Markt- und Industriestrukturen der Kulturindustrien, Entscheidungsprozesse in Organisationen des Kunst- und Kulturbetriebs, den Einfluss gesetzlicher Bestimmungen auf die kunst- und kulturindustrielle Produktion sowie den Zusammenhang von technologischer Entwicklung und Kunst. Eine andere Schwerpunktsetzung lässt sich in jenen Studien identifizieren, die sich mit den Interaktionen und Aushandlungsprozessen auf Akteursebene befassen (u. a. Bennett 1980; Becker 1982). Im Folgenden werden diese beiden Stränge der Production-of-Culture-Perspektive, das Art-World-Konzept von Howard Becker und das „six-facet model of the production nexus" von Richard A. Peterson, näher beleuchtet.

b. Howard Beckers Art-World-Konzept

Einen wesentlichen Beitrag zur Entwicklung der Production-of-Culture-Perspektive leistete der US-amerikanische Soziologe **Howard S. Becker** (*1928) mit seinem 1982 erschienenen und mittlerweile zum kunstsoziologischen Klassiker avancierten Buch „Art Worlds", in dem er sich mit der Bedeutung der Interaktion unterschiedlicher AkteurInnen für die Hervorbringung von Kunstwerken auseinandersetzt. Becker beschreibt seine Herangehensweise als „treating art as not so very different from other kinds of work, and treating people defined as artists as not so very different from other kinds of workers, especially the other workers who participate in the making of artworks" (Becker 1982: ix f.). Eine zentrale Konsequenz dieser Perspektive ist die Kritik an der Ideologie des kreativen Künstler-Individuums. Kunstwerke seien demnach nicht alleiniges Produkt eines kreativen Individuums, sondern das Resultat der Tätigkeiten zahlreicher mehr oder weniger unmittelbar am Kunstwerk beteiligter Akteure. Becker prägt den Begriff „Art World", worunter er ein „established network of cooperative links among participants" (ebenda: 34f.) in einem bestimmten Feld künstlerischer Produktion versteht. Damit richtet er den Fokus auf die unterschiedlichen Akteure, die – neben und mit dem/der „KünstlerIn" – an der Herstellung eines künstlerischen Produkts beteiligt sind:

> "Art worlds consist of all the people whose activities are necessary to the production of the characteristic works which that world (…) define as art. Members of art worlds coordinate the activities by which work is produced by referring to a body of conventional understandings embodied in common practice and in frequently used artefacts. (…) Works of art, from this point of view, are not the products of individual makers, 'artists' who possess a rare and special gift. They are, rather, joint products of all the people who cooperate via an art world's characteristic conventions to bring works like that into existence" (ebenda: 34f.).

Becker entwickelt eine soziologische Perspektive, in der das Feld künstlerischer Produktion als komplexes Gefüge mit einer spezifischen sozialen Organisation in den Vordergrund rückt. Er interessiert sich für die im jeweiligen Feld etablierten, oft unhinterfragten und als selbstverständlich geltenden Konventionen, die für das Funktionieren dieser sozialen Organisation verantwortlich sind. Zu diesen Konventionen zählen auch kunstweltspezifische Ästhetiken: „Aesthetic principles, arguments, and judgements make up an important part of the body of conventions by means of which members of art worlds act together" (ebenda: 131). Vor allem komplexe und hoch entwickelte Kunstwelten seien durch logisch organisierte und philosophisch untermauerte ästhetische Systeme gekennzeichnet. Ein ästhetisches System diene, so Becker, der Rechtfertigung von Werturteilen und somit auch der Legitimation bestimmter Vorlieben bzw. eines bestimmten Geschmacks. Darüber hinaus fungiere es als Anleitung für die Produktion von Kunstwerken und diene der Stabilisierung von kunstweltspezifischen Wertvorstellungen (vgl. Becker 1982: 131–134).

Beckers Art-World-Konzept – das Becker selbst allerdings nie unter dem Label der „Production-of-Culture-Perspektive" präsentiert hat – erweist sich bis heute als einflussreiches heuristisches Konzept zur Untersuchung von unterschiedlichen Feldern kultureller Produktion. In den letzten drei Jahrzehnten fand das „Art-World-Konzept" in unterschiedlichen Bereichen Anwendung; zu den bekanntesten Studien zählen Ruth Finnegans Studie über AmateurmusikerInnen in Milton Keynes (Finnegan 1989), Sara Cohens Untersuchung von Rockbands in Liverpool (Cohen 1991) sowie Diana Cranes Arbeiten zur Avant-Garde in New York (Crane 1987). Wichtige Impulse lieferte Beckers Art-World-Konzept für die Musikszenenforschung, die vor allem im Rahmen der von Andy Bennett und Richard Peterson vorgeschlagenen „music-scences-perspective" (Bennett/Peterson 2004) weiterentwickelt wird.

c.   Richard Peterson und the „six-facet model of the production nexus"

Das von Richard A. Peterson (Peterson 1982, 1990; Peterson/Anand 2004) entwickelte „six-facet model of the production nexus" dient der systematischen Erforschung der strukturellen
Rahmenbedingungen kultureller Produktion. Peterson identifiziert sechs Faktoren, die – ein-
zeln oder auch in Kombination – die Produktionsprozesse von Kultur maßgeblich beeinflussen.
Zu diesen Faktoren zählen rechtliche Rahmenbedingungen („*law and regulation*"), der Wandel
der Technologien („*technology*"), die Industriestruktur („*industry structure*"), die Organisati-
onsstruktur („*organizational structure*"), Nachfrage- und Marketing-Konzepte („*market*") und
institutionelle Berufsrollen („*occupational roles*"). Ziel der Analyse ist es, anhand empirischer
Befunde die jeweiligen „Produktionskonventionen" zu explizieren und zu untersuchen, auf welche Art und Weise eine Veränderung dieser Konventionen eine Veränderung der kulturellen Produkte zur Folge hat. Damit soll vor allem dem Wandel kultureller Praktiken Rechnung getragen
werden. Empirische Anwendung findet Petersons Modell, das er stets als forschungsleitenden
Rahmen begreift, in seiner Analyse zur Entstehung des Rock'n'Roll (Peterson 1990). Besondere
Berücksichtigung finden darin die strukturellen Transformationen der Kulturindustrie zwischen
Anfang der 1940er- und Ende der 1950er-Jahre, die er anhand vielfältiger Verflechtungen von
rechtlichen und technologischen Faktoren sowie grundlegender Veränderungen der Industriestruktur sowie der Organisationsformen der Radio- und Schallplattenindustrie hinsichtlich ihrer
Relevanz für die Entstehung dieses neuen Genres analysiert. Peterson kommt zu dem Ergebnis,
dass die Etablierung von Rock'n'Roll zu einem beträchtlichen Teil auf die strukturelle Blindheit
der Musikindustrie zurückzuführen ist. Mithilfe seines „six-facet-models" zeigt Peterson, „that
it was the structure of arrangements, habits, and assumptions of the commercial culture industry
itself that caused the blindness (…) (and) that it was the systematic change in these factors that
created the opportunity for rock to emerge" (Peterson 1990: 98).

d.   Zum Verhältnis von ‚high culture' und ‚low culture'

Ein wichtiges Forschungsanliegen der Production-of-Culture-Perspektive betrifft das Verhältnis
von Hoch- und Popularkultur. Voraussetzung ist zunächst die unvoreingenommene Beschäftigung mit kulturellen Formen beider Sphären. Zur Erforschung der Popularkultur schreibt Peterson: „The impact of commercial forms on their consumers is a vital question, but too often a
dehumanizing effect is assumed, and the study of popular culture itself is denigrated or dismis-
sed as slumming" (Peterson 1976: 676). Die Production-of-Culture-Perspektive geht davon aus,
„(…) that any of the invidious high-low distinctions are not inherent in the cultural objects, but
rather they involved a social, or better, a cultural construction of reality" (Peterson 1994: 179).
Dieser Konstruktion von Distinktion im jeweiligen Feld soziokultureller Symbolproduktion auf
den Grund zu gehen ist das Ziel zahlreicher Studien des Production-of-Culture-Ansatzes: Paul
DiMaggio (1987) erklärt das Entstehen neuer künstlerischer Genres als Form ritueller Klassifikation, zu der auch die Etablierung und die Aufrechterhaltung von Hierarchien und Distink-
tionen gehören. Diana Crane (1992) unternimmt den Versuch die Kategorien ‚high' und ‚low'
überhaupt aufzulösen. Stattdessen plädiert sie für die Unterscheidung von ‚media culture' und
‚urban culture'. Während unter ‚media culture' die für ein großes und anonymes Publikum ausgerichteten sowie über ein großes Distributionssystem auf (inter)nationaler Ebene verbreiteten
Kulturgüter verstanden werden, bezeichnet ‚urban culture' jene kulturellen Formen , „(which
are) produced and disseminated in urban settings for local audiences" (Crane 1992: 60).

Ein weiterer, neuerer Forschungssschwerpunkt behandelt die innerhalb der Production-of-Culture-Perspektive bis dahin vernachlässigte Ebene der Rezeption kultureller Produkte. Unter

dem Begriff ‚autoproduction' versteht Peterson „(the) active production of a lifestyle by individuals and groups" (Peterson/Anand 2004: 324). Diese Auffassung von Rezeption als aktiven Prozess der Selektion, Interpretation und Rekombination von kulturellen Elementen entspricht dem bereits in den 1970er-Jahren unter dem Einfluss (post)strukturalistischer Theorien entwickelten Rezeptionsmodell der Cultural Studies (vgl. Kapitel 5.1.1.).

Die für die Production-of-Culture-Perspektive charakteristische strikte Orientierung am Ethos der Wertfreiheit bedingt eine unvoreingenommene und vorurteilslose Betrachtung jeglicher kultureller Formen. Damit bleiben Fragen nach Machtstrukturen, nach Hegemonie und Herrschaft, aber auch nach dem Bedeutungsgehalt der kulturellen Produkte selbst unberücksichtigt. Gleichzeitig ist aber festzuhalten, dass sich die Production-of-Culture-Perspektive weder als Kritik an anderen Forschungstraditionen versteht, noch dass sie den Anspruch erhebt, das einzige Erklärungsmodell für kulturelle Phänomene zu sein.

6 Synthese, aktuelle Situation und Ausblick

6.1 Kunstsoziologie: Eine sozialwissenschaftliche Perspektive auf Kunst und Ästhetik

In diesem abschließenden Kapitel soll nunmehr versucht werden, vor dem Hintergrund der referierten Ansätze eine Bestimmung der Kunstsoziologie vorzunehmen, bei der die historische Entwicklungen und die dabei formulierten Konzepte und Dimensionen ebenso mitberücksichtigt werden wie aktuelle Herausforderungen. Dies macht es nötig, die verschiedenen Dimensionen anzusprechen, die in kunstsoziologischen Ansätzen entwickelt, vorgeschlagen oder präferiert wurden, die Nachbardisziplinen zu resümieren, die mit einzubeziehen sind. Schließlich sind die Elemente zu identifizieren, die eine aktualitätsrelevante Kunstsoziologie am angemessensten begrifflich erfassen. Von daher kann eine vorläufige Festlegung des Gegenstandsbereichs formuliert werden, die sich in einer Diskussion mit aktuellen Entwicklungen im Bereich der Kunstsoziologie bzw. einer Soziologie der Ästhetik stellen kann. Dabei kann und muss es vor allem um Fragen der Funktion von ‚Kunst‘ (als ästhetisch relevant eingeschätzten Artefakten und Prozessen) in verschiedenen gesellschaftlichen Teilkulturen gehen.

6.1.1 Verschiedene Dimensionen

Ein erster Befund ist, dass der gesellschaftliche Teilbereich Kunst auch durch Faktoren ganz wesentlich bestimmt wird, die zunächst und in erster Linie mit Kunst nichts zu tun haben müssen, die aber nichtsdestotrotz auch im Bereich der Kunst eine wesentliche Rolle spielen und ohne deren Berücksichtigung ein Verständnis zahlreicher, zum Teil zentraler Aspekte des Kunstbereichs nicht möglich wäre. Die wichtigsten dieser Faktoren sind Religion, Politik, das Recht, Technik und Ökonomie, aber auch Ethnizität oder Geschlecht.

Diese Faktoren, die die jeweils konkreten Erscheinungsformen von Kunst beeinflussen, kommen gleichsam ‚aus der Gesellschaft‘ und wirken in das künstlerische Feld hinein. Trotz ihres zum Teil kunstfremden Charakters sind sie Voraussetzung desselben, werden zu einem typischen Wesenszug seines Funktionierens und sind somit wesentlicher Bestandteil und Gegenstand kunstsoziologischer Betrachtungsweise und Forschung.

Wohl eher von historischer Bedeutung ist die **religiös-kultische Dimension**, wenngleich natürlich ‚säkularisierte‘ Erscheinungsformen anzutreffen sind, man denke etwa an den ‚Geniekult‘, oder aber Rudimente religiöser Motive in populärkulturellen Phänomenen, etwa bei der Reggae-Musik. Und natürlich spielt die Kirche auch im heutigen Kunstleben eine – wenngleich nicht allzu – prominente Rolle. Demgegenüber ist davon auszugehen, dass beinahe jedes künstlerische Phänomen, das vor dem Beginn der Neuzeit entstanden ist, einen kultisch-religiösen Entstehungszusammenhang aufweist oder mit einem solchen in enger Verbindung stand. Das bedeutet aber, dass die entsprechenden künstlerischen Entwicklungen nicht nachvollziehbar sind ohne Kenntnis des spezifischen Verhältnisses von künstlerischer Praxis und kultisch-religiösen Rahmenbedingungen. Dabei kann es sich sowohl um volkskulturelle Praktiken handeln, die zumeist mit kultisch-rituellen Festen, die am Zyklus der Jahreszeiten und in weitere Folge am Kirchenjahr orientiert sind, aber auch um die Repräsentationskunst der Kirche, die sich weitgehend auf die Darstellung der Heilsgeschichte beschränkt.

Eng verbunden mit der kultisch-religiösen Dimension ist die **politische Dimension** (ja, es ist fraglich, ob nicht die religiöse Dimension der politischen zu subsumieren wäre). Gesellschaftlich relevante Kunst hat immer auch eine politische Dimension, wird mehr oder weniger offensichtlich von gesellschaftlichen Gruppierungen instrumentalisiert. Dabei kann es sich um manifeste, also ganz offensichtliche Instrumentalisierungen handeln, etwa im Falle der Repräsentationskunst in feudalen Gesellschaften (hier ist eine enge Verbindung zur kultisch-religiösen Dimension zu sehen), oder aber in autoritären Regimes, in denen offizielle Staatskunst gefordert und gefördert wird. Aber es gibt natürlich auch Formen latenter, indirekter Instrumentalisierung, die sich durch informelle Beziehungsnetzwerke zwischen Politik und Kunst charakterisieren lassen und die vor allem in demokratischen Gesellschaften, in denen für die Kunst ein Autonomiestatus beansprucht wird, zu beobachten sind. Schließlich gibt es institutionalisierte Beziehungen zwischen Staat und Kunst, Beziehungen, die zum Ausdruck kommen in Gesetzen und Verordnungen, in der Existenz einer Kulturverwaltung sowie in von dieser getätigten Fördermaßnahmen, in der Erhaltung von einschlägigen Ausbildungseinrichtungen (Akademien, Kunstuniversitäten etc.), in der Aufnahme musischer Fächer in die Lehrpläne der Pflichtschulen, in der Berücksichtigung von Berufsverbänden von Kulturschaffenden bei der politischen Entscheidungsfindung usw. All diese institutionalisierten Beziehungen sind das Ergebnis politischer Verhandlungen divergierender Interessensgruppierungen, bei denen unterschiedliche ästhetische Werthaltungen den Ausgangspunkt darstellen und die getroffenen Entscheidungen dann die weitere Entwicklung der verschiedenen, betroffenen Segmente des Kunstlebens deutlich beeinflussen.

Der überwiegende Teil der institutionalisierten Beziehungen zwischen Staat, Politik und Kunst findet Niederschlag in gesetzlichen Regelungen, weswegen die **rechtliche Dimension** als ein weiterer bestimmender Faktor für den Kunstbereich anzusehen ist. Spätestens ab dem Moment, ab dem künstlerische Tätigkeit als eine von SpezialistInnen, also von BerufskünstlerInnen (auch wenn sie – bis zum Beginn der Neuzeit – weitgehend den Status von HandwerkerInnen haben) in Erscheinung tritt, wird das Recht zu einem relevanten Faktor für die Kunst. Denn nun werden Vertragsbeziehungen zwischen AuftraggeberInnen und Durchführenden, zwischen AnbieterInnen und NachfragerInnen eingegangen. (Und oft sind diese Verträge eine der wichtigsten Quellen, die eine Rekonstruktion des sozialen Status von Kulturschaffenden ermöglichen). Die Freiheit oder Unfreiheit der Kunst, die Rechtssicherheit oder Unsicherheit von KünstlerInnen, nicht zuletzt in Bezug auf ihr Einkommen findet ihren Niederschlag in den rechtlichen Rahmenbedingungen, recht deutlich im Zensurbereich, vermittelt in den steuer- und vertragsrechtlichen Bestimmungen und schließlich im Urheberrecht. Daneben sind – je nach Problemlage – auch noch Aspekte des Jugendschutzes, des Medienrechts, diverse Abgaben, von der Vergnügungssteuer bis zu Abgaben für verschiedenste Speichermedien (Leerkassette, Disc, Festplatte usw.) von Relevanz. Viele dieser rechtlichen Rahmenbedingungen beeinflussen die Erscheinungsform künstlerischer Phänomene ganz offensichtlich, etwa bei klaren Zensurandrohungen, manche nur sehr indirekt, etwa wenn eine künstlerische Arbeit bewusst auf eine ganz bestimmte Art und Weise gestaltet wird, um einen Plagiatsverdacht zu vermeiden.

Das Kunstleben wird zudem ganz wesentlich durch die **ökonomische Dimension** geprägt. Kulturschaffende müssen ihren Lebensunterhalt bestreiten, Verlage, Konzert- und Theaterhäuser, Museen, sowie die sogenannten Kulturindustrien müssen ihre Infrastrukturen finanzieren und vor allem letztere wollen meist auch noch Gewinn machen. Aber auch das Publikum, die RezipientInnen müssen, um am Kulturleben teilhaben zu können, mit entsprechenden Ausgaben rechnen. Das Erlernen künstlerischer Kompetenzen, sei es aktiv, sei es als RezipientIn, kostet Zeit und Geld, die man sich ebenfalls leisten kann oder will. Mit anderen Worten: die Basis künstlerischer Aktivität ist ökonomisch angebbar und Kulturökonomie ist spätestens seit den 1980er Jahren eine feste Größe in jeder Auseinandersetzung zur Situation der Kunst.

Vor allem in jenen Bereichen, die finanzielle Unterstützung von Seiten der öffentlichen Hand erfahren, besteht in demokratischen Gesellschaften zunehmend ein Legitimationsdruck, ob und wie diese Zuwendungen auch zu rechtfertigen seien. Kulturpolitische Auseinandersetzungen, in denen mit Umwegrentabilitäten, mit Kultur als Standortfaktor, mit Kulturtourismus o. Ä. argumentiert wird, sind Indizien für die schwindende bildungsbürgerliche Legitimation von Kunstförderung. An ihre Stelle tritt ganz offensichtlich die Ökonomisierung, aber auch – gegenläufig – die Amateurisierung, Deprofessionalisierung, Prekarisierung von künstlerischer Arbeit. Das soll allerdings nicht den Blick verstellen auf die Tatsache, dass das künstlerische Feld schon immer – also auch vor der Etablierung von Fördermaßnahmen von Kommunen, Ländern oder staatlichen Einrichtungen – auch ökonomisch bestimmt war, sei es durch Auftragsfinanzierung von kunstfördernden und -fordernden Fürstenhäusern oder klerikalen Instanzen, weiters durch aristokratisches wie bürgerliches Mäzenatentum, sowie durch zunächst bürgerliche, aber dann auch proletarische Freundeskreise, Vereinigungen oder politische Parteien.

Schließlich ist noch die **technische Dimension** anzuführen, wobei sowohl die technischen Mittel, die Werkzeuge und Apparaturen zur Herstellung, zur Verbreitung und zum Empfang oder zur Wiedergabe von künstlerisch-ästhetischen Phänomenen gemeint sind, wie auch die Verfahrensweisen, die künstlerischen Techniken im engeren Sinn, die natürlich mit den jeweiligen technischen Mittel sehr eng verbunden sind. Die Palette der in Frage stehenden Phänomene umspannt somit den menschlichen Körper (z. B. die Sängerin, die ihre Stimmwerkzeuge mit einer bestimmten Verfahrensweise zum Klingen bringt), grafische Gerätschaften, vom Federkiel und dem Pinsel über den Druckstock bis zur Rotationspresse, chemisch-mechanische Reproduktionstechniken, wie die Fotografie, den Film und das Grammophon, elektronische Medien, wie Radio, Fernsehen, Mikrophone, Schallplattenspieler, Tonbänder und schließlich digitale Medien, also alle auf Computerbasis arbeitenden Medien. Dazu kommen dann die entsprechenden Verfahrensweisen, die – wie leicht nachvollziehbar – auch gattungs- und genrebildend waren und sind. Dazu gehören z. B. die Notenschrift (als Voraussetzung für komplexere Kompositionsverfahren) oder die Zentralperspektive (die mit der Entstehung des Tafelbildes einher geht), natürlich der Film oder die literarische Gattung des Hörspiels, Video- und Computerkunst (Virtual Reality, Sampling-Technologie, Computerspiele, etc.)[69]

Im Zusammenhang mit der Berücksichtigung der technischen Dimension ist es durchaus nahe liegend, auch die naturwissenschaftlichen Grundlagen spezifischer Technologien zu berücksichtigen, da manchmal erst dadurch eine kompetente Bewertung von deren Bedeutung für die künstlerische Entwicklung möglich wird (z. B. die Funktionsweise des Tonfilms, oder die Unterscheidung von elektromagnetisch-analogen und digitalen Aufzeichnungsverfahren zu verstehen).

---

69 Die Liste dieser Phänomene ist mindestens halbjährlich zu aktualisieren.

Weiterführend sind auch noch einige Dimensionen zu erwähnen, die sich aus aktuellen kultur- und sozialwissenschaftlichen Konzepten heraus ergeben. Es sind dies im Wesentlichen die sich aus dem Cultural Studies-Diskurs neben der sozialen Lage (*class*) ableitbaren, weiteren zentralen ‚Trennungen‘, die konkrete gesellschaftliche Strukturierungen determinieren, nämlich **Geschlecht** (*sex, gender*), **Ethnizität** (*race*) und das sich aus dieser Konstellation jeweils ergebende spezifische ‚Machtgefüge‘, nämlich **Intersektionalität.**

Nicht übersehen werden darf aber auch die ‚**naturwissenschaftlich-biologische**‘ Dimension. Neuere Erkenntnisse der Neurobiologie müssen ebenso in Betracht gezogen werden wie auch Befunde der Wahrnehmungspsychologie oder der verschiedenen, jener entsprechenden naturwissenschaftlichen Zugänge, von der Akustik über die Optik bis hin zur Kybernetik.

Die Liste der Dimensionen ist damit nicht erschöpft und nach Maßgabe der Entwicklungen im künstlerisch-kulturellen Feld durchaus – vielleicht sogar notwendigerweise – erweiterbar. So können etwa die betrieblichen Organisationsformen oder die betriebswirtschaftlichen Gegebenheiten ins Zentrum des Interesses rücken, die beide durch die ökonomische Dimension nur unzureichend abgedeckt wären, auch die generationsbezogene Dimension wäre eventuell von Bedeutung. Hier ist allerdings zu fragen, ob nicht die Beschäftigung mit dieser Thematik am Ende des Forschungsprozesses zu stehen hätte, also (zumindest Teil) des Ergebnisses kunstsoziologischer Bemühungen zu sein hätte.

Zusammenfassend lässt sich feststellen, dass zahlreiche Dimensionen das künstlerische Feld ‚von außen‘ bestimmen, Dimensionen, die zunächst und zuallererst mit Kunst nichts zu tun haben – die Religion, das Recht, die Wirtschaft, Gender oder Ethnizität usw. gibt es auch ohne und außerhalb der Kunst. Aber: sie determinieren in ihrer jeweils historisch besonderen Erscheinungsform das künstlerische Feld und müssen aus kunstsoziologischer Sicht unbedingt berücksichtigt werden.

Diese Berücksichtigung kann natürlich nur auf der Grundlage bereits vorliegender wissenschaftlich fundierter Entwürfe, Theorien, Befunde, Erkenntnisse, Texte usw. erfolgen. Das leitet über zum nächsten Punkt, nämlich den wissenschaftlichen Disziplinen, derer sich die Kunstsoziologie bedienen muss, um zu relevanten Ergebnissen zu kommen.

6.1.2   Verschiedene Disziplinen

Es kann – wie schon ausgeführt – (vgl. Kapitel 2.2.) im Rahmen dieser Publikation nicht eine systematische Auseinandersetzung mit den jeweiligen Fachdisziplinen erfolgen, etwa in Bezug darauf, welche AutorInnen oder Denktraditionen bei diesen für kunstsoziologische Fragestellungen von Relevanz sind oder sein könnten, ja nicht einmal jene Bereiche der Fachdisziplinen, die gleichsam von der anderen Seite her schon starke Affinität zu einer sozialwissenschaftlichen Perspektive aufweisen, können systematisch zusammengetragen werden: es würde nicht zuletzt auch die Kompetenz des Verfassers überschreiten. Dass es sich bei dieser Feststellung nicht um falsche Bescheidenheit handelt, wird, so ist zu hoffen, rasch deutlich, wenn die in Frage kommenden Disziplinen aufgezählt und die Möglichkeiten und Gefahren, die sich durch eine interdisziplinäre Analyse ergeben, erörtert werden.

Zunächst zu den Fachdisziplinen: Aus dem bisher Gesagten ist schon klar, dass eine der ersten Bezugsquellen die Philosophie, und hier insbesondere die Ästhetik ist, weiters die Geschichtswissenschaft, wobei das Spektrum von politischer Geschichte bis zu Alltagsgeschichte reicht, schließlich die Kulturwissenschaften im engeren Sinne, also die auf die kanonisierten

Kunstgattungen ausgerichteten Fächer wie Musikwissenschaft, Theaterwissenschaft, Literaturwissenschaft und Kunstgeschichte. Wenn nun nur die schon aufgezählten Dimensionen, die das künstlerische Feld prägen und beeinflussen in Betracht gezogen werden, dann käme noch die Religions-, Politik- und Rechtswissenschaft, sowie die Ökonomie hinzu und jene Disziplinen, die Auskunft geben über die technischen Grundlagen, die im künstlerischen Feld von Relevanz sind. Das sind nunmehr naturwissenschaftliche Disziplinen wie Akustik oder Optik, Elektrotechnik und Elektronik aus dem Bereich der Physik, der Kybernetik oder der Bio-Wissenschaften, aber auch Befunde über künstlerische Gestaltungstechniken sind von Bedeutung, wozu wohl die Kunstwissenschaften einiges beitragen können, darüber hinaus aber auch die Kommunikations- und Medienwissenschaft, wenn es um ‚moderne‘ Kommunikationstechnologien geht, wobei hier auch eventuell die Filmwissenschaft als Referenz dienen kann. Wenn die Ausweitung des Gegenstandsbereichs über den traditionellen Kunstkanon hinaus in Betracht gezogen wird, dann sind Befunde der Volkskunde bzw. der europäischen Ethnologie, aber auch der Ethnologie schlechthin von Interesse, sowie erneut Erkenntnisse der Kommunikationswissenschaft, jene Disziplin, die sich als eine der ersten systematisch mit populärkulturellen Phänomenen – allerdings aus einem anderen Interesse als einem kunstsoziologischem heraus – beschäftigt hat. Zu guter Letzt sind noch zahlreiche Bereiche anderer Sozialwissenschaften zu nennen, bei denen sich mehr oder weniger deutliche Bezüge zu Fragen der Kunstsoziologie herstellen lassen. Hier sind zunächst die Psychologie – von der Wahrnehmungspsychologie über die Informationsästhetik zur Psychoanalyse – und die Pädagogik – von Kunstdidaktik zur Kunsttherapie – zu nennen, und im Rahmen der Soziologie selbst sind es jene speziellen Forschungsfelder, die als Bildungs-, Arbeits-, Industrie-, Organisations-, Berufs-, Technik-, Konsum- oder Freizeitsoziologie (um nur die wichtigsten zu nennen) gefasst werden, ganz zu schweigen von der Kultursoziologie, den Cultural Studies oder verschiedenen, neueren philosophischen Strömungen, die in der Soziologie schulbildend waren und sind, wie etwa die Systemtheorie, der Konstruktivismus, der Pragmatismus oder der Poststrukturalismus (vgl. Kapitel 5), und den engsten verwandten Bindestrichsoziologien, nämlich die Literatur-, Musik-, Theater- und Filmsoziologie, die hier stillschweigend eigentlich schon der Kunstsoziologie zugeschlagen werden.

Die enorme Bandbreite der Fächer und Forschungsgebiete, aus denen heraus Erkenntnisse für die kunstsoziologische Fragestellungen gewonnen werden können, macht klar, dass in diesem Zusammenhang das erste und vordringliche Problem darin zu sehen ist, wie kunstsoziologische Forschung mit dieser Tatsache überhaupt umgeht. Einerseits ist es nämlich unabdingbar und auf jeden Fall anzustreben, jene Kenntnisse, die in anderen Disziplinen – wenngleich zumeist aus einem anderen Erkenntnisinteresse heraus – bereits erarbeitet wurden, in die eigene Arbeit zu integrieren, andererseits sind mit dieser Absicht aber zumindest zwei wesentliche Probleme verbunden, nämlich:

1.   wo und wie sind die nötigen Information auffindbar und

2.   wie kann – für ‚Fachfremde‘ – die Validität dieser Befunde bewertet werden.

Tatsächlich ist es zunächst sehr oft der Fall, dass die für die kunstsoziologische Fragestellung relevanten Ausführungen vom Titel der jeweiligen Publikationen her nicht ersichtlich sind, weil die entsprechenden Ausführungen – in eine womöglich gänzlich anders gelagerte Thematik eingebettet – möglicherweise nur illustrierenden, beiläufigen Charakter haben. So können sich Ausführungen zur Entwicklung des Urheberrechts in einem Aufsatz eines juristischen Fachjournals zu finden sein, bei dem es in erster Linie um den Begriff des Eigentums geht – und daneben eben auch um den des geistigen Eigentums. Dass sich hier also möglicherweise wesentliche Aufschlüsse über die veränderte gesellschaftliche Stellung von Kulturschaffenden vom 18. zum 19. Jahrhundert auffinden lassen, ist vielleicht aus dem Titel des Aufsatzes unmöglich abzuleiten. Oder es können sich Hinweise auf den Einfluss des Buchdrucks auf das Theater des 15. und 16. Jahrhunderts in medienhistorischen, nicht aber in theaterwissenschaftlichen Publikationen auffinden lassen, diese aber aus der Fülle von einschlägigen ‚Mediengeschichten' herauszufinden, kann durchaus mit einigen Problemen verbunden sein, da darauf möglicherweise wieder nur in einer Fußnote oder beiläufigen Bemerkung eingegangen wird. Sogar innerhalb des ureigensten Bereiches der Kunstsoziologie, der Soziologie selbst nämlich, kann die hier dargestellte Problematik auftreten. So sind z. B. wegweisende Ausführungen von Max Weber zur Kunstsoziologie in einem unter verschiedenen Titeln veröffentlichten Aufsatz zur Wertfreiheit in den Sozial- und Wirtschaftswissenschaften verborgen (vgl. Kapitel 3.2., Fußnoten 16 und 17). Und da dieser Titel eben keine kunstsoziologische Relevanz signalisiert, wurde er ganz offensichtlich recht lange im kunstsoziologischen Diskurs bis zu seiner ‚Entdeckung' Anfang der 1960er Jahre, nicht entsprechend wahrgenommen. So ist es sehr oft der Zufall und nicht die systematische Recherche, die kunstsoziologisch hochinteressante Befunde in ‚fachfremder', aber sogar auch fachinterner Literatur zu Tage bringt. Wenn aber erst einmal ein entsprechender Befund aufgestöbert worden ist, stellt sich als nächstes die Frage nach der Glaubwürdigkeit, nach der Seriosität dieses Befundes im wissenschaftlichen Kontext. Denn natürlich kann von KunstsoziologInnen nicht eine solch umfassende Kompetenz erwartet werden, dass beinahe sämtliche Fachdisziplinen perfekt beherrscht werden. Zumeist kann man sich hier natürlich auf die Referenzen einer Publikation oder von AutorInnen, sowie auf einen akademischen Verweisungszusammenhang verlassen, sehr oft aber sind Zweifel angebracht, etwa wenn es sich um eine eher populärwissenschaftlich angelegte Publikation mit nur wenigen Quellenangaben handelt.[70] Hier ist es natürlich unumgehbar, die entsprechende FachkollegInnenschaft zu kontaktieren, also interdisziplinär zu arbeiten und sich auch nicht zu scheuen, ganz naiv nachzufragen. Eine Kunstsoziologie, die nicht über den Tellerrand der eigenen Stammdisziplin, der Soziologie, hinauszuschauen imstande ist, wird nur geringen Erkenntnisgewinn versprechen. Umgekehrt besteht allerdings die Gefahr des Universaldilettantismus, der nur spekulative und fragwürdige Ergebnisse zustande bringt. Es sind hier also – in der notwendigen Interdisziplinarität – die Stärken und Möglichkeiten ebenso angelegt wie auch die Schwächen und Gefahren der Kunstsoziologie: Sich keine Einschränkungen auferlegen, was fächerübergreifendes Interesse betrifft, aber auch nicht Fahrlässigkeit riskieren durch unkritisches Übernehmen fachfremder Befunde.

In der Realität wird die Ausrichtung auf andere Fachdisziplinen und die Berücksichtigung fachfremder Befunde natürlich von der jeweils konkreten Fragestellung abhängen müssen, weswegen auch keine weiteren Spezifikationen in Bezug auf interdisziplinäre Forschungsstrategien dargelegt werden können. Es wird von Fall zu Fall zu entscheiden sein, welche benachbarten Fachdisziplinen mit welcher Intensität – auch des kollegialen Erfahrungsaustausches – in die eigene Arbeit einzubeziehen sind.

---

70 So kursiert etwa ein (angebliches?) Zitat von Marx: „Die Kunst ist nicht ein Spiegel, den man der Wirklichkeit vorhält, sondern ein Hammer, mit dem man sie gestaltet" (z. B. in Mäckler 2000: 138), für das ich bislang keine seriöse Quellenangabe finden konnte.

6.2   Aktuelle Konzeption der Kunstsoziologie und aktuelle Fragestellungen

Die aktuelle Situation – und damit ist der ‚mainstream' der letzten drei Jahrzehnte gemeint – ist charakterisierbar durch die Tatsache, dass seit den 1980er Jahren ein Paradigmenwechsel der Kunstsoziologie zu konstatieren ist, in dessen Zuge ein zunehmendes Eingehen auf die historische und gesellschaftliche Formbestimmung der Kunst, sowie eine Schwerpunktverlagerung von einer ‚Produktionsästhetik' hin zu einer ‚Rezeptionsästhetik' stattfindet. Dieser Paradigmenwechsel wird gelegentlich als ‚postmodern' bezeichnet, ich würde den Begriff ‚konstruktivistisch' vorziehen.

Konkret ist damit Folgendes angesprochen: Spätestens seit der breiteren Rezeption der kunst- und kultursoziologischen Analysen Pierre Bourdieus, aber auch im Anschluss an zahlreiche Arbeiten, die im Rahmen der Cultural Studies oder des ‚Production of Culture'-Ansatzes entstanden sind, sowie einschlägigen eher sozialphilosophisch ausgerichteten Beiträgen aus dem Umfeld des Poststrukturalismus bzw. der Postmoderne ist ersichtlich, dass die Konzeption von ‚Kunstsoziologie' im traditionellen Sinne genauso wenig aufrechtzuhalten ist wie die (hegemoniale) Konzeption des traditionellen, also bürgerlichen Kunstbegriffs, der sich erst im 18. Jahrhundert durchzusetzen begonnen hat, und der durch Produktorientierung (Originalität, universelle Gültigkeit des ‚Werks'), durch Medien der Vermittlung, die lebendige Teilhabe abverlangen (Konzert- und Opernhäuser, Theater, Museen, Bücher), sowie durch kontemplative Rezeptionshaltung charakterisierbar ist und der gerne mit dem Geniebegriff und Hochkultur assoziiert wird. Es gilt mittlerweile als soziologische Selbstverständlichkeit, davon auszugehen, dass ‚Kunst' ein Ergebnis gesellschaftlicher Auseinandersetzungen bzw. – in der Begrifflichkeit der Cultural Studies – gesellschaftlicher Verhandlungen ist.

Das heißt, alles und jedes kann als Kunst, als künstlerisch wertvoll angesehen werden, wenn sich nur eine gesellschaftliche Gruppierung findet, die mächtig genug ist, eine bestimmte Werthaltung, nämlich die eigene, als gesellschaftlich legitime Werthaltung, als allgemein gültige, durchzusetzen.

Weiters gilt mittlerweile die Tatsache als unanzweifelbar, dass das künstlerische Feld von ökonomisch motivierten Kräften bestimmt wird, dass also Kunstschaffen, -verbreitung und -aneignung in jedem Fall auch unter ökonomischen Prämissen gesehen werden muss.

Vor diesem Hintergrund können nunmehr für die aktuelle Situation des Faches in Bezug auf den Gegenstandsbereich und das Erkenntnisinteresse folgende Sachverhalte zusammengefasst werden:

6.2.1   Kunst ist in zweifacher Hinsicht als formbestimmt zu begreifen

a) Kunst ist **historisch formbestimmt**: Kunst ist eine historische Kategorie, nicht nur die Kunst – etwa als Abfolge von Stilen – ändert sich, sondern auch das, was als Kunst gilt.

Die historische Entwicklung legt nahe, keinesfalls von einem ungebrochenen Verständnis von Kunst auszugehen. Im Gegenteil: der Kunstbegriff ist auch heute umstritten und er hat sich auch historisch verändert. Die gesellschaftlichen Faktoren, die für diese Dynamik verantwortlich sind, müssen in kunstsoziologischen Überlegungen immer mitgedacht werden. Damit ist der zweite Punkt angesprochen:

b) Kunst ist **sozial formbestimmt:** Was in einer gegebenen Gesellschaft zu einem bestimmten historischen Zeitpunkt als Kunst angesehen wird, ist das Ergebnis von Auseinandersetzungen konkurrierender Gruppierungen nicht nur im künstlerischen Feld, sondern in der Gesellschaft – also von Schichten, Klassen und Teilkulturen.

In unterschiedlichen Gesellschaftsformationen und in verschiedenen Epochen gelingt es jeweils unterschiedlichen Gruppierungen ihre Vorstellungen davon, wie mit künstlerisch-ästhetischen Phänomenen ,richtig umzugehen ist', durchzusetzen und Definitionsmacht über die Regeln der Kunst zu erlangen.

Kunstsoziologie beschäftigt sich demnach mit denjenigen Phänomenen, die in einer gegebenen Gesellschaft zu einem gegebenen Zeitpunkt von bestimmten Gruppierungen dieser Gesellschaft als Kunst bezeichnet werden, damit, warum dies so ist und – wenn Änderungen zu konstatieren sind – warum diese stattfinden.

6.2.2   Weiters ist festzuhalten

Kunstsoziologie hat sich mit allen relevanten Akteuren, Institutionen, Phänomenen (Artefakten, Texten) und Beziehungen (Praktiken, Prozessen), die im Zusammenhang mit Kunst – im künstlerischen Feld – identifizierbar sind, zu beschäftigen.

Damit sind zunächst die verschiedenen Strukturelemente, die das künstlerische Feld charakterisieren, angesprochen. Dabei lassen sich entweder auf die Aktion (Produktion bzw. Kreation, Distribution und Rezeption bzw. Konsumtion) oder eher auf die AkteurInnen, (AuftraggeberInnen, KünstlerInnen, vermittelnde Instanzen bzw. Kritik und Publikum) bezogene Sichtweisen unterscheiden (vgl. z. B. Thurn 1973, Gerhards 1997, Heinich 2001, Alexander 2003). Auch bei Arnold Hausers ,Soziologie der Kunst' lassen sich unschwer diese drei Hauptgesichtspunkte ausmachen, die allerdings durch unterschiedliche, die vielfältigen Wechselwirkungen von Gesellschaft und Kunst theoretisch und historisch in Betracht ziehende Sichtweisen immer wieder neu gewichtet werden (Hauser 1974). Gerhardt Kapner (1987, 1991) benennt als zusätzliche Akteursgruppe im künstlerischen Feld noch die AuftraggeberInnen. Auch bei Alphons Silbermann ist um das von ihm ins Zentrum der Analyse gestellte Phänomen des ,Kunsterlebnisses' die angesprochene Struktur unschwer auszumachen (Silbermann 1986).

Darüberhinausgehend setzen manche AutorInnen ganz spezifische Schwerpunkte: So wird gelegentlich das kommunikationstheoretische Modell, bei dem zwischen Kommunikator, Medium, Botschaft und Empfänger unterschieden wird, angewandt (z. B. Wick/Wick-Kmoch 1979: 14). In diesem Fall wird mit der ,Botschaft' auch das künstlerische Phänomen, der künstlerische Prozess selbst als Strukturelement ausgewiesen, wobei sich die einschlägige Begrifflichkeit vom ,Werk', über ,Formen' bis zu ,Inhalten' spannt (z. B. Williams 1981, Aulinger 1992, vgl. auch Danko 2012: 112). In manchen Publikationen bleibt der Rezeptionsaspekt unberücksichtigt (Mierendorff/Tost 1957, Duvignaud 1975/1967, Williams 1981, Tanner 2003, Müller-Jentsch 2011), in anderen finden die Kategorien ,Ideologie', ,Politik' und ,Werte' besondere Berücksichtigung (Bürger 1978, Zolberg 1990, Wolff 1993, Harrington 2004, Inglis/Hughson 2005). Schließlich wäre noch auf Adorno zu verweisen, der sich einerseits durchaus an der Struktur: Produktion – Vermittlung – Rezeption orientiert (z. B. Adorno 2003/1968), der aber andererseits wie kaum ein anderer kunstsoziologisch argumentierender Autor von der Analyse des ,Werkes' ausgeht (z. B. Adorno 1981/1970; vor allem aber auch seine zahlreichen, sich als soziologische Beiträge verstehenden Schriften zur Musik, z. B. Adorno 1995).

6.3   Strukturelemente des künstlerischen Feldes (Akteure/Phänomene/Institutionen)

Die Strukturierung des künstlerischen Feldes, bei der akteurs-, handlungs- und kommunikationsbezogene Aspekte gleichermaßen enthalten sind, legt die Unterscheidung der folgenden drei Sphären nahe:

1. der **Entstehungszusammenhang** des künstlerisch-ästhetischen Phänomens auf der einen Seite und

2. der **Aneignungszusammenhang** auf der anderen Seite, sowie

3. der **Vermittlungszusammenhang**, der sich zwischen den beiden erstgenannten Sphären befindet.

Diese drei Sphären können nun mit unterschiedlichen Begriffen aufgefüllt werden, je nachdem ob eher ein handlungsorientierter oder ein kommunikationsorientierter Ansatz verfolgt wird, an welche künstlerischen Gattungen gedacht wird, ob es sich um eher dem traditionellen Kunstkanon verpflichtete, oder weit darüber in den Medienbereich hinausgehende kunstsoziologische Ansätze sind.

So wird im **Entstehungszusammenhang** einerseits zwischen schaffenden und nachschaffenden (darstellenden) Künsten zu unterscheiden sein. Bei ersteren wird es angebracht sein, zwischen einem ersten, kreativen Prozess – der Kreation – und einem weiteren, dem der manufakturellen Herstellung – der Produktion – zu unterschieden. Bei den darstellenden Künsten ist wiederum die notwendige organisatorische bzw. auf Arbeitsteiligkeit bezogene Komponente zu berücksichtigen. Hier werden naheliegenderweise berufs- oder arbeitssoziologische Kategorien Anwendung finden können, ebenso wie industrie- oder organisationssoziologische, vor allem – aber nicht nur – wenn es um ‚kulturindustrielle‘ Produktion geht. Zum Entstehungszusammenhang gehören neben den unmittelbaren Kunstproduzenten, den KünstlerInnen im engeren und Kulturschaffenden im weiteren Sinne also auch jene dazu, die zur Produktion überhaupt erst Anlass geben, die Auftraggeber ebenso wie die Nachfrager, insoweit, als sie und deren Einwirken auf die Kulturschaffenden die jeweilige Beschaffenheit des Entstehungszusammenhangs (mit)prägen und schließlich auch das Ergebnis des Entstehungszusammenhangs, das künstlerisch-ästhetische Phänomen selbst. Dessen innerästhetische Struktur ist – soweit möglich und sinnvoll – in Bezug zu setzen zu den jeweils konkreten Entstehungsbedingungen.

Der **Aneignungszusammenhang** umfasst nicht nur Kunstrezeption im engeren Sinne sondern natürlich auch die soziokulturellen Voraussetzungen für einen mehr oder weniger kompetenten, sozial als adäquat erachteten Umgang mit künstlerisch-ästhetischen Phänomenen. Neben freizeit- und konsumsoziologischen Aspekten, wobei Zeit- und Haushaltsbudgets eine Rolle spielen, werden also auch bildungs- und stratifikationssoziologische in Betracht zu ziehen sein. Daneben wird zu unterscheiden sein zwischen einem kulturellen Verhalten, das mit dem Aufsuchen künstlerisch-ästhetischer Phänomene einhergeht und einem, das medial vermittelt, gleichsam ins Haus kommt. Aber auch das weite Feld der ästhetischen Werturteile mit all seinen kultursoziologischen Implikationen spielt im Aneignungszusammenhang eine zentrale Rolle, ja betrifft eines der komplexesten und gesellschaftstheoretisch relevantesten Themen der Kunstsoziologie überhaupt. Gegebenenfalls werden hier auch wahrnehmungspsychologische und pädagogische, kultur- und medienpolitische oder kommunikationstheoretische Konzepte zu berücksichtigen sein.

Und schließlich ist ein kompetenter Umgang mit Befunden und Werturteilen in Bezug auf das künstlerisch-ästhetische Phänomen, des Geschmacksurteils also, kaum möglich, wenn nicht eine entsprechende Wissensbasis auf Seiten des Forschenden, z. B. eine Repertoirekenntnis, vorliegt, durch die die Geschmacksurteile überhaupt erst sinnvoll geordnet und analysiert werden können.

Der **Vermittlungszusammenhang** schließlich umfasst zunächst all jene Akteure, Institutionen und Medien, die die ‚Endprodukte‘, die sich aus dem Entstehungszusammenhang heraus ergeben, einer weiteren Öffentlichkeit, einer Zielgruppe, einem Publikum etc. zugänglich machen. Naheliegenderweise gewinnt der Vermittlungszusammenhang immer mehr Bedeutung, je arbeitsteiliger und mediatisierter eine Gesellschaft ist. Er erstreckt sich von Kirchen, Höfen, von Jahrmärkten und Festumzügen, über die Konzert-, Opern- und Theaterhäuser, über Galerien und Museen, Music Halls und Cabarets hin zu Festspielen und Stadion-Rock-Konzerten, von Verlagen über die Filmwirtschaft und die Phonoindustrie hin zu Radio- und Fernsehnetzwerken und Internetportalen. Im Bereich der darstellenden Künste kann der Vermittlungszusammenhang durch die raum-zeitliche Einheit von Entstehungs- und Aneignungszusammenhang gekennzeichnet sein, im Bereich der Architektur kann Vermittlungs- und Aneignungszusammenhang zusammenfallen. Das verweist aber nur auf die Spezifik bei der Betrachtung einzelner Gattungen oder medialer Konstellationen, die von Fall zu Fall, je nach Medien, Kunstgattungen, Genres, AkteurInnengruppen einer jeweils spezifischen Analyse unterzogen werden müssen.

Neben den unmittelbaren Medien und Institutionen der Vermittlung sind auch eine Reihe von Einrichtungen und Phänomenen zu berücksichtigen, die von indirekter Vermittlungswirkung gekennzeichnet sind: Kunstakademien, kunst- und kulturwissenschaftliche Theoriebildungen und Auseinandersetzungen und schließlich die Kunstkritik im engeren (journalistischem) Sinne, sowie öffentliche Auseinandersetzungen um kultur- und kunstpolitische Entscheidungsprozesse, also das, was man im Kontext der traditionellen bürgerlichen Öffentlichkeit als Räsonnement bezeichnet hat, und die nunmehr durchaus auch in Fernsehdiskussionsrunden wie in Internetforen ihren Platz finden. Beim Vermittlungszusammenhang werden vor allem ökonomische, organisatorische, kommunikationstechnologische, aber auch kultur- und medienpolitische Aspekte von Bedeutung sein.

Schlussendlich wird auch die Frage, ob und inwieweit die Sachzwänge der vermittelnden Institutionen bis tief hinein in die ästhetische Struktur der künstlerisch-ästhetischen Phänomene wirken, zu behandeln sein, was erneut auf grundlegende Bezüge zu den künstlerisch-ästhetischen Phänomenen selbst verweist.

Die kurze Skizzierung der drei Sphären, die das künstlerische Feld strukturiere, ist natürlich nicht erschöpfend zu verstehen, bei jeder der drei Sphären könnten nunmehr all jene Faktoren und die entsprechenden soziologischen Teil- und sonstigen Nachbardisziplinen durchgegangen werden, spezifische Sichtweisen anhand von Kunstgattungen herausgestellt werden, oder der Frage, ob und wieweit die künstlerisch-ästhetischen Phänomene in jeder der drei Sphären zu verankern wären, nachgegangen werden. Dadurch wäre die Komplexität des Feldes aber nicht reduziert, sie wäre nur anschaulich gemacht, was aber für die vorliegenden Zwecke nicht zielführend ist. Sinnvoller scheint es an dieser Stelle festzuhalten, dass das künstlerische Feld sich durch ein komplexes Beziehungsgeflecht auszeichnet, in dem sich grob und im idealtypischen Sinne gesprochen, drei Sphären ausmachen lassen, die – wiewohl eng miteinander verwoben – doch unterschiedlichen Dynamiken unterliegen, denen in verschiedenen historischen Epochen jeweils anderes Gewicht zukommt und deren Verhältnis zueinander – deren Beziehungsgefüge – charakteristisch für die jeweils historisch bestimmte Erscheinungsform dessen ist, was heute als Kunst bezeichnet wird. Diese nunmehr eher ganzheitliche Sicht auf das künstlerische Feld leitet über zur letzten und möglicherweise theoretisch ambitioniertesten Frage, mit der sich Kunstsoziologie zu beschäftigen hat.

6.4 Das Forschungsinteresse von Kunstsoziologie

Die Frage nach dem zentralen Erkenntnisinteresse der Kunstsoziologie hat notwendigerweise mit deren sozialer Funktion zu tun. Diese ist natürlich mit der Festlegung des Gegenstandsbereich sehr eng verbunden und zahlreiche kunstsoziologische Arbeiten beschäftigen sich gerade mit der Frage nach der Grenze von Kunst und Nichtkunst, machen also die Frage nach dem Gegenstandsbereich auch gleichzeitig zum zentralen Forschungsinteresse. Doch bei einer von vornherein nicht eingeschränkten Auffassung vom Gegenstandsbereich ist die Frage nach dem zentralen Forschungsinteresse – oder besser: nach den wesentlichsten Forschungsinteressen – doch wiederum anders anzugehen.

Natürlich sind die vielfältigen Beziehungen zwischen Kunst und Gesellschaft von Interesse. Auf der einen Seite sind es die gesellschaftlichen, also die sozialen, ökonomischen, technischen, rechtlichen Faktoren, die die jeweils konkrete Struktur und Funktionsweise der unterschiedlichen Sphären des künstlerisch-ästhetischen Feldes in einer Gesellschaft beeinflussen, die es zu identifizieren und in ihrer Wirkungsweise zu analysieren und beschreiben gilt.

Hierzu sind zunächst punktuelle, auf eine spezifische Thematik fokussierte Arbeiten – ad hoc Studien, Forschungsarbeiten, die sich im mikro- oder mesosoziologischem Bereich bewegen zu finden, wie z. B. Studien zur Lage einer bestimmten KünstlerInnengruppe, zur Lage des Theaters, zur Akzeptanz von Opernübertragungen im Fernsehen usw., und dies immer in einem konkreten raumzeitlichen Rahmen. Bei Arbeiten dieses Typs ist eine klare Forschungsfrage vorgegeben, die allerdings in unterschiedlichste Richtungen (politisch, ökonomisch, rechtlich etc.) gehen kann, diese soll in überschaubarer Weise geklärt werden, ohne dass notwendigerweise der Anspruch auf Verallgemeinerbarkeit gestellt wird.

Neben diesen pragmatisch angelegten, eher tagesaktuellen Diagnosen mit begrenzter theoretischer Reichweite, gab es zunächst aber vor allem solche, die den Anspruch stellten, zumindest Theorien mittlerer Reichweite – also für die jeweils aktuelle gesellschaftliche Situiertheit gedachte Theorien – vorzulegen bzw. solche mit Ambitionen zur ‚Grand Theory‘ (zumindest von Simmel bis Adorno). Und hier können nun tatsächlich übergeordnete Forschungsinteressen ausgemacht werden, die einer genaueren Diskussion bedürfen, vor allem deshalb, weil die Grenze zwischen spekulativer Essayistik (so faszinierend sie sein mag) und Kunstsoziologie mit Bodenhaftung im Auge zu behalten ist.

In diesem Zusammenhang lohnt es sich auf die Ausführungen des französischen Soziologen Jean Duvignaud einzugehen, die dieser in seiner Schrift ‚Zur Soziologie der künstlerischen Schöpfung‘ vorträgt (Duvignaud 1975/1967). Er benennt nämlich – bevor er eine positive Bestimmung vornimmt – zunächst die ‚falschen Probleme der Kunstsoziologie‘ (ebenda: 6ff.), und zwar 1) sich mit dem ‚Wesen der Kunst‘ zu beschäftigen und 2) den ‚Ursprung der Kunst‘ erforschen zu wollen, von diesen beiden Absichten, deren Ergebnisse – so Duvignaud – nur Ideologien sein können, leiten sich noch eine Reihe weiterer falscher Probleme ab, u. a. davon auszugehen, dass Kunst etwas mit dem Heiligen, oder mit dem Künstler unbewussten Themen zu tun habe, dass jeder künstlerische Ausdruck Abglanz eines Zeitalters sein soll und schließlich, dass formal kompetentere ‚Natur- und Realitätsnachahmung‘ mit einer Höherwertigkeit der jeweiligen

künstlerisch-ästhetischen Phänomene einhergehe. Duvignaud selbst schlägt eine kunstsoziologische Ausrichtung auf das Studium unterschiedlicher ‚ästhetischer Haltungen' je nach sozialem
Rahmen vor, bei der das Beziehungsgefüge der Akteure im Zentrum des Interesses steht (ebenda
42ff.). Damit befindet er sich durchaus in einer Reihe von AutorInnen und Ansätzen (z. B. Sorokin 1937, Hauser 1974, Kapner 1991, Luhmann 1995), die – ähnlich argumentierend – die soziale und historische Formbestimmung des künstlerischen Feldes zum Gegenstand machen, wobei
vor allem von der sozialen Veränderung und Veränderbarkeit desselben ausgegangen wird und
der Strukturwandel des künstlerischen Feldes in Abhängigkeit vom gesamtgesellschaftlichen
Strukturwandel gesehen wird. Und weitgehend herrscht bei diesen Ansätzen auch explizite bzw.
implizite Übereinstimmung dahin gehend, dass Fragen nach dem Wesen oder dem Ursprung der
Kunst aus der kunstsoziologischen Forschung auszuklammern seien bzw. dass Aussagen, die auf
die Klärung dieser Fragen abzielen, als empirische Befunde zu werten sind, die selbst zum Gegenstand kunstsoziologischer Forschung gehören. Denn natürlich ist es von kunstsoziologischer
Relevanz, sich damit zu beschäftigen, wer welche ideologische Position in Bezug auf z. B. das
Wesen der Kunst vertritt, welche Interessen damit artikuliert werden und welche Ziele damit ver-
folgt werden. Was andererseits nicht ausschließen soll, sich aus kunstsoziologischer Sicht dem
Artefakt oder Prozess selbst zuzuwenden.

Festzuhalten ist aber zunächst einmal: ein **erstes zentrales Forschungsinteresse** kann darin ausgemacht werden, das Beziehungsgefüge der Akteure im künstlerischen Feld, also **die
Struktur des künstlerischen Feldes in Abhängigkeit von gesamtgesellschaftlichen Rahmenbedingungen und deren Veränderungen zu sehen**, das künstlerische Feld im Kontext
makrosoziologischer Gesellschaftstheorie und -entwicklung zu erfassen.

Aber noch ein weiterer Aspekt, der die Beziehung zwischen Kunst und Gesellschaft betrifft,
ist zu berücksichtigen. Bislang wurde immer von den Auswirkungen gesellschaftlicher Faktoren auf das künstlerische Feld ausgegangen, doch natürlich sind auch umgekehrt Auswirkungen bzw. Rückwirkungen des künstlerischen Feldes auf die Gesellschaft in Erwägung zu
ziehen. Die Diskussion zu dieser Richtung der Beeinflussung wird allzu oft überdeckt durch
die These, dass die Kunst die Gesellschaft verändern könne, oder noch mehr zugespitzt, dass
ein einzelnes Kunstwerk eine Revolution auslösen könne. Es ist nur allzu offensichtlich, dass
diese Argumentation eher eine emphatische Haltung zur Kunst ausdrückt, als dass sie auf einer
beweisbaren Argumentation fußt und nicht zufällig wird sie gerne von Kunstschaffenden oder
enthusiastischen Kunstliebhabern vertreten. Auch handelt es sich bei dieser These letztlich um
ein auf die politische Dimension reduziertes Verständnis von Wirkungsmächtigkeit, und hier
kann Kunst wohl in einem Bündel von Faktoren durchaus eine Rolle spielen (z. B. die Protest-
songs in der Anti-Vietnamkriegs-Bewegung der 1960er Jahre), als alleinige Ursache kann sie
aber nicht angesehen werden.

Zielführender ist es wohl, wenn die zahlreichen Einflüsse, die aus dem künstlerischen Feld
heraus auf die gesellschaftliche Entwicklung Einfluss nehmen, einmal nüchtern zu Kenntnis
genommen werden. Da wäre zuallererst die Tatsache, dass künstlerisch-ästhetische Phänomene rezipiert werden, d. h. sie werden von Menschen in der Gesellschaft wahrgenommen, angenommen, nachgefragt, abgelehnt, konsumiert, bewertet, für verschiedenste Zwecke benutzt,
etwa um sich zu unterhalten, zu bilden, zu erbauen, zu erfreuen oder auch um sich selbst andern
gegenüber darzustellen. Vor allem über die Größenordnungen, wie viele Menschen bestimmte
künstlerisch-ästhetische Phänomene tatsächlich rezipieren bzw. bevorzugen, gibt es recht gute
empirische Befunde aus der Freizeit-, Markt-, Lebensstil- und auch Kulturforschung. Dieser
Tatbestand, dass künstlerisch-ästhetische Phänomen in der Gesellschaft auf Widerhall stoßen,

dass Kunst in der Gesellschaft gehandelt und verhandelt wird, ist zweifellos als Wirkung von Kunst auf die Gesellschaft zu verstehen. Kunst wirkt auf die Menschen, und ‚Kunst' war und ist – vermittelt über vielfältige Entscheidungsmechanismen – imstande, sich ein eigenes Feld zu schaffen. Dies äußert sich u. a. darin, dass ‚die Gesellschaft' Ausbildungsinstitutionen für die Kunst einrichtet, dass sich in der Gesellschaft – vor allem im Vermittlungszusammenhang – eigene Märkte etablieren, Wirtschaftsunternehmen entstehen, oder dass ‚die Gesellschaft' eigene Verwaltungsinstanzen (Kunstförderung, Kulturministerien etc.) einrichtet.

Natürlich darf hier ‚die Kunst' ebenso wie ‚die Gesellschaft' nur im übertragenen Sinne als Akteur verstanden werden (deshalb die Anführungszeichen) und die bisherigen Ausführungen in ihrer offensichtlichen Überzogenheit dienten nur zur Bekräftigung der These, dass Kunst und Gesellschaft als wechselseitiges Beziehungsgeflecht zu verstehen sind.

Die Erläuterungen in diesem Kapitel legen nahe, anstelle von der Wirkung der Kunst auf die Gesellschaft, aber natürlich auch statt von der bloßen Wirkung gesellschaftlicher Faktoren auf das künstlerische Feld, von der Funktion, die die Kunst in der Gesellschaft erfüllt, zu sprechen. Damit ist das zentrale und anspruchsvollste Erkenntnisinteresse angesprochen. Denn die Beschäftigung mit der gesellschaftlichen Funktion von Kunst setzt die gründliche Erfassung der Struktur des künstlerischen Feldes voraus und zumeist auch noch die historische Einordbarkeit und damit Vergleichbarkeit eines bestimmten historischen Erscheinungsbildes dieser Struktur mit anderen historischen oder globalen kulturellen Formationen – gerade um die Unterschiede in der Struktur und damit auch die unterschiedliche Funktion von Kunst analysieren zu können.

Um z. B. die Funktion von Kunst im Zeitalter der industrialisierten Kultur klären zu können, ist es unabdingbar die Strukturen des künstlerischen Feldes etwa unter feudalen oder bürgerlichen Verhältnissen mit denen in entwickelten Industriegesellschaften zu vergleichen , denn erst vor dem Hintergrund dieser strukturalen Analyse wird die vergleichende funktionale Analyse sinnvoll und möglich.

Und noch weiter gedacht, wäre ein Vergleich der Funktion von Kunst im ostasiatischen, afrikanischen oder eben abendländischen Kontext, eine entsprechende Herausforderung an kunstsoziologische Theoriebildung.

Das mag nun strukturfunktionalistisch etwa in dem Sinne klingen, wie Silbermann es bei der Konzeption seiner empirischen Kunstsoziologie ausformuliert hat, wogegen aber im Prinzip nichts einzuwenden ist.

Die strukturell-funktionale Analyse kann aber mit der dialektischen Beziehung zwischen Kunst und Gesellschaft durchaus in Zusammenhang gedacht werden (wie etwa bei Bourdieu geschehen, vgl. Kapitel 5.1.2), eine Einschätzung, gegen die sich Silbermann wie Adorno wohl – vor allem aus politisch-ideologischen Gründen – verwahrt hätten (vgl. Kapitel 4). Aber wenn eine wechselseitige Beeinflussung zwischen dem künstlerischen Feld und den gesellschaftlichen Rahmenbedingungen vorliegt und jede einseitige Beeinflussung nur verständlich wird, bei Berücksichtigung von einem gleichzeitig rückwirkenden Einfluss, dann handelt es sich zweifellos um eine dialektische Beziehung, bei der die bevorzugte Betrachtung der einen oder anderen Seite nur aus forschungspragmatischen, aber nicht aus erkenntnistheoretisch begründeten Motiven erfolgt. Es handelt sich bei der hier angesprochenen Problematik um eine grundlegende, vordergründig stark theorielastige Debatte, bei der die Unterschiede der einzelnen Positionen – wie ich hoffe gezeigt zu haben – sehr oft auf banale politisch-ideologische Gründe, ja z. T. auf persönliche Animositäten zurückzuführen ist. So unterscheidet sich die orthodoxe marxistische Kunstsoziologie, wie sie in den ehemaligen ‚realsozialistischen' Ländern betrieben wurde kaum von der als bürgerlich angesehenen empirischen Kunstsoziologie Silbermanns (vgl. die entsprechenden Beiträge in: Bürger 1978).

Für den Zweck der Einführung in die Thematik sei festgehalten, dass neben der und aufbauend auf die Analyse der Struktur des künstlerischen Feldes auch **die gesellschaftliche Funktion von künstlerisch-ästhetischen Phänomenen das zweite zentrale Erkenntnisinteresse der Kunstsoziologie** darstellt.

Dabei handelt es sich – um dies nochmals zu unterstreichen – nicht um Bemühungen, letztlich das Wesen der Kunst abzuklären, gleichsam ‚die allgemein gültige Funktion von Kunst schlechthin' zu finden, sondern darum, auf der Basis einer genauen Analyse der jeweils herrschenden strukturellen Bedingungen im künstlerischen Feld, die gesellschaftliche Nutzung und Bewertung der Hervorbringungen aus diesem zu untersuchen und zu fragen, welche gesellschaftliche Gruppierungen, zu einem gegebenen historischen Zeitpunkt, welche Interessen in dieser Hinsicht verfolgen bzw. in welcher Weise sie Kunst instrumentalisieren. Das hängt dann zusammen mit der Untersuchung, von wem welche ideologischen Standpunkte mit Kunst in Verbindung gebracht und von wem ihr welche Funktionen zugeschrieben werden. Aus der Summe dieser Befunde, die empirisch beobachtbare Aussagen subjektiver Standpunkte und Werthaltungen sind, soll die Kunstsoziologie versuchen eine objektive Gewichtung vorzunehmen, welche Funktion der Kunst in einer gegebenen Gesellschaft die tatsächlich dominierende ist.

6.5   Exkurs: Teilkulturen in entwickelten Industriegesellschaften

Die folgenden kurzen Ausführungen sind als Vorschlag für eine Strukturierung des künstlerischen Feldes zu sehen, der auf den in den vorhergehenden Kapiteln referierten Ansätzen basiert. Daher wird auf Referenzen bewusst verzichtet, vielmehr ist der Exkurs – im Sinne eines Lehrbuches – als Herausforderung an die Leserinnen zu verstehen, diese Bezüge selbst herzustellen.

Die Arbeitshypothese lautet, dass die ökonomische Funktion in der gegenwärtigen Situation im künstlerischen Feld vorrangig ist, wenngleich aus verschiedensten Positionen heraus (Kulturpolitik, Kunstkritik, kunstnahe Verbände etc.) argumentiert wird, dass die humanistische, bildende Funktion und die ästhetische Dimension in den Vordergrund zu stellen sei. Aber eine umfassende Analyse, die den Rückgang der Bedeutung musischer Fächer an den Grundschulen, den zunehmenden Legitimationsdruck, dem kunstwissenschaftliche Disziplinen an den Universitäten ausgesetzt sind, die die schrumpfenden Kulturbudgets, die Ökonomisierung und ‚Eventisierung' des Kulturbetriebes als Ganzes (Kultur als Wirtschaftsfaktor, Forcierung der Kreativwirtschaft als Innovationspotential) in Betracht zieht, wird nicht umhin kommen, diesen Realitäten gerecht zu werden und eine Schwerpunktbildung bei der ökonomischen Fundierung der Kunst setzen.

Idealtypisch lassen sich drei Segmente identifizieren, die in entwickelten Industriegesellschaften das künstlerische Feld ausmachen:

6.5.1   Kunstkultur

Unter diesem Begriff versteht man das handelt es sich um das am bürgerlich-romantischen Konzept von Kunst orientierte Segment; es dominierte im 19. Jahrhundert, wurde aber im 20. Jahrhundert von der industrialisierten Kultur bereits ernsthaft in seiner hegemonialen Rolle ‚bedrängt‘.

Es umfasst den Bereich traditioneller, bürgerlicher Kunstproduktion, der natürlich weiterhin existiert, wenngleich seine Vormachtstellung brüchig wird. Die Bezeichnung dieses Segments als ‚Kunstkultur‘ soll signalisieren, dass es sich dabei nicht mehr um den ausschließlich relevanten Bereich des Kulturschaffens handelt, sondern nur um jenen Teil des Kulturschaffens, der von einem traditionell bürgerlichen Kunstbegriff geprägt ist. Es lässt sich charakterisieren durch:

- Produkt- und Produzentenorientiert:
  im Zentrum stehen KünstlerInnen und Kunstwerke, es geht um etablierte Hochkultur und um künstlerische Avantgarde, es handelt sich weitgehend um eine ‚Darbietungskultur‘, Kunst wird dargeboten, ausgestellt, die Trennung zwischen ‚Schaffenden‘ und ‚Rezipierenden‘, zwischen KünstlerInnen und Publikum ist eindeutig festgelegt;

- entscheidendes Kriterium ist die symbolische Rentabilität, zentral ist der Symbolwert künstlerisch-kultureller Phänomene; verhandelt wird kulturelles bzw. symbolisches Kapital: die Kodierung erfolgt nach den Polen innovativ/nicht innovativ bzw. interessant/ uninteressant (früher: schön/hässlich);

- es geht um die Thematisierung von Wahrnehmungsweisen; nicht der Inhalt, sondern die Form ist wesentlich (Sensibilisierung, Kontemplation, Theoretisierung sinnlicher Wahrnehmung, ‚genaues‘, kompetentes Hinschauen- oder Hören ist nötige Voraussetzung für eine gelungen Rezeption);

- Kunstkultur ist kompetenzintensiv, wichtigste Voraussetzung zur Teilhabe ist einschlägige Bildung (Schreib-, Lesefähigkeit und zwar in Bezug auf Sprache, Bilder, Musik und performative Prozesse gleichermaßen)

- Fundierung auf Menschlichkeit; die Prinzipien sind: Ästhetisierung der Menschlichkeit (jegliche menschliche Artikulation, Existenzweise etc. ist ‚kunstwürdig‘, von den ‚niedrigsten‘ bis zu den ‚höchsten‘ Artikulationen menschlicher Existenz); Vermenschlichung der Ästhetik (KünstlerInnen definieren ihr ‚Material‘ selbst und immer wieder neu, ‚Alles‘ kann Material künstlerischer Ausdrucksfähigkeit werden);

- es handelt sich um ein zunehmend abgeschottetes Subsystem: die ‚Kunstwelt‘ entwickelt sich spätestens ab dem 20. Jahrhundert zu einem auf sich selbst bezogenen, selbstreferentiellen, autonomen, geschlossenen System – bei gleichzeitiger Beanspruchung eines prinzipiell offenen Systemverständnis – alle sollen gleichermaßen Zugang haben können..

6.5.2   Sozialkultur

Dieses Segment knüpft zunächst an vorindustrielle Formen der Volkskultur (außeralltägliche Feste, Jahrmärkte, Karneval), aber auch an die ‚mittlere bürgerliche Kultur‘ (Festspiele, Bälle) an. Seit den 1970er Jahren hat sich die Sozialkultur im Zuge der radikalen Einforderung bürgerlicher Werte (Demokratisierung, Partizipation) von der Kunstkultur abgekoppelt, und wird mit Bezeichnungen wie Soziokultur, Alternativkultur oder Kulturinitiativen belegt. Diese Ausprägungen der Sozialkultur sind nicht zu verwechseln mit ‚avantgardistischer‘ Kunstkultur. Das Segment Sozialkultur lässt sich charakterisieren durch:

- Partizipations-, Interaktions-, Kommunikations- und Prozessorientiertheit:
vom volkskulturellen, außeralltäglichem Beisammensein, von ‚privaten‘ Festen (Geburtstag, Hochzeit, Leichenschmaus) zu Betriebsfeiern und Bierzeltveranstaltungen, vom bürgerlichen ‚Bayreuth‘ bis zu Pop- und Rock Festivals, von Eröffnungsveranstaltungen von Olympiaden zu traditionsverbundenen, bürgerlichen Bällen und schließlich zu sich als subkulturell verstehenden Kulturinitiativen, Kultur- und Kommunikationszentren und DIY (*Do It Yourself*) Projekten, von Internetforen zu Social Media; es handelt sich um eine ‚Umgangskultur‘[71]: alle sind gleichermaßen beteiligt, es gibt keine ‚professionelle‘, das Ereignis prägende Unterscheidung zwischen Darbietenden und Publikum;

- entscheidendes Kriterium ist die soziale Rentabilität, zentral ist der Gebrauchswert künstlerisch-kultureller Phänomene, verhandelt wird soziales Kapital: die Kodierung erfolgt nach den Polen sozial relevant/sozial irrelevant;

- es geht um die Thematisierung von Lebensweisen (Volkskultur, bürgerliche Festkultur, alternative Soziokultur, Social media);

- Sozialkultur ist präsenzintensiv: wesentlich ist die unmittelbare, interaktive Teilhabe am künstlerisch-kulturellen Geschehen;

- letztlich geht es um die Fundierung auf Politik: zugespitzte Einforderung der Vermenschlichung von Ästhetik: es geht um Alltags-, Fest-, Umgangs-, eventuell auch schon um Verwendungskultur[72] bis zu deren Aufhebung

- Politisierung der Ästhetik (kulturelle Artikulationen als politische Artikulationen, vom Straßentheater bis zum ‚Flash Mob‘, von Fanzines zum ‚digitalen Prosumer‘);

- sozialkulturelle Phänomene oszillieren zwischen grundsätzlicher Offenheit (Soziokultur, soziale Relevanz, Kultur für alle, von allen) und zumeist dann tatsächlich gelebter Geschlossenheit (Exkludierung, Marginalisierung, Stigmatisierung).

6.5.3   Industrialisierte Kultur (auch: Massen-Medienkultur)

Dieses Segment steht den beiden schon genannten gegenüber, diese werden tendenziell vereinnahmt, müssen sich abgrenzen von bzw. bewähren gegenüber dem Segment der industrialisierten Kultur: es wird im traditionellen ästhetischen Diskurs (Kunstkultur, Sozialkultur) nur mit Vorbehalt behandelt, dennoch handelt es sich um das machtvollste Segment, was soziale, ökonomische und politische Relevanz und Massenwirksamkeit betrifft. Es wird charakterisiert durch:

- Konsum- und Unterhaltungsorientiertheit (Print-, AV-Medien, phonographische Industrie, Rundfunk, Design, Werbung, Internet, Social Media), es handelt sich um eine Übertragungskultur, im Zuge der Digitalisierung eventuell um eine ‚Verwendungskultur‘;

- entscheidendes Kriterium ist die ökonomische Rentabilität, es geht um den Tauschwert künstlerisch-kultureller Phänomene; zur Disposition steht ökonomisches Kapital: die Kodierung erfolgt nach den Kriterien; erfolgreich/nicht erfolgreich, was zumeist verbunden ist mit: ökonomisch rentabel/nicht rentabel;

---

71 Der Begriff ‚Umgangskultur‘ schließt an den von Besseler (1959) geprägten Begriff der ‚Umgangsmusik‘ an.

72 Mit ‚Verwendungskultur‘ ist jener Aspekt der Kultur angesprochen, bei dem es in erster Linie um die zeit- und raumunabhängige, zumeist technisch (elektronisch, digital) vermittelte Verfügbarkeit von kulturellen Phänomenen ab dem 21. Jahrhundert und vor allem von Datenströmen geht (vgl. Smudits 2007).

- es geht um die Thematisierung von „allem", sofern es Erfolg verspricht[73];

- Industrialisierte Kultur ist technikintensiv; wichtigste Voraussetzung zur Teilhabe ist die Verfügbarkeit über entsprechende Kommunikationstechnologien

- Fundierung auf Ökonomie; die Prinzipien sind: Ökonomisierung der Ästhetik (das Primat ökonomischer Kriterien bei künstlerisch-kulturellen Phänomenen) und

- Ästhetisierung der Ökonomie (die Selbstdarstellung des industriellen Wirtschaftssystems als sinnliches Spektakel)[74];

- es handelt sich um ein kulturell offenes (bedient alle Gruppierungen, Schichten, Klassen gleichermaßen aber unterschiedlich), aber wirtschaftlich geschlossenes System (Betriebsöffentlichkeit, copyright-, licensing-industries).

Da die drei Segmente idealtypisch zu verstehen sind, können einzelne kulturelle Phänomene durchaus verschiedenen Segmenten gleichzeitig zuordenbar sein. So sind Phänomene der Kunstkultur auch nach den Prinzipien sozialer und ökonomischer Rentabilität zu beurteilen und für die anderen Segmente gilt dasselbe mutatis mutandis.

Ebenfalls ist zu berücksichtigen, dass einzelne künstlerisch-kulturelle Phänomene durchaus Karrieren von einem Segment zu einem anderen durchlaufen können, etwa von der Sozialkultur zu Kunstkultur (z. B. sich professionalisierende Laientheatergruppen) oder von der Kunstkultur und industrialisierten Kultur (z. B. Bestseller der sogenannten ‚klassischen' Musik) oder von der industrialisierten Kultur zur Kunstkultur (z. B. Beatles).

Wesentlich ist, wie in der gegebenen (historischen) Situation mit dem jeweiligen Phänomen gesellschaftlich-kulturell umgegangen wird, welche Rentabilität bei der aktuellen Nutzung im Vordergrund steht (z. B. künstlerischer Wert, soziale Relevanz oder ökonomischer Profit) und nicht, welche Rentabilität ursprünglich intendiert war (z. B. Bildung, Geselligkeit oder ökonomischer Erfolg). Wesentlich ist, welche Qualität von Rentabilität dominiert.

In jedem dieser Segmente sind wiederum Entstehungs-, Vermittlungs- und Aneignungszusammenhänge von jeweils anderen Faktoren und Funktionen bestimmt und daher unter unterschiedlichen Gesichtspunkten zu betrachten.

Diese Dynamik im Auge zu behalten und zu analysieren ist die vorrangige Aufgabe der Kunstsoziologie.

Festzuhalten bleibt, dass ‚Kunstkultur' – also die bürgerlich-romantische Konzeption von ‚Kunst' – bislang noch immer Denken und Fühlen in Bezug darauf, was Kunst ist, ganz wesentlich prägt, dass aber diese Hegemonie angesichts real stattfindender Entwicklungen brüchig wird (vgl. vor allem Kapitel 5). Die kulturelle Hegemonie der Kunstkultur wird abgelöst durch die strukturelle Hegemonie der industrialisierten Kultur. So ist z. B. der ab den 1990er Jahren zu konstatierende Wandel der politischen Bewertung der (bis dahin kulturpessimistisch kritisierten[75], bestenfalls ignorierten) ‚Kulturindustrien' hin zur ‚Wachstumsbranche ‚Kreativwirtschaft' ein deutliches Indiz für diese Veränderung. Das Kriterium ökonomischer Rentabilität hat zweifellos auch in den Segmenten Kunstkultur und Sozialkultur verstärkt an Bedeutung gewonnen.

---

73 Dies impliziert gleichermaßen konservative wie emanzipatorische Aspekte: die ‚sexuelle Revolution' der 1960er Jahre z. B. kann sowohl als Befreiung wie Vermarktung von Sexualität interpretiert werden.

74 Mit ‚Ästhetisierung der Ökonomie' ist die zunehmend nach ästhetischen Gesichtspunkten erfolgende Selbstdarstellung von Wirtschaftsunternehmen gemeint: von herkömmlichen Marketingstrategien über ausgeklügeltes Corporate Design zu Branding (Vgl. Smudits 2002).

75 Und zwar sowohl von marxistisch inspirierter (Kritische Theorie) wie von ‚konservativer' (Sedlmayr 1948, Gehlen 1960) Seite vertreten.

6.6   Ausblick: Und die Kunst selbst?

Ab der Wende zum 21. Jahrhundert sind Tendenzen in der Kunstsoziologie bemerkbar, die in die Richtung einer Legitimierung der Einbeziehung genuin ästhetischer Bewertungen gehen. Dies hat zum einen sicher damit zu tun, dass sich die ‚Soziologisierung' der Kunst als letztlich doch unbefriedigend für viele emphatisch an der Kunst interessierte SoziologInnen herausgestellt hat. Auf der anderen Seite ist eine Bewegung von Seiten des künstlerischen Feldes (Kunstkultur) her zu konstatieren, die den Anspruch erhebt, dass künstlerische Erkenntnis mit wissenschaftlicher Erkenntnis durchaus gleichzusetzen sei (vgl. z. B. Peters 2013) und sich in jüngster Zeit ein aesthetic turn ereigne (vgl. z. B. Marontate 2009)[76].

Vor diesem Hintergrund sind die im Folgenden angesprochenen Überlegungen und Konzepte nur als Ausblicke und nicht als abgeschlossene Diskussionen zu verstehen.

Auszugehen ist jedenfalls davon, dass es spätestens ab der Mitte des 20. Jahrhunderts zunehmend ein Kennzeichen soziologischer Zugangsweisen zur Kunst war, die Beurteilung der Qualität ästhetischer Phänomene auszusparen, da sie offensichtlich zu sehr zum Werturteil verleiten, um Gegenstand seriöser wissenschaftlicher Analyse zu werden. Die ‚Soziologisierung' der Kunstwissenschaften, wie Blaukopf diesen Prozess der Entzauberung der bürgerlich-romantischen Kunst-Ideologie identifizierte (Blaukopf 1995, Kapitel 3.3), könnte am Weg der Entzauberung durchaus der Versuchung erlegen sein, die Sache selbst aus den Augen zu verlieren. Kunstsoziologie kann damit leicht zur Berufs-, Freizeit-, Konsum-, Bildungs- und Industriesoziologie reduziert werden[77]. So notwendig es Mitte des 20. Jahrhunderts wohl war, Kunst bzw. ästhetische Phänomene sachlich und nicht verzerrt durch die Brille bürgerlich-romantisierender Ideologie zu sehen, und so wichtig weiterhin eine nüchtern an sozialen und ökonomischen Strukturen orientierte Kunstsoziologie ist (vgl. z. B. Zembylas/Tschmuck 2006, Müller-Jentsch 2011, Otte 2012) so unabdingbar wurde es im Gegenzug nunmehr wieder, die Sache selber (Kapner 1992: 46), um die es bei der Kunstsoziologie auch geht – nämlich die Kunst – mit zu bedenken. Wenn Interdisziplinarität zwischen Sozial- und Kulturwissenschaften, vielleicht sogar unter Einbeziehung ‚künstlerisch-ästhetischer Grundlagenforschung' in einer puristisch soziologischen Reduktion auf einer Summe von Bindestrich-Soziologien besteht, werden wesentliche Aspekte, etwa der jeweils spezifischen gesellschaftlichen Funktion unterschiedlicher künstlerischer Genres aus dem Forschungsfeld herausfallen müssen, weil Klassifikationen – ein wesentlicher Aspekt kulturwissenschaftlicher Herangehensweisen – letztlich eine intime Kenntnis auch von Seiten der Forschenden über den Forschungsgegenstand benötigen.

Sehr schnell ist die Abstinenz in Bezug auf die Berücksichtigung der spezifischen Struktur und Dynamik der ästhetischen Phänomene[78] mit einer grundsätzlichen Theorie-Abstinenz verbunden. Eine Vernachlässigung der Inhaltsebene führt zu einem Reduktionismus, von dem aus Kategorien wie „Innovation", „Vielfalt" oder „Standardisierung" nicht mehr sinnvoll angewandt werden können (oder inhaltsleer bleiben). Ein zentrales Problem der beiden Ansätze – hier sozialwissenschaftliche Abstinenz, da kulturwissenschaftliche Klassifikation – ist also die

---

76 Was einer ‚Neo-Renaissance' das Wort sprechen würde, gleichsam als Gegenbewegung zur Re-Feudalisierungs-These, die gerne mit der strukturellen Hegemonie der industrialisierten Kultur einhergeht, vgl. erstmals schon Habermas 1962.

77 Studien zur ‚Sozialen Lage der Kulturschaffenden', zum ‚Kulturmanagement', zur Legitimation ‚musischer Fächer', zum ‚kulturellen Verhalten', zur Kulturindustrieforschung etc.

78 Oder der Artefakte, um auf Bruno Latour (vgl. Degele/Simms 2004) Bezug zu nehmen, dessen AkteurInnen-Netzwerk-Theorie in diesem Kontext sicher fruchtbar anzuwenden wäre.

Frage, ob und wie weit die jeweilige spezifische Beschaffenheit der ‚expressiv-symbolischen‘ Phänomene, um die es geht, in der Analyse überhaupt in Erscheinung tritt, von Relevanz ist, anders gefragt: Wie funktioniert Interdisziplinarität zwischen Sozial- und Kulturwissenschaften bei gleichzeitiger Gewährleistung eines Wertfreiheitspostulats, (wenn dieses letztendlich aus sozialwissenschaftlichen Diskursen gespeist wird)?

In der Entwicklung wesentlicher Denkrichtungen der Kunstsoziologie seit Mitte des 20. Jahrhunderts findet ja unter der Hand, z. T. bewusst (Bourdieu, Cultural Studies, Postmoderne, Production-of-Culture-Perspektive, Pragmatismus, vgl. Kap. 5,) z. T. gleichsam en passant (beim empiristischen Ansatz, vgl Kap. 4.2) eine Ausweitung des Gegenstandsbereiches von der Kunst gemäß der traditionell bürgerlichen Konzeption (Kunstkultur) hin zu vielfältigen kulturellen Ausdrucksformen (Sozialkultur, industrialisierte Kultur) statt. Ist hier nicht zumindest Forschungskompetenz gefordert, und wenn ja, welche, und wie soll sich diese im Forschungsprozess artikulieren? Ist nicht z. B. Repertoirekenntnis, Kenntnis der Stilfelder, der Klassifikationen und Kanonisierungen unumgängliche Voraussetzung dafür, kompetente Forschung zu betreiben? Behindert diese Kompetenz den Forschungsprozess, weil sie unumgänglich Vorurteile erzeugt oder befördert sie ihn, weil sie ‚Insider-Wissen‘ mit sich bringt und daher Missverständnisse vermeidet? Diese Fragen werden bereits (oder wieder, man denke nur an die Adorno-Silbermann-Debatte der 1950er Jahre um den Gegenstandsbereich der Kunstsoziologie) gestellt, und zwar von verschiedener Seite.

Eine weitere Zuspitzung erfährt diese Diskussion, wenn künstlerische Arbeit als ‚Forschung‘ verstanden und auch als solche gewürdigt werden will (z. B. von Forschungsförderungseinrichtungen). Die sozial- und kulturwissenschaftliche Auseinandersetzung mit dieser erkenntnistheoretischen Herausforderung von ‚ästhetischer‘ Grundlagenforschung, ‚artistic research‘ etc. steht allerdings gegenwärtig (zum Zeitpunkt des Verfassens dieses Textes) erst am Anfang und der Ausgang ist ungewiss.

Es ist hier nicht der Ort, Lösungsversuche zur Diskussion zu stellen. Vielmehr soll abschließend bloß auf einige Konzepte verwiesen werden, die sich durchaus in die Richtung interpretieren lassen, wie eine mögliche Aufhebung des ‚Gegensatzes‘ sozial- und kulturwissenschaftlicherPerspektiven aussehen könnte. Keith Negus (1996: 61ff.) etwa verweist auf die Notwendigkeit der Einbeziehung des soziokulturellen Kontextes und ergänzt den Anspruch, die „production of culture“ zu studieren, mit einem, der auch die „cultures of production“ ins Auge fasst, womit eine Erweiterung um die Ebene der Bedeutungsproduktion und damit eine Annäherung an Konzepte der Cultural Studies gemeint ist. Paul du Gay (1997: 10) formuliert einen Ansatz, bei dem der Produktion von Bedeutungen in einem umfassenden, von ihm so bezeichneten „Circuit of Culture“,, in dem auch Konsumation, Regulation, Repräsentation und Identität Berücksichtigung finden, nachgespürt werden soll. Johannes Süßmann (1994), der aus der deutschsprachigen Tradition der Kunstsoziologie heraus argumentiert, verweist in einem Lexikonartikel, in dem er für die Kunstsoziologie eine Konstituierungskrise diagnostiziert, auf die Notwendigkeit sozial- und kunstwissenschaftliches Denken zusammenwirken zu lassen: Gesellschaftswissenschaftlichen Konzepten „gelingt selbst die exakte Beschreibung, erst Recht aber das Verstehen von Hervorbringungs-, Übermittlungs- und Wahrnehmungshandlungen nur unter Einbeziehung der ästhetischen Struktur, auf die sie sich beziehen“, andererseits sind kunstwissenschaftliche Ansätze „für die Beschreibung ästhetischer Strukturen und erst Recht für deren Deutung auf die Hinzunahme der Hervorbringungs-, Überlieferungs- und Sinnaktualisierungshandlungen angewiesen (…). Nicht Verengung und Vereinseitigung des Gegenstands sichern genaue Kenntnis, sondern Rücksicht auf seine Komplexität.“ (Süßmann 1994: 538). Mit Hervorbringung, Übermittlung, Sinnaktualisierung etc. sind ganz offensichtlich die Kategorien Produktion, Distribution und Rezeption angesprochen, die nunmehr mit ästhetischen Strukturen in Beziehung zu setzen sind, um eine wechselseitige Abklärung erst möglich zu machen.

Weiters ist der Ansatz von Janet Wolff zu erwähnen, der von Wuggenig (1997) als transdisziplinäre Kunstsoziologie bzw. als soziologische Ästhetik bezeichnet wird und der sich durch die Kritik an allzu einfacher Bezugnahme auf soziale Faktoren durch die Kunstwissenschaften ebenso kennzeichnet, wie durch die Kritik an der Vernachlässigung des Ästhetischen aus der Perspektive der Kunstsoziologie. Wolff (1993/1981: 143) plädiert für eine Einbeziehung der Analyse von ästhetischen Phänomenen mittels semiotischer und hermeneutischer Methoden, nicht zuletzt, um die jedem ästhetischen Phänomen innewohnende ideologische Dimension adäquat erfassen zu können. Sowohl bei Süßmann (er verweist nur auf die objektive Hermeneutik nach Ulrich Oevermann), wie bei Wolff bleiben die Vorschläge aber im abstrakt Programmatischen.

Konkreter an bewährten Traditionen kunstsoziologischen Denkens schließen Arbeiten an, die sich interessanterweise zumeist mit Entwicklungen im Bereich der Bildenden Kunst auseinandersetzen. Nathalie Heinich vertritt eine ‚pragmatische‘ Soziologie der Künste, bei der – im Gefolge und in Erweiterung der Konzepte des ‚Art Worlds-Ansatzes‘ – der Frage nachgegangen wird, „was Kunstwerke mit den Akteuren machen" (vgl. Danko 2012: 114).

Hans Dieter Huber (2007) führt Luhmanns systemtheoretische Überlegungen in Bezug auf aktuelle Entwicklungen des Systems der Bildenden Kunst weiter, Nina Tessa Zahner (2006) wiederum schließt an Bourdieus Feldtheorie an, wenn sie ‚Die neuen Regeln der Kunst‘, die sich im Gefolge der Pop-Art ergeben haben, analysiert.

An die Cultural Studies, wenngleich mit deutlich kunstwissenschaftlicher Schlagseite, knüpft Mieke Bal (2006) an, wenn sie die von ihr so benannten ‚Kulturanalysen‘ ins Zentrum ihrer Forschungsarbeiten stellt. Dagmar Danko (2011) dagegen geht auf einer gleichsam metasoziologischen Ebene der Frage nach, wie soziologisch relevante Autoren (von Bourdieu und Habermas über Luhmann zu den Postmodernen Derrida, Baudrillard, Deleuze und Lyotard) mit zeitgenössischer (Bildender) Kunst umgehen.

Denkbar wäre, dass sich aus diesen Ansätzen eine Neukonzeption der Kunstsoziologie, möglicherweise hin zu einer Soziologie der Ästhetik, ergeben würde. Hier könnte die gesellschaftlich (ungleiche) Verteilung von Kompetenzen, mit ästhetischen Phänomenen umgehen zu können (sei es im Rahmen des Entstehungszusammenhangs, sei es im Aneignungszusammenhang, jeweils bedingt durch die technischen Mittel, die den Vermittlungszusammenhang ausmachen), im Mittelpunkt soziologischer Betrachtungen stehen, wobei natürlich die einschlägigen klassen-, schicht-, bildungs-, geschlechter-, generations- und ethnospezifischen Sozialisationsfaktoren ebenso im Zentrum des Interesses stehen müssen, wie die sich aus diesen Kräfteverhältnissen jeweils spezifisch sich ergebenen Wertehierarchien in Bezug auf ästhetische Praktiken.

Ein Wiederaufgreifen des ursprünglichen „Ästhetik"-Begriffs (im Sinne von differenzierter, sinnlicher Wahrnehmung) ist für eine nicht bloß deskriptive, aber auch nicht ‚kunstverliebte‘ Kunstsoziologie sinnvoll. Angesichts der semantischen Aufgeladenheit des Begriffs ‚Kunst‘ wäre daher eine ‚Soziologie der Ästhetik‘ zu präferieren.

Die Strukturen und Funktionsmechanismen der künstlerisch-kulturellen Felder (Kunstkultur, Sozialkultur, industrialisierte Kultur), der sich herausbildenden neuen Wahrnehmungsmuster der „RezipientInnen", der Formen und Inhalte der angebotenen Güter und Dienstleistungen

(Artefakte und Prozesse) in ihrer jeweiligen Spezifität zu analysieren, einerseits nüchtern und – so gut es geht – vorurteilsfrei, anderseits – von einem zu deklarierenden Standpunkt aus – bewertend in Bezug auf Gefahren und Chancen: Das ist die Aufgabe einer zeitgemäßen Kunstsoziologie, die dann wohl besser Soziologie der Ästhetik heißt.

Voraussetzung für den Erfolg einer solchen Zugangsweise ist soziologische Sensibilität für den Entdeckungszusammenhang, Repertoirekenntnis für den Begründungszusammenhang und zu guter Letzt in jeder Hinsicht Selbstbewusstsein, gepaart mit Selbstdisziplin, was ästhetische Bewertungen betrifft.

Literatur

ADLER, Guido (1899): Musik und Musikwissenschaft. Jahrbuch der Musikbibliothek Peters für das Jahr 1898. Leipzig: Peters (zitiert nach Blaukopf 1995: 17).

ADORNO, Theodor W. (1967): Thesen zur Kunstsoziologie. In: Ders.: Ohne Leitbild. Parva Aesthetica. Frankfurt a. M.: Suhrkamp, 168–192.

ADORNO, Theodor W. (1970): Ästhetische Theorie. Frankfurt a. M.: Suhrkamp.

ADORNO, Theodor W. (1981/1970): Ästhetische Theorie. Frankfurt a. M.: Suhrkamp.

ADORNO, Theodor W. (1996): Die musikalischen Monographien. (Wagner, Mahler, Berg). Frankfurt a. M.: Suhrkamp.

ADORNO, Theodor W. (2003): Kulturkritik und Gesellschaft I und II (Prismen; Ohne Leitbild; Eingriffe: Stichworte). Frankfurt a. M.: Suhrkamp.

ADORNO, Theodor W. (2003/1962): Dissonanzen. Einleitung in die Musiksoziologie. Frankfurt a. M.: Suhrkamp.

ADORNO, Theodor W. (2003/1963): Résumé über Kulturindustrie. In: Ders. (2003): a.a.O., 337–345.

ADORNO, Theodor W. (2003/1967): Thesen zur Kunstsoziologie. In: Ders. (2003): a.a.O., 367–375.

ADORNO, Theodor W. (2003/1968): Dissonanzen. Einleitung in die Musiksoziologie. Frankfurt a. M.: Suhrkamp.

ADORNO, Theodor W. (2003/Nachlass): Schlusswort zu einer Kontroverse über Kunstsoziologie. In: Ders. (2003): a.a.O., 810–815.

AGGER, Ben (1991): Critical Theory, Poststructuralism, Postmodernism – Their Sociological Relevance. In: Annual Review of Sociology, (17), 105–131.

ALEXANDER, Victoria D. (2003): Sociology of the arts. Exploring fine and popular forms. Malden, MA: Blackwell.

ALLESCH, Christian G. (2006): Einführung in die psychologische Ästhetik. Wien: UTB WUV.

ANG, Ien (1986): Das Gefühl Dallas. Zur Produktion des Trivialen. Bielefeld: Daedalus.

APPEL, Sabine (2011): Madame de Staël. Kaiserin des Geistes. München: Beck.

AULINGER, Barbara (1991): Zu den Smith'schen Skizzen zur Ästhetik. In: Kurz, Heinz (Hg.) a.a.O., 119–128.

AULINGER, Barbara (1992): Kunstgeschichte und Soziologie. Eine Einführung. Berlin: D. Reimer.

BABEROWSKI, Jörg (2005): Der Sinn der Geschichte. Geschichtstheorien von Hegel bis Foucault. München: Beck.

BACH, Maurizio (1999): Vilfredo Pareto (1848–1923). In: Kaesler, Dirk (Hg.) a.a.O., 94–112.

BACK, Les (1996): New Ethnicities and Urban Culture. Racisms and Multiculture in Young Lives. London: Routledge.

BAL, Mieke (2006): Kulturanalyse. Frankfurt a. M.: Suhrkamp.

BARALDI, Claudio/CORSI, Giancarlo/ESPOSITO, Elena (2006): GLU – Glossar zu Niklas Luhmanns Theorie sozialer Systeme. Frankfurt a. M.: Suhrkamp.

BARTHES, Roland (1964): Mythen des Alltags. Frankfurt a. M.: Suhrkamp.

BARTHES, Roland (2008): The Death of the Author. In: Badmington, Neil/Thomas, Julia (Hg.): The Routledge Critical and Cultural Theory Reader. London et al.: Routledge, 121–125.

BAUDRILLARD, Jean (1978): Agonie des Realen. Berlin: Merve.

BAUDRILLARD, Jean (1978): Kool Killer oder Der Aufstand der Zeichen. Berlin: Merve.

BAUDRILLARD, Jean (1982): Der symbolische Tausch und der Tod. München: Matthes & Seitz.

BAUDRILLARD, Jean (1989): Towards the Vanishing Point of Art. In: Kunstforum, (100), 386–391.

BAUDRILLARD, Jean (1991): Das System der Dinge – Über unser Verhältnis zu den alltäglichen Gegenständen. Frankfurt a. M. et al.: Campus.

BAUER, Franz J. (2004): Das ‚lange‘ 19. Jahrhundert. Stuttgart: Reclam.

BAUMAN, Zygmunt (1992): Intimations of Postmodernity. London et al.: Routledge.

BECK, Ulrich (1996): Die Risikogesellschaft. Auf dem Weg in eine andere Moderne. Frankfurt a.M.: Suhrkamp.

 BECKER, Frank/REINHARDT-BECKER, Elke (2001): Systemtheorie – Eine Einführung für die Geschichts- und Kulturwissenschaften. Frankfurt a. M. et al.: Campus.

BECKER, Howard S. (1982): Art Worlds. Berkeley et al.: University of California Press.

BENJAMIN, Walter (1976/1936): Das Kunstwerk im Zeitalter seiner technischen Reproduzierbarkeit. Drei Studien zur Kunstsoziologie. Frankfurt a. M.: Suhrkamp.

BENNETT, Andy/PETERSON, Richard A. (2004): Music Scenes. Local, Translocal, and Virtual. Nashville: Vanderbilt University Press.

BENNETT, Stith H. (1980): On becoming a rock musician. Amherst, Mass.: The University of Massuchetts Press.

BENNETT, Tony/SAVAGE, Mike/SILVA, Elizabeth/WARDE, Alan/GAYO-CAL, Modesto/WRIGHT, David (2009): Culture, Class, Distinction. New York: Routledge.

BENSELER, Frank (1979): Georg Lukács (1885–1971). In: Silbermann, Alphons (Hg.) (1979) a.a.O., 156–182.

BERGER, Hans Christian (2004): Denken in Differenzen – Poststrukturalismus und Postmoderne: Ihre Bedeutung für die Musiksoziologie. In: Parzer, Michael (Hg.): Musiksoziologie remixed – Impulse aus dem aktuellen kulturwissenschaftlichen Diskurs. Wien: Inst. für Musiksoziologie, Univ. für Musik u. darstellende Kunst Wien, 55–74.

BESSELER, Heinrich (1959): Das musikalische Hören der Neuzeit. Berlin: Akademie.

BLAUKOPF, Kurt (1955): Musiksoziologie. In: Bernsdorf, Wilhelm/Bülow, Friedrich (Hg.): Wörterbuch der Soziologie. Stuttgart: Enke, 342.

BLAUKOPF, Kurt (1995): Die Orchestrierung der Wissenschaften. Otto Neuraths Konzept und die Kunstforschung. In: Ders. (Hg.): Philosophie, Literatur und Musik im Orchester der Wissenschaften. Wien: Hölder-Pichler-Tempsky, 10–31.

BLAUKOPF, Kurt (1995a): Pioniere empiristischer Musikforschung: Österreich und Böhmen als Wiege der modernen Kunstsoziologie. Wien: Hölder-Pichler-Tempsky.

BLAUKOPF, Kurt (1996): Musik im Wandel der Gesellschaft. Grundzüge der Musiksoziologie. 2. Aufl. Darmstadt: Wissenschaftliche Buchgesellschaft.

BLAUKOPF, Kurt (1997): Kunstsoziologie im Orchester der Wissenschaften. In: Smudits, Alfred/Staubmann, Helmut (Hg.) a.a.O., 21–32.

BLAUKOPF, Kurt (2010): Was ist Musiksoziologie? Ausgewählte Texte. Hg. von Michael Parzer. Frankfurt a. M. et al.: Peter Lang.

BLOCH, Ernst (1974/1959): Das Prinzip Hoffnung. 4. Aufl. Frankfurt a. M.: Suhrkamp (Suhrkamp-Taschenbuch Wissenschaft, 3).

BÖHME-MEHNER, Tatjana (2003): Die Oper als offenes autopoietisches System im Sinne Niklas Luhmanns? Essen: Die Blaue Eule.

BONTINCK, Irmgard (Hg.) (1996): Wege zu einer Wiener Schule der Musiksoziologie. Wien: Guthmann Peterson.

BOURDIEU, Pierre (1970): Zur Soziologie der symbolischen Formen. Frankfurt a. M.: Suhrkamp.

BOURDIEU, Pierre (1974): Künstlerische Konzeption und intellektuelles Kräftefeld. In: Ders.: Zur Soziologie der symbolischen Formen. 1. Auflage. Frankfurt a. M.: Suhrkamp, 75–124.

BOURDIEU, Pierre (1974): Zur Soziologie der symbolischen Formen. Frankfurt a. M.: Suhrkamp.

BOURDIEU, Pierre (1983): Ökonomisches Kapital, kulturelles Kapital und soziales Kapital. In: Kreckel, Reinhard (Hg.): Soziale Ungleichheiten (Soziale Welt Sonderband 2). Göttingen: Schwartz, 183–198.

BOURDIEU, Pierre (1985): Sozialer Raum und „Klassen". 1. Auflage. Frankfurt a. M.: Suhrkamp.

BOURDIEU, Pierre (1987): Die feinen Unterschiede. Kritik der gesellschaftlichen Urteilskraft. Frankfurt a. M.: Suhrkamp.

BOURDIEU, Pierre (1993): Soziologische Fragen. 1. Auflage. Frankfurt a. M.: Suhrkamp.

BOURDIEU, Pierre (2001): Die Regeln der Kunst – Genese und Struktur des literarischen Feldes. 1. Auflage. Frankfurt a. M.: Suhrkamp.

BOURDIEU, Pierre (2011): Kunst und Kultur – Kunst und künstlerisches Feld (Schriften zur Kultursoziologie 4). Hg. von Schultheis, Franz/Egger, Stephan. Konstanz: UVK.

BOURDIEU, Pierre (2011): Kunst und Kultur – Zur Ökonomie symbolischer Güter (Schriften zur Kultursoziologie 4). Hg. von Schultheis, Franz/Egger, Stephan. Konstanz: UVK.

BOURDIEU, Pierre/WACQUANT, Loïc J. D. (1996): Reflexive Anthropologie. 1. Auflage. Frankfurt a. M.: Suhrkamp.

BRAUN, Christoph (1992): Max Webers „Musiksoziologie". Laaber: Laaber.

BREDEKAMP, Horst (2008): Erwin Panofsky (182–1968). In: Pfisterer, Ulrich (Hg.) (2008) a.a.O., 61–75.

BRÜGGER, Niels; VIGSO, Orla (2008): Strukturalismus. Paderborn: Fink.

BÜRGER, Peter (Hg.) (1978): Seminar Literatur- und Kunstsoziologie. Frankfurt a. M.: Suhrkamp.

BÜTTNER, Stefan (2006): Antike Ästhetik. Eine Einführung in die Prinzipien des Schönen. München: Beck.

BUTLER, Judith (1991): Das Unbehagen der Geschlechter. Frankfurt a. M.: Suhrkamp.

CASSIRER, Ernst (1923–1929): Philosophie der symbolischen Formen (3 Bände). Berlin et al.: Cassirer.

CASSIRER, Ernst (1960/1944): Was ist der Mensch? Versuch einer Philosophie der menschlichen Kultur. Stuttgart: W. Kohlhammer.

CASTELNUOVO, Enrico (2004): Der Künstler. In: Le Goff, Jaques (Hg.) a.a.O., 232–267.

CHAN, Tak Wing Chan/GOLDTHORPE, John (2007): Social Stratification and Cultural Consumption: Music in England. In: European Sociological Review, Vol. 23, 2007, 1–19.

CHASTEL, André (2004): Der Künstler. In: Garin, Eugenio (Hg.) a.a.O., 251–281.

COHEN, Sara (1991): Rock Culture in Liverpool. Popular Music in the Making. Oxford: Clarendon Press.

Combahee River Collective (1982): A Black Feminist Statement. In: Hull, Gloria T. (Hg.): All the Women are white, all Blacks are Men but some of us are brave, Black Women's Studies. Old Westbury NY: Feminist Press, 13–22.

COMTE, Auguste (1933): Die Soziologie. Die positive Philosophie im Auszug. Hg. von Friedrich Blaschke. Leipzig: Kröner.

COSTELLO, Diarmuid/VICKERY, Jonathan (eds.) (2007): Art. Key contemporary thinkers. Oxford, New York: Berg.

CRANE, Diana (1987): The transformation of the Avant-garde: The New York art world, 1940–1985. Chicago, Ill. et al.: University of Chicago Press.

CRANE, Diana (1992): High Culture versus Popular Culture Revisited: A Reconceptualization of Recorded Cultures. In: Lamont, Michèle/Fournier, Marcel (eds.): Cultivating Differences. Symbolic Boundaries in the Making of Inequality. Chicago, London: University of Chicago Press, 58–74.

DAHMS, Hans-Joachim (1994): Positivismusstreit. Die Auseinandersetzungen der Frankfurter Schule mit dem logischen Positivismus, dem amerikanischen Pragmatismus und dem kritischen Rationalismus. Frankfurt a. M.: Suhrkamp.

DANKO, Dagmar (2011): Zwischen Überhöhung und Kritik. Bielefeld: Transcript.

DANKO, Dagmar (2012): Kunstsoziologie. Bielefeld: Transcript.

DANTO, Arthur C. (1991/1981): Die Verklärung des Gewöhnlichen. Eine Philosophie der Kunst. Frankfurt a. M.: Suhrkamp.

DANTO, Arthur C. (1996): Kunst nach dem Ende der Kunst. München: Fink.

DE BEAUVOIR, Simone (1992): Das Andere Geschlecht. Sitte und Sexus der Frau. Reinbeck bei Hamburg: Rowohlt.

DEGELE, Nina/SIMMS, Timothy (2004): Bruno Latour (*1947). Post-Konstruktivismus pur. In: Hofmann, Martin Ludwig/Korta, Tobias F./Niekisch, Sibylle (2004): Culture Club. Klassiker der Kulturtheorie. Frankfurt a. M.: Suhrkamp, 259–275.

DELEUZE, Gilles (1992): Woran erkennt man den Strukturalismus? Berlin: Merve.

DERRIDA, Jacques (1967): De la grammatologie. Paris: Éd. de Minuit.

DERRIDA, Jacques (1967): L'écriture et la différence. Paris: Éds. du Seuil.

DEWEY, John (1988/1934): Kunst als Erfahrung. Frankfurt a. M.: Suhrkamp.

DiMAGGIO, Paul (1987): Classification in Art. In: American Sociological Review, Vol. 52, 440–455.

du GAY, Paul (Ed.) (1997): Production of culture/cultures of production. London/Delhi: Thousand Oaks/ Sage.

DÜR, Wolfgang (2001): Systemtheorie sensu Luhmann. In: Richter, Rudolf: Soziologische Paradigmen – Eine Einführung in klassische und moderne Konzepte. Wien: WUV, 138–170.

DURKHEIM, Emile (1976/1895): Die Regeln der soziologischen Methode. Hg. von König, René. Darmstadt: Luchterhand.

DURKHEIM, Émile (1994/1912): Die elementaren Formen des religiösen Lebens. Frankfurt a. M.: Suhrkamp.

DUVIGNAUD, Jean (1975): Soziologie der künstlerischen Schöpfung. Stuttgart: Enke.

EAGLETON, Terry (1994): Ästhetik. Die Geschichte ihrer Ideologie. Stuttgart: Metzler.

ECO, Umberto (1984): Apokalyptiker und Integrierte. Zur kritischen Kritik der Massenkultur. Frankfurt a. M.: S. Fischer.

EITELBERGER, Rudolf von (1871): Die österreichische Kunst-Industrie und die heutige Weltlage. Wien: Braumüller (zitiert nach Blaukopf 1995: 14).

ELIAS, Norbert (1979/1939): Über den Prozess der Zivilisation. Soziogenetische und psychogenetische Untersuchungen. Frankfurt a. M.: Suhrkamp.

ELIAS, Norbert (1991): Mozart. Zur Soziologie eines Genies. Frankfurt a. M.: Suhrkamp.

ENGELMANN, Peter (2004): Einführung: Postmoderne und Dekonstruktion – Zwei Stichwörter zur zeitgenössischen Philosophie. In: Engelmann, Peter (Hg.): Postmoderne und Dekonstruktion – Texte französischer Philosophen der Gegenwart. Stuttgart: Reclam, 5–32.

ENZENSBERGER, Hans Magnus (1970): Baukasten zu einer Theorie der Medien. In: Kursbuch 20, Frankfurt a. M.: Suhrkamp, 159–186.

EYERMAN, Ron/McCORMICK, Lisa (2006): Myth, meaning, and performance. Towards a new cultural sociology of the arts. Boulder: Paradigm.

FEGER, Hans (Hg.) (2010): Handbuch Literatur und Philosophie. Stuttgart: Metzler.

FEIST, Thomas (2005): Musik als Kulturfaktor – Beobachtungen zur Theorie und Empirie christlicher Popularmusik. Frankfurt a. M. et al.: Peter Lang.

FINNEGAN, Ruth (1989): The hidden musicians. Music-making in an English town. Cambridge et al.: Wesleyan.

FISKE, John (1989): Understanding Popular Culture. London: Routledge.

FISKE, John (2000): Lesarten des Populären. Wien: Turia + Kant.

FOUCAULT, Michel (1977): Die Ordnung des Diskurses. Frankfurt/M.; Wien et al.: Ullstein.

FOUCAULT, Michel (1979): Schriften zur Literatur. Frankfurt/M.; Wien: Ullstein.

FREUD, Sigmund (1997): Bildende Kunst und Literatur (Studienausgabe Band X). 11. Aufl. Frankfurt a. M.: S. Fischer.

FREUD, Sigmund (2004/1930): Das Unbehagen in der Kultur und andere kulturtheoretische Schriften. Frankfurt a. M.: S. Fischer.

FREUD, Sigmund (2009/1938): Abriss der Psychoanalyse. Einführende Darstellungen. Frankfurt a. M.: S. Fischer.

FRITH, Simon/McROBBIE, Angela (1978): Rock and Sexuality. In: Frith, Simon/Goodwin, Andrew (Hg.) (1990/2000): On Record: Rock, Pop & the Written Word. London: Routledge, 371–389.

FRÖHLICH, Gerhard/REHBEIN, Boike (Hg.) (2009): Bourdieu-Handbuch. Leben – Werk – Wirkung. Stuttgart et al.: Metzler.

FUCHS, Peter (1987): Vom Zeitzauber der Musik – Eine Diskussionsanregung. In: Baecker, Dirk (Hg.): Theorie als Passion – Niklas Luhmann zum 60. Geburtstag. Frankfurt a. M.: Suhrkamp, 214–237.

FUCHS, Peter (1990): Die Welt, die Kunst und soziale Systeme – Die Kulturtheorie von Niklas Luhmann. Hagen: Fernuniversität Gesamthochschule; Polyphonia Tonges.

FUCHS, Peter (1992): Die soziale Funktion der Musik. In: Lipp, Wolfgang (Hg.): Gesellschaft und Musik – Wege zur Musiksoziologie. Festgabe für Robert H. Reichardt zum 65. Geburtstag. Berlin: Duncker & Humblot, 67–86.

FUCHS, Peter (1996): Musik und Systemtheorie – Ein Problemaufriss. In: Polaschegg, Nina/Hager, Uwe/Richsteig, Tobias (Hg.): Diskurse zur gegenwärtigen Musikkultur – 13 Beiträge vom 9. Internationalen Studentischen Symposium für Musikwissenschaft in Giessen 1994; eine Veröffentlichung des Dachverbandes der Studierenden der Musikwissenschaft (DVSM) e.V. Regensburg: ConBrio, 49–55.

FUCHS, Peter (2004): Niklas Luhmann – beobachtet. Wiesbaden: VS Verlag.

FUCHS, Peter/HEIDINGSFELDER, Markus (2004): Music No Music Music – Zur Unhörbarkeit von Pop, in: Soziale Systeme – Zeitschrift für soziologische Theorie 10 (2). Stuttgart: Lucius & Lucius, 292–324.

FUCHS-HEINRITZ, Werner/KÖNIG, Alexandra (2011): Pierre Bourdieu – Eine Einführung. 2. überarb. Auflage. Konstanz: UVK.

GARIN, Eugenio (Hg.) (2004): Der Mensch der Rennaissance. Essen: Magnus.

GARRISON, Ednie Kaeh (2000): U.S. Feminism-Grrrl Style! Youth (Sub)Cultures and the Technologies of the Third Wave. In: Feminist Studies, Vol. 26 (1), 141–170.

GEBESMAIR, Andreas (2001): Grundzüge einer Theorie des Musikgeschmacks. Wiesbaden: Westdeutscher Verlag.

GEBESMAIR, Andreas (2004): Renditen der Grenzüberschreitung. Zur Relevanz der Bourdieuschen Kapitaltheorie für die Analyse sozialer Ungleichheiten. In: Soziale Welt, 55. Jg., Heft 2, 181–203.

GEBESMAIR, Andreas (2008): Die Fabrikation kultureller Vielfalt. Struktur und Logik der transnationalen Popmusikindustrie. Bielefeld: transcript.

GEHLEN, Arnold (1960): Zeit-Bilder. Zur Soziologie und Ästhetik der modernen Malerei. Frankfurt a. M.: Athenäum.

GEIMER, Peter (1998): Johann Joachim Winckelmann. In: Nida-Rümelin, Julian/Betzler, Monika (Hg.) a.a.O., 815–821.

GEIßLER, Rainer (1996): Kein Abschied von Klasse und Schicht. Ideologische Gefahren der deutschen Sozialstrukturanalyse. In: Kölner Zeitschrift für Soziologie und Sozialpsychologie, 48. Jg., Heft 2, 319–338.

GENZ, Stephanie/BRABON, Benjamin A. (2009): Postfeminism. Cultural Texts and Theories. Edinburgh: Edingburgh University Press.

GERHARDS, Jürgen (Hg.) (1997): Soziologie der Kunst. Produzenten, Vermittler und Rezipienten. Opladen: Westdeutscher Verlag.

GETHMANN-SIEFERT, Annemarie (1995): Einführung in die Ästhetik. München: UTB Fink.

GOODMAN, Nelson (1982/1967): Kunst und Erkenntnis. In: Henrich, Dieter/Iser, Wolfgang (Hg.) a.a.O., 569–592.

GOODMAN, Nelson (1995/1968): Sprachen der Kunst. Entwurf einer Symboltheorie. Frankfurt a. M.: Suhrkamp.

GRAEBER, Wilhelm (1998): Denis Diderot. In: Nida-Rümelin, Julian/Betzler, Monika (Hg.) a.a.O., 225–233.

GRAMSCI, Antonio (1980): Zu Politik, Geschichte und Kultur. Ausgewählte Schriften. Leipzig: Philipp Reclam.

GROSSBERG, Lawrence (2000): What's going on? Cultural Studies und Popularkultur. Wien: Turia + Kant.

GUERRILA GIRLS: www.guerrillagirls.com (Einsicht April 2012).

GUYAU, Jean-Marie (1987/1889): Die Kunst als soziologisches Phänomen. Hg. von Alphons Silbermann. Berlin: Spiess.

HABERMAS, Jürgen (1962): Strukturwandel der Öffentlichkeit. Untersuchungen zu einer Kategorie der bürgerlichen Gesellschaft. Neuwied: Luchterhand.

HABERMAS, Jürgen (1988): Die Moderne – Ein unvollendetes Projekt. In: Welsch, Wolfgang (Hg.): Wege aus der Moderne – Schlüsseltexte der Postmoderne-Diskussion. Weinheim: VCH, Acta Humaniora, 177–192.

HAHN, Torsten/WERBER, Niels (2004): Das Populäre als Form. In: Soziale Systeme – Zeitschrift für soziologische Theorie, 10 (2). Stuttgart: Lucius & Lucius, 347–354.

HALBERSTAM, Judith (2005): In a Queer Time & Place: Transgender Bodies, Subcultural Lives. New York: New York University Press.

HALL, Stuart (1989): Ideologie Kultur Rassismus. Ausgewähte Schriften 1. Hg. von Nora Räthzel. Hamburg: Argument.

HALL, Stuart (1999): Kodieren/Dekodieren. In: Bromley, Roger/Göttlich, Udo/Winter, Carsten (Hg.): Cultural Studies. Grundlagentexte zur Einführung. Lüneburg: zu Klampen, 92–110.

HALL, Stuart (2004): Ideologie. Identität. Repräsentation. Ausgewählte Schriften 4. Hg. von Koivisto, Juha/Merkens, Andreas. Hamburg: Argument.

HALL, Stuart/JEFFERSON, Tony (eds.) (1976): Resistance Through Rituals. Youth Subcultures in Post-War Britain. London: Routledge. Deutsche Teilübersetzung: Clarke, John et al. (1979): Jugendkultur als Widerstand. Milieus, Rituale, Provokationen. Hg. von Honneth, Axel. Frankfurt a. M.: Syndikat.

HARRINGTON, Austin (2004): Art and social theory. Sociological arguments in aesthetics. Cambridge, Malden, MA: Polity Press.

HAUG, Wolfgang F. (1971): Kritik der Warenästhetik. Frankfurt a. M.: Suhrkamp.

HAUSER, Arnold (1953): Sozialgeschichte der Kunst und Literatur. München: Beck.

HAUSER, Arnold (1973/1964): Der Ursprung der modernen Kunst und Literatur. München: Beck. (Neuausgabe des 1964 erschienen Bandes ‚Der Manierismus'.).

HAUSER, Arnold (1974): Soziologie der Kunst. München: Beck.

HAUSER, Arnold (1978/1951): Sozialgeschichte der Kunst und Literatur. München: Beck.

HAUSKELLER, Michael (1998): Was ist Kunst? Positionen der Ästhetik von Platon bis Danto. München: Beck.

HEBDIGE, Dick (1979): Subculture. The meaning of style. London et al.: Methuen. Deutsche Übersetzung in: Diederichsen, Diedrich et al. (Hg.) (1983): Schocker. Stile und Moden der Subkultur. Hamburg: Rowohlt.

HECKEN, Thomas (2007): Theorien der Populärkultur. Dreißig Positionen von Schiller bis zu den Cultural Studies. Bielefeld: Transcript.

HECKEN, Thomas/SPREE, Axel (2002): Nutzen und Klarheit. Anglo-amerikanische Ästhetik im 20. Jahrhundert. Paderborn: Mentis.

HEINEMANN, Gottfried (2005): Platon, Aristoteles und die Kunsttheorie der griechischen Antike. In: Majetschak, Stefan (Hg.) a.a.O., 14–36.

HEINICH, Nathalie (2004): La sociologie de l…art. Nouv. éd. Paris: Découverte.

HELMHOLTZ, Hermann von (1913/1863): Die Lehre von den Tonempfindungen. Braunschweig: Vieweg (zitiert nach Gebesmair, Andreas (2001) a.a.O.).

HENCKMANN, Wolfhart/LOTTER, Konrad (Hg.) (2004): Lexikon der Ästhetik. München: Beck.

HENRICH, Dieter/ISER, Wolfgang (1982): Theorien der Kunst. Frankfurt a. M.: Suhrkamp.

HERDING, Klaus (1988): Einführung in Proudhons Kunsttheorie. In: Proudhon, Pierre-Joseph, a.a.O.

HILL COLLINS, Patricia (1990): Black Feminist Thought: Knowledge, Consciousness, and the Politics of Empowerment. Boston: Unwin Hymann.

HIRSCH, Paul M. (1972): Processing Fads and Fashions: An Organization-Set Analysis of Cultural Industry Systems. In: American Journal of Sociology, Vol. 77, 639–659.

HITZLER, Ronald/BUCHER, Thomas/NIEDERBACHER, Arne (2001): Leben in Szenen. Formen jugendlicher Vergemeinschaftung heute. Opladen: VS Verlag.

HOFMANN, Martin Ludwig (2004): Georg Simmel (1858–1944). Theorie der Extravaganz als Kulturtheorie der Moderne. In: Hoffmann, Martin Ludwig et al. (Hg.) a.a.O., 31–47.

HOFMANN, Martin Ludwig/KORTA, Tobias F./NIEKISCH, Sibylle (Hg.) (2006): Culture Club II. Klassiker der Kulturtheorie. Frankfurt a. M.: Suhrkamp.

HONIGSHEIM, Paul (1978/1930): Kunstsoziologie. In: Bürger, Peter (Hg.) (1978) a.a.O., 160–162.

HOOKS, Bell (1992): Black Looks. Popkultur – Medien – Rassismus. Berlin: Orlanda.

HORAK, Roman (2002): Die Stunde der Cultural Studies. Wien: Löcker.

HORAK, Roman (2006): Raymond Williams (1921–1988). Von der literarischen Kulturkritik zum kulturellen Materialismus. In: Hofmann, Martin Ludwig/Korta, Tobias F./Niekisch, Sibylle (Hg.): a.a.O., 201–225.

HORKHEIMER, Max/ADORNO, Theodor W. (1985/1944): Dialektik der Aufklärung. Frankfurt a. M.: Fischer.

HORN, Christoph (1998): Plotin. In: Nida-Rümelin, Julian/Betzler, Monika (Hg.) a.a.O., 641–648.

HRADIL, Stefan (1999): Soziale Ungleichheit in Deutschland. Opladen: Wiesbaden.

HUBER, Hans Dieter (2007): Kunst als soziale Konstruktion. München: Wilhelm Fink.

HUQ, Rupa (2003): Global Youth Cultures in Localized Spaces. The Case of the UK New Asian Dance Music and French Rap. In: Muggleton, David/Weinzierl, Rupert (eds.): The Post-Subcultural Reader. Oxford: Berg, 195–208.

HUTTER, Michael (2004): Pop – Kunst durch Markt. In: Soziale Systeme – Zeitschrift für soziologische Theorie, 10 (2). Stuttgart: Lucius & Lucius, 325–332.

INGLIS, David; HUGHSON, John (2005): The sociology of art. Ways of seeing. Basingstoke, Hampshire: Palgrave Macmillan.

JAGOSE, Annamarie (1996): Queer Theory. Eine Einführung. Berlin: Querverlag.

JUNG, Werner (1995): Von der Mimesis zur Simulation – Eine Einführung in die Geschichte der Ästhetik. Hamburg: Junius.

JURT, Joseph (1995): Das literarische Feld – Das Konzept Pierre Bourdieus in Theorie und Praxis. Darmstadt: Wissenschaftliche Buchgesellschaft Primus.

JURT, Joseph (1997): Bourdieus Analyse des literarischen Feldes oder der Universalitätsanspruch des sozialwissenschaftlichen Ansatzes. In: Internationales Archiv für Sozialgeschichte der deutschen Literatur, 22 (2), 152–180.

JURT, Joseph (Hg.) (2003): Absolute Pierre Bourdieu. Freiburg (i. Br.): Orange Press.

KAEMMERLING, Ekkehard (1979): Ikonographie und Ikonologie. Theorien, Entwicklung, Probleme. Köln: DuMont.

KAESLER, Dirk (Hg.) (1999): Klassiker der Soziologie. München: Beck.

KANT, Immanuel (1974/1790): Kritik der Urteilskraft (Werkausgabe Band X). Frankfurt a. M.: Suhrkamp.

KAPNER, Gerhardt (1987): Studien zur Kunstsoziologie. Versuch eines sozialhistorischen Systems der Entwicklung europäischer Kunst. Wien: Böhlau.

KAPNER, Gerhardt (1991): Die Kunst in Geschichte und Gesellschaft. Aufsätze zur Sozialgeschichte und Soziologie der Kunst. Wien: Böhlau.

KAPNER, Gerhardt (1992): Nachdenkliches zur Kunstsoziologie. In: Bontinck, Irmgard (Hg.): Kulturpolitik, Kunst, Musik. Fragen an die Soziologie. Wien: VWGÖ, 45–59.

KASTNER, Jens (2009): Die ästhetische Disposition. Eine Einführung in die Kunsttheorie Pierre Bourdieus. Wien: Turia + Kant.

KAUSCH, Michael (1988): Kulturindustrie und Populärkultur. Kritische Theorie der Massenmedien. Frankfurt a. M.: Fischer.

KELLER, Reiner (2004): Diskursforschung – Eine Einführung für SozialwissenschaftlerInnen. Opladen: Leske + Budrich.

KELLER, Reiner (2005): Wissenssoziologische Diskursanalyse – Grundlegung eines Forschungsprogramms. Wiesbaden: VS Verlag.

KELLER, Reiner/HIRSELAND, Andreas/SCHNEIDER, Werner/VIEHÖVER, Willy (Hg.) (2001): Handbuch sozialwissenschaftliche Diskursanalyse – 1. Theorien und Methoden. Wiesbaden: VS Verlag, Opladen: Leske + Budrich.

KIM, Duk-Yung (2002): Georg Simmel und Max Weber. Über zwei Entwicklungswege der Soziologie. Kassel. Opladen: Leske + Budrich.

KLINGER, Cornelia (1998): Friedrich Schlegel. In: Nida-Rümelin, Julian/Betzler, Monika (Hg.) a.a.O., 715–723.

KNEER, Georg/NASSEHI, Armin (2000): Niklas Luhmanns Theorie sozialer Systeme – Eine Einführung. München: Fink.

KNÜTTEL, Katharina/SEELINGER, Martin (2011) (Hg.): Intersektionalität und Kulturindustrie. Zum Verhältnis sozialer Kategorien und kultureller Repräsentation. Bielefeld: Trancript.

KONERSMANN, Ralf (Hg.) (1996): Kulturphilosophie. Leipzig: Reclam.

KRACAUER, Siegfried (1971/1929): Die Angestellten. Aus dem neuesten Deutschland. Frankfurt a. M.: Suhrkamp.

KRACAUER, Siegfried (1977): Das Ornament der Masse. Frankfurt a. M.: Suhrkamp.

KRISTEVA, Julia (1969): Sēmeiōtikē – Recherches pour une sémanalyse. Paris: Éd. du Seuil.

KRISTEVA, Julia (1977): Polylogue. Paris: Éd. du Seuil.

KULENKAMPFF, Jens (1998): David Hume. In: Nida-Rümelin, Julian/Betzler, Monika (Hg.) a.a.O., 413–418.

KULENKAMPFF, Jens (1998): Immanuel Kant. In: Nida-Rümelin, Julian/Betzler, Monika (Hg.) a.a.O., 448–460.

KULTERMANN, Udo (1998): Kleine Geschichte der Kunsttheorie. Von der Vorgeschichte bis zur Gegenwart. 2. Aufl. Darmstadt: Wissenschaftliche Buchgesellschaft Primus.

KURZ, Heinz (Hg.) (1991): Adam Smith. Ein Werk und seine Wirkungsgeschichte. Marburg: Metropolis.

LANDWEHR, Achim/STOCKHORST, Stefanie (2004): Einführung in die europäische Kulturgeschichte. Paderborn: UTB Schöningh.

LE GOFF, Jacques (2004): Der Mensch des Mittelalters. Essen. Magnus.

LEFEBVRE, Henri (1977): Kritik des Alltagslebens. Kronberg: Athenäum.

LEHMANN, Harry (2006): Die flüchtige Wahrheit der Kunst – Ästhetik nach Luhmann. München: Fink.

LIESSMANN, Konrad Paul (1999): Philosophie der modernen Kunst. Eine Einführung. Wien: UTB WUV.

LINK-HEER, Ursula (1998): Kristeva. In: Nida-Rümelin, Julian/Betzler, Monika (Hg.): Ästhetik und Kunstphilosophie – Von der Antike bis zur Gegenwart in Einzeldarstellungen. Stuttgart: Kröner, 469–477.

LOCHER, Hubert (2007): Kunstgeschichte im 20. Jahrhundert. Eine kommentierte Anthologie. Darmstadt: Wissenschaftliche Buchgesellschaft Primus.

LOCHER, Hubert (2007a): Jacob Burckhardt. In: Pfisterer, Ulrich (Hg.) a.a.O., 110–123.

LOTTER, Konrad (1998): Johann Gottfried Herder. In: Nida-Rümelin, Julian/Betzler, Monika (Hg.) a.a.O., 391–397.

LÖWENTHAL, Leo (1990/1948): Literatur und Massenkultur. Frankfurt a. M.: Suhrkamp.

LUHMANN, Niklas (1976): Ist Kunst codierbar? In: Schmidt, Siegfried J. (Hg.): Schön – Zur Diskussion eines umstrittenen Begriffs. München: Fink.

LUHMANN, Niklas (1981): Soziologische Aufklärung 3 – Soziales System, Gesellschaft, Organisation. Opladen: Westdeutscher Verlag.

LUHMANN, Niklas (1984): Soziale Systeme – Grundriss einer allgemeinen Theorie. Frankfurt a. M.: Suhrkamp.

LUHMANN, Niklas (1985): Die Autopoiesis des Bewusstseins. In: Soziale Welt, 36 (4). Göttingen: Otto Schwartz & Co., 402–446.

LUHMANN, Niklas (1986): Das Kunstwerk und die Selbstreproduktion der Kunst. In: Gumbrecht, Hans Ulrich/Pfeiffer, Ludwig K. (Hg.): Stil – Geschichten und Funktionen eines kulturwissenschaftlichen Diskurselements. Frankfurt a. M.: Suhrkamp, 620–672.

LUHMANN, Niklas (1990): Weltkunst. In: Luhmann, Niklas/Bunsen, Frederick D./Baecker, Dirk: Unbeobachtbare Welt – Über Kunst und Architektur. Bielefeld: Haux, 7–45.

LUHMANN, Niklas (1994): Die Ausdifferenzierung des Kunstsystems. Bern: Benteli.

LUHMANN, Niklas (1995): Die Kunst der Gesellschaft. Frankfurt a. M.: Suhrkamp.

LUHMANN, Niklas (1997): Ausdifferenzierung der Kunst. In: Institut für soziale Gegenwartsfragen, Freiburg i. Br./Kunstraum Wien (Hg.): Art & Language & Luhmann. Wien: Passagen, 133–148.

LUHMANN, Niklas (1998): Die Gesellschaft der Gesellschaft 1. Frankfurt a. M.: Suhrkamp.

LUHMANN, Niklas (2002): Die Wissenschaft der Gesellschaft. Frankfurt a. M.: Suhrkamp.

LUHMANN, Niklas (2008): Schriften zu Kunst und Literatur. Hg. von Werber, Niels. Frankfurt a. M.: Suhrkamp.

LUKÁCS, Georg (1963): Ästhetik Teil I. Neuwied am Rhein: Luchterhand.

LUTTER, Christina/REISENLEITNER, Markus (2002): Cultural Studies. Eine Einführung. Wien: Turia + Kant.

LYOTARD, Jean-François (1988): Beantwortung der Frage: Was ist postmodern? In: Welsch, Wolfgang (Hg.): Wege aus der Moderne – Schlüsseltexte der Postmoderne-Diskussion. Weinheim: VCH, Acta Humaniora, 193–203.

LYOTARD, Jean-François (1988): Die Moderne redigieren. In: Welsch, Wolfgang (Hg.): Wege aus der Moderne – Schlüsseltexte der Postmoderne-Diskussion. Weinheim: VCH, Acta Humaniora, 204–214.

LYOTARD, Jean-François (1994): Das postmoderne Wissen. Hg. von Engelmann, Peter. Wien: Passagen.

MÄCKLER, Andreas (2000): 1460 Antworten auf die Frage: was ist Kunst? Köln: DuMont.

MAFFESOLI, Michel (1988): Le temps des tribus – Le déclin de l'individualisme dans les sociétés de masse. Paris: Meridiens Klincksieck.

MAHRENHOLZ, Simone (1998): Musik als Autopoiesis – Musikalische Zeitlichkeit und Bewusstsein bei Luhmann und Hegel. In: Musik & Ästhetik, 2 (5). Stuttgart: Klett-Cotta, 62–84.

MAJETSCHAK, Stefan (Hg.) (2005): Klassiker der Kunstphilosophie. Von Platon bis Lyotard. München: Beck.

MANNHEIM, Karl (1964): Wissenssoziologie, Auswahl aus dem Werk. Neuwied: Luchterhand.

MARCHART, Oliver (2008): Cultural Studies. Konstanz.

MARK, Desmond (1996): Paul Lazarsfelds Wiener RAVAG-Studie 1932. Der Beginn der modernen Rundfunkforschung. Wien: Guthmann Peterson.

MARK, Desmond (2003): Von der Musikschule zum Konzertsaal. Strasshof: Vier Viertel.

MARONTATE, Jan (2009): Controversies as Sites of Conflict and Collaboration: Insight from Sociology of the Arts. In: Denis, Ann B./Kalekin-Fishman, Devorah: The ISA handbook in contemporary sociology. Conflict, competition, cooperation. Los Angeles: SAGE, 170–184.

MARX, Karl (1962/1867): Das Kapital. Kritik der politischen Ökonomie : Erster Band. (Marx/Engels Werke Band 23) Berlin: Dietz.

MARX, Karl (1971/1859): Zur Kritik der politischen Ökonomie. (Marx/Engels Werke Band 42) 7. Aufl. Berlin: Dietz.

MARX, Karl/ENGELS, Friedrich (1962): Werke Band 1: 1839–1844. 8. Aufl. Berlin: Dietz

MARX, Karl/ENGELS, Friedrich (1965): Werke Band 26: Theorien über den Mehrwert (Erster Teil). Berlin: Dietz.

MARX, Karl/ENGELS, Friedrich (1967): Über Kunst und Literatur. Erster Band. Hg. von Manfred Klier. Berlin: Dietz.

MARX, Karl/ENGELS, Friedrich (1968): Über Kunst und Literatur. Zweiter Band. Hg. von Manfred Klier. Berlin: Dietz.

MARX, Karl/ENGELS, Friedrich (1968): Werke Band 6: November 1848 – Juli 1849. Berlin: Dietz.

MARX, Karl/ENGELS, Friedrich (1969): Werke Band 3: 1845–1846. 4. Aufl. Berlin: Dietz.

MARX, Karl/ENGELS, Friedrich/LENIN, Vladimir Illich (1969): Über Kultur, Ästhetik, Literatur. Ausgewählte Texte. Hg. von Hans Koch. Leipzig: Reclam.

McLUHAN, Marshall (1968/1962): Die Gutenberg-Galaxis. Das Ende des Buchzeitalters. Düsseldorf ; Wien: Econ.

McLUHAN, Marshall/FIORE, Quentin (1969/1967): Das Medium ist Massage. Frankfurt a. M.: Ullstein.

McROBBIE, Angela/GARBER, Jenny (1976): Girls and Subculture. In: McRobbie, Angela (2000): Feminism and Youth Culture. London: Palgrave, 2. Auflage, 12–25.

McROBBIE, Angela/GARBER, Jenny (2005): Girls and Subculture. In: Gelder, Ken (ed.): The Subcultures Reader. London: Routledge, 41–52.

MENNINGHAUS, Winfried (2003): Das Versprechen der Schönheit. Frankfurt a. M.: Suhrkamp.

MEYER, Theo (1993): Nietzsche und die Kunst. Tübingen: UTB Francke.

MEYER, Thomas (2001): Das Konzept der Lebensstile in der Sozialstrukturforschung – eine kritische Bilanz. In: Soziale Welt, 52. Jg., Heft 3, 255–272.

MIERENDORFF, Marta/TOST, Heinrich/SPECHT, Karl Gustav (1957): Einführung in die Kunstsoziologie. Köln: Westdeutscher Verlag.

MINH-HA, Trinh T. (1989): Difference: A Special Third Word Women Issue. In: diess.: Woman Native Other. Writing Postcoloniality and Feminism. Bloomington and Indianapolis: Indiana University Press, 79–118.

MOHANTY, Chandra Talpade (1988): Under Western Eyes. Feminist Scholarship and Colonial Discourses. In: Back, Les/Solomos, John (2000) (Hg.): Theories of Race and Racism. A Reader. London: Routledge, 302–323.

MORLEY, David (1980): The nationwide audience. Structure and decoding. London: British Film Institute.

MÜLLER, Hans-Peter (1986): Kultur, Geschmack und Distinktion. Grundzüge der Kultursoziologie Pierre Bourdieus. In: Neidhardt, Friedhelm/Lepsius, Rainer M./Weiss, Johannes (Hg.): Kultur und Gesellschaft (Kölner Zeitschrift für Soziologie und Sozialpsychologie Sonderheft 27). Opladen: Westdeutscher Verlag, 162–190.

MÜLLER-JENTSCH, Walther (2011): Die Kunst in der Gesellschaft. 1. Aufl. Wiesbaden: VS Verlag.

MÜNKER, Stefan/ROESLER, Alexander (2000): Poststrukturalismus. Stuttgart et al.: Metzler.

MULVEY, Laura (1973): Visual Pleasure and Narrative Cinema. In: Screen, Ausg. 16/3, 1975, 6–18.

MULVEY, Laura (1989): Visual and Other Pleasures. Bloomington et al.: Indiana University Press.

MUTTENTHALER, Roswitha/WONISCH, Regina (2006): Gesten des Zeigens. Zur Repräsentation von Gender und Race in Ausstellungen. Bielefeld: Transcript.

NEGUS, Keith (1996): Popular Music in Theory. An Introduction. Cambridge: Wesleyan University Press.

NEURATH, Otto (1981): Gesammelte philosophische und methodologische Schriften. Hg. von Haller, Rudolf/Rutte, Heiner, Band 2. Wien: Hölder-Pichler-Tempsky (zitiert nach Blaukopf 1997: 24).

NIDA-RÜMELIN, Julian/BETZLER, Monika (Hg.) (1998): Ästhetik und Kunstphilosophie. Von der Antike bis zur Gegenwart in Einzeldarstellungen. Stuttgart: Kröner.

NOCHLIN, Linda (1971): Why Have There Been No Great Women Artists? In: Gornick, Vivian/Moran, Barbara (Hg.): Women in Sexist Society. Studies in Power and Powerlessness. New York: Mentor, 480–510.

ORTH, Ernst Wolfgang (1998): Georg Simmel. In: Nida-Rümelin, Julian/Betzler, Monika, a.a.O., 745–752.

OSTLEITNER, Elena (Hg.) (1987): Massenmedien, Musikpolitik und Musikerziehung. Wien: VWGÖ.

OTTE, Gunnar (2012): Programmatik und Bestandsaufnahme einer empirisch-analytischen Kunstsoziologie. In: Sociologiia Internationalis, 50. Band Heft 1/2 (Themenheft Kunstsoziologie), 115–143.

PANOFSKY, Ernst (1979/1939): Ikonographie und Ikonologie. In: Kaemmerling, Ekkehard (Hg.) (1979) a.a.O., 207–225.

PAPE, Helmut (2004): Charles S. Peirce zur Einführung. Hamburg: Junius.

PARETO, Vilfredo (2006/1916): Allgemeine Soziologie. Hg. von Brinkmann, Carl. München: FinanzBuch.

PETERS, Sibylle (Hg.) (2013): Das Forschen aller. Artistic Research als Wissensproduktion zwischen Kunst, Wissenschaft und Gesellschaft. Bielefeld: Transcript.

PETERSON, Richard A. (1976): The Production of Culture. A Prolegomenon. In: American Behavioral Scientist, Vol. 19 (6), 669–684.

PETERSON, Richard A. (1979): Revitalizing the Culture Concept. In: Annual Review of Sociology, Vol. 5, 137–166.

PETERSON, Richard A. (1990): Why 1955? Explaining the advent of rock music. In: Popular Music, Vol. 9 (1), 97–116.

PETERSON, Richard A. (1994): Culture Studies Through the Production Perspective: Progress and Prospects. In: Crane, Diana (ed.): The Sociology of Culture. Cambridge/Oxford: Wiley-Blackwell, 163–189.

PETERSON, Richard A./ANAND, Narasimhan (2004): The Production of Culture Perspective. In: Annual Review of Sociology, Vol. 30, 311–334.

PETERSON, Richard A./BERGER, David G. (1975): Cycles in Symbol Production: The Case of Popular Music. In: American Sociological Review, Vol. 40, 158–173.

PETERSON, Richard A./SIMKUS, Albert (1992): How musical tastes mark occupational status groups. In: Lamont, Michèle/Fournier, Marcel (eds.): Cultivating differences. Symbolic boundaries and the Making of Inequality. Chicago/London: University of Chicago Press, 152–186.

PETHES, Nicolas (2008): Kulturwissenschaftliche Gedächtnistheorien zur Einführung. Hamburg: Junius.

PFISTERER, Ulrich (Hg.) (2007): Klassiker der Kunstgeschichte. Von Winckelmann bis Warburg (Band 1). München: Beck.

PFISTERER, Ulrich (Hg.) (2008): Klassiker der Kunstgeschichte. Von Panofsky bis Greenberg (Band 2). München: Beck.

PIPER, Adrian (1990): The Triple Negation of Colored Women Artists. In: Robinson, Hilary (Hg.) (2001): Feminism – Art – Theory. An Anthology 1968–2000. Oxford: Blackwell, 57–67.

POTHAST, Ulrich (1998): Arthur Schopenhauer. In: Nida-Rümelin, Julian/Betzler, Monika (Hg.) a.a.O., 723–728.

PRANGE, Regine (1998): Friedrich Wilhelm Joseph Schelling. In: Nida-Rümelin, Julian/Betzler, Monika (Hg.) a.a.O., 695–706.

PROUDHON, Pierre-Joseph (1988): Von den Grundlagen und der sozialen Bestimmung der Kunst. Hg. von Klaus Herding. Berlin: Spiess.

QUINDEAU, Ilka (2008): Psychoanalyse. Paderborn: Fink.

RECKI, Birgit (1998): Jean-Jacques Rousseau. In: Nida-Rümelin, Julian/Betzler, Monika (Hg.) a.a.O., 673–678.

REESE-SCHÄFER, Walter (2005): Niklas Luhmann zur Einführung. Hamburg: Junius.

RESCH, Christine/STEINERT, Heinz (2003): Die Widerständigkeit der Kunst. Entwurf einer Interaktionsästhetik. Münster: Westfälisches Dampfboot.

RICHTER, Rudolf (2005): Die Lebensstilgesellschaft. Wiesbaden: VS Verlag.

RIEGL, Alois (1901/1973): Spätrömische Kunstindustrie. Darmstadt: Wissenschaftliche Buchgesellschaft.

RODI, Frithjof (1998): Wilhelm Dilthey. In: Nida-Rümelin, Julian/Betzler, Monika (Hg.) a.a.O., 233–238.

RÖSSEL, Jörg/OTTE, Gunnar (Hg.) (2011): Lebensstilforschung. Sonderheft der Kölner Zeitschrift für Soziologie und Sozialpsychologie 51/2011. Wiesbaden: VS Verlag.

RUBIN, Gayle (1975): The Traffic in Women: Notes on the Political Economy of Sex. In: Lewin, Ellen (Hg.) (2006): Feminist Anthropology. A Reader. Oxford: Blackwell, 87–106.

RUFFING, Reiner (2006): Philosophie. Paderborn: UTB Fink.

SANTORO, Marco (2008): Culture As (And After) Production. In: Cultural Sociology, Vol. 2 (1), 7–31.

SANTORO, Marco (2008): Producing Cultural Sociology. An Interview with Richard A. Peterson. In: Cultural Sociology, Vol. 2 (1), 33–55.

SAUSSURE, Ferdinand de (1969/1916): Grundfragen der allgemeinen Sprachwissenschaft. Berlin et al.: de Gruyter.

SAUSSURE, Ferdinand de (2001): Grundfragen der allgemeinen Sprachwissenschaft. Hg. von Bally, Charles. Berlin et al.: de Gruyter.

SCHARFSCHWERDT, Jürgen (1979): Arnold Hauser (1892–1978). In: Silbermann, Alphons (Hg.) (1979) a.a.O., 200–222.

SCHERER, Wilhelm (1888): Poetik. Postum hg. von Richard M. Meyer. Berlin: Weidmannsche Buchhandlung (zitiert nach Blaukopf 1995: 19).

SCHNEIDER, Norbert (1996): Geschichte der Ästhetik von der Aufklärung bis zur Postmoderne. Eine paradigmatische Einführung. Stuttgart: Reclam.

SCHNEIDER, Norbert (2011): Geschichte der Kunsttheorie. Von der Antike bis zum 18. Jahrhundert. Köln et al.: Böhlau.

SCHOELL-GLASS, Charlotte (2007): Aby Warburg (1866–1929). In: Pfisterer, Ulrich (Hg.) (2007) a.a.O., 181–193.

SCHULDT, Christian (2003): Systemtheorie. Hamburg: Europäische Verlagsanstalt.

SCHULDT, Christian (2006): Systemtheorie. Hamburg: Europöische Verlagsanstalt.

SCHULZE, Gerhard (1992): Die Erlebnisgesellschaft. Kultursoziologie der Gegenwart. Frankfurt a. M.: Suhrkamp.

SCHUMACHER, Florian (2011): Bourdieus Kunstsoziologie. Konstanz: UVK.

SCHWINGEL, Markus (1997): Kunst, Kultur und Kampf um Anerkennung – Die Literatur- und Kunstsoziologie Pierre Bourdieus in ihrem Verhältnis zur Erkenntnis- und Kultursoziologie. In: Internationales Archiv für Sozialgeschichte der deutschen Literatur, 22 (2), 109–151.

SEDLMAYR, Hans (1948): Verlust der Mitte. Die bildende Kunst d. 19. u. 20. Jahrhunderts als Symptom und Symbol der Zeit. Salzburg: Otto Müller.

SHERWOOD, Steve (2006): Seeker of the Sacred: A Late Durkheimian Theory of the Artist. In: Eyerman, Ron/McCormick, Lisa, a.a.O., 81–102.

SHIACH, Morag (ed.) (2008): Feminism & Cultural Studies. Oxford: Oxford University Press.

SHINER, Larry E. (2001): The Invention of Art. A Cultural History. Chicago: University of Chicago Press.

SHUSTERMAN, Richard (1994): Kunst Leben. Die Ästhetik des Pragmatismus. Frankfurt a. M.: Fischer.

SILBERMANN, Alphons (1957): Wovon lebt die Musik. Die Prinzipien der Musiksoziologie. Regensburg: Gustav Bosse.

SILBERMANN, Alphons (1963): Max Webers musikalischer Exkurs. In: Kölner Zeitschrift für Soziologie und Sozialpsychologie, 15. Jahrgang, Sonderheft 7, 448–469.

SILBERMANN, Alphons (1978/1967): Kunstsoziologie. In: Bürger, Peter (Hg.) (1978) a.a.O., 191–203.

SILBERMANN, Alphons (1986): Empirische Kunstsoziologie. Stuttgart: B.G. Teubner.

SILBERMANN, Alphons (Hg.) (1979): Klassiker der Kunstsoziologie. München: Beck.

SIMMEL, Georg (1989/1900): Philosophie des Geldes. Frankfurt a. M.: Suhrkamp.

SIMMEL, Georg (1995): Aufsätze und Abhandlungen. 1901–1908. Hg. von Kramme, Rüdiger/Rammstedt, Angela und Ottheim. Frankfurt a. M.: Suhrkamp.

SIMMEL, Georg (1996/1911). Der Begriff und die Tragödie der Kultur. In: Konersmann, Ralf (Hg.) a.a.O., 25–57.

SIMMEL, Georg (2000): Aufsätze und Abhandlungen 1909–1918 Band II. Hg. von Klaus Latzel. Frankfurt a. M.: Suhrkamp.

SIMMEL, Georg (2008): Jenseits der Schönheit. Schriften zur Ästhetik und Kunstphilosophie. Hg. von Meyer, Ingo. Frankfurt a. M.: Suhrkamp.

SMUDITS, Alfred (2002): Mediamorphosen des Kulturschaffens. Kunst und Kommunikationstechnologien im Wandel. Wien: Braumüller.

SMUDITS, Alfred (2007): Wandlungsprozesse der Musikkultur. In: de la Motte-Haber, Helga/Neuhoff, Hans (Hg.): Musiksoziologie. Handbuch der systematischen Musikwissenschaft, Band 4. Hg. von Helga de la Motte-Haber. Laaber: Laaber, 111–145.

SMUDITS, Alfred/STAUBMANN, Helmut (Hg.) (1997): Kunst – Geschichte – Soziologie. Beiträge zur soziologischen Kunstbetrachtung aus Österreich. Frankfurt a. M.: Peter Lang.

SOMBART, Werner (1996/1922): Liebe, Luxus und Kapitalismus. Über die Entstehung der modernen Welt aus dem Geist der Verschwendung. Berlin: Wagenbach.

SOROKIN, Pitirim A. (1937): Social and cultural dynamics. Volume I: Painting, Sculpture, Architecture, Music, Literature, and Criticism. New York et al.: American Book Company.

STADLER, Friedrich (1996): Wiener Kreis und Kunsttheorie. In: Bontinck, Irmgard (Hg.) a.a.O., Wien: Guthmann Peterson, 95–101.

STEINERT, Heinz (2008): Kulturindustrie. 3., überarb. Aufl. Münster: Westfälisches Dampfboot.

SÜßMANN, Johannes (1994) Kunstsoziologie. In: Kerber, Harald/Schmieder, Arnold (Hg.): Spezielle Soziologien. Reinbek bei Hamburg: Rowohlt, 521–540.

SUKALE, Michael (2006): Max Weber (1864–1920). Kultur zwischen Chaos und Entzauberung. In: Hoffmann, Martin Ludwig et al. (Hg.) a.a.O., 11–37.

TAINE, Hippolyte (1987/1895): Philosophie der Kunst. Hg. von Alphons Silbermann. Berlin: Spiess.

TANNER, Jeremy (2003): The sociology of art. A reader. London, New York: Routledge.

THAUSING, Moritz (1884): Die Stellung der Kunstgeschichte als Wissenschaft. Aus einer Antrittsrede an der Wiener Universität im Oktober 1873. In: Ders. Wiener Kunstbriefe. Leipzig: Seemann (zitiert nach Blaukopf 1995: 15).

THURN, Hans Peter (1973): Soziologie der Kunst. Stuttgart: W. Kohlhammer.

THURN, Hans Peter (1976): Kritik der marxistischen Kunsttheorie. Stuttgart: Enke.

THURN, Hans-Peter (1973): Soziologie der Kunst. Stuttgart et al.: Kohlhammer.

THURN, Hans-Peter (1979): Jean-Marie Guyau. In: Silbermann, Alphons (Hg.) a.a.O., 11–27.

TIETZE, Hans (1913): Methode der Kunstgeschichte. Leipzig: Seemann (zitiert nach Blaukopf 1995: 16).

TIMMERMANN, Jens (1998): Platon. In: Nida-Rümelin, Julian/Betzler, Monika (Hg.) a.a.O., 631–640.

VEBLEN, Thorstein (2007/1899): Theorie der feinen Leute. Eine ökonomische Untersuchung der Institutionen. Frankfurt a. M.: S. Fischer.

VESTER, Heinz-Günter (1993): Soziologie der Postmoderne. München: Quintessenz.

VOLLBRECHT, Ralf (1997): Von Subkulturen zu Lebensstilen. In: SpoKK (Hg.): Kursbuch Jugendkultur. Stile, Szenen und Identitäten vor der Jahrtausendwende. Mannheim: Bollmann, 22–31.

VON MISES, Richard (1990/1939): Kleines Lehrbuch des Positivismus. Frankfurt a. M.: Suhrkamp.

WAIBL, Elmar (2009): Ästhetik und Kunst von Pythagoras bis Freud. Wien: UTB Facultas WUV.

WALLASCHEK, Richard (1903): Anfänge der Tonkunst. Leipzig: Barth (zitiert nach Blaukopf 1997: 26).

WEBER, Max (1910): Diskussionsrede zu W. Sombarts Vortrag über Technik und Kultur auf dem ersten Deutschen Soziologentag in Frankfurt 1910. (http://www.zeno.org/Soziologie/M/Weber,+Max/Schriften+zur+Soziologie+und+Sozialpolitik/Geschäftsbericht+und+Diskussionsreden+auf+dem+ersten+-Deutschen+Soziologentage+in+Frankfurt+1910, Zugriff vom 13.5.2013.

WEBER, Max (1972/1921): Die rationalen und soziologischen Grundlagen der Musik. Tübingen: UTB Mohr.

WEBER, Max (1972a/1921): Wirtschaft und Gesellschaft. Studienausgabe. Tübingen: J.C.B. Mohr (P. Siebeck).

WEBER, Max (1973): Soziologie, universalgeschichtliche Analysen, Politik. Hg. von Winckelmann, Johannes. Stuttgart: Kröner.

WEBER, Max (1973/1913): Der Sinn der Wertfreiheit der Sozialwissenschaften. In: Ders.: Soziologie, universalgeschichtliche Analysen, Politik. Hg. von Winckelmann, Johannes. Stuttgart: Kröner, 263–310.

WEBER, Max (1973a): Der Sinn der ‚Wertfreiheit' der Sozialwissenschaften. In: ders. (1973) a.a.O., 263–310.

WEBER, Max (1973b): Vom inneren Beruf zur Wissenschaft. In: ders. (1973) a.a.O., 311–339.

WEBER, Max (1988/1920): Gesammelte Aufsätze zur Religionssoziologie I. Tübingen: UTB Mohr.

WEHLER, Hans-Ulrich (1998): Die Herausforderung der Kulturgeschichte. München: Beck.

WELSCH, Wolfgang (1993): Unsere postmoderne Moderne. 4. Auflage. Berlin: Akademie.

WELSCH, Wolfgang (1998): Ästhetisches Denken. Stuttgart: Reclam.

WELSCH, Wolfgang (Hg.) (1988): Wege aus der Moderne – Schlüsseltexte der Postmoderne-Diskussion. Weinheim: VCH, Acta Humaniora.

WICK, Rainer/WICK-KMOCH, Astrid (1979): Kunstsoziologie. Bildende Kunst und Gesellschaft. Köln: DuMont.

WILLIAMS, Raymond (1958): Culture and Society 1780–1950. New York: Chatto & Wondus.

WILLIAMS, Raymond (1981): Culture. London: Fontana.

WILLIS, Paul (1979): Spaß am Widerstand. Gegenkultur in der Arbeiterschule. Frankfurt a. M.: Syndikat.

WILLIS, Paul (1981): „Profane Culture". Rocker, Hippies: Subversive Stile der Jugendkultur. Frankfurt a. M.: Syndikat.

WINTER, Rainer (2001): Die Kunst des Eigensinns. Cultural Studies als Kritik der Macht. Weilerswist: Velbrück Wissenschaft.

WINTER, Rainer/ZIMA, Peter V. (2007): Kritische Theorie heute. Bielefeld: Transcript.

WITTGENSTEIN, Ludwig (1984): Tractatus logico-philosophicus – Tagebücher 1914–1916 – Philosophische Untersuchungen. Frankfurt a. M.: Suhrkamp.

WOHLFART, Günther (1998): Friedrich Nietzsche. In: Nida-Rümelin, Julian/Betzler, Monika (Hg.) a.a.O., 578–585.

WOLFF, Janet (1993/1981): The social production of art. 2. Aufl. London: Macmillan.

WUGGENIG, Ulf (1997): Soziologie und Bildende Kunst. In: Smudits, Alfred/Staubmann, Helmut (Hg.): Kunst – Geschichte – Soziologie. Beiträge zur soziologischen Kunstbetrachtung aus Österreich. Frankfurt a. M.: Peter Lang, 293–320.

ZAHNER, Nina Tessa (2005): Die neuen Regeln der Kunst. Andy Warhol und der Umbau des Kunstbetriebs im 20. Jahrhundert. Frankfurt a. M. New York: Campus.

ZEMBYLAS, Tasos (1997): Kunst oder Nichtkunst. Über Bedingungen und Instanzen ästhetischer Beurteilung. Wien: WUV.

ZEMBYLAS, Tasos (2004): Kulturbetriebslehre. Grundlagen einer Inter-Disziplin. Wiesbaden: VS Verlag.

ZEMBYLAS, Tasos/TSCHMUCK, Peter (Hg.) (2006): Kulturbetriebsforschung. Ansätze und Perspektiven der Kulturbetriebslehre. Wiesbaden: VS Verlag.

ZOLBERG, Vera L. (1990): Constructing a sociology of the arts. Cambridge, New York: Cambridge University Press.